사회를 한 권으로
가뿐하게!

사뿐

중학 사회 ②-2

📂 정답과 해설은 EBS 중학사이트(mid.ebs.co.kr)에서 다운로드 받으실 수 있습니다.

교 재 교재 내용 문의는 EBS 중학사이트
내 용 (mid.ebs.co.kr)의 교재 Q&A 서비스를
문 의 활용하시기 바랍니다.

교 재 발행 이후 발견된 정오 사항을 EBS
정오표 중학사이트 정오표 코너에서 알려 드립니다.
공 지 교재학습자료 → 교재 → 교재 정오표

교 재 공지된 정오 내용 외에 발견된 정오 사항이
정 정 있다면 EBS 중학사이트를 통해 알려 주세요.
신 청 교재학습자료 → 교재 → 교재 선택 → 교재 Q&A

사뿐

중학 사회
중학 역사

사회를 한 권으로
가뿐하게!

중학 사회

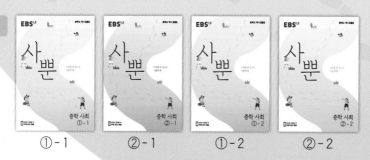

①-1   ②-1   ①-2   ②-2

중학 역사

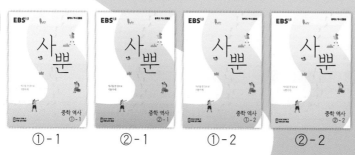

①-1   ②-1   ①-2   ②-2

사회를 한 권으로
가뿐하게!

사뿐

✧ 이 책의 사용 설명서

이 책을 알차게 이용할 수 있는 방법을 소개합니다.
어떻게 공부할지 사용 설명서를 잘 읽어 보고 교재를 활용해 보세요.

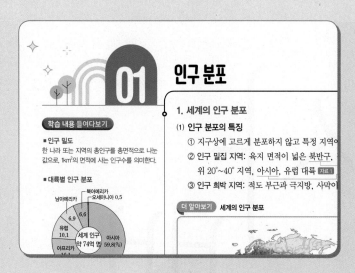

사용법 01 학습 내용 정리

중단원의 핵심 내용을 구조화하여 체계적으로 정리하였습니다. 배경 지식을 풍부하게 갖출 수 있도록 해 주는 '학습 내용 들여다보기'와 시험에 자주 나오는 자료, '용어 알기' 코너를 통해 핵심 개념을 완벽하게 학습하세요.

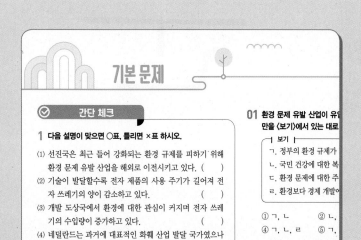

사용법 02 간단 체크

학습 내용 정리에서 공부한 개념을 간단 체크를 통해 체계적이고 효율적으로 정리하세요.

사용법 03 기본 문제

중단원의 핵심 개념을 기본 문제를 통해 점검할 수 있도록 구성하였습니다. 학습 내용 정리에서 공부한 개념을 확실하게 이해하는 코너로 활용하세요.

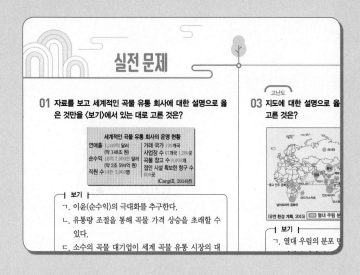

사용법 04 실전 문제

중단원의 핵심 개념을 실전 문제를 통해 확인할 수 있도록 구성하였습니다. 학습 내용 정리와 기본 문제를 통해 학습한 내용을 바탕으로 실전에 적용해 보는 코너로 활용하세요.

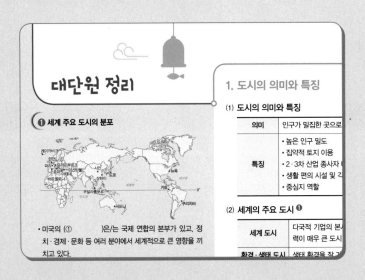

대단원 정리

1. 도시의 의미와 특징

❶ 세계 주요 도시의 분포

(1) 도시의 의미와 특징

| 의미 | 인구가 밀집한 곳으로 |
| 특징 | · 높은 인구 밀도
· 집약적 토지 이용
· 2·3차 산업 종사자
· 생활 편의 시설 및 각
· 중심지 역할 |

· 미국의 (①   )은/는 국제 연합의 본부가 있고, 정치·경제·문화 등 여러 분야에서 세계적으로 큰 영향을 끼치고 있다.

(2) 세계의 주요 도시 ❶

| 세계 도시 | 다국적 기업의 본사
력이 매우 큰 도시 |
| 환경·생태 도시 | 생태 환경을 잘 |

사용법 05 대단원 정리

단원별 핵심 내용을 표와 자료로 일목요연하게 정리한 코너입니다. 빈칸의 핵심 개념을 채워가면서 주요 개념을 좀 더 확실하게 익히는 코너로 활용하세요.

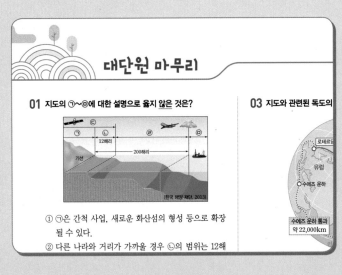

대단원 마무리

01 지도의 ㉠~㉰에 대한 설명으로 옳지 않은 것은?

12해리
200해리
기선

(한국 해양 재단, 2013)

① ㉠은 간척 사업, 새로운 화산섬의 형성 등으로 확장될 수 있다.
② 다른 나라와 거리가 가까울 경우 ㉡의 범위는 12해

03 지도와 관련된 독도의

로테르담
유럽
수에즈 운하

수에즈 운하 통과
약 22,000km

사용법 06 대단원 마무리

대단원의 핵심 문제를 엄선하여 구성한 코너입니다. 선다형, 서술형 등 다양하고 풍부한 유형의 문제를 풀어보면서 학교 시험에 대비하는 코너로 활용하세요.

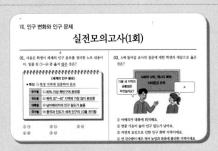

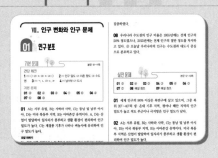

사용법 07 실전모의고사

학교에서 치러지는 시험지의 형식에 맞춰 실전 감각을 익힐 수 있게 구성한 코너입니다. 다양한 유형의 문제로 시험에 대한 막연한 두려움을 날려 보세요.

사용법 08 가뿐한 핵심 평가

중단원별 핵심 내용을 한눈에 살펴볼 수 있도록 구성한 코너입니다. 시험 전 최종 점검용 핸드북으로도 활용하세요.

사용법 09 정답과 해설

모든 문항에 풍부한 해설을 곁들여 학습한 내용을 보완할 수 있도록 구성하였습니다. 오답을 피하는 방법도 자세하게 설명되어 있으니 꼭 짚고 넘어가세요!

✧ 이 책의 차례

X 환경 문제와 지속 가능한 환경

XI 세계 속의 우리나라

XII 더불어 사는 세계

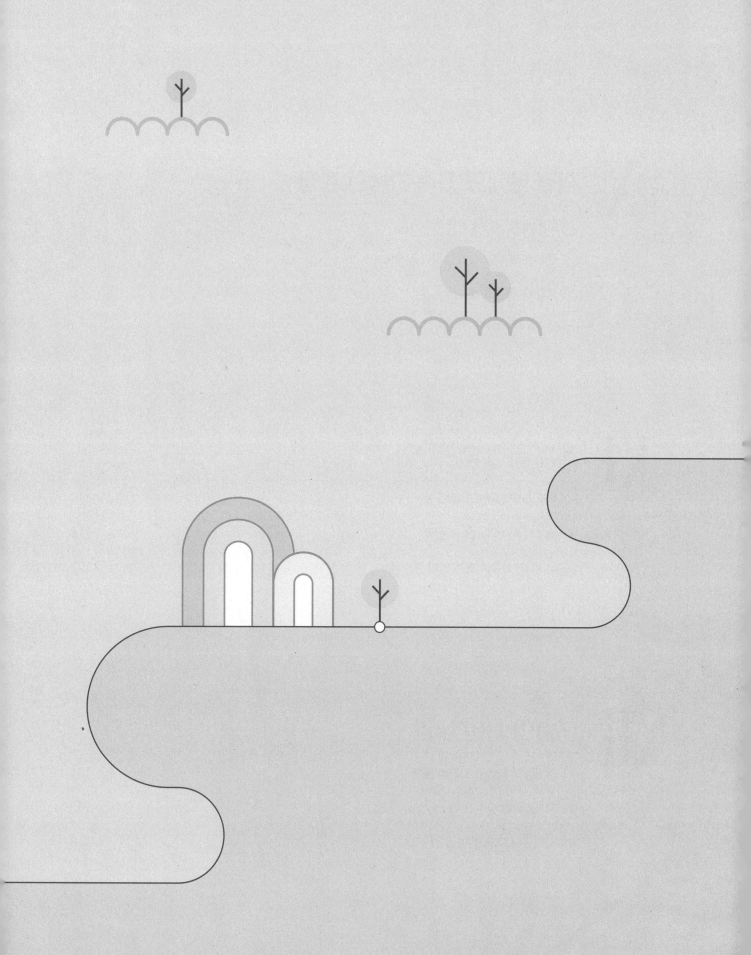

인구 변화와 인구 문제

01 인구 분포

학습 내용 들여다보기

■ **인구 밀도**
한 나라 또는 지역의 총인구를 총면적으로 나눈 값으로, 1km²의 면적에 사는 인구수를 의미한다.

■ **대륙별 인구 분포**

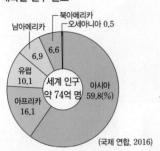

아시아에는 세계 인구의 약 60%가 분포하지만, 오세아니아의 인구는 0.5%에 불과하다.

■ **인구 분포 요인**

자연적 요인	기후, 지형, 식생 등
인문·사회적 요인	경제, 교통, 산업, 정치, 문화, 종교 등

용어 알기

● **밀집** 빽빽하게 모여 있는 상태
● **희박** 매우 드물고 밀도가 낮은 상태
● **연안** 강이나 호수, 바다를 따라 잇닿아 있는 육지

1. 세계의 인구 분포

(1) 인구 분포의 특징

① 지구상에 고르게 분포하지 않고 특정 지역에 집중하여 분포함
② 인구 밀집 지역: 육지 면적이 넓은 **북반구**, 평야나 해안 지역, 기후가 온화한 북위 20°~40° 지역, **아시아**, 유럽 대륙 자료1 → 세계 인구의 90% 이상이 거주해.
   └→ 중국과 인도가 세계 인구 3분의 1 이상을 차지해.
③ 인구 희박 지역: 적도 부근과 극지방, 사막이나 산악 지역, 오세아니아 대륙

더 알아보기 세계의 인구 분포

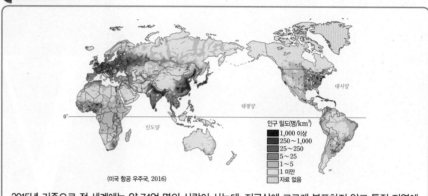

2015년 기준으로 전 세계에는 약 74억 명의 사람이 사는데, 지구상에 고르게 분포하지 않고 특정 지역에 집중하여 분포한다.

(2) 인구 분포에 영향을 주는 요인

① 자연적 요인: 기후, 지형, 식생 등의 요인 ← 산업화 이전 인구 분포에 주된 영향을 미쳤어.

인구 밀집 지역	기후가 온화한 지역, 평야가 넓은 지역, 물을 얻기 쉬운 지역 예 벼농사가 활발한 동남 및 남부 아시아 자료2 → 계절풍 기후가 나타나고 하천 유역에 넓은 평야가 발달했지.
인구 희박 지역	• 건조 기후 지역 예 사하라 사막, 오스트레일리아 내륙 지역, 몽골 등 자료3 →물이 부족하여 농업 활동에 불리해. • 한대 기후 지역 예 스칸디나비아 반도, 캐나다 북부 등 • 열대 기후 지역 예 아마존강 유역 • 산지 지역 예 알프스산맥, 히말라야산맥 등 └→ 지형이 험준해 인구 밀도가 낮아.

← 최근 과학 기술의 발달로 자연환경의 제약을 극복하여 거주 지역을 확대해 가고 있어.

② 인문·사회적 요인: 경제, 교통, 산업, 문화 등의 요인 ← 산업화 이후 영향력이 커지고 있어.

인구 밀집 지역	2·3차 산업이 발달하여 일자리가 풍부한 지역, 교통이 편리한 지역, 교육 여건과 문화 시설이 잘 갖추어진 지역 예 서부 유럽, 미국 북동부 대서양 연안, 일본의 태평양 연안 등
인구 희박 지역	• 교통이 불편한 지역 • 각종 산업 시설과 일자리가 부족한 지역 • 전쟁과 분쟁이 자주 발생하는 지역

자료1 네덜란드

네덜란드는 화훼 산업과 낙농업 등이 발달하였고 유럽의 관문 역할을 하는 항구가 위치하는 등 산업화의 수준이 높아 인구 밀도가 높다.

자료2 방글라데시

방글라데시는 국토 대부분이 평야이고 토양이 비옥하며 계절풍의 영향을 받아 벼농사가 발달한 지역으로 인구 밀도가 매우 높다.

자료3 몽골

몽골은 국토의 대부분이 산지나 사막으로 이루어져 있어 농작물을 재배할 수 있는 경지가 좁다. 전통적으로 초원에서 유목이 발달하여 인구 밀도가 낮다.

2. 우리나라의 인구 분포 → 우리나라는 좁은 국토 면적에 비해 인구가 많아 인구 밀도가 높고, 지역별 인구 분포가 고르지 않은 편이야.

(1) 산업화 이전

① 벼농사 중심의 농업 국가였기 때문에 기후와 지형 등 자연적 요인의 영향을 크게 받음

② 인구 밀집 지역: 기후가 온화하고 평야가 넓어 벼농사에 유리한 남서부 지역

③ 인구 희박 지역: 기온이 낮고 산지가 많아 농경에 불리한 북동부 지역

(2) 산업화 이후

① 1960년대 이후 산업화가 진행됨에 따라 인문·사회적 요인의 영향을 크게 받아 인구 분포가 급격히 변함

② 산업과 교통이 발달하고 일자리가 풍부한 도시 지역으로 많은 인구가 이동함 → 이촌 향도 현상

③ 인구 밀집 지역: 서울을 중심으로 하는 수도권 지역, 부산·대구·광주 등의 대도시, 남동 임해 공업 지역과 같이 산업이 발달하여 대단위 공업 단지가 조성된 지역 자료4 자료5
→ 서울특별시, 경기도, 인천광역시를 포함하는 지역으로, 전체 인구의 절반가량이 분포해.

④ 인구 희박 지역: 태백산맥과 소백산맥 일대의 산지 지역, 농어촌 지역 자료6
→ 인구가 정체하거나 감소하고 있어.

더 알아보기 우리나라의 시기별 인구 분포의 특징과 원인

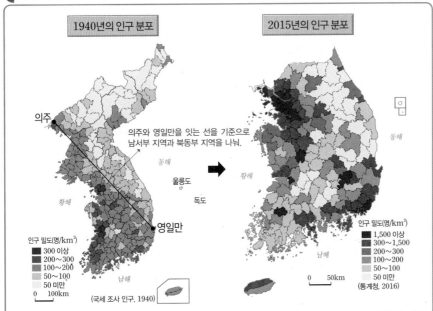

1940년은 산업화 이전으로, 농업 중심 국가였던 우리나라는 자연적 요인이 인구 분포에 큰 영향을 미쳤다. 평야가 넓고 기후가 온화하여 벼농사에 유리한 남서부 지역에 인구가 많이 분포하였다. 그러나 1960년 이후 산업화가 진행됨에 따라 인문·사회적 요인의 영향이 커졌다. 2015년에는 산업이 발달하여 일자리가 풍부한 수도권과 대도시, 남동 임해 공업 지역의 공업 도시를 중심으로 인구가 밀집하였다.

학습 내용 들여다보기

■ **이촌 향도**
산업화와 도시화로 촌락의 인구가 도시로 이동하는 현상이다. 우리나라는 1960년대부터 도시를 중심으로 산업화가 진행됨에 따라 일자리를 얻기 위해 촌락의 인구가 도시로 이주하였다.

■ **수도권과 비수도권의 인구 비율 변화**

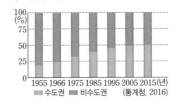

1955년에는 수도권 인구의 비율이 20% 정도였으나, 2015년에는 전체 인구의 50% 정도를 차지하고 있다.

■ **남동 임해 공업 지역**
정부의 중화학 공업 육성 정책에 따라 대단위 공업 단지가 조성되면서 인구 밀집 지역이 되었다. 포항, 울산, 부산, 광양으로 이어지는 공업 도시에는 일자리를 찾아 많은 인구가 유입되면서 인구 밀도가 높아졌다.

■ **우리나라의 인구 분포**

산업화 이전	• 자연적 요인의 영향을 크게 받음 • 남서부 평야 지역에 밀집함
산업화 이후	• 인문·사회적 요인의 영향이 커짐 • 수도권, 대도시, 남동 임해 공업 지역에 밀집함

용어 알기

• **수도권** 수도를 중심으로 이루어진 대도시권
• **임해** 바다에 가까이 있음

자료4 서울특별시

서울은 정치·행정·경제·교육의 중심지로 영향력이 매우 크며, 현재 우리나라에서 인구 밀도가 가장 높다.

자료5 울산광역시

울산은 원래 작은 어촌 지역이었으나 항구를 중심으로 석유 화학, 자동차, 조선 등의 중화학 공업이 발달하면서 인구가 급속하게 증가하였다.

자료6 인제군

인제는 산지가 많아 다른 지역보다 교통이 불편하고 농업에 불리하여 예로부터 인구 밀도가 낮다.

기본 문제

간단 체크

1 다음 설명이 맞으면 ○표, 틀리면 ×표 하시오.

(1) 세계 인구의 90% 이상은 육지 면적이 넓은 북반구에 살고 있다. ( )

(2) 세계의 인구는 기온이 높은 저위도 지역에 많이 분포한다. ( )

(3) 인구 분포에 영향을 주는 자연적 요인에는 경제, 교통, 산업 등이 있다. ( )

(4) 산업화 이후 인문·사회적 요인이 인구 분포에 미치는 영향이 커지고 있다. ( )

2 빈칸에 들어갈 알맞은 말을 쓰시오.

(1) ( )은/는 한 나라 또는 지역의 총인구를 총면적으로 나눈 값으로, 1km²의 면적에 사는 인구수를 의미한다.

(2) 산업화와 도시화로 촌락의 인구가 도시로 이동하는 현상을 ( )(이)라고 한다.

(3) 현재 우리나라는 서울을 중심으로 하는 ( ) 지역에 전체 인구의 절반가량이 분포한다.

3 인구 밀집 지역과 인구 희박 지역에 해당하는 곳을 〈보기〉에서 모두 찾아 기호를 쓰시오.

| 보기 |
| ㄱ. 서부 유럽 ㄴ. 동남아시아 |
| ㄷ. 사하라 사막 ㄹ. 아마존강 유역 |

(1) 인구 밀집 지역 ( )
(2) 인구 희박 지역 ( )

4 괄호 안의 내용 중 알맞은 말에 ○표 하시오.

(1) 산업화 이전 우리나라의 인구 대부분은 농업에 유리한 (북동부 , 남서부) 지역에 밀집하였다.

(2) 우리나라는 산업이 발달하면서 (촌락 , 도시)(으)로 인구가 집중하였다.

01 지도는 세계의 인구 분포를 나타낸 것이다. 인구가 많이 분포하는 지역을 지도의 A~E에서 고른 것은?

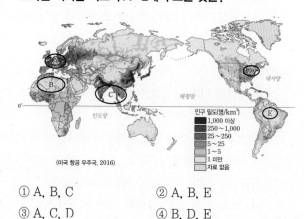

(미국 항공 우주국, 2016)

① A, B, C
② A, B, E
③ A, C, D
④ B, D, E
⑤ C, D, E

02 그래프는 대륙별 인구 분포를 나타낸 것이다. A, B에 들어갈 대륙을 바르게 연결한 것은?

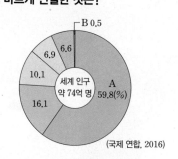

(국제 연합, 2016)

	A	B
①	유럽	아프리카
②	유럽	오세아니아
③	아시아	남아메리카
④	아시아	오세아니아
⑤	북아메리카	아프리카

03 인구 분포의 인문·사회적 요인을 〈보기〉에서 고른 것은?

| 보기 |
| ㄱ. 기후 ㄴ. 교통 ㄷ. 문화 |
| ㄹ. 산업 ㅁ. 식생 ㅂ. 지형 |

① ㄱ, ㄴ, ㅂ
② ㄱ, ㄴ, ㄹ
③ ㄴ, ㄷ, ㄹ
④ ㄷ, ㅁ, ㅂ
⑤ ㄷ, ㄹ, ㅁ

04 사진을 보고 몽골의 인구 분포 특징에 대해 설명한 것으로 옳은 것은?

▲ 몽골

① 건조 기후로 인해 인구가 희박하다.
② 열대 기후로 인해 인구가 희박하다.
③ 한대 기후로 인해 인구가 희박하다.
④ 고산 기후로 인해 인구가 밀집한다.
⑤ 온대 기후로 인해 인구가 밀집한다.

05 1960년대 이전 우리나라의 인구 분포에 대한 설명으로 옳지 <u>않은</u> 것은?

① 자연적 요인의 영향을 크게 받았다.
② 기후가 온화한 곳에 인구가 밀집하였다.
③ 평야가 발달한 지역에 인구가 밀집하였다.
④ 벼농사가 유리한 지역에 인구가 밀집하였다.
⑤ 한반도 북동부 지역의 인구 밀도가 높게 나타났다.

06 밑줄 친 현상을 가리키는 말로 옳은 것은?

> 1960년대 이후 도시를 중심으로 산업이 발달함에 따라 촌락의 인구가 일자리를 찾아 도시로 이동하는 <u>현상</u>이 뚜렷하게 나타났다.

① 농업화   ② 산업화
③ 역도시화   ④ 이촌 향도
⑤ 공업 육성

07 지도는 2015년 우리나라의 인구 분포를 나타낸 것이다. 인구 밀도가 높은 지역을 〈보기〉에서 고른 것은?

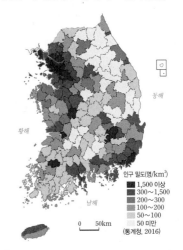

| 보기 |
ㄱ. 산지 지역   ㄴ. 농어촌 지역
ㄷ. 수도권 지역   ㄹ. 남동 임해 공업 지역

① ㄱ, ㄴ   ② ㄱ, ㄷ   ③ ㄴ, ㄷ
④ ㄴ, ㄹ   ⑤ ㄷ, ㄹ

08 그래프는 우리나라의 수도권과 비수도권의 인구 비율을 나타낸 것이다. 이에 대한 설명으로 옳지 <u>않은</u> 것은?

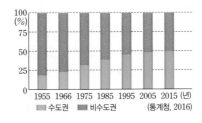

① 서울을 중심으로 인구가 밀집하고 있다.
② 1955년 수도권의 인구 비율은 20% 정도이다.
③ 점차 인구가 지역별로 고르게 분산되고 있다.
④ 1955년에 비해 2015년 수도권의 인구 밀도가 높다.
⑤ 2015년 전체 인구의 절반가량이 수도권에 분포한다.

01 세계의 인구 분포에 대한 설명으로 옳지 <u>않은</u> 것은?

① 특정 지역에 집중하여 분포한다.

② 대부분의 인구가 북반구에 살고 있다.

③ 북위 20°~40° 지역의 인구 밀도가 높다.

④ 적도 부근과 극지방은 인구 밀도가 낮다.

⑤ 대륙의 내륙 지역이 해안 지역보다 인구가 많이 분포한다.

★중요★
02 지도는 세계의 인구 분포를 나타낸 것이다. A~E 지역에 대한 설명으로 옳은 것은?

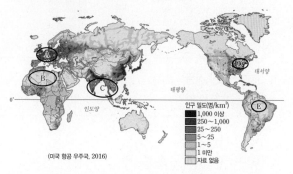

(미국 항공 우주국, 2016)

인구 밀도(명/km²)
1,000 이상
250~1,000
25~250
5~25
1~5
1 미만
자료 없음

① A - 산업화로 일자리가 풍부하여 세계 인구의 60%가 밀집한다.

② B - 고온 다습하고 열대 밀림이 우거져 있어 인구가 희박하다.

③ C - 편서풍의 영향으로 밀농사가 발달하여 인구가 밀집하였다.

④ D - 교통과 공업, 서비스업이 발달하여 인구가 밀집하였다.

⑤ E - 연 강수량이 매우 적어 농업에 불리하므로 인구가 희박하다.

03 인구 분포에 영향을 주는 요인에 대한 설명으로 옳은 것을 〈보기〉에서 고른 것은?

┤ 보기 ├

ㄱ. 자연적 요인에는 경제, 교통, 산업 등이 있다.

ㄴ. 산업화 이전에는 자연적 요인이 인구 분포에 주된 영향을 미쳤다.

ㄷ. 위도별 인구 분포의 차이는 1차적으로 자연적 요인의 영향이 크다.

ㄹ. 과학 기술의 발달로 인문·사회적 요인의 영향이 점차 줄어들고 있다.

① ㄱ, ㄴ   ② ㄱ, ㄷ   ③ ㄴ, ㄷ

④ ㄴ, ㄹ   ⑤ ㄷ, ㄹ

[04~05] 지도를 보고 물음에 답하시오.

04 지도의 A, B 지역의 모습을 〈보기〉에서 골라 바르게 연결한 것은?

┤ 보기 ├

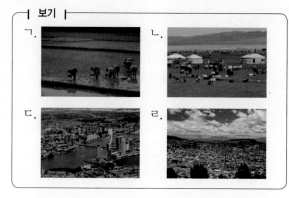

ㄱ.   ㄴ.

ㄷ.   ㄹ.

	A	B			A	B
①	ㄱ	ㄴ		②	ㄱ	ㄷ
③	ㄴ	ㄱ		④	ㄴ	ㄹ
⑤	ㄷ	ㄹ				

05 지도의 A, B 지역의 인구 분포에 대한 설명으로 옳은 것을 〈보기〉에서 고른 것은?

┤ 보기 ├

ㄱ. A는 B보다 인구 밀도가 높다.

ㄴ. A는 건조한 기후로 인해 인구가 희박하다.

ㄷ. B는 일찍부터 공업이 발달하여 인구가 밀집한다.

ㄹ. B는 A에 비해 인구 부양력이 높은 작물을 재배한다.

① ㄱ, ㄴ   ② ㄱ, ㄷ   ③ ㄴ, ㄷ

④ ㄴ, ㄹ   ⑤ ㄷ, ㄹ

[06~07] 지도를 보고 물음에 답하시오.

(가)

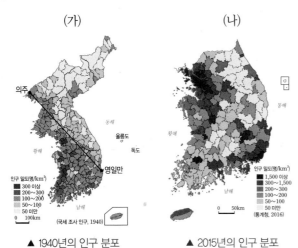

▲ 1940년의 인구 분포

(나)

▲ 2015년의 인구 분포

고난도

06 (가) 시기의 인구 분포에 대한 설명으로 옳은 것을 〈보기〉에서 고른 것은?

┤ 보기 ├
ㄱ. 인문·사회적 요인의 영향을 크게 받았다.
ㄴ. 북동부 지역은 농경에 불리하여 인구가 희박하다.
ㄷ. 인구 밀도는 도시의 1차 산업의 발달 정도와 대체로 비례 관계에 있다.
ㄹ. 인구 밀도 300명/km² 이상의 도시는 주로 태백산맥의 동쪽에 위치한다.

① ㄱ, ㄴ   ② ㄱ, ㄷ   ③ ㄴ, ㄷ
④ ㄴ, ㄹ   ⑤ ㄷ, ㄹ

07 오늘날 (가)에서 (나)와 같이 인구 분포가 변화한 원인으로 옳지 않은 것은?

① 도시의 주거 환경이 정비되었다.
② 벼농사에 필요한 노동력이 늘어났다.
③ 산업화로 도시에 일자리가 늘어났다.
④ 중화학 공업 육성 정책이 실시되었다.
⑤ 서비스업에 종사하는 인구가 늘어났다.

서술형 문제

08 A에 들어갈 대륙의 이름을 쓰고, A 대륙의 인구 분포에 영향을 미친 자연적 요인을 두 가지 서술하시오.

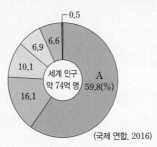

▲ 대륙별 인구 분포

_____
_____
_____
_____

09 자료의 A 지역을 일컫는 말을 쓰고, A 지역의 인구 분포에 영향을 미친 요인을 두 가지 서술하시오.

지도의 A 지역은 우리나라 수도인 서울을 중심으로 형성된 대도시권이다.

_____
_____
_____

02 인구 이동

학습 내용 들여다보기

■ 배출 요인과 흡인 요인

배출 요인	낮은 임금, 실업, 열악한 주거 환경, 빈곤, 교육 및 문화 시설 부족, 전쟁, 자연재해 등
흡인 요인	높은 임금, 풍부한 일자리, 쾌적한 주거 환경, 다양한 교육 기회와 문화·의료 시설 등

■ 세계 인구의 국내 이동

• 개발 도상국: 일자리를 찾아 촌락 인구가 도시로 이동하는 이촌 향도 현상이 활발함
• 선진국: 도시 인구가 주변 지역이나 농촌으로 이동하는 역도시화 현상이 나타남

■ 인구 이동에 따른 문제점

인구 유입 지역	새로운 사람들과 문화가 유입되면서 일자리 경쟁 심화, 문화 간 충돌 발생
인구 유출 지역	주로 남성들이 일자리를 찾아 떠나기 때문에 성비 불균형 현상, 노동력 부족 현상 발생

1. 인구 이동의 의미와 유형

(1) 의미: 사람들이 원래 살던 지역을 떠나 다른 지역으로 옮겨가는 현상

(2) 요인

배출 요인	인구를 다른 지역으로 밀어내는 요인
흡인 요인	인구를 끌어들여 머무르게 하는 요인

(3) 유형

이동 범위에 따라	국내 이동, 국제 이동
이동 동기에 따라	자발적 이동, 강제적 이동
이동 기간에 따라	일시적 이동, 영구적 이동 → 이민
이동 원인에 따라	경제적 이동, 정치적 이동, 종교적 이동 등

→ 자유로운 의사 결정에 따른 이동이야. (국내 이동)
→ 전쟁, 자연재해 등에 의한 이동이야. (강제적 이동)
→ 여행, 유학 등

2. 세계의 인구 이동 〔자료 1〕

과거	• 신항로 개척 이후 유럽인의 아메리카와 오스트레일리아로의 이주 • 아프리카 흑인들의 아메리카 강제 이주 → 아메리카에 정착한 유럽인들이 대규모 농장과 광산의 부족한 노동력을 보충하기 위해 아프리카 흑인들을 강제로 이주시켰어. • 영국 청교도들이 종교의 자유를 위해 아메리카 대륙으로 이주함 • 중국인들이 경제적 어려움의 해결을 위해 동남아시아로 이주함
오늘날	• 경제적 이동: 개발 도상국에서 선진국으로 일자리를 찾기 위한 이동 　예) 라틴 아메리카인의 앵글로아메리카로의 이동 • 정치적 이동: 민족 탄압, 전쟁, 분쟁 등을 피하기 위한 난민의 이동 〔자료 2〕 　예) 아프리카와 서남아시아 등지의 인구 이동

→ 팔레스타인, 아프가니스탄, 소말리아, 시리아, 이라크 등에서 난민이 많이 발생하고 있어.
→ 오늘날 인구의 국제 이동은 경제적 목적이 대부분이야.

3. 인구 이동이 지역에 미치는 영향

인구 유입 지역	• 산업이 발달하여 임금이 높고 일자리가 풍부한 북아메리카, 유럽, 오세아니아 등의 선진국에 인구가 유입됨 • 긍정적 영향: 저임금 노동력의 확보, 다양한 문화 교류 가능 • 부정적 영향: 원주민과 이주민 간의 일자리 경쟁 심화, 문화 갈등 발생
인구 유출 지역	• 임금이 낮고 일자리가 부족한 아시아, 아프리카, 남아메리카 등의 일부 국가에서 인구 유출이 심함 • 긍정적 영향: 실업률 감소, 외화 유입으로 인한 경제 활성화 • 부정적 영향: 청장년층 인구와 고급 기술 인력 감소로 인해 노동력 부족 현상 발생 및 경제 성장 둔화

→ 북서부 유럽에서는 크리스트교의 현지인과 이슬람교도인 이주민 사이에 갈등, 미국에서는 인종 차별 문제 등이 발생하고 있어.

🎓 용어 알기

• **빈곤** 가난하여 살기가 어려움
• **영구적** 오래도록 변하지 않는
• **이주** 다른 곳으로 옮겨 머무름
• **청교도** 16세기 후반, 영국에서 생긴 개신교의 한 교파

〔자료 1〕 인구의 국제 이동

(국제 연합, 디르케 세계 지도, 2015)

2010~2015년
■ 주요 인구 유출 지역
■ 주요 인구 유입 지역
이동 방향
→ 경제적 이동
→ 정치적 이동

유럽, 북아메리카 등의 선진국과 석유 자본이 풍부한 서남아시아의 일부 국가는 인구 유입이 많고, 라틴 아메리카와 아프리카, 아시아의 일부 개발 도상국은 인구 유출이 많다. 오늘날 인구의 국제 이동은 경제적 목적의 이동이 대부분이다.

〔자료 2〕 난민

민족 탄압, 전쟁, 정치·종교적 박해, 자연재해를 피해 다른 국가로 이주하는 사람들을 말한다. 최근 지구 온난화와 자연재해의 증가로 거주지를 떠나는 환경 난민도 증가하고 있다.

더 알아보기 선진국의 인구 유입

▲ 미국으로의 인구 유입

미국은 세계에서 인구 유입이 가장 활발한 국가이다. 특히 가까운 라틴 아메리카 출신의 이주민이 많으며 아시아 출신 이주민도 증가하고 있다. 이주민들은 주로 저임금 업종에 종사하는데, 최근 일자리 경쟁이 심화되면서 미국인과의 갈등이 커지고 있다.

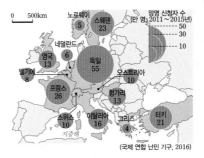

▲ 유럽으로의 난민 유입

서부 유럽은 노동력 부족으로 일찍부터 이민을 많이 받아들여 북부 아프리카와 터키의 인구가 많이 유입되었다. 이주자들은 이슬람교를 믿는 경우가 많아 크리스트교를 믿는 원주민들과 갈등을 빚기도 한다. 최근에는 아프리카나 서남아시아에서 대규모로 난민이 유입되고 있다.

학습 내용 들여다보기

■ 히스패닉
히스패닉은 에스파냐어를 사용하는 라틴 아메리카 출신의 이민자나 그 후손으로, 미국 내에서 차지하는 인구 비중이 높아지고 있다.

■ 우리나라 체류 외국인 수 변화

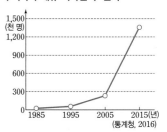

1990년대 후반부터 취업이나 결혼을 하기 위해 우리나라로 이주하는 외국인이 증가하고 있다.

■ 우리나라 체류 외국인의 국적별 비율

우리나라 거주 외국인은 외국인 근로자, 국제결혼 이민자, 유학생 등으로 구분된다. 이 중 외국인 근로자의 수가 가장 많으며 중국 출신의 비율이 높다. 이외에 베트남, 타이, 필리핀 등 지리적으로 인접하고 우리나라보다 경제 수준이 비교적 낮은 동남아시아 출신 외국인의 비율이 높게 나타난다.

4. 우리나라의 인구 이동 자료 3

(1) 국제 이동

일제 강점기	중국 만주 지역과 구소련의 연해주 지역으로 이동함
광복 후	국외로 나갔던 해외 동포들이 귀국함
1960년대	경제적인 이유로 미국, 독일 등지로 이동함
1970년대	서남아시아, 북부 아프리카 지역으로 건설 기술자들이 이동함
1980년대 이후	해외 유학이나 고급 인력들의 해외 취업, 이민 증가
최근	취업, 결혼 등을 위해 우리나라로 유입하는 외국인 증가

↳ 중국, 베트남, 필리핀 등 동남아시아 등지에서 취업을 위해 이주해 와. 이와 함께 국제결혼이 증가하면서 다문화 가정이 늘어났어.

(2) 국내 이동

일제 강점기	일자리를 찾아 광공업이 발달한 함경도 지방으로 이주함
6·25 전쟁	북한에서 월남한 동포들이 남부 지방으로 대규모 이동함
1960년대 이후	산업화 이후 많은 촌락 인구가 수도권, 대도시, 신흥 공업 도시로 이동함(이촌 향도)
1990년대 이후	도시 인구가 대도시 주변의 신도시나 촌락으로 이동함(역도시화)

↳ 울산, 포항 등의 남동 임해 공업 지역의 도시가 있어.

↳ 대도시에 인구가 밀집하여 교통 혼잡, 집값 상승, 환경 오염 등으로 인해 생활 환경이 악화되었고, 대도시 주변에 신도시가 건설되었기 때문이야.

용어 알기

- **다문화** 한 사회 안에 여러 민족이나 여러 국가의 문화가 혼재하는 것을 이르는 말
- **신흥** 어떤 사회적 사실이나 현상이 새로 일어남
- **혼잡** 여럿이 한데 뒤섞이어 어수선함

자료 3 우리나라의 시기별 인구 이동

▲ 일제 강점기

▲ 광복 후

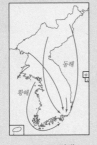

▲ 6·25 전쟁

▲ 1960년대 이후

▲ 1990년대 이후

일제 강점기부터 1960년대 이전까지는 정치적·사회적 원인이 인구 이동에 큰 영향을 미쳤으나, 1960년대 이후에는 산업화와 도시화에 따른 경제적 원인이 인구 이동에 큰 영향을 미쳤다.

간단 체크

1 빈칸에 들어갈 알맞은 말을 쓰시오.

(1) (   )은/는 사람들이 원래 살던 지역을 떠나 다른 지역으로 옮겨가는 현상을 의미한다.

(2) 인구를 다른 지역으로 밀어내는 요인을 (   )(이)라고 한다.

(3) 인구를 끌어들여 머무르게 하는 요인을 (   )(이)라고 한다.

(4) 민족 탄압, 전쟁, 정치·종교적 박해, 자연재해 등을 피해 다른 국가로 이주하는 사람들을 (   )(이)라고 한다.

2 다음 인구 이동 유형에 해당하는 것을 바르게 연결하시오.

(1) 동기에 따른 구분 •

(2) 기간에 따른 구분 •

• ㉠ 자발적 이동

• ㉡ 일시적 이동

• ㉢ 강제적 이동

• ㉣ 영구적 이동

3 다음 설명이 맞으면 ○표, 틀리면 ×표 하시오.

(1) 신항로 개척 이후 아메리카인들은 유럽으로 많이 이주하였다. (   )

(2) 과거 영국 청교도들은 종교의 자유를 위해 아프리카 대륙으로 대거 이주하였다. (   )

(3) 인구 유입이 많은 곳은 문화적 갈등이 적은 편이다. (   )

(4) 최근 우리나라로 이동하는 외국인이 증가하면서 다문화 가정이 증가하고 있다. (   )

4 괄호 안의 내용 중 알맞은 말에 ○표 하시오.

(1) (서부 유럽 , 남부 아시아)은/는 일찍부터 이민을 많이 받아들여 북부 아프리카와 터키의 인구가 많이 유입되었다.

(2) 우리나라는 1990년대 이후 대도시에서 각종 문제가 발생하면서 도시 주변 지역이나 농촌으로 인구가 이동하는 (이촌 향도 , 역도시화) 현상이 나타나고 있다.

01 인구 이동의 배출 요인을 〈보기〉에서 고른 것은?

┌─ 보기 ├─
ㄱ. 전쟁　　　　　　　ㄴ. 높은 임금
ㄷ. 부족한 일자리　　　ㄹ. 다양한 교육 시설

① ㄱ, ㄴ　　　② ㄱ, ㄷ　　　③ ㄴ, ㄷ
④ ㄴ, ㄹ　　　⑤ ㄷ, ㄹ

02 대화에 나타난 인구 이동의 유형으로 옳은 것은?

갑: 일자리를 구해 돈을 많이 벌고 싶어.
을: 돈을 더 많이 벌 수 있는 다른 나라로 가서 살자.

① 국내 이동　　　　② 종교적 이동
③ 정치적 이동　　　④ 경제적 이동
⑤ 강제적 이동

03 지도를 보고 인구 유입보다 유출이 많은 대륙을 고르면?

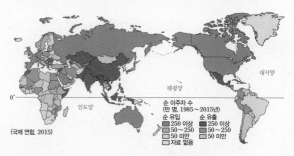

① 아프리카　　　　② 서부 유럽
③ 북부 유럽　　　　④ 오세아니아
⑤ 앵글로아메리카

04 다음 글에 해당하는 인구 이동을 지도의 A~E에서 고른 것은?

> 내전으로 살던 곳을 잃어버리고 인접 국가에 있는 난민촌으로 많은 사람이 이동하고 있다.

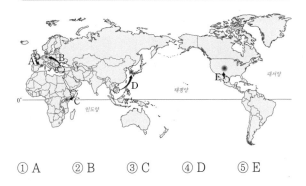

① A ② B ③ C ④ D ⑤ E

05 ㉠, ㉡에 해당하는 종교를 바르게 연결한 것은?

> 서부 유럽은 노동력 부족으로 일찍부터 이민을 많이 받아들였다. 이에 따라 북부 아프리카와 터키의 인구가 많이 유입되었다. 이주자들은 (㉠)를 믿는 경우가 많기 때문에 (㉡)를 믿는 기존 주민들과 갈등을 빚기도 한다.

	㉠	㉡
①	불교	이슬람교
②	불교	크리스트교
③	힌두교	크리스트교
④	이슬람교	힌두교
⑤	이슬람교	크리스트교

06 그래프는 우리나라 체류 외국인의 국적별 비율을 나타낸 것이다. A에 해당하는 국가로 옳은 것은?

① 중국 ② 일본
③ 타이 ④ 미국
⑤ 베트남

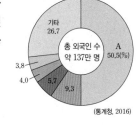

기타 26.7

총 외국인 수 약 137만 명

A 50.5(%)

3.8
4.0
5.7
9.3

(통계청, 2016)

07 다음 설명에 해당하는 우리나라의 인구 이동을 나타낸 지도로 옳은 것은?

> 산업화로 경제가 급성장하면서 많은 인구가 농촌을 떠나 대도시와 공업 도시로 이동하였다.

①  ②

③  ④

⑤

08 (가)에 들어갈 검색어로 옳은 것은?

검색어 ▼   (가)   ▼ 검색

> 대도시에 인구가 밀집하면서 교통 혼잡, 집값 상승, 환경 오염 등으로 인해 생활 환경이 악화되었고, 대도시 주변에 신도시가 건설되었다.

① 신도시의 배출 요인
② 역도시화 현상의 배경
③ 우리나라의 국제 이동 사례
④ 산업화 이전 우리나라의 인구 이동
⑤ 이촌 향도 현상이 나타나게 된 원인

01 (가), (나)에 나타난 인구 이동에 대한 설명으로 옳은 것은?

> (가) 필리핀은 총인구의 10%가 넘는 약 1,300만 명의 근로자들이 고국을 떠나 미국, 사우디아라비아, 홍콩, 일본 등지에서 일한다.
> (나) 아프리카의 남수단에서 발생한 난민은 대부분 국경을 넘어 케냐, 에티오피아 등지의 난민촌으로 이동하여 보호받고 있다.

① (가)의 필리핀에는 풍부한 일자리, 높은 임금 등의 흡인 요인이 많다.

② (나)의 남수단에서는 주변 국가로부터 인구 유입이 활발하게 이루어지고 있다.

③ (가), (나) 모두 국내 이동에 해당한다.

④ (가)는 경제적 이동, (나)는 정치적 이동이다.

⑤ (가)는 강제적 이동, (나)는 자발적 이동이다.

02 ★ 중요 지도는 세계의 인구 이동을 나타낸 것이다. A~D 인구 이동에 대한 설명으로 옳지 <u>않은</u> 것은?

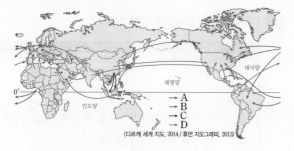

(디르케 세계 지도, 2014 / 휴먼 지오그래피, 2013)

① A는 신항로 개척 이후 활발하였다.

② B는 노예무역에 의한 강제적 이동이다.

③ C는 종교적 요인에 의한 인구 이동이다.

④ 최근 D와 같은 경제적 이동이 활발하다.

⑤ D로 인해 서부 유럽, 앵글로아메리카로 인구가 순유입되고 있다.

03 고난도 그래프는 프랑스와 모로코의 주요 지표를 나타낸 것이다. 양국 간의 인구 이동에 대한 추론으로 옳은 것을 〈보기〉에서 고른 것은?

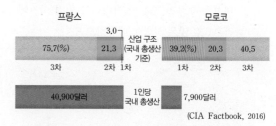

▲ 프랑스와 모로코의 산업 구조와 1인당 국내 총생산

> **보기**
> ㄱ. 프랑스의 고급 기술 인력이 모로코로 유출될 것이다.
> ㄴ. 프랑스로 이주하는 모로코인은 주로 노년층일 것이다.
> ㄷ. 프랑스는 모로코보다 경제적 측면에서 흡인 요인이 많다.
> ㄹ. 프랑스로 이주한 모로코인에 의해 모로코의 경제가 활성화될 수 있다.

① ㄱ, ㄴ   ② ㄱ, ㄷ   ③ ㄴ, ㄷ

④ ㄴ, ㄹ   ⑤ ㄷ, ㄹ

04 밑줄 친 ㉠~㉢에 대한 설명으로 옳지 <u>않은</u> 것은?

> 초 · 중 · 고등학교에서 ㉠이슬람 전통 의상의 착용을 금지한 ㉡프랑스가 이 조치를 대학교로 확대하는 방안을 추진 중이다. 프랑스는 전체 인구 중 8%에 달하는 약 600만 명이 ㉢이슬람교도로, ㉣유럽에서 이슬람교도 비율이 가장 높은 국가이다. 이슬람교 신자들은 프랑스 정부의 조치를 ㉤종교의 자유를 억압하는 행위라며 반발하고 있다.

① ㉠ - 히잡, 부르카, 니캅 등이 있다.

② ㉡ - 대표적인 인구 유입 국가에 해당한다.

③ ㉢ - 종교적 이유로 서부 유럽으로 이주하고 있다.

④ ㉣ - 대체로 크리스트교의 전통이 강한 편이다.

⑤ ㉤ - 이주민과 현지인 간 문화적 갈등을 보여 준다.

05 지도는 우리나라의 인구 이동을 나타낸 것이다. (가), (나) 시기의 인구 이동에 대한 설명으로 옳은 것은?

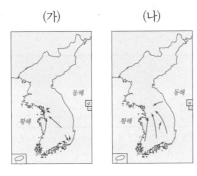

(가)　　　(나)

① (가) 시기에는 농업 중심으로 산업 구조가 재편되며 인구 이동이 나타난다.

② (나) 시기에는 정부 정책에 의한 강제적 이동이 주로 나타난다.

③ (나) 시기에는 경제적 원인이 인구 이동에 큰 영향을 미치고 있다.

④ (가)는 (나)보다 이른 시기의 이동이다.

⑤ (나)는 (가)보다 역도시화 현상이 심화되고 있다.

06 그래프는 우리나라 체류 외국인의 국적별 비율을 나타낸 것이다. 이를 보고 추론한 내용으로 옳은 것을 〈보기〉에서 고른 것은?

┌ 보기 ┐

ㄱ. 국제결혼에 의해 다문화 가정이 증가할 것이다.

ㄴ. 국내 체류 외국인의 출신은 대륙별로 고르게 나타난다.

ㄷ. 국내 체류 외국인은 대부분 정치적 목적으로 입국하였다.

ㄹ. 국내 체류 외국인은 본국에서보다 높은 임금을 받고 일하는 경우가 많다.

① ㄱ, ㄴ　　② ㄱ, ㄹ　　③ ㄴ, ㄷ

④ ㄴ, ㄹ　　⑤ ㄷ, ㄹ

서술형 문제

07 지도는 미국으로의 인구 유입을 나타낸 것이다. 미국으로 인구가 이동하는 주된 원인을 쓰고, 미국에 나타날 수 있는 변화를 두 가지 서술하시오.

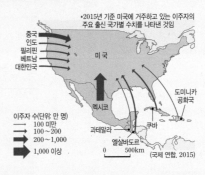

_____

_____

_____

08 그래프는 우리나라 체류 외국인 수의 변화를 나타낸 것이다. 이와 같은 현상이 지속될 경우 우리나라에 나타날 변화를 세 가지 서술하시오.

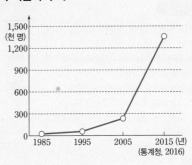

_____

_____

_____

03 인구 문제

학습 내용 들여다보기

■ 경제 발전 수준에 따른 인구 성장

선진국	출산율과 사망률이 모두 낮음 → 인구 증가 속도가 완만하거나 정체
개발 도상국	생활 환경이 개선되고 의학 기술이 발달 → 인구가 폭발적으로 증가

■ 고령화

한 국가에서 65세 이상 노인 인구가 전체 인구의 7%를 넘으면 고령화 사회, 14%를 넘으면 고령 사회, 20%를 넘으면 초고령 사회라고 한다.

■ 합계 출산율

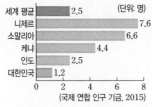

▲ 국가별 합계 출산율

여성 한 명이 평생 출산하는 평균 자녀의 수를 말한다. 인구가 유지되기 위해서는 합계 출산율이 2.1명보다 높아야 한다.

1. 세계 인구의 빠른 성장 [자료 1]

> 한 해 동안 인구 1,000명당 태어난 아기의 수   → 한 해 동안 인구 1,000명당 죽은 사람의 수

산업 혁명 이전	출생률이 높으나 기아, 질병, 전쟁 등으로 사망률도 높음 → 인구 증가 속도가 완만함
산업 혁명 이후	의학 기술 발달과 생활 수준 향상으로 평균 수명이 연장되고 영아 사망률이 감소함 → 인구가 빠른 속도로 증가함

2. 선진국의 인구 문제와 대책 [자료 2]

현황	• 저출산 현상: 여성의 사회 활동 증가, 자녀와 육아에 관한 가치관 변화에 따라 출산율이 낮아짐 • 고령화 현상: 경제 수준의 향상과 의료 기술의 발달로 평균 수명이 늘어나고 노인 인구가 증가함
인구 문제	• 생산 가능 인구 감소에 따른 문제: 노동력 부족으로 생산성 감소, 경제 성장 둔화 • 노인 인구 증가에 따른 문제: 청장년층의 노인 인구 부양 부담 증가
대책	• 출산 장려 정책 강화: 육아 휴직 확대, 출산 장려금·양육 비용 지원 등 • 노인 복지 정책 강화: 재취업 기회 제공, 정년 연장, 연금 제도 개선 등 • 외국인 근로자 고용 확대 → 부족한 노동력을 채우기 위해 외국인 근로자를 받아들이면서 새로운 문화적 갈등과 사회 문제를 겪기도 해.

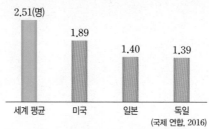

▲ 주요 선진국의 합계 출산율(2010~2015년)

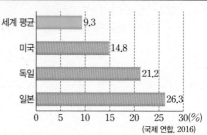

▲ 주요 선진국의 65세 이상 인구 비율(2015년)

3. 개발 도상국의 인구 문제와 대책

현황	급격한 인구 증가: 제2차 세계 대전 이후 근대화와 산업화로 사망률은 낮아졌지만 출생률이 여전히 높아 인구가 증가함
인구 문제	• 기아와 빈곤: 경제 성장 속도가 인구 증가 속도를 따라가지 못해 발생함 • 도시 과밀화: 주택 부족, 교통 혼잡, 환경 오염 등의 문제가 발생함 • 성비 불균형: 일부 국가에서 여자아이보다 남자아이의 출생률이 높게 나타남
대책	• 출산 억제 정책과 같은 가족계획 시행 → 남아 선호 사상이 남아 있는 중국, 베트남, 수단, 인도 등 • 인구 부양력을 높이기 위한 정책: 농업의 기계화, 산업화 정책 시행 • 도시 인구 유입 억제: 농촌 지역의 생활 환경 개선 • 양성평등 문화 정착

용어 알기

- **영아 사망률** 연간 1,000명 출생당 생후 일 년 미만의 사망자 수
- **생산 가능 인구** 15세부터 64세까지의 인구로, 경제 활동을 할 수 있는 사람
- **부양** 생활 능력이 없는 사람의 생활을 돌봄
- **정년** 관청이나 학교, 회사 따위에 근무하는 공무원이나 직원이 직장에서 물러나도록 정하여져 있는 나이
- **성비** 여아 100명당 남성의 수
- **인구 부양력** 한 국가에서 주어진 자원을 이용하여 인구를 부양할 수 있는 능력

[자료 1] 세계의 인구 성장 → 오늘날 세계 인구의 약 17%는 선진국, 83%는 개발 도상국에 거주하고 있어.

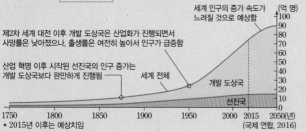

18세기 후반에 발생한 산업 혁명 이후 의학 기술 및 생활 수준이 향상하여 평균 수명이 늘어나고 영아 사망률이 낮아져 인구가 급증하였다.

[자료 2] 선진국과 개발 도상국의 인구 구조

인구 피라미드는 인구의 성별·연령별 구성을 나타낸 도표로, 지역의 인구 구조와 인구 문제를 한눈에 파악할 수 있어.

▲ 인구 피라미드

독일은 선진국, 앙골라는 개발 도상국의 인구 구조가 나타난다. 선진국은 개발 도상국보다 0~14세 인구 비율은 매우 낮지만, 65세 이상 인구 비율은 매우 높다.

4. 우리나라의 인구 문제와 대책

(1) 저출산·고령화 현상의 과정 [자료 3]

6·25 전쟁 이후	사회가 안정되면서 출생률이 증가하고 사망률이 감소하여 인구가 급증함
1990년대 이후	• 여성의 사회 참여 증가, 결혼 연령 상승, 출산 기피 → 출생률 감소 • 주택 마련 비용 증가, 육아와 가사 노동에 대한 부담, 사교육비 증가, 결혼과 가족에 대한 가치관 변화, 개인주의 가치관 확산 → 저출산 심화
오늘날	경제 발전과 의학 기술의 발달 등으로 평균 수명이 늘어나면서 노인 인구 급증 → 2018년에 고령 사회로 진입, 2015년에 중위 연령이 40대에 진입함

(2) 저출산·고령화 현상의 문제 → 저출산 현상으로 인구가 정체하거나 감소하면 전체 인구에서 노년층이 차지하는 비중이 높아져.

① 경제 활동 가능 인구의 감소: 국가 경쟁력 약화
→ 세금 감소, 연금 및 보험 비용 증가, 경기 침체 등의 문제가 발생해.
② 노인 인구 부양 부담 증가 → 2060년에는 생산 가능 인구 1명이 노인 1명을 부양하게 될 만큼 우리나라의 고령화는 빠르게 진행되고 있어.
③ 노인 문제 발생: 노년층의 질병, 빈곤, 소외 등

> **더 알아보기** 우리나라의 저출산, 고령화 현상

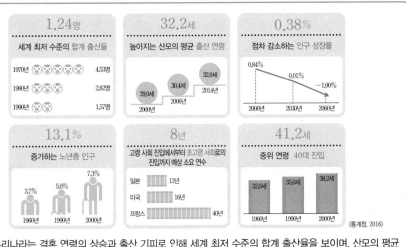

우리나라는 결혼 연령의 상승과 출산 기피로 인해 세계 최저 수준의 합계 출산율을 보이며, 산모의 평균 출산 연령도 상승하고 있다. 반면, 노년층 인구가 증가하는 속도는 세계 최고 수준으로 인구 성장률이 점차 감소하고 있다.
→ 2020년 우리나라의 합계 출산율은 0.837을 기록했어.

(3) 저출산·고령화 현상의 대책
→ 고용이 안정되어야 결혼에 관련된 주택과 양육 등의 비용 부담을 덜 수 있기 때문이야.

출산율을 높이기 위한 정책	• 출산 장려 정책 강화, 보육 시설 확충, 공공 교육 서비스 제공 • 청년층의 고용 안정 보장, 사회 활동과 육아를 함께 할 수 있는 사회 분위기 조성 • 양성평등 문화 확산, 남성의 육아 참여 확대
고령화 사회에 대비한 정책	• 국민 연금 제도 및 사회 보장 제도 정비 • 여가, 요양 등 노인 복지 시설 확충 • 노인 관련 실버산업 발전, 노인 일자리 개발, 노년층에 취업 훈련 기회 제공 등

> **학습 내용 들여다보기**

■ 우리나라의 인구 구성 비율 변화

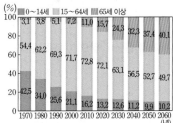

• 2020년 이후는 예상치임 (통계청 장래 인구 추계, 2011)

유소년층(0~14세)과 청장년층(15~64세)의 인구 비율은 줄고 있으며 앞으로도 감소될 전망이다. 노년층(65세 이상)은 지속적으로 증가해 2030년 경에는 초고령 사회에 진입할 것으로 예상된다.

■ 우리나라의 인구 피라미드

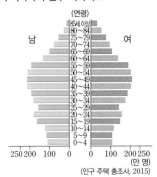

(인구 주택 총조사, 2015)

우리나라 인구의 성별, 연령별 특징과 문제점 등을 파악할 수 있다. 현재와 같은 저출산 현상이 지속된다면 중위 연령이 상승하고, 머지않아 총인구가 감소할 것으로 예측되고 있다.

■ 국민 연금 제도가 필요한 이유

고령 인구의 급속한 증가, 자녀 의존에서 벗어나 스스로 노후 대비 준비, 각종 재해로 인한 본인과 부양가족의 생계 안정 대책 마련, 퇴직 일시금 제도의 노후 생계 보장 기능 미흡에 따른 보완 등을 들 수 있다.

> **용어 알기**

• **중위 연령** 총인구를 연령순으로 나열할 때 정중앙에 있는 사람의 해당 연령
• **실버산업** 노년층을 대상으로 한 상품과 서비스를 제조 및 판매하거나 제공하는 것을 목적으로 하는 사업

[자료 3] 우리나라의 시대별 인구 정책 포스터

▲ 1970년대

▲ 1980년대

▲ 1990년대

▲ 2000년대

우리나라는 시대별로 인구 정책이 다르게 나타난다. 1970~1980년대에는 출산을 억제하기 위한 정책이 시행되었다. 자녀의 수가 줄어들면서 남아 선호 사상으로 인해 성비 불균형이 나타나자 1990년대에는 아들과 딸을 구분하지 말자는 정책이 시행되었다. 이후 저출산 현상이 빠르게 확산되자 2000년대에는 출산을 장려하고 사회 활동과 육아를 함께 할 수 있는 사회 분위기를 조성하기 위한 정책이 시행되고 있다.

기본 문제

간단 체크

1 다음 설명이 맞으면 ○표, 틀리면 ×표 하시오.

(1) 산업 혁명 이후 의학 기술 발달 및 생활 수준의 향상으로 평균 수명이 연장되었다. ( )

(2) 선진국은 출산율이 높으나 사망률도 높아 인구가 감소하고 있다. ( )

(3) 개발 도상국은 생활 환경이 개선되고 의학 기술이 발달하여 인구가 증가하고 있다. ( )

2 빈칸에 들어갈 알맞은 말을 쓰시오.

(1) ( )은/는 여성 한 명이 평생 출산하는 평균 자녀의 수를 말한다.

(2) 여아 100명당 남성의 수를 ( )(이)라고 하고, 100보다 크면 ( )의 인구수가 더 많고, 100보다 작으면 ( )의 인구수가 더 많음을 의미한다.

(3) 한 국가에서 65세 이상 노인 인구가 전체 인구의 7%를 넘으면 고령화 사회, 14%를 넘으면 ( )(이)라고 한다.

(4) 총인구를 연령순으로 나열할 때 정중앙에 있는 사람의 해당 연령을 ( )(이)라고 한다.

3 오늘날 선진국과 개발 도상국에서 주로 나타나는 인구 문제를 〈보기〉에서 모두 찾아 기호를 쓰시오.

┤ 보기 ├

ㄱ. 인구 급증　　　　ㄴ. 노동력 부족

ㄷ. 인구 부양력 부족　　ㄹ. 노인 인구 부양 부담

(1) 선진국 ( )

(2) 개발 도상국 ( )

4 괄호 안의 내용 중 알맞은 말에 ○표 하시오.

(1) 우리나라는 저출산·고령화 현상으로 인해 경제 활동 인구가 (증가 , 감소)할 것이다.

(2) 우리나라는 인구의 고령화가 빠르게 진행되고 있으며 이미 2018년에 (고령 사회 , 초고령 사회)로 진입하였다.

---

01 그래프는 세계의 인구 성장 과정을 나타낸 것이다. 이를 통해 알 수 있는 내용으로 옳은 것을 〈보기〉에서 고른 것은?

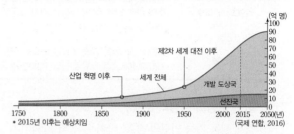

* 2015년 이후는 예상치임
(국제 연합, 2016)

┤ 보기 ├

ㄱ. 산업 혁명 이후 평균 수명이 증가하였다.

ㄴ. 오늘날 인구 증가는 선진국이 주도하고 있다.

ㄷ. 제2차 세계 대전 이후 세계 전체의 출생률이 낮아졌다.

ㄹ. 개발 도상국은 짧은 시간 동안 인구가 빠르게 증가하고 있다.

① ㄱ, ㄴ　　② ㄱ, ㄹ　　③ ㄴ, ㄷ
④ ㄴ, ㄹ　　⑤ ㄷ, ㄹ

02 선진국에서 나타나는 저출산 현상의 원인으로 옳은 것을 〈보기〉에서 고른 것은?

┤ 보기 ├

ㄱ. 평균 수명의 단축　　ㄴ. 출산 확대 정책 실시

ㄷ. 개인주의 가치관 확산　ㄹ. 여성의 사회 활동 증가

① ㄱ, ㄴ　　② ㄱ, ㄷ　　③ ㄴ, ㄷ
④ ㄴ, ㄹ　　⑤ ㄷ, ㄹ

03 그래프는 주요 선진국의 65세 이상 인구 비율을 나타낸 것이다. 이와 같은 현상이 지속될 때 나타날 수 있는 문제점으로 옳은 것은?

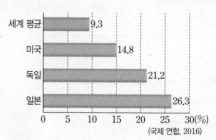

(국제 연합, 2016)

① 주택이 부족해진다.

② 일자리가 부족해진다.

③ 경제 성장이 둔화된다.

④ 식량 부족 문제가 심화된다.

⑤ 유소년층 부양 부담이 증가한다.

04 선진국이 겪고 있는 인구 문제를 해결하기 위한 대책으로 옳은 것을 〈보기〉에서 고른 것은?

┌─ 보기 ─────────────────────┐
ㄱ. 정년 연장   ㄴ. 육아 휴직 확대
ㄷ. 산업화 정책 시행   ㄹ. 출산 억제 정책 시행
└──────────────────────────┘

① ㄱ, ㄴ   ② ㄱ, ㄷ   ③ ㄴ, ㄷ
④ ㄴ, ㄹ   ⑤ ㄷ, ㄹ

05 그래프는 주요 개발 도상국의 합계 출산율을 나타낸 것이다. 이로 인한 인구 문제로 옳은 것은?

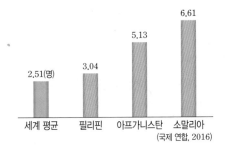

세계 평균 2.51(명) 필리핀 3.04 아프가니스탄 5.13 소말리아 6.61
(국제 연합, 2016)

① 역도시화 현상이 심화된다.
② 출생률 감소로 노동력이 부족해진다.
③ 사망률 증가로 전체 인구가 감소한다.
④ 식량 배분 및 자원 부족 문제가 심화된다.
⑤ 생산 가능 인구 감소로 노년층 부양 부담이 증가한다.

06 다음에서 설명하는 인구 문제로 옳은 것은?

> 인도, 중국 등 아시아의 일부 국가에서는 여자아이보다 남자아이의 출생률이 높게 나타난다.

① 도시 과밀화 문제
② 성비 불균형 문제
③ 기아와 빈곤의 확산
④ 노인 부양 부담 증가
⑤ 여아 선호 사상의 심화

07 그래프는 우리나라의 인구 피라미드이다. 이를 통해 파악할 수 있는 인구 문제로 옳지 <u>않은</u> 것은?

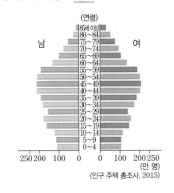

(인구 주택 총조사, 2015)

① 인구 성장률이 감소할 것이다.
② 중위 연령이 점차 낮아질 것이다.
③ 노년층이 차지하는 비율이 높아질 것이다.
④ 경제 활동이 가능한 인구가 줄어들 것이다.
⑤ 청장년층의 노인 인구 부양 부담이 커질 것이다.

08 (가), (나)는 우리나라의 인구 정책 포스터이다. 이에 대한 설명으로 옳은 것은?

(가)   (나)

① (가)는 출산 장려 정책에 따른 포스터이다.
② (가)가 등장한 시기에는 남아 선호 사상이 뚜렷하다.
③ (나)가 등장한 시기에는 합계 출산율이 낮게 나타난다.
④ (나)가 등장한 시기에는 저출산 현상이 빠르게 확산되고 있다.
⑤ 포스터는 (가), (나) 순으로 등장하였다.

실전 문제

01 그래프는 선진국과 개발 도상국의 인구 변화를 나타낸 것이다. A, B에 대한 설명으로 옳은 것은?

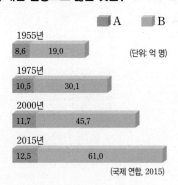

A B

1955년
8.6 19.0
(단위: 억 명)

1975년
10.5 30.1

2000년
11.7 45.7

2015년
12.5 61.0
(국제 연합, 2015)

① A는 인도, 중국 등이 대표적이다.
② A는 짧은 시간 동안 인구가 급증하였다.
③ B는 서부 유럽의 국가들이 대표적이다.
④ B는 산업 혁명 이후 인구 증가가 완만하게 진행되었다.
⑤ 오늘날의 세계 인구 증가는 B에 속하는 국가들이 주도하고 있다.

02 스웨덴에서 다음과 같은 정책을 펼치게 된 배경으로 옳지 않은 것은?

> 스웨덴은 '모든 아이는 모두의 아이'라는 인식 아래 출산에서 양육까지 국가가 체계적으로 관리한다. 어린이집, 종일 유치원 등 취학 전 아동 보육을 맡길 수 있는데, 부모는 급식은 물론이고 모든 부수적인 비용을 전혀 부담하지 않는다.

① 합계 출산율이 낮아졌다.
② 맞벌이 가정이 증가하였다.
③ 여성의 사회 활동이 증가하였다.
④ 생산 가능 인구가 증가하고 있다.
⑤ 결혼과 자녀에 대한 가치관이 변화하였다.

[03~05] 그래프는 경제 발전 수준이 다른 두 국가의 인구 피라미드이다. 물음에 답하시오.

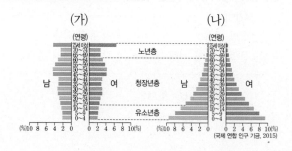

(가) (나)

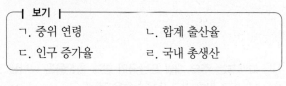

03 (가) 국가에 비해 (나) 국가에서 더 높게 나타나는 지표를 〈보기〉에서 고른 것은?

┤ 보기 ├
ㄱ. 중위 연령   ㄴ. 합계 출산율
ㄷ. 인구 증가율   ㄹ. 국내 총생산

① ㄱ, ㄴ   ② ㄱ, ㄷ   ③ ㄴ, ㄷ
④ ㄴ, ㄹ   ⑤ ㄷ, ㄹ

★ 중요 ★
04 (가) 국가에서 발생하는 인구 문제를 〈보기〉에서 고른 것은?

┤ 보기 ├
ㄱ. 점차 노동력이 부족해져 경기가 침체된다.
ㄴ. 청장년층의 노인 인구 부양 부담이 증가한다.
ㄷ. 인구 급증으로 식량 부족, 빈곤 문제가 발생한다.
ㄹ. 외국인 노동자들의 유입으로 문화적 갈등이 발생한다.
ㅁ. 급격한 이촌 향도 현상으로 도시 과밀화 문제가 발생한다.

① ㄱ, ㄴ, ㄷ   ② ㄱ, ㄴ, ㄹ
③ ㄴ, ㄷ, ㄹ   ④ ㄴ, ㄷ, ㅁ
⑤ ㄷ, ㄹ, ㅁ

05 (가) 국가의 인구 문제를 해결하기 위한 대책으로 적절한 것을 〈보기〉에서 고른 것은?

┤ 보기 ├
ㄱ. 공공 교육 서비스 확대
ㄴ. 출산 관련 의료비 지원
ㄷ. 농촌 지역의 기계화 지원
ㄹ. 한 자녀 가정의 세금 감면

① ㄱ, ㄴ   ② ㄱ, ㄷ   ③ ㄴ, ㄷ
④ ㄴ, ㄹ   ⑤ ㄷ, ㄹ

06 다음 밑줄 친 지역에서 발생하는 인구 문제를 해결하기 위한 대책으로 적절하지 <u>않은</u> 것은?

> 나이지리아는 아프리카에서 인구가 가장 많은 국가로, 인구 증가 속도가 빠르다. 그러나 이를 따라갈 만큼 충분한 일자리를 만들어 내지 못하고 있어 많은 인구가 일자리를 찾아 도시로 몰려들고 있다. 또 식량 부족, 빈곤 등의 문제가 발생하고 있다.

① 산업화 정책을 시행한다.
② 출산 억제 정책을 시행한다.
③ 노년층의 재취업 기회를 제공한다.
④ 농촌 지역의 생활 환경을 개선한다.
⑤ 농업의 기계화로 농업 생산성을 높인다.

[07~08] 그래프는 우리나라의 인구 구성을 나타낸 것이다. 물음에 답하시오.

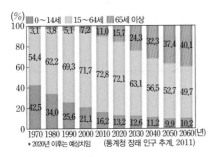
* 2020년 이후는 예상치임 　　　(통계청 장래 인구 추계, 2011)

07 그래프와 같은 변화가 나타나게 된 원인으로 옳은 것을 〈보기〉에서 고른 것은?

> **보기**
> ㄱ. 남아 선호 사상의 심화
> ㄴ. 산업화에 따른 도시 인구의 증가
> ㄷ. 의료 기술 발달에 따른 평균 수명 연장
> ㄹ. 자녀 양육 부담에 따른 합계 출산율 감소

① ㄱ, ㄴ 　　② ㄱ, ㄷ 　　③ ㄴ, ㄷ
④ ㄴ, ㄹ 　　⑤ ㄷ, ㄹ

고난도

08 우리나라에서 그래프와 같은 현상이 지속될 경우 나타날 문제에 대한 대책으로 적절하지 <u>않은</u> 것은?

① 청년층의 고용 안정을 보장한다.
② 점차적으로 정년 단축을 추진한다.
③ 아버지 육아 휴직 할당제를 도입한다.
④ 연금 제도 및 사회 보장 제도를 정비한다.
⑤ 사회 활동과 육아를 함께 할 수 있는 사회 분위기를 조성한다.

09 그래프는 세계의 인구 성장을 나타낸 것이다. A, B 중 개발 도상국에 해당하는 것의 기호를 쓰고, 개발 도상국에서 발생할 수 있는 인구 문제를 두 가지 서술하시오.

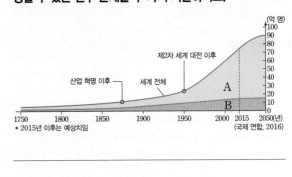
* 2015년 이후는 예상치임　　　(국제 연합, 2016)

10 자료를 통해 알 수 있는 우리나라의 인구 문제를 쓰고, 대책을 두 가지 서술하시오.

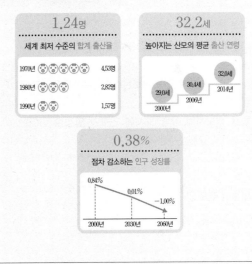

대단원 정리

❶ 세계의 인구 분포

(미국 항공 우주국, 2016)

- (①   ) 유럽은 기후가 온화하고, 산업 혁명 이후 공업과 서비스업의 발달로 경제 성장을 이루어 인구가 밀집한다.
- 동남 및 남부 아시아 지역은 여름철 (②   )의 영향으로 벼농사가 발달하여 인구가 밀집한다.

정답 ① 서부 ② 계절풍

❷ 우리나라의 인구 분포

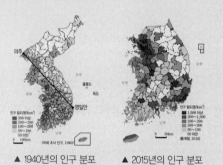

▲ 1940년의 인구 분포   ▲ 2015년의 인구 분포

- 1940년에는 평야가 넓고 농업에 유리한 (①   ) 지역에 인구가 밀집하였다.
- (②   ) 이후 인구 분포는 인문·사회적 요인의 영향을 크게 받았다.
- 오늘날 대도시와 공업 도시에 인구가 밀집한 이유는 (③   ) 현상 때문이다.

정답 ① 남서부 ② 산업화 ③ 이촌 향도

❸ 세계의 주요 인구 이동

(디르케 세계 지도, 2014 / 휴먼 지오그래피, 2013)

- 신항로 개척 이후 유럽인은 (①   ) 대륙으로 대거 이동하였다.
- 오늘날에는 아시아, 아프리카, 라틴 아메리카와 같은 개발 도상국에서 (②   ) 유럽, (③   )아메리카 등지의 선진국으로 일자리를 찾아 이동하는 (④   ) 적 이동이 대부분이다.

정답 ① 아메리카 ② 서부 ③ 북부 ④ 경제

---

1. 인구 분포

(1) 세계 인구 분포의 특징 ❶

특징		지구상에 고르게 분포하지 않고 특정 지역에 집중하여 분포함
인구 밀집 지역	자연적 요인	기후가 온화하고 평야가 넓으며 물을 얻기 쉬운 지역 예 동남 및 남부 아시아의 벼농사 지역
	인문·사회적 요인	산업이 발달하여 일자리가 풍부하고 교통이 편리한 지역, 교육 여건과 문화 시설이 잘 갖추어진 지역 예 서부 유럽, 미국 북동부 대서양 연안
인구 희박 지역	자연적 요인	• 건조·한대·열대 기후 지역 예 사하라 사막, 시베리아 지역, 아마존강 유역 • 험준한 산지 지역 예 히말라야산맥
	인문·사회적 요인	• 교통이 불편한 지역 • 각종 산업 시설, 일자리가 부족한 지역 • 전쟁과 분쟁이 자주 발생하는 지역

(2) 우리나라 인구 분포의 특징 ❷

산업화 이전	• 자연적 요인의 영향을 크게 받음 • 평야가 넓고 기후가 온화하여 벼농사에 유리한 남서부 지역에 인구 밀집
산업화 이후	• 인문·사회적 요인의 영향을 크게 받음 • 산업화와 도시화로 수도권, 대도시, 남동 임해 공업 지역에 인구 밀집

2. 인구 이동

(1) 인구 이동의 요인과 유형

요인	• 흡인 요인: 인구를 끌어들이는 요인 • 배출 요인: 인구를 다른 지역으로 밀어내는 요인
유형	• 범위: 국내 이동, 국제 이동 • 의지: 자발적 이동, 강제적 이동 • 기간: 영구적 이동, 일시적 이동 • 원인: 경제적 이동, 종교적 이동, 정치적 이동

(2) 인구의 국제 이동 ❸

과거	자발적 이동	• 신항로 개척 이후 유럽인의 아메리카와 오스트레일리아로의 이주 • 중국인의 동남아시아로의 이주
	강제적 이동	노예무역에 의한 아프리카 흑인들의 아메리카 강제 이주
	종교적 이동	영국 청교도들의 아메리카 대륙으로의 이주
오늘날	경제적 이동	개발 도상국에서 임금 수준이 높고 일자리가 많은 선진국으로 이동
	정치적 이동	민족 탄압, 전쟁, 분쟁 등을 피하기 위한 난민의 이동

(3) 인구 이동과 지역 변화

인구 유입 지역	긍정적 영향	저임금 노동력 확보, 경제 활성화 및 문화적 다양성 증가
	부정적 영향	이주민과 현지인 간의 일자리 경쟁 및 문화적 차이로 인한 갈등 발생
인구 유출 지역	긍정적 영향	이주자들이 본국으로 송금하는 외화 증가로 인한 경제 활성화
	부정적 영향	청장년층 노동력의 해외 유출로 경제 성장 둔화 및 노동력 부족 문제 발생

(4) 우리나라의 인구 이동 ❹

일제 강점기	일자리를 찾아 광공업이 발달한 북부 지방으로 인구 이동
6·25 전쟁	월남한 동포들이 남부 지방으로 대규모 이동
1960년대 이후	이촌 향도 현상으로 수도권과 대도시 등으로 인구 집중
1990년대 이후	대도시의 일부 인구가 주변 지역으로 이동하는 역도시화 현상 발생

3. 인구 문제

(1) 세계 인구의 성장 ❺

산업 혁명 이후		의료 기술 및 생활 수준 향상 → 평균 수명 증가, 영아 사망률 감소
오늘날	선진국	출생률과 사망률이 모두 낮음 → 인구 증가 속도가 완만하거나 정체
	개발 도상국	제2차 세계 대전 이후 사망률은 낮아졌으나 출생률이 높음 → 인구 급증

(2) 개발 도상국의 인구 문제와 대책

기아와 빈곤	• 원인: 경제 성장 속도보다 인구 증가 속도가 빠름 • 대책: 출산 억제 정책, 경제 성장과 식량 증산 정책
도시 과밀화	• 원인: 이촌 향도에 따른 도시 인구 급증 • 대책: 농촌 지역의 생활 환경 개선, 인구 분산
성비 불균형	• 원인: 일부 아시아 국가의 남아 선호 사상 • 대책: 양성평등 문화 정착

(3) 선진국과 우리나라의 인구 문제와 대책 ❻

저출산	• 원인: 여성의 사회 참여 증가, 결혼 연령 상승, 결혼 및 가족에 대한 가치관 변화 등 • 문제: 총인구 감소, 생산 가능 인구 감소로 경제 성장 둔화 • 대책: 출산 장려 정책 강화, 보육 시설 확충, 청년층의 고용 안정 보장
고령화	• 원인: 생활 수준의 향상과 의료 기술의 발달로 평균 수명 증가 • 문제: 청장년층의 노인 인구 부양 부담 증가, 노인 소외 등 • 대책: 연금 및 사회 제도 개선, 정년 연장, 노인 복지 강화

❹ 우리나라의 인구 이동

▲ 1960년대 이후　　　▲ 1990년대 이후

• 1960년대 이후에는 (①　　　　　)·도시화로 (②　　　　　) 현상이 나타났으며, 이로 인해 대도시와 (③　　　　) 지역에 인구가 밀집하였다.
• 1990년대 이후에는 대도시 주변에 (④　　　　)이/가 건설되면서 역도시화 현상이 나타나고 있다.

답 ① 산업화 ② 이촌 향도 ③ 공업 발달 지역 ④ 신도시

❺ 선진국과 개발 도상국의 인구 구조

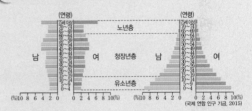

▲ 독일의 인구 피라미드　　　▲ 앙골라의 인구 피라미드

• 독일은 유소년층 인구 비율이 낮고 (①　　　) 인구 비율이 높기 때문에 저출산과 (②　　　) 문제가 나타난다.
• 앙골라는 합계 출산율이 높아 (③　　　) 인구 비율이 높게 나타난다.

답 ① 노년층 ② 고령화 ③ 유소년층

❻ 우리나라의 인구 구성 비율 변화

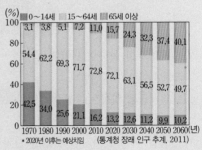

（통계청 장래 인구 추계, 2011）
* 2020년 이후는 예상치임

• (①　　　　)(0〜14세)와/과 (②　　　　)(15〜64세)의 인구 비율은 줄고 있으며 앞으로도 감소될 전망이다.
• 노년층 인구는 지속적으로 증가하여 2030년경에는 노인 인구가 전체 인구의 20%를 넘는 (③　　　　)에 진입할 것으로 예상된다.

답 ① 유소년층 ② 청장년층 ③ 초고령 사회

01 (가), (나)는 인구 분포에 영향을 미치는 요인이다. 이에 대한 설명으로 옳지 <u>않은</u> 것은?

> (가) 기후, 지형, 식생
> (나) 경제, 교통, 산업, 문화

① (가)는 자연적 요인에 해당한다.
② (가)로 인한 인구 밀집 지역에는 열대 기후 지역이 대표적이다.
③ (나)는 인문·사회적 요인에 해당한다.
④ (나)로 인한 인구 희박 지역에는 전쟁과 분쟁이 잦은 지역이 있다.
⑤ 산업화 이후 과학 기술의 발달로 (가)보다 (나)의 영향력이 커지고 있다.

03 (가), (나) 지역의 인구 분포에 영향을 준 요인을 바르게 연결한 것은?

(가)	(나)
▲ 방글라데시	▲ 몽골

	(가)	(나)
①	넓은 평야	잦은 전쟁
②	비옥한 토양	넓은 밀림
③	풍부한 수자원	건조한 기후
④	풍부한 문화 시설	험준한 산지
⑤	높은 산업화 수준	부족한 교육 시설

02 지도에 표시된 A~E 지역의 인구 분포 특성에 대한 설명으로 옳은 것은?

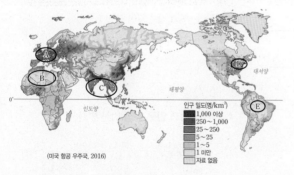

(미국 항공 우주국, 2016)

인구 밀도(명/km²)
1,000 이상
250~1,000
25~250
5~25
1~5
1 미만
자료 없음

① A-계절풍의 영향으로 인구 부양력이 높은 벼를 재배하여 인구가 밀집한다.
② B-편서풍의 영향으로 연중 온화하고 습윤한 날씨가 나타나 인구가 밀집한다.
③ C-산업 혁명이 시작된 곳으로 일찍부터 제조업이 발달하여 인구가 밀집한다.
④ D-산업이 발달하여 일자리가 풍부하고 임금 수준이 높아 인구가 밀집한다.
⑤ E-건조한 사막이 드넓게 펼쳐져 있어 인구가 희박하다.

04 지도는 두 시기의 우리나라 인구 분포를 나타낸 것이다. 이에 대한 설명으로 옳지 <u>않은</u> 것은?

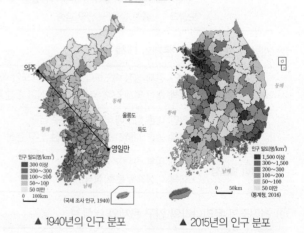

▲ 1940년의 인구 분포	▲ 2015년의 인구 분포

① 산업화 이전에는 자연적 요인의 영향을 많이 받았다.
② 산업화 이후에도 대체로 산지 지역의 인구가 희박하다.
③ 1940년에는 광공업이 발달한 지역에 인구 밀도가 높다.
④ 2015년에는 우리나라 인구의 절반 정도가 수도권에 분포한다.
⑤ 1940년에 비해 2015년에 지역별 인구 격차가 확대되었다.

05 다음에서 설명하는 지역을 지도의 A~E에서 고른 것은?

> 정부의 중화학 공업 육성 정책에 따라 대단위 공업 단지가 조성되면서 인구 밀집 지역이 되었다. 해안을 따라 이어진 공업 도시에는 일자리를 찾아온 많은 인구가 유입되면서 인구 밀도가 높아졌다.

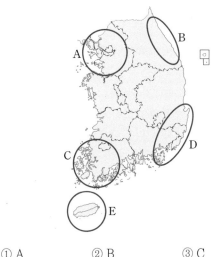

① A
② B
③ C
④ D
⑤ E

06 그림의 빈칸에 들어갈 말로 옳지 <u>않은</u> 것은?

> 우리 가족은 멕시코에서 미국으로 이주해 왔어요. 왜냐하면 이곳은 _____

① 일자리가 많아 취직이 쉬워요.
② 물가가 낮아 생활비가 적게 들어요.
③ 사회가 안정되어 있어 불안하지 않아요.
④ 복지 제도가 잘 갖춰져 있어 생활하기 편리해요.
⑤ 좋은 학교가 많아 수준 높은 교육을 받을 수 있어요.

07 지도는 세계의 주요 인구 이동을 나타낸 것이다. 이에 대한 설명으로 옳은 것은?

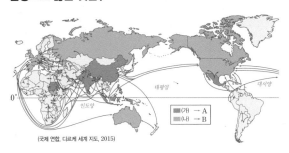

(국제 연합, 디르케 세계 지도, 2015)

① (가)는 인구 유입 지역, (나)는 인구 유출 지역이다.
② A는 일시적 이동, B는 영구적 이동의 사례이다.
③ A는 정치적 이동, B는 경제적 이동의 사례이다.
④ 주로 선진국에서 개발 도상국으로 인구 이동이 나타난다.
⑤ 아프리카 대륙은 대륙 내부에서의 인구 이동이 활발하다.

08 다음 밑줄 친 지역에서 나타날 변화의 모습을 〈보기〉에서 고른 것은?

> 애들아, 안녕?
> 나는 <u>알제리</u>에 사는 ○○야. 언젠가부터 친척들이 하나둘 프랑스로 떠나갔어. 두 달 전에는 우리 아버지도 작은아버지가 계시는 프랑스로 가셨어. 친구들 상황도 우리와 비슷해. 동네에는 대부분 여자만 남아 있어. 알제리에는 석유가 생산되지만 일자리가 많지 않고, 임금도 높지 않거든.

┤ 보기 ├
ㄱ. 일시적으로 실업률이 감소한다.
ㄴ. 노동력 증가로 경제 성장이 활발해진다.
ㄷ. 외화 유입으로 인해 경제가 활성화된다.
ㄹ. 현지인과 이주민 사이에 문화적 충돌이 발생한다.

① ㄱ, ㄴ
② ㄱ, ㄷ
③ ㄴ, ㄷ
④ ㄴ, ㄹ
⑤ ㄷ, ㄹ

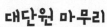

09 (가), (나)에 나타난 우리나라의 인구 이동에 대한 설명으로 옳은 것은?

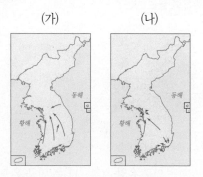

① (가) – 정치적 이동이 뚜렷하게 나타난다.
② (가) – 1990년대 이후 나타나는 모습이다.
③ (가) – 일자리를 찾아 촌락의 인구가 도시로 이동한다.
④ (나) – 6·25 전쟁으로 인한 남한의 피란민들의 이동이다.
⑤ (나) – 농업 중심의 산업 구조에서 나타난 인구 이동이다.

11 그래프는 세계의 합계 출산율을 나타낸 것이다. A의 국가에서 공통적으로 나타날 수 있는 인구 문제로 옳은 것은?

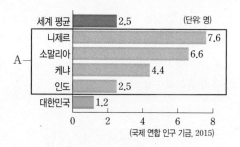

① 도시 인구의 감소로 빈 주택이 늘어난다.
② 청장년층의 노년층 부양 부담이 증가한다.
③ 노동력이 부족해져 외국인 노동자가 유입된다.
④ 생산 가능 인구의 감소로 경제 성장이 둔화된다.
⑤ 기아와 경제적 빈곤 등 생존의 문제가 발생한다.

10 그래프는 세계의 인구 성장을 나타낸 것이다. A, B에 대한 설명으로 옳은 것을 〈보기〉에서 고른 것은?

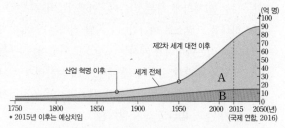

┌─ 보기 ┐
ㄱ. A는 오늘날의 인구 성장을 주도하고 있다.
ㄴ. A는 제2차 세계 대전 이후 사망률과 출생률이 모두 감소하였다.
ㄷ. B는 산업 혁명 이후 인구가 완만히 증가하였다.
ㄹ. A는 선진국, B는 개발 도상국에 해당한다.
└───────┘

① ㄱ, ㄴ   ② ㄱ, ㄷ   ③ ㄴ, ㄷ
④ ㄴ, ㄹ   ⑤ ㄷ, ㄹ

12 지도에 표시된 국가에서 공통으로 겪을 인구 문제의 대책으로 옳은 것을 〈보기〉에서 고른 것은?

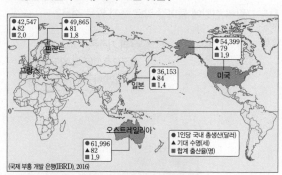

┌─ 보기 ┐
ㄱ. 출산 억제 정책을 강화한다.
ㄴ. 양육자의 육아 휴직 정책을 확대한다.
ㄷ. 정년을 연장하고 재취업 교육을 강화한다.
ㄹ. 산업화 정책을 시행하고 사회 기반 시설을 확충한다.
└───────┘

① ㄱ, ㄴ   ② ㄱ, ㄷ   ③ ㄴ, ㄷ
④ ㄴ, ㄹ   ⑤ ㄷ, ㄹ

13 그래프에 나타난 인구 변화를 둘러싼 대책 회의가 열렸다. 옳은 말을 한 사람을 고른 것은?

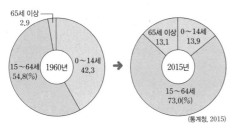
▲ 우리나라의 연령별 인구 비율 변화
(통계청, 2015)

> 시민 1: 0~14세 인구 비율 변화는 결혼과 자녀에 대한 가치관의 변화가 원인이에요.
> 시민 2: 육아와 가사 노동에 대한 부담으로 출산율이 감소하였죠.
> 복지 정책 담당자: 유소년층 인구 비율을 늘리려면 실버산업을 확대할 필요가 있어요.
> 교육 정책 담당자: 65세 이상 인구를 위해 사회 활동과 육아를 병행할 수 있도록 공공 교육 시설을 확충해야 해요.

① 시민 1, 시민 2
② 시민 1, 복지 정책 담당자
③ 시민 2, 복지 정책 담당자
④ 시민 2, 교육 정책 담당자
⑤ 복지 정책 담당자, 교육 정책 담당자

14 다음은 우리나라의 시대별 인구 정책 포스터이다. (가), (나)를 통해 해결하고자 하는 인구 문제가 바르게 연결된 것은?

(가)	(나)

▲ 1970년대	▲ 2000년대

	(가)	(나)
①	높은 출생률	낮은 출생률
②	도시 과밀화	높은 사망률
③	성비 불균형	남아 선호 사상
④	높은 사망률	미혼 인구 증가
⑤	국제결혼 급증	낮은 인구 부양력

서술형

15 지도를 보고, 중국의 인구 분포가 지역별로 다르게 나타나는 원인을 자연적 요인과 인문·사회적 요인으로 나누어 서술하시오.

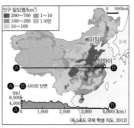
▲ 중국의 인구 분포 (2012년)

▲ 중국의 1인당 공업 생산액 (2012년)

서술형

16 그래프의 A에 들어갈 국가를 쓰고, 그래프를 통해 파악할 수 있는 우리나라의 인구 이동 특징을 두 가지 서술하시오.

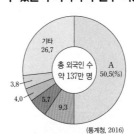
▲ 우리나라 체류 외국인의 국적별 비율
(통계청, 2016)

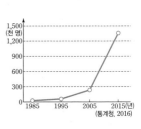
▲ 우리나라 체류 외국인 수의 변화
(통계청, 2016)

사람이 만든 삶터, 도시

도시의 위치와 특징~도시 내부의 경관

1. 도시의 의미와 특징

(1) **도시의 의미**: 인구가 밀집한 곳으로 정치, 경제, 사회, 문화의 중심지

(2) **도시의 특징** → 숲이나 하천 같은 자연 경관보다 건축물이나 도로와 같은 인문 경관이 더 많아.

　① 높은 인구 밀도: 상대적으로 좁은 지역에 많은 사람이 모여 있음

　② 집약적 토지 이용: 한정된 공간을 효율적으로 활용함 → 고층 건물이 발달했어.

　③ 2, 3차 산업에 종사하는 인구가 많음

　④ 생활 편의 시설 및 각종 기능이 집중됨

　⑤ 중심지 역할: 주변 지역에 다양한 상품과 서비스를 제공함

→ 교역과 교환이 활발한 지역이야.
→ 2·3차 산업 종사자가 많고, 생활 편의 시설과 각종 기능이 집중하기 때문이야.

학습 내용 들여다보기

■ 도시의 형성과 발달
→ 오늘날의 이라크 지역으로, 과거 농업에 유리한 조건을 갖추고 있었어.

기원전 3,500년 경	티그리스강과 유프라테스강 등지에서 최초의 도시 발달
중세	시장을 중심으로 상업 도시 발달
근대	18세기 후반 산업 혁명으로 석탄 산지를 중심으로 공업 도시 발달
20세기 이후	공업 및 첨단 산업, 서비스업, 교육, 문화 등 여러 기능을 수행하는 도시 발달

■ 도시의 기준

도시의 기준은 나라마다 다르며, 일반적으로 인구를 기준으로 도시와 촌락을 구분한다. 스웨덴은 200명, 오스트레일리아는 1,000명, 미국은 2,500명, 우리나라는 20,000명(읍 기준)을 도시의 최소 인구로 설정하고 있다.

■ 도시와 촌락

구분	도시	촌락
인구 밀도	높음	낮음
건물의 평균 높이	높음	낮음
주민 직업 구성	이질적	동질적
산업의 분포	2, 3차 산업 중심	1차 산업 중심
토지 이용	집약적	조방적

2. 세계의 다양한 도시

→ 세계 각지에 자회사·지사·합병 회사·공장 등을 확보하고, 생산·판매 활동을 국제적 규모로 수행하는 기업을 말해.
→ 국제 연합(UN)의 본부가 있어.

세계 도시	다국적 기업의 본사가 많고, 자본과 정보가 집중하여 주변 국가와 도시에 미치는 영향력이 매우 큰 도시 ⑩ 미국의 뉴욕, 영국의 런던, 일본의 도쿄 등 자료1
생태·환경 도시	생태 환경을 잘 가꾼 도시 ⑩ 독일의 프라이부르크, 브라질의 쿠리치바 등 자료2
역사·문화 도시	• 오랜 세월에 걸쳐 형성된 역사 유적이 많은 도시 ⑩ 이탈리아의 로마, 그리스의 아테네, 터키의 이스탄불, 중국의 시안 등 자료3 • 매력적인 문화를 지닌 도시 ⑩ 에스파냐의 바르셀로나, 브라질의 리우데자네이루 등
관광 도시	• 아름다운 항구로 유명한 도시 ⑩ 오스트레일리아의 시드니, 이탈리아의 나폴리 등 • 오로라를 감상할 수 있는 도시 ⑩ 아이슬란드의 레이캬비크 등 • 연중 온화한 기후의 고산 도시 ⑩ 에콰도르의 키토 등 자료4

→ 동서양의 역사·종교·문화 등이 어우러져 독특한 경관이 나타나.

더 알아보기 세계의 주요 도시

세계에는 유명하거나 매력적인 도시들이 많다. 세계 경제의 중심지 역할을 하는 도시, 생태 환경이 우수한 도시, 역사 유적이 많은 도시, 매력적인 경관이 많아 관광 산업이 발달한 도시 등 다양한 기준으로 구분할 수 있다.

용어 알기

• **편의** 형편이나 조건 따위가 편하고 좋음
• **이질** 성질이 다름
• **집약** 하나로 모아서 뭉뚱그림
• **조방** 거칠게 놓음

자료1 뉴욕(미국)

국제 자본의 연결망을 가진 세계 경제의 중심지

자료2 프라이부르크(독일)

세계 환경 수도로 불릴 만큼 친환경 에너지 사용이 많은 생태 도시

자료3 시안(중국)

중국에서 가장 보존이 잘된 성벽을 볼 수 있는 역사와 문화의 도시

자료4 키토(에콰도르)

저위도의 산지 지역에 위치하여 연중 기온이 온화한 고산 도시

3. 도시 내부의 다양한 경관

(1) 도시 내부의 지역 분화

① **지역 분화의 의미**: 도시의 규모가 커지면서 같은 종류의 기능은 모이고 다른 종류의 기능은 분리되면서 중심 업무 지역, 상업 지역, 공업 지역, 주거 지역 등으로 나뉘는 것을 의미함

② **분화의 원인** →여러 지점에서 출발하여 도달하기 쉬운 정도를 말해.
- 접근성, 지가(땅값), 지역 개발 정책 등
- 교통이 편리한 지역일수록 접근성이 높고, 접근성이 높은 지역일수록 지가와 지대가 비쌈

③ **분화의 과정**

집심 현상 도심으로 집중	비싼 땅값을 지급하고도 이익을 낼 수 있는 중심 업무 및 상업 기능이 도시 중심부로 집중되는 현상 ⑩ 기업 본사, 은행 본점, 관공서, 고급 호텔, 백화점 등
이심 현상 도심에서 벗어남	비싼 땅값을 지급할 수 없으며 넓은 토지가 필요한 주거 및 공업 기능이 외곽으로 빠져나가는 현상 ⑩ 주택, 학교, 공장 등

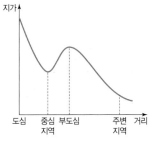
▲ 토지 이용별 지가 그래프

(2) 도시 내부 구조

① **도심** 자료 5 →대도시에서 중추 관리 기능을 비롯하여 상업 기능 및 고급 서비스 기능이 밀집한 지역을 의미해.
- 도시의 중심부로 중심 업무 지구(CBD)가 형성됨
- 교통이 편리하며 고층 건물이 밀집함
- 중추 관리 기능과 전문 상업 기능을 수행함 →출퇴근 시간에 교통 혼잡이 발생해.
- 인구 공동화 현상: 주거 기능의 약화로 낮과 밤의 인구 밀도 차이가 큼

② **부도심** 자료 6
- 도심에 집중된 상업 기능과 서비스 기능을 분담하고, 일부 주거 기능이 나타남 →도시가 성장함에 따라 형성돼.
- 도심과 주변 지역을 연결하는 교통이 편리한 지역에 발달함

③ **중간 지역**
- 도심 주변에 오래된 주택, 상가, 공장이 혼재하는 지역
- 도심과 가까운 곳은 주택과 상가가 함께 나타나며, 도심에서 멀어질수록 신흥 주거 단지와 공장이 섞여 있음 →도시 미관과 토지의 효율적 이용을 위해 재개발이 이루어지기도 해.

④ **주변 지역** 자료 7 자료 8
- 대규모 주거 단지가 조성됨
- 공장, 상가, 농경지, 과수원 등 도시와 농촌의 모습이 혼재함

⑤ **개발 제한 구역(green belt)**: 도시의 무분별한 팽창을 막고 녹지 공간을 확보하기 위해 설정하는 공간

⑥ **위성 도시**: 교통이 편리한 대도시 인근에 위치하며 주거, 공업, 행정 등과 같은 대도시 기능의 일부를 분담하는 도시 ⑩ 서울의 위성 도시인 성남, 고양, 안산, 부산의 위성 도시인 양산

학습 내용 들여다보기

■ **지가와 지대**
지가는 토지의 시장 거래 가격을 의미하고, 지대는 토지를 경제적으로 이용하여 얻을 수 있는 수익 또는 토지 이용자가 소유자에게 지불해야 하는 일종의 사용료를 의미한다.

■ **도시 내부 구조**

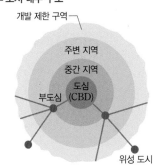

도시의 중심 지역인 도심, 도심의 기능을 분담하는 부도심, 주거 기능이 발달한 주변 지역, 개발 제한 구역 등으로 구분된다.

■ **인구 공동화 현상**

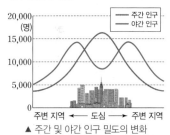
▲ 주간 및 야간 인구 밀도의 변화

낮에는 업무나 쇼핑 등으로 도심에 사람이 모이지만, 밤에는 주변 지역에 있는 집으로 돌아가 사람이 없고 도심이 한산해지는 현상을 말한다.

🎓 **용어 알기**
- **경관** 눈으로 파악할 수 있는 겉모습
- **중추 관리 기능** 은행이나 대기업 본사와 같이 도시의 운영과 성장을 위한 중요한 업무를 관리하는 기능
- **공동화** 속이 텅 비게 됨

자료 5 **서울의 도심**

중구와 종로구는 중추 관리 기능을 담당한다.

자료 6 **서울의 부도심**

여의도, 영등포, 강남, 용산, 청량리 등은 교통의 요지에 입지한다.

자료 7 **주변 지역의 공업 지역**

금천구에는 정보 기술(IT) 업체가 모여 있는 아파트형 공장이 있다.

자료 8 **주변 지역의 주거 지역**

노원구에는 대규모 아파트 단지가 밀집해 있다.

✅ **간단 체크**

1 괄호 안의 내용 중 알맞은 말에 ○표 하시오.

(1) 인구가 밀집한 곳으로 정치·경제·사회·문화의 중심지를 (촌락 , 도시)(이)라고 한다.

(2) 도시는 한정된 공간을 효율적으로 활용해야 하므로 토지 이용이 (집약적 , 조방적)이다.

(3) (생태 도시 , 세계 도시)는 다국적 기업의 본사가 많고, 자본과 정보가 집중하여 주변 국가와 도시에 미치는 영향력이 매우 큰 도시를 말한다.

2 다음 설명이 맞으면 ○표, 틀리면 ×표 하시오.

(1) 도시는 좁은 지역에 많은 사람이 모여 있어 인구 밀도가 높다. ( )

(2) 도시는 촌락에 비해 생활 편의 시설 및 각종 기능이 부족한 편이다. ( )

(3) 도시는 주변 지역에 다양한 상품과 서비스를 제공하는 역할을 한다. ( )

3 다음과 같은 특징이 나타나는 도시를 〈보기〉에서 찾아 기호를 쓰시오.

보기
ㄱ. 뉴욕　　　　ㄴ. 시안
ㄷ. 키토　　　　ㄹ. 프라이부르크

(1) 저위도의 산지 지역에 위치하여 연중 기온이 온화한 고산 도시 ( )

(2) 세계 환경 수도로 불릴 만큼 친환경 에너지 사용이 많은 생태 도시 ( )

(3) 중국에서 가장 보존이 잘된 성벽을 볼 수 있는 역사와 문화의 도시 ( )

(4) 국제 연합 본부가 있으며, 국제 자본의 연결망을 가진 세계 경제의 중심지 ( )

4 빈칸에 들어갈 알맞은 말을 쓰시오.

(1) 도시 규모가 커지면서 상업 지역, 공업 지역, 주거 지역 등으로 나뉘는 것을 ( )(이)라고 한다.

(2) 중심 업무 및 상업 기능이 도시 중심부로 집중되는 현상을 ( ) 현상이라고 한다.

(3) 주거 및 공업 기능이 도시 외곽으로 빠져나가는 현상을 ( ) 현상이라고 한다.

(4) 도심에는 주간에는 유동 인구가 많지만, 야간에는 유동 인구가 주거 지역으로 빠져나가는 ( ) 현상이 나타난다.

5 도시 내부 구조의 모식도이다. ㉠~㉢에 들어갈 알맞은 용어를 쓰시오.

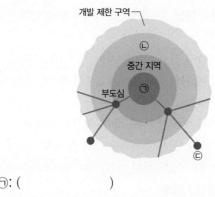

㉠: ( )

㉡: ( )

㉢: ( )

6 다음 글의 밑줄 친 부분을 바르게 고쳐 쓰시오.

(1) 주변 지역은 접근성이 좋아 중심 업무 지구를 형성하며 고층 건물이 밀집한다. ( )

(2) 개발 제한 구역은 도심과 주변 지역을 연결하는 교통의 요지에 형성되어 도심의 기능을 분담한다. ( )

(3) 대도시 주변에는 대도시의 주거, 공업, 행정 등과 같은 기능을 분담하는 도시인 부도심이 나타나기도 한다. ( )

01 사진과 같은 거주 공간의 특징으로 옳은 것을 〈보기〉에서 고른 것은?

┤ 보기 ├
ㄱ. 인구 밀도가 낮다.
ㄴ. 건물과 건물 사이의 거리가 멀다.
ㄷ. 제조업, 서비스업 종사자 비율이 높다.
ㄹ. 상가, 관공서 등 생활 편의 시설이 많다.
ㅁ. 주변 지역에 다양한 상품과 서비스를 제공한다.

① ㄱ, ㄴ, ㄷ
② ㄱ, ㄴ, ㄹ
③ ㄴ, ㄷ, ㄹ
④ ㄴ, ㄷ, ㅁ
⑤ ㄷ, ㄹ, ㅁ

02 도시의 발달 과정을 순서대로 바르게 나열한 것은?

(가) 시장을 중심으로 상업 도시가 발달하였다.
(나) 석탄 산지를 중심으로 공업 도시가 발달하였다.
(다) 농업에 유리한 문명의 발상지에서 도시가 발달하였다.
(라) 공업, 서비스업, 교육, 문화 등 여러 기능을 수행하는 도시가 발달하였다.

① (가)—(나)—(다)—(라)
② (나)—(가)—(다)—(라)
③ (나)—(가)—(라)—(다)
④ (다)—(가)—(나)—(라)
⑤ (다)—(나)—(가)—(라)

03 (가), (나)에 해당하는 도시를 〈보기〉에서 골라 바르게 연결한 것은?

(가) 중국에서 가장 보존이 잘된 성벽을 볼 수 있는 역사와 문화의 도시이다.
(나) 적도상에 위치하지만 해발 고도가 높아 연중 온화한 기후가 나타나는 고산 도시이다.

┤ 보기 ├

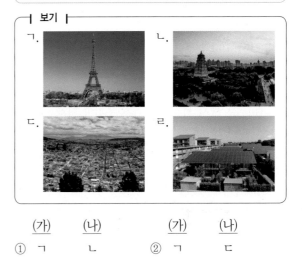

	(가)	(나)		(가)	(나)
①	ㄱ	ㄴ	②	ㄱ	ㄷ
③	ㄴ	ㄷ	④	ㄴ	ㄹ
⑤	ㄷ	ㄹ			

04 다음에서 설명하는 도시를 지도의 A~E에서 고른 것은?

다국적 기업의 본사가 많고, 자본과 정보가 집중하여 주변 국가와 도시에 미치는 영향력이 매우 큰 도시

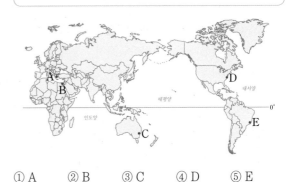

① A
② B
③ C
④ D
⑤ E

05 밑줄 친 ㉠~㉢에 대한 설명으로 옳지 <u>않은</u> 것은?

> 도시의 규모가 커지면, ㉠같은 종류의 기능은 모이고 다른 종류의 기능은 분리되면서 상업 시설, 주택, 공장 등 비슷한 기능끼리 모이는 현상이 나타난다. 이 과정에서 ㉡도시의 기능이 도시 중심부로 집중되는 현상과 ㉢도시의 기능이 외곽으로 빠져나가는 현상이 나타난다.

① ㉠을 지역 분화라고 한다.
② ㉡을 집심 현상이라고 한다.
③ ㉢을 이심 현상이라고 한다.
④ ㉠은 도시 기능들의 입지 조건이 서로 비슷하기 때문에 발생한다.
⑤ ㉡의 경우 비싼 땅값을 지급하고도 이익을 낼 수 있는 기능이 해당한다.

06 그림을 통해 파악한 내용으로 옳은 것을 〈보기〉에서 고른 것은?

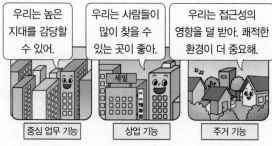

┌ 보기 ├
ㄱ. 상업 기능은 유동 인구가 적은 곳에 입지한다.
ㄴ. 주거 기능은 도심으로 이전하려는 경향이 강하다.
ㄷ. 접근성과 지가의 차이로 도시 기능의 입지가 달라진다.
ㄹ. 중심 업무 기능은 높은 땅값을 지급하고도 많은 이익을 낼 수 있다.

① ㄱ, ㄴ 　② ㄱ, ㄷ 　③ ㄴ, ㄷ
④ ㄴ, ㄹ 　⑤ ㄷ, ㄹ

07 도시 내부 구조에 대한 설명으로 옳지 <u>않은</u> 것은?

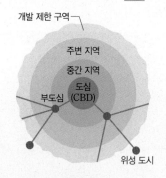

① 도심의 접근성이 가장 높다.
② 부도심은 교통의 요지에 위치한다.
③ 중간 지역에 상업 및 업무 기능이 집중된다.
④ 위성 도시는 대도시의 기능을 일부 분담한다.
⑤ 주변 지역은 도시와 농촌의 모습이 함께 나타난다.

08 빈칸 ㉠에 들어갈 지역으로 옳은 것은?

> 일부 도시의 경우 도시의 무질서한 팽창을 억제하기 위하여 (㉠)을/를 두기도 한다.

① 도심 　　　　② 부도심
③ 중간 지역 　　④ 위성 도시
⑤ 개발 제한 구역

09 (가), (나)는 서울 내부에 위치한 두 지역의 경관이다. 이 지역에 대한 설명으로 옳지 <u>않은</u> 것은?

(가)　　　　　　　　(나)

① (가)에는 기업의 본사, 은행 본점이 많다.
② (가)는 야간, (나)는 주간에 인구가 많다.
③ (가)는 (나)보다 건물 높이가 높은 편이다.
④ (가)는 (나)보다 평균적인 지가와 지대가 높다.
⑤ (나)는 (가)보다 초등학교, 대형 마트의 수가 많다.

01 도시의 형성과 발달 과정에 대한 ㉠~㉣의 설명 중 옳지 않은 것은?

> ㉠ 역사상 최초의 도시는 기원전 3,500년 무렵 형성되었다. 중세에는 ㉡ 상업 도시가 발달하였고, 18세기 후반에는 산업 혁명이 전개되면서 ㉢ 공업 도시가 발달하였다. 20세기 이후에는 공업 기능과 함께 ㉣ 여러 기능을 수행하는 도시가 발달하였다.

① ㉠ - 농업에 유리한 조건을 갖춘 곳이다.
② ㉠ - 오늘날 티그리스강과 유프라테스강 유역이다.
③ ㉡ - 교역과 교환이 활발한 시장이 중심이 되었다.
④ ㉢ - 석유 산지를 중심으로 발달하였다.
⑤ ㉣ - 첨단 산업, 서비스업, 교육, 문화 등을 수행한다.

03 다음 도시들의 공통점으로 가장 적절한 것은?

▲ 로마(이탈리아)   ▲ 이스탄불(터키)

① 오랜 세월에 걸쳐 형성된 역사 유적이 많다.
② 독특한 불교 문화 때문에 많은 관광객이 찾는다.
③ 인간 거주에 불리한 자연환경을 극복한 도시이다.
④ 국제 자본의 연결망을 가진 세계 경제의 중심지이다.
⑤ 생태 환경을 잘 가꾸어 다른 도시가 나아갈 방향을 제시한다.

02 (가) 지역과 비교한 (나) 지역의 특징으로 옳은 것을 〈보기〉에서 고른 것은?

　　　(가)　　　　　　　(나)

┤ 보기 ├
ㄱ. 주민들의 직업군이 비슷하다.
ㄴ. 집약적 토지 이용이 나타난다.
ㄷ. 제조업 및 서비스업이 발달하였다.
ㄹ. 주변 지역에 상품과 서비스를 제공한다.
ㅁ. 대체로 출퇴근 이동 거리가 짧은 편이다.

① ㄱ, ㄴ, ㄷ   ② ㄱ, ㄷ, ㄹ   ③ ㄴ, ㄷ, ㄹ
④ ㄴ, ㄷ, ㅁ   ⑤ ㄷ, ㄹ, ㅁ

04 고난도 지도에 표시된 A~E 도시에 대한 설명으로 옳은 것은?

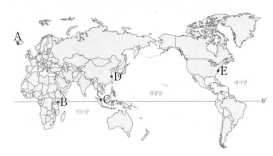

① A - 오로라와 백야 현상을 감상할 수 있다.
② B - 태평양과 인도양을 잇는 관문 도시이다.
③ C - 사바나 초원에서 사파리 관광을 할 수 있다.
④ D - 유명한 랜드마크로 자유의 여신상이 있다.
⑤ E - 유럽 연합(EU)의 본부가 위치하는 정치 · 경제의 중심지이다.

05 다음 엽서를 쓴 인물이 여행하고 있는 도시로 옳은 것은?

> POSTCARD
>
> 안녕?
> 나는 지금 풍차와 운하의 나라에 와 있어.
> 이곳은 17세기 동안 교역의 거점 도시로 성장하였다고 해.
> 도시 곳곳에서 홍수를 막기 위해 축조된 둑과 운하를 볼 수 있어.

① 빈(오스트리아)
② 예루살렘(이스라엘)
③ 암스테르담(네덜란드)
④ 두바이(아랍 에미리트)
⑤ 시드니(오스트레일리아)

★ 중요 ★
06 그림은 도시의 지역 분화를 나타낸 것이다. 이에 대한 설명으로 옳지 <u>않은</u> 것은?

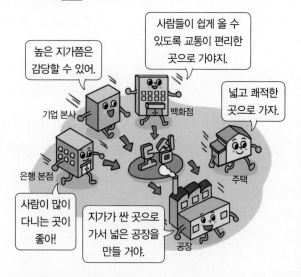

① 도심은 접근성이 높다.
② 도시가 성장할수록 활발하게 나타난다.
③ 지대 지불 능력이 높은 기능 위주로 이심 현상이 발생한다.
④ 공장, 주택 단지 등은 상대적으로 도시 주변 지역에 위치한다.
⑤ 한정된 토지를 효율적으로 이용하기 위해 나타나는 현상이다.

07 도시 중심부로 갈수록 높아지는 지표를 〈보기〉에서 고른 것은?

┤ 보기 ├
ㄱ. 상주인구   ㄴ. 사무실 임대료
ㄷ. 건물의 평균 높이   ㄹ. 대단지 아파트 수

① ㄱ, ㄴ   ② ㄱ, ㄷ   ③ ㄴ, ㄷ
④ ㄴ, ㄹ   ⑤ ㄷ, ㄹ

[08~09] 그림은 도시 내부 구조를 나타낸 것이다. 물음에 답하시오.

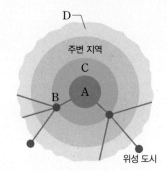

★ 중요 ★
08 A~C 지역에 대한 설명으로 옳은 것은?

① A-주거 기능이 뚜렷하다.
② A-중심 업무 지구를 형성한다.
③ B-도시의 공업 기능을 담당한다.
④ C-도심의 상업 기능과 서비스 기능을 분담한다.
⑤ C-상업 및 업무 기능이 집중되며 일부 주거 기능이 가능하다.

09 D 지역을 지정하는 이유로 옳은 것을 〈보기〉에서 고른 것은?

┤ 보기 ├
ㄱ. 도시의 녹지 공간을 확보한다.
ㄴ. 대규모 주택 단지를 건설한다.
ㄷ. 도시의 무분별한 팽창을 막는다.
ㄹ. 주거, 공업, 행정 등 대도시 기능을 분담한다.

① ㄱ, ㄴ   ② ㄱ, ㄷ   ③ ㄴ, ㄷ
④ ㄴ, ㄹ   ⑤ ㄷ, ㄹ

고난도
10 지도는 서울의 지역별 지가를 나타낸 것이다. A~D 지역을 분석한 내용으로 옳은 것을 〈보기〉에서 고른 것은?

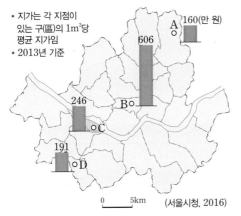

* 지가는 각 지점이 있는 구(區)의 1m²당 평균 지가임
* 2013년 기준

0   5km   (서울시청, 2016)

┤ 보기 ├
ㄱ. A-고층 건물이 밀집한다.
ㄴ. B-대기업의 본사, 금융 기관이 밀집한다.
ㄷ. C-교통이 발달하여 유동 인구가 많다.
ㄹ. D-문화 유적이 많고 녹지 공간이 넓어 공원이 많다.

① ㄱ, ㄴ　　　② ㄱ, ㄷ　　　③ ㄴ, ㄷ
④ ㄴ, ㄹ　　　⑤ ㄷ, ㄹ

11 사진에 나타난 지역에 대한 설명으로 옳은 것은?

▲ 첨단 산업 단지(서울시 금천구)

① 도심의 주거 기능을 분담한다.
② 도시 내에서 접근성이 가장 좋다.
③ 출근 시간에 많은 인구가 유입된다.
④ 땅값이 싸 건물을 넓고 낮게 짓는다.
⑤ 매연이 발생하는 공장이 많이 분포한다.

12 지도에 표시된 도시들을 가리키는 용어를 쓰고, 특징을 두 가지 서술하시오.

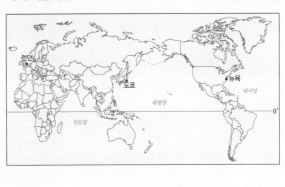

_____
_____
_____
_____

13 그래프를 통해 알 수 있는 도심에서 나타나는 현상을 쓰고, 이러한 현상이 발생한 이유를 도시 기능과 관련지어 서술하시오.

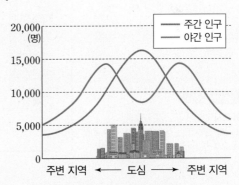

_____
_____
_____
_____
_____

도시화와 도시 문제~살기 좋은 도시

1. 도시화

(1) **의미**: 도시 수의 증가, 도시에 거주하는 인구의 비중 증가, 2·3차 산업의 비중 확대, 도시적 생활 양식이 확산되는 과정

→ 도시화율로 계산해.

→ 주민의 경제 활동이 공업과 서비스업 위주로 변화해.

(2) **도시화율** 자료 1 → 도시화율(%)=(도시 거주 인구÷전체 인구)×100

① 의미: 전체 인구 중에서 도시에 거주하는 인구 비율

② 도시화 곡선: S자 형태, 초기 단계 → 가속화 단계 → 종착 단계

(3) **도시화 과정** → 도시화 단계는 경제 성장과 밀접한 관련이 있어서 한 국가의 경제 수준을 파악할 수 있어.

초기 단계	• 대부분의 인구가 촌락에 분포하며, 1차 산업에 종사함 • 도시화율이 매우 낮고 완만한 상승을 보임
가속화 단계	• 산업화가 진행되며 도시에 제조업과 서비스업이 발달함 • 이촌 향도 현상과 함께 도시화율이 급격하게 상승함
종착 단계	• 도시화율이 80%를 넘어서면서 도시 성장이 둔화됨 • 도시 간 인구 이동이 활발하고, 역도시화 현상이 발생함

→ 도시 인구가 줄어들어.

학습 내용 들여다보기

■ **도시화 곡선**

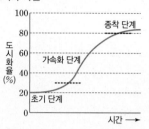

도시화율을 그래프로 표현한 것을 도시화 곡선이라 하며, S 형태의 곡선으로 나타난다.

■ **우리나라의 도시화 과정**

1960년대 이후	산업화에 따른 이촌 향도 현상
1970년대 이후	전체 인구의 절반 이상이 도시 거주
1990년대 이후	• 도시화 속도가 느려짐 • 서울, 부산 등 대도시 주변에 위성 도시 발달
현재	도시화의 종착 단계에 해당

→ 서울의 위성 도시인 성남과 고양, 부산의 위성 도시인 양산이 대표적이야.

→ 제조업이 발달한 도시에서는 많은 노동력이 필요했고, 농촌에서 농업 기술의 발달로 일자리를 구하기 어려운 사람들이 도시로 집중했어.

2. 선진국과 개발 도상국의 도시화 자료 2

구분	선진국	개발 도상국
시기	산업 혁명 이후 공업의 발달과 함께 진행됨	제2차 세계 대전 이후 본격적으로 시작됨
과정	• 200여 년에 걸쳐 서서히 진행됨 • 주로 촌락의 인구가 도시로 이동하는 이촌 향도로 이루어짐	• 30~40년 정도의 단기간 동안 매우 빠르게 진행됨 • 산업화에 따른 이촌 향도와 함께 인구의 자연 증가가 계속되어 도시화가 급격히 진행
특징	• 오늘날 선진국의 도시화율은 완만하게 증가하거나 정체됨 ⇨ 종착 단계 • 도시의 인구가 도시 주변으로 이동하거나 농촌으로 이동하기도 함 ⇨ 역도시화	• 오늘날 도시화는 개발 도상국에서 활발히 이루어짐 ⇨ 가속화 단계 • 산업 기반을 갖추지 못한 상태에서 도시화 진행 → 각종 도시 문제가 발생하고 있어. • 수위 도시로 인구가 집중하여 과도시화 현상이 나타나기도 함

→ 청장년층 중심으로 인구 이동이 일어나 높은 출산율을 동반하기 때문이야.

용어 알기

• **수위 도시** 인구가 가장 많은 제1의 도시
• **과도시화** 산업 또는 경제 성장의 수준을 초월하여 도시 인구가 지나치게 급증하는 현상

→ 도시화율이 가장 높은 대륙은 북아메리카야.

자료 1 **세계의 도시화율**

▲ 대륙 및 국가별 도시화율(2014년)

현재의 도시화율은 선진국이 높은 편이나, 개발 도상국을 중심으로 대도시의 수와 그 규모가 빠르게 증가하고 있다. 아시아와 아프리카의 도시화율은 현재보다 더 증가할 것으로 전망된다.

자료 2 **선진국과 개발 도상국의 도시화 과정**

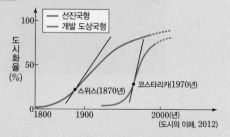

산업 혁명으로 일찍이 공업이 발달한 선진국(스위스)의 도시화는 200년이 넘는 기간에 걸쳐 서서히 진행되었으며, 많은 도시가 종착 단계에 접어들었다. 반면, 개발 도상국(코스타리카)의 도시화는 제2차 세계 대전 이후 급속한 산업화와 함께 짧은 시간 동안 빠르게 진행되고 있다.

3. 선진국과 개발 도상국의 도시 문제

(1) 도시 문제

선진국	• 도심 부근에 오래되어 낙후된 지역이 나타남 → 슬럼 형성, 높은 범죄율, 노숙자 문제 등 → 철강 및 자동차 산업 등 • 오래된 도심의 도로는 좁고 복잡함 → 교통 체증의 원인 • 도시 내 제조업 쇠퇴로 도시 침체 → 인구 감소, 시설 노후화 등 → 도시의 활력이 떨어져.
개발 도상국	• 무허가 주택과 주거 지역이 대규모로 형성 • 도로 정비가 불량하여 교통 혼잡 • 도시 내 빈부 격차, 환경 문제, 실업, 범죄 등 • 식민지 시대에 만들어진 건축물과 도로망 → 도시의 자연스러운 발전에 걸림돌

(2) 도시 문제의 해결 노력

선진국	• 도시 재개발 사업 진행, 도심 재활성화로 낙후된 지역의 환경 개선 • 산업 구조 재편: 첨단 산업과 관광 산업을 중심으로 도시 내의 일자리 창출 촉진
개발 도상국	• 선진국의 자본과 기술을 수용하여 일자리 창출 • 주거 환경 개선, 부족한 도시 기반 시설 확충을 위한 노력

4. 살기 좋은 도시 → 살기 좋은 도시는 시민들이 느끼는 삶의 질이 높은 도시라고 할 수 있어.

(1) 살기 좋은 도시의 조건

① 자연환경이 쾌적하고 적정 규모의 인구가 거주함

② 경제가 발달하여 소득 수준이 높고 다양한 경제 활동이 이루어짐

③ 범죄율이 낮고, 정치적으로 안정되어 있음 → 도시에 거주하는 사람들의 경제 수준, 성별, 연령, 종교와 상관없이 도시가 제공해 주는 혜택을 누릴 수 있어야 해.

④ 교육, 의료, 보건, 문화, 행정 서비스가 잘 갖추어짐

⑤ 사회적 약자가 자립할 수 있는 기회를 제공함 → 원하는 일자리를 찾고 지속적으로 생산 활동에 참여할 수 있도록 지원해야 해.

(2) 살기 좋은 도시의 사례 자료 3

빈(오스트리아)	문화와 예술의 도시로서 많은 역사 유적이 있으며, 공원이 잘 조성되어 도시민들의 여가 활동에 활용됨
밴쿠버(캐나다)	수려하고 쾌적한 도시 환경을 갖추었으며, 환경 우선 정책 및 다양한 사회 보장 제도 등을 실시하고 있음
취리히(스위스)	천혜의 아름다운 자연환경을 가지고 있으며, 안전, 청결, 교통, 의료, 문화가 매우 우수하여 스위스의 중추적 역할을 하고 있음
순천(전라남도)	순천만의 생태 보호를 위한 정책을 만들어 시행하고 있으며 관광객이 증가하면서 지역 경제도 활기를 띠게 됨

학습 내용 들여다보기

■ 슬럼의 형성
대도시 내 도심 과밀화에 따라 땅값이 상승하고 도시의 주거 비용이 증가하면 인구가 유출된다. 줄어든 인구로 도심이 활기를 잃으면 거주 환경이 노후화되어 가난한 사람들과 이주민들이 모여 살게 되고 슬럼이 형성된다. 도시 내부의 다른 지역과 빈부 격차가 매우 크다.

■ 개발 도상국의 불량 주거 지역
가난한 주민들이 형성한 불량 주거 지역의 환경이 매우 열악하여 기반 시설 부족에 따른 실업과 범죄 등의 사회적 문제가 발생하고 있다.

■ 도심 재활성화의 명암
도심 재활성화란 낙후된 도심의 기능을 살리기 위해 주택 및 건물을 개량하고 중산층의 이주로 도심의 환경을 변화시키는 노력을 말한다. 재개발이 진행되면 낙후된 지역에 업무용 고층 건물과 상업 시설, 고급 주거지가 들어서게 되고 기존 거주자들은 높아진 임대료를 감당하지 못해 다른 지역으로 밀려나는 이동이 발생한다.

■ 삶의 질이 높은 도시의 조건

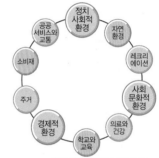

(머서, 삶의 질 조사 보고서, 2016)

삶의 질이란 경제적 조건뿐만 아니라 개인의 행복감과 정치·경제·사회적 조건에 따라 결정되는 주관적 개념이다.

용어 알기

• 도시 재개발 사업 노후화되고 불량한 주택이나 시설물을 개량하여 주거 환경을 개선하고, 교통 시설과 교통 체계 등을 정비하는 사업
• 도시 기반 시설 도로, 다리, 터널, 철도 등과 같이 도시 경제 활동의 기반을 형성하는 시설

자료 3 도시 문제를 해결하여 살기 좋은 도시가 된 사례

▲ 에스파냐의 빌바오

과거 철강 공업이 발달한 도시였으나, 철강 산업의 쇠퇴로 지역 경제가 어려워졌다. 이후 구겐하임 미술관을 유치하면서 문화와 예술이 살아 있는 공간으로 변모하였고, 예술 및 관광 도시가 되었다.

▲ 브라질의 쿠리치바

인구가 증가하면서 교통 혼잡이 심각하였다. 이에 많은 시민을 수용할 수 있는 굴절 버스, 원통형 버스 정류장, 버스 전용 차선 등을 도입하여 시민들의 대중교통 이용률을 높여 교통 문제를 해소하였다.

▲ 인도의 벵갈루루

인도 남서부의 휴양 도시로 일자리 부족과 빈곤 문제가 심각하였다. 1980년대 중반 정부는 소프트웨어 산업 육성 정책을 시행하였고, 그 결과 이 지역은 인도뿐 아니라 세계 IT 산업의 중심 도시가 되었다.

▲ 울산

환경 오염이 심각했던 태화강을 정비하여 수질을 개선하고 강 주변에 생태 공원을 조성하여 시민들의 휴식 공간으로 변화시켰다.

간단 체크

1 빈칸에 들어갈 알맞은 말을 쓰시오.

(1) ( )은/는 도시의 수가 증가하거나 도시에 거주하는 인구 비율이 높아지고, 도시적 생활 양식이 확산되는 과정을 말한다.

(2) 도시화율(%) = $\dfrac{(\quad\quad\quad)}{\text{전체 인구}} \times 100$

(3) 도시화율을 그래프로 표현한 것을 ( )(이)라고 하며, S자 형태로 나타난다.

(4) 선진국의 도시화는 ( ) 이후 공업의 발달과 함께 진행되었다.

(5) 개발 도상국의 도시화는 ( ) 이후 급격하게 진행되었다.

2 ㉠, ㉡에 들어갈 도시화 단계를 쓰시오.

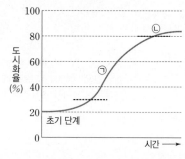

㉠: ( )
㉡: ( )

3 다음 설명이 맞으면 ○표, 틀리면 ×표 하시오.

(1) 도시화의 초기 단계에는 대부분의 인구가 도시에 분포한다. ( )

(2) 산업화가 진행되면서 도시에 제조업과 서비스업이 발달한다. ( )

(3) 도시화의 종착 단계에서 촌락에서 도시로 향하는 인구 이동이 활발하다. ( )

(4) 선진국의 도시화는 30~40년 정도의 단기간 동안 이루어졌다. ( )

(5) 개발 도상국은 기반 시설이 갖추어지지 않은 상태에서 급격한 도시화가 이루어졌다. ( )

4 괄호 안의 내용 중 알맞은 말에 ○표 하시오.

(1) 도시 인구가 도시 이외 지역으로 이동하여 도시 인구가 감소하는 현상을 (이촌 향도 , 역도시화) 현상이라고 한다.

(2) 선진국은 도심 부근에 오래되어 낙후된 지역인 (슬럼 , 개발 제한 구역)이 나타난다.

(3) 일부 (선진국 , 개발 도상국)에서는 도시 내 제조업의 쇠퇴로 도시가 침체되어 인구 감소 문제가 나타난다.

(4) (선진국 , 개발 도상국)에서는 식민지 시대에 만들어진 건축물과 도로망이 도시의 발전에 걸림돌이 되고 있다.

(5) 삶의 질이란 경제적 조건뿐만 아니라 개인의 행복감과 정치·경제·사회적 조건에 따라 결정되는 (객관적 , 주관적) 개념이다.

5 선진국과 개발 도상국에서 불량 주거 지역이 나타나는 원인을 바르게 연결하시오.

(1) 선진국 •   • ㉠ 낮은 주택 보급률

(2) 개발 도상국 •   • ㉡ 도심의 인구 유출

6 살기 좋은 도시의 특징에 해당하는 것을 〈보기〉에서 모두 골라 기호를 쓰시오.

┌ 보기 ┐
ㄱ. 높은 실업률
ㄴ. 쾌적한 자연환경
ㄷ. 정치적 자유가 보장된 환경
ㄹ. 부족한 편의 시설과 기반 시설

( )

01 도시화가 의미하는 것으로 옳지 <u>않은</u> 것은?

① 도시 수의 증가

② 도시적 생활 양식의 확산

③ 도시 거주 인구 비중 증가

④ 1차 산업 종사자 비율 증가

⑤ 서비스업 종사자 비율 증가

02 빈칸 ㉠~㉢에 들어갈 말로 옳지 <u>않은</u> 것은?

> 전체 인구 중에서 도시에 거주하는 인구 비율을 (㉠)(이)라고 하는데, 이를 그래프로 표현한 것을 (㉡)(이)라고 한다. (㉢) 형태로 나타나며, 초기 단계, (㉣) 단계, 종착 단계로 구분된다. 곡선의 기울기가 (㉤) 도시화가 빠르게 진행된 것이다.

① ㉠-도시화율

② ㉡-도시화 곡선

③ ㉢-S자

④ ㉣-가속화

⑤ ㉤-완만할수록

03 (가)에 들어갈 검색어로 옳은 것은?

> 도시 인구가 도시 이외 지역으로 이동하여 도시 인구가 감소하는 현상으로, 도시화의 종착 단계에서 주로 나타난다.

① 산업화   ② 농업화

③ 역도시화 현상   ④ 이촌 향도 현상

⑤ 인구 공동화 현상

04 도시화 단계의 A~C에 대한 설명으로 옳은 것은?

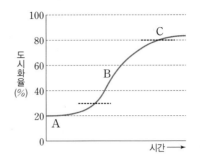

① A-대부분의 인구가 도시에 거주한다.

② A-도시화율의 증가 속도가 둔화된다.

③ B-이촌 향도 현상이 활발하게 나타난다.

④ B-도시에서 도시로의 인구 이동이 활발하다.

⑤ C-전체 인구가 전 국토에 걸쳐 고르게 분포한다.

05 지도는 대륙 및 국가별 도시화율을 나타낸 것이다. 이에 대한 설명으로 옳은 것을 〈보기〉에서 고른 것은?

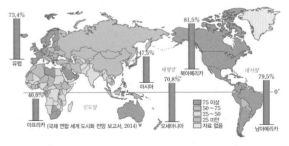

> **보기**
> ㄱ. 아프리카 대륙의 도시화율이 가장 낮다.
> ㄴ. 남아메리카 대륙의 도시화율이 가장 높다.
> ㄷ. 대체로 경제 발전 수준과 도시화율은 관련이 있다.
> ㄹ. 아프리카 대륙의 대다수 국가들은 종착 단계에 해당한다.

① ㄱ, ㄴ   ② ㄱ, ㄷ   ③ ㄴ, ㄷ

④ ㄴ, ㄹ   ⑤ ㄷ, ㄹ

[06~07] 그래프는 선진국과 개발 도상국의 도시화율을 비교한 것이다. 물음에 답하시오.

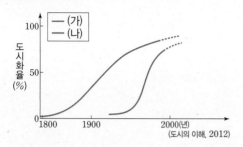

06 그래프의 (가)와 같은 도시화 과정을 겪은 국가로 바르게 짝 지어진 것은?

① 영국, 독일, 스위스
② 인도, 중국, 코스타리카
③ 인도, 브라질, 노르웨이
④ 벨기에, 프랑스, 멕시코
⑤ 베트남, 코스타리카, 오스트레일리아

07 그래프를 보고 세계의 도시화에 대한 설명으로 옳은 것을 〈보기〉에서 고른 것은?

┤ 보기 ├
ㄱ. (가)는 주로 이촌 향도와 도시 인구의 자연 증가로 급속하게 팽창한 모습이다.
ㄴ. 오늘날의 도시화는 (나)에서 활발히 이루어진다.
ㄷ. (가)보다 (나)의 도시화 시기가 이르다.
ㄹ. (가)보다 (나)의 도시화가 급격하게 이루어졌다.

① ㄱ, ㄴ   ② ㄱ, ㄷ   ③ ㄴ, ㄷ
④ ㄴ, ㄹ   ⑤ ㄷ, ㄹ

08 다음 도시에서 발생하는 도시 문제로 적절하지 **않은** 것은?

• 뉴욕   • 런던   • 파리

① 슬럼이 형성된다.
② 도시 기반 시설이 부족하다.
③ 도심 재개발을 둘러싸고 갈등이 발생한다.
④ 교외화로 도시 내부 지역 기능이 약해진다.
⑤ 일부 제조업이 쇠퇴하여 실업률이 상승한다.

09 개발 도상국에서 도시 문제가 나타나는 근본적인 원인으로 옳은 것은?

① 각종 시설의 노후화
② 도심의 주거 기능 약화
③ 도시 재개발 사업 진행
④ 도시로의 지나친 인구 집중
⑤ 긴 시간에 걸쳐 이루어진 도시화

10 살기 좋은 도시가 갖추어야 할 조건으로 옳은 것을 〈보기〉에서 고른 것은?

┤ 보기 ├
ㄱ. 낮은 소득 수준
ㄴ. 다양한 경제 활동
ㄷ. 아름다운 자연환경
ㄹ. 높은 출생율과 사망율

① ㄱ, ㄴ   ② ㄱ, ㄷ   ③ ㄴ, ㄷ
④ ㄴ, ㄹ   ⑤ ㄷ, ㄹ

11 다음에서 설명하는 살기 좋은 도시에 해당하는 것은?

인구가 증가하면서 교통 혼잡이 심각하였다. 이에 많은 시민을 수용할 수 있는 굴절 버스, 원통형 버스 정류장, 버스 전용 차선 등을 도입하여 시민들의 대중 교통 이용률을 높여 교통 문제를 해소하였다.

① 인도의 벵갈루루
② 오스트리아의 빈
③ 에스파냐의 빌바오
④ 브라질의 쿠리치바
⑤ 오스트리아의 그라츠

01 밑줄 친 ㉠~㉤에 대한 설명으로 옳지 <u>않은</u> 것은?

> 도시화란 ㉠ 도시에 사는 사람의 비율이 증가하면서 ㉡ 도시의 규모가 커지고 ㉢ 도시적 생활 양식이 확대되는 현상을 말한다. 오늘날 도시 인구가 증가하는 이유는 과학 기술의 발달로 ㉣ 1차 산업의 비중이 더 높아지면서 관련 일자리가 많은 지역으로 사람들이 이동하였기 때문이다. 이렇듯 ㉤ 도시화의 진행 과정은 경제 발달 정도와 밀접한 관련이 있다.

① ㉠   ② ㉡   ③ ㉢
④ ㉣   ⑤ ㉤

02 그래프의 A 단계에서 나타나는 현상으로 옳은 것을 〈보기〉에서 고른 것은?

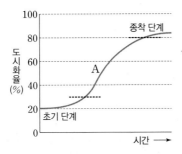

┤ 보기 ├
ㄱ. 역도시화 현상이 활발하다.
ㄴ. 이촌 향도 현상이 활발하다.
ㄷ. 산업화가 본격적으로 진행된다.
ㄹ. 도시 인구의 증가율이 둔화된다.

① ㄱ, ㄴ   ② ㄱ, ㄷ   ③ ㄴ, ㄷ
④ ㄴ, ㄹ   ⑤ ㄷ, ㄹ

03 지도를 통해 추론할 수 있는 내용으로 옳은 것은?

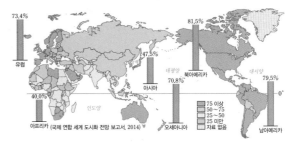

① 아시아의 대부분 국가는 종착 단계에 들어섰다.
② 북아메리카에서는 과도시화가 나타나기도 한다.
③ 경제적으로 발전한 국가일수록 도시화율이 낮다.
④ 남아메리카의 대도시에서는 역도시화가 나타난다.
⑤ 유럽, 북아메리카에서는 대도시권이 형성될 것이다.

04 그래프를 보고 우리나라의 도시에 대한 설명으로 옳지 <u>않은</u> 것은?

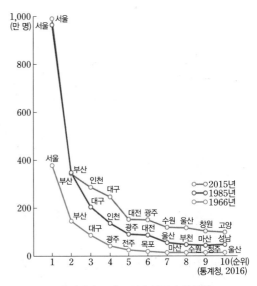

▲ 우리나라 10대 도시의 인구 순위 변화

① 국토 불균형 문제가 심해지고 있다.
② 2015년 서울의 인구는 부산의 2배를 넘는다.
③ 2015년 6대 광역시는 모두 10위권 이내이다.
④ 1966년부터 인구 순위 1, 2위 도시는 변화가 없다.
⑤ 1966년에서 2015년 사이 인구가 가장 많이 증가한 도시는 부산이다.

05 지도의 A, B 국가들의 도시화 과정에 대한 설명으로 옳은 것은? (단, A, B 국가들은 선진국 또는 개발 도상국임)

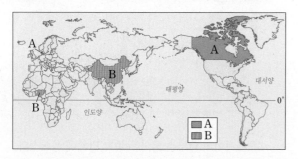

① A-수위 도시로 인구가 집중하는 현상이 심하다.
② A-2, 3차 산업이 발달하여 다양한 형태의 도시들이 나타난다.
③ A-이촌 향도와 높은 출산율로 인해 인구가 빠르게 증가하였다.
④ B-산업 혁명 이후 도시화가 점진적으로 이루어졌다.
⑤ B-도시화율이 완만하게 증가하거나 정체되고 있다.

06 밑줄 친 '이 도시'의 도시 문제에 대한 설명으로 옳지 <u>않은</u> 것은?

> <u>이 도시</u>는 오래된 건물과 노후화된 도시 시설로 인한 문제를 겪고 있다. 다리 붕괴 사고, 노후 하수관 문제에 따른 도로 함몰 사건 등이 지속적으로 발생하여 이를 보수하는 노력이 이루어지고 있다. 또한 한때 도시의 성장 동력이었던 공업 기능이 쇠퇴하면서 빈 창고와 운영을 멈춘 공장이 많아지고 그에 따른 각종 문제가 발생하고 있다.

① 인구가 감소하여 사회 활력이 사라진다.
② 도시의 공공 서비스가 제대로 제공되지 않는다.
③ 실업률이 높게 나타나 세수 확보에 어려움을 겪는다.
④ 노후 건물이 미관상 좋지 않고 안전사고를 유발한다.
⑤ 식민지 시대 만들어진 도로망이 도시 발전에 걸림돌이 된다.

07 그래프는 브라질 리우데자네이루의 인구 변화를 나타낸 것이다. 이 지역에서 발생하는 도시 문제와 대책에 대한 설명으로 옳지 <u>않은</u> 것은?

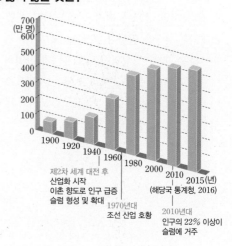

① 슬럼과 다른 지역 간 빈부 격차가 크다.
② 제2차 세계 대전 이후 급격히 도시화가 진행되었다.
③ 도로, 전기, 상하수도 등 사회 기반 시설이 부족하다.
④ 선진국의 자본과 기술을 받아들여 일자리를 늘려야 한다.
⑤ 각종 도시 시설이 노후화되어 도시 재개발 사업이 시급하다.

08 도시 재생 사업의 사례로 적절한 것을 〈보기〉에서 고른 것은?

| 보기 |
ㄱ. 그리스 아테네-고대 그리스의 유적을 그대로 보존하고 있다.
ㄴ. 영국 리버풀-오래된 항구 시설을 문화 자원으로 활용하여 관광 산업을 발전시켰다.
ㄷ. 독일 베를린-문을 닫은 맥주 공장을 철거하지 않고 주민들의 문화 공간으로 탈바꿈시켰다.
ㄹ. 이탈리아 베네치아-이민족의 침입을 피하기 위해 석호의 습지와 모래톱 위에 도시를 건설하였다.

① ㄱ, ㄴ   ② ㄱ, ㄷ   ③ ㄴ, ㄷ
④ ㄴ, ㄹ   ⑤ ㄷ, ㄹ

09 사진에 나타나는 도시 문제에 대한 해결 방안으로 적절한 것을 〈보기〉에서 고른 것은?

▲ 인도의 무허가 주택

┌─ 보기 ┤
ㄱ. 공공 주택 건설
ㄴ. 상하수도 시설 확충
ㄷ. 대중교통과 자전거 이용 장려
ㄹ. 출산 장려 정책을 통한 인구 확보

① ㄱ, ㄴ   ② ㄱ, ㄷ   ③ ㄴ, ㄷ
④ ㄴ, ㄹ   ⑤ ㄷ, ㄹ

10 (가), (나) 도시를 살기 좋은 도시로 꼽는 이유를 바르게 연결한 것은?

(가) 빌바오는 산업 쇠퇴로 지역 경제가 어려워졌지만 구겐하임 미술관을 유치하면서 예술과 관광의 도시가 되었다.
(나) 벵갈루루는 일자리 부족과 빈곤 문제가 심각하였으나 소프트웨어 산업 육성 정책을 시행하여 글로벌 기업 유치와 인재 양성을 위해 노력하였다.

	(가)	(나)
①	편리한 교통	정치적 안정
②	경제적 발전	종교적 자유
③	풍부한 일자리	독특한 건축물
④	독특한 자연환경	사회적 약자 배려
⑤	다양한 문화 시설	경제적 발전

서술형 문제

11 그래프를 보고 선진국과 개발 도상국의 도시화 과정 차이점을 비교하여 서술하시오.

도시화율(%)
100
50
0
1800   1900   2000(년)
선진국형
개발 도상국형
스위스(1870년)
코스타리카(1970년)
(도시의 이해, 2012)

_____
_____
_____
_____

12 그래프는 미국 디트로이트의 인구 변화를 나타낸 것이다. 이 지역에서 발생하는 도시 문제와 그 해결 방안을 두 가지 서술하시오.

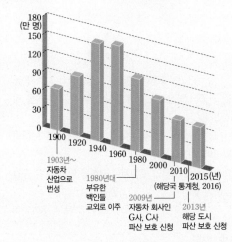

180
(만 명)
150
120
90
60
30
0
1900 1920 1940 1960 1980 2000 2010 2015(년)
1903년~
자동차
산업으로
번성
1980년대
부유한
백인들
교외로 이주
2009년
자동차 회사인
G사, C사
파산 보호 신청
2013년
해당 도시
파산 보호 신청
(해당국 통계청, 2016)

_____
_____
_____
_____

대단원 정리

❶ 세계 주요 도시의 분포

- 미국의 (①   )은/는 국제 연합의 본부가 있고, 정치·경제·문화 등 여러 분야에서 세계적으로 큰 영향을 끼치고 있다.
- 독일의 (②   )은/는 세계 환경 수도로 불릴 만큼 친환경 에너지 사용이 많은 생태 도시이다.
- 그리스의 수도인 (③   )은/는 오랜 세월에 걸쳐 형성된 역사 유적이 풍부하다.
- 에콰도르의 (④   )은/는 열대 고산 기후 지역에 위치하여 일 년 내내 온화한 기후가 나타난다.

정답 ① 뉴욕 ② 프라이부르크 ③ 아테네 ④ 키토

❷ 도시 내부 구조

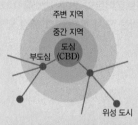

- (①   )은/는 교통이 편리하고 접근성과 지가가 높아 고층 건물이 밀집해 있으며 중심 업무 지구(CBD)를 형성하고 있다.
- (②   )은/는 교통이 편리한 곳을 중심으로 도심의 상업 및 업무 기능을 분담한다.
- 일부 대도시에서 도시의 무질서한 팽창을 막고 녹지 공간을 확보하기 위해 (③   )을/를 지정한다.

정답 ① 도심 ② 부도심 ③ 개발 제한 구역

❸ 도시의 경관

▲ 도심   ▲ 주변 지역

- 도심은 접근성과 (①   )이/가 높아 (②   )이/가 밀집한다.
- 도심은 주거 기능의 약화로 (③   ) 현상이 나타난다.
- 주변 지역에는 대규모 (④   )이/가 위치한다.

정답 ① 지가 ② 고층 건물 ③ 인구 공동화 ④ 주거 단지

1. 도시의 의미와 특징

(1) 도시의 의미와 특징

의미	인구가 밀집한 곳으로 정치·경제·사회·문화의 중심지
특징	• 높은 인구 밀도 • 집약적 토지 이용 • 2·3차 산업 종사자 비율이 높음 • 생활 편의 시설 및 각종 기능이 집중됨 • 중심지 역할

(2) 세계의 주요 도시 ❶

세계 도시	다국적 기업의 본사가 많고, 자본과 정보가 집중하여 영향력이 매우 큰 도시 예 뉴욕, 런던, 도쿄
환경·생태 도시	생태 환경을 잘 가꾼 도시 예 프라이부르크, 쿠리치바 등
역사·문화 도시	• 오랜 세월에 걸쳐 형성된 역사 유적이 많은 도시 예 로마, 아테네 • 매력적인 문화가 발달한 도시 예 바르셀로나, 리우데자네이루
관광 도시	매력적인 경관이 많아 관광 산업이 발달한 도시 예 시드니, 나폴리, 레이캬비크, 키토 등

2. 도시 내부의 경관

(1) 도시 내부의 지역 분화

원인		도시 내부의 지역별 접근성과 지가의 차이 때문
과정	집심 현상	중심 업무 기능, 상업 기능이 도시 중심부로 집중되는 현상
	이심 현상	주거 기능, 공업 기능이 외곽으로 빠져나가는 현상

(2) 도시 내부 구조 ❷ ❸

도심	• 도시의 중심부 → 높은 접근성과 지대 • 고층 건물이 밀집, 집약적인 토지 이용 • 중심 업무 지구(CBD)가 형성됨 • 인구 공동화 현상이 나타남
부도심	• 도심에 집중된 상업 기능과 서비스 기능을 분담 • 도심과 주변 지역을 연결하는 교통이 편리한 지역에 발달
중간 지역	• 도심과 주변 지역 사이에 위치 • 오래된 주택, 상가, 공장이 섞여 있음
주변 지역	• 땅값이 저렴해 대규모 주거 단지가 조성됨 • 공장, 상가, 농경지, 과수원 등 도시와 농촌의 모습이 혼재함
개발 제한 구역	도시의 무분별한 팽창을 막고 녹지 공간을 확보하기 위해 설정하는 공간
위성 도시	교통이 편리한 대도시 인근에 위치하며 주거, 공업, 행정 등과 같은 대도시 기능의 일부를 분담하는 도시

3. 도시화와 도시 문제

(1) 도시화의 의미와 과정 ❹

의미	도시의 수가 증가하거나 도시에 거주하는 인구의 비율이 높아지고, 도시적 생활 양식이 보편화되는 과정	
과정	초기 단계	대부분의 인구가 촌락에 분포하며 1차 산업에 종사
	가속화 단계	• 산업화 진행으로 제조업, 서비스업 발달 • 이촌 향도 현상과 함께 도시화율이 급격히 성장
	종착 단계	• 도시 성장이 둔화됨 • 일부 지역에서 역도시화 현상 발생

(2) 선진국과 개발 도상국의 도시화 ❺

선진국	• 산업 혁명 이후 점진적으로 진행 • 주로 이촌 향도로 이루어짐 • 현재 종착 단계, 역도시화 현상이 나타남
개발 도상국	• 제2차 세계 대전 이후 본격적으로 시작됨 • 산업화에 따른 이촌 향도와 함께 인구의 자연 증가가 계속되어 도시화가 급격하게 진행 • 수위 도시로 인구가 집중하여 과도시화 현상이 나타나기도 함

(3) 선진국의 도시 문제와 해결 노력

도시 문제	• 도심 부근의 낙후된 지역 → 슬럼 형성, 높은 범죄율 • 오래된 도심의 도로는 좁고 복잡 → 교통 체증 • 제조업 쇠퇴로 도시 침체 → 인구 감소, 시설 노후화
해결 노력	• 도시 재개발 사업 진행 • 산업 구조 재편으로 일자리 창출

(4) 개발 도상국의 도시 문제와 해결 노력

도시 문제	• 무허가 주택, 불량 주거 지역이 대규모로 형성 • 도로 정비가 불량하여 교통 혼잡 • 도시 내 빈부 격차, 환경 문제, 실업, 범죄 등
해결 노력	• 선진국의 자본과 기술 수용 → 일자리 창출 • 주거 환경 개선, 부족한 도시 기반 시설 확충

4. 살기 좋은 도시 ❻

조건	• 쾌적한 생활 환경　• 높은 경제 수준 • 정치·사회적 안정　• 풍부한 문화 및 편의 시설 • 사회적 약자의 자립 기회 제공	
사례	빈	문화와 예술의 도시, 풍부한 역사 유적, 넓은 녹지
	밴쿠버	수려하고 쾌적한 도시 환경, 우수한 사회 보장 제도
	취리히	아름다운 자연환경, 안전·청결·교통·의료·문화가 우수함
	순천	순천만 정원이 있는 국내 최대의 생태 관광 도시

---

❹ 세계의 도시화율

▲ 대륙별, 국가별 도시화율(2014년)

• 현재의 도시화율은 (①　　　　)이/가 높은 편이나, 대도시의 수와 그 규모가 (②　　　　)을/를 중심으로 빠르게 증가하고 있다.

• 대륙별로 아시아, (③　　　　)은/는 도시화율이 낮고, (④　　　　), 남아메리카, 유럽, 오세아니아는 높다.

❺ 선진국과 개발 도상국의 도시화 과정

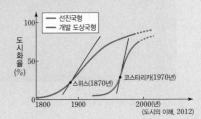

• 도시화 곡선은 (①　　　　)을/를 그래프로 표현한 것으로, 기울기가 급할수록 도시화가 짧은 시간에 (②　　　　) 이루어짐을 의미한다.

• (③　　　　)(으)로 일찍이 공업이 발달한 선진국의 도시화는 서서히 진행되었다.

• 개발 도상국의 도시화는 급속한 (④　　　　)와/과 함께 짧은 기간 동안 빠르게 진행되고 있다.

❻ 살기 좋은 도시

▲ 빌바오(에스파냐)　　▲ 쿠리치바(브라질)

• (①　　　　)은/는 (②　　　　) 산업의 쇠퇴로 지역 경제가 어려워졌으나, 구겐하임 미술관을 유치하면서 문화·관광 도시로 탈바꿈하였다.

• (③　　　　)은/는 굴절 버스, 원통형 버스 정류장, 버스 전용 차선 등을 도입해 (④　　　　) 문제를 해결하였다.

대단원 마무리

01 도시와 촌락의 특징을 비교한 것으로 옳은 것은?

	구분	도시	촌락
①	인구 밀도	낮음	높음
②	건물의 평균 높이	낮음	높음
③	주민 직업 구성	이질적	동질적
④	산업의 분포	1차 산업 중심	2, 3차 산업 중심
⑤	토지 이용	조방적	집약적

02 도시에 다음과 같은 건물 형태가 나타나는 근본적인 이유로 옳은 것은?

① 도시의 면적이 넓기 때문이다.
② 청장년층의 비중이 높기 때문이다.
③ 거주민의 삶의 질을 중요시하기 때문이다.
④ 땅값이 저렴하고 교통이 편리하기 때문이다.
⑤ 좁은 지역에 많은 주민이 거주하기 때문이다.

03 다음 도시들의 공통점으로 옳은 것은?

① 도시 국가이다.
② 인류의 문명의 발생지이다.
③ 연중 봄과 같은 기후가 나타난다.
④ 다국적 기업의 본사 및 금융 기관이 많다.
⑤ 생태 환경을 잘 가꾸고 있는 도시로 유명하다.

04 (가), (나) 랜드마크가 위치한 도시를 지도의 A~D에서 골라 바르게 연결한 것은?

(가)	(나)

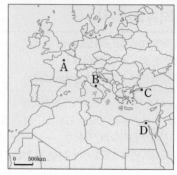

	(가)	(나)
①	A	B
②	A	D
③	B	C
④	B	D
⑤	C	B

05 사회 시간에 만든 세계 여행 도시 카드 중 제작된 내용이 옳지 <u>않은</u> 것은?

① **상파울루**
커피 재배 및 커피 거래로 성장한 브라질 최대의 도시

② **키토**
에콰도르의 수도로, 남아메리카 안데스 산맥에 위치한 고산 도시

③ **시드니**
아름다운 항구와 오페라 하우스로 유명한 오스트레일리아 최대의 도시

④ **도쿄**
아시아 국제 교통의 허브 역할을 하는, 태평양과 인도양을 잇는 관문에 위치한 도시

⑤ **브뤼셀**
북대서양 조약 기구(NATO)와 유럽 연합(EU)의 본부가 위치한 벨기에의 도시

06 도시 내부의 기능 분화에 대한 설명으로 옳지 <u>않은</u> 것은?

① 집심 현상의 방향은 도시 외곽을 향해 나타난다.

② 도시 기능의 입지 조건이 다르기 때문에 발생한다.

③ 지역별 접근성과 지가의 차이가 가장 큰 원인이다.

④ 이심 현상은 높은 땅값을 지불할 수 없는 기능이 주도한다.

⑤ 도시의 기능 지역은 중심 업무 기능, 상업 기능, 주거 기능 등으로 분화된다.

[07~08] 그림은 도시 내부 구조를 나타낸 모식도이다. 물음에 답하시오.

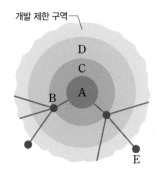

07 A~E에 대한 설명으로 옳지 <u>않은</u> 것은?

① A-중심 업무 지구가 형성된다.

② B-도심의 기능을 일부 분담한다.

③ C-대규모 행정 지구가 조성된다.

④ D-도시와 농촌의 모습이 혼재한다.

⑤ E-교통이 편리한 대도시 인근에 위치한다.

08 다음 신문 기사의 취재 지역을 A~E에서 고른 것은?

> ## ○○신 문
>
> □□초등학교는 한때 전교생이 5,000명에 가까웠으나, 인근에 거주하는 인구가 감소하면서 학생 수가 급감해 현재 전교생이 120명으로 축소되었다. 이러한 현상은 우리나라의 여러 대도시에서 일어나고 있다.

① A ② B ③ C ④ D ⑤ E

[09~10] 지도는 서울의 지가 분포를 나타낸 것이다. 물음에 답하시오.

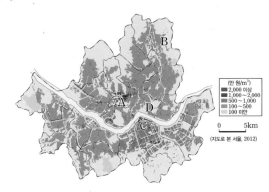

(지도로 본 서울, 2012)

09 A~D 지역에 대한 설명으로 옳은 것을 〈보기〉에서 고른 것은?

┤ 보기 ├

ㄱ. A는 넓은 토지가 필요한 기능이 입지한다.

ㄴ. B는 접근성이 높아 지가가 높게 형성된다.

ㄷ. C는 D에 비해 토지를 집약적으로 이용한다.

ㄹ. D에는 주거 기능과 공업 기능이 혼재한다.

① ㄱ, ㄴ   ② ㄱ, ㄷ   ③ ㄴ, ㄷ
④ ㄴ, ㄹ   ⑤ ㄷ, ㄹ

10 A, B 지역의 경관을 〈보기〉에서 골라 바르게 연결한 것은?

┤ 보기 ├

	A	B		A	B
①	ㄱ	ㄴ	②	ㄱ	ㄷ
③	ㄴ	ㄹ	④	ㄷ	ㄴ
⑤	ㄷ	ㄹ			

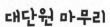

11 (가)~(다)에 해당하는 도시화 단계를 그래프의 A~C에서 골라 바르게 연결한 것은?

> (가) 이촌 향도 현상이 활발하다.
> (나) 도시 인구의 증가율이 둔화된다.
> (다) 인구의 대부분이 농촌에 거주한다.

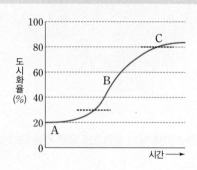

	(가)	(나)	(다)
①	A	B	C
②	A	C	B
③	B	A	C
④	B	C	A
⑤	C	B	A

12 그래프는 세 국가의 도시화율 변화를 나타낸 것이다. A~C 국가에 대한 설명으로 옳은 것을 〈보기〉에서 고른 것은? (단, A~C는 영국, 인도, 대한민국 중 하나임)

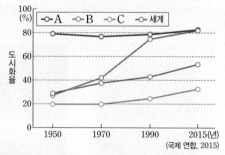

> ┤ 보기 ├
> ㄱ. A는 도시화의 역사가 오래되었다.
> ㄴ. B는 1970년대 이촌 향도 현상이 활발했다.
> ㄷ. C는 2000년대 종착 단계에 진입했다.
> ㄹ. A, B에 비해 C의 경제 발전 수준이 높다.

① ㄱ, ㄴ 　② ㄱ, ㄷ 　③ ㄴ, ㄷ
④ ㄴ, ㄹ 　⑤ ㄷ, ㄹ

13 그래프는 미국 디트로이트의 인구 변화를 나타낸 것이다. 이에 대한 설명으로 옳은 것을 〈보기〉에서 고른 것은?

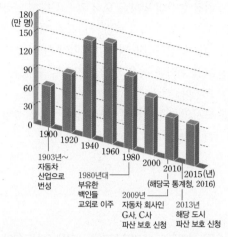

> ┤ 보기 ├
> ㄱ. 1900년대부터 산업 기반이 갖추어지지 않은 상태에서 도시화가 이루어졌다.
> ㄴ. 1960년대 과도시화 현상이 나타났다.
> ㄷ. 1980년대 교외화로 도시의 주거 기능이 약해지기 시작하였다.
> ㄹ. 2000년대 도시 내 일부 제조업의 쇠퇴로 실업률이 상승하였다.

① ㄱ, ㄴ 　② ㄱ, ㄷ 　③ ㄴ, ㄷ
④ ㄴ, ㄹ 　⑤ ㄷ, ㄹ

14 다음 도시에서 공통으로 나타날 도시 문제에 대한 설명으로 옳은 것을 〈보기〉에서 고른 것은?

> • 인도 뭄바이　　　• 방글라데시 다카
> • 콜롬비아 보고타　• 브라질 리우데자네이루

> ┤ 보기 ├
> ㄱ. 인구 공동화 현상이 심각하다.
> ㄴ. 도심 변두리에 불량 주거 지역이 형성된다.
> ㄷ. 노후 주택의 강제 철거로 이주민이 발생한다.
> ㄹ. 도로, 전기, 상하수도 등 사회 기반 시설이 부족하다.

① ㄱ, ㄴ 　② ㄱ, ㄷ 　③ ㄴ, ㄷ
④ ㄴ, ㄹ 　⑤ ㄷ, ㄹ

15 그림을 보고 삶의 질이 높은 도시의 조건으로 적절하지 <u>않은</u> 것은?

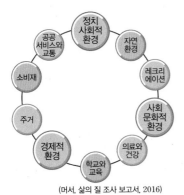

(머서, 삶의 질 조사 보고서, 2016)

① 정치·경제·문화적 수준이 높다.
② 녹지 공간이 많아 환경이 깨끗하다.
③ 사회적 약자의 자립이 어렵지 않다.
④ 전쟁과 범죄의 위험이 적어 안전하다.
⑤ 소수의 기업에 경제적 이익이 집중된다.

16 다음 도시에서 밑줄 친 도시 문제를 해결한 방법으로 옳은 것을 〈보기〉에서 고른 것은?

> 울산광역시는 1960년대 이후 대규모 산업 단지 조성과 인구 증가로 <u>태화강에 유입되는 폐수와 쓰레기</u>가 늘어났다. 울산광역시에서는 시민, 환경 단체들과 함께 노력하여 수질과 주변 환경을 개선하였다. 또한 태화강을 시민들의 휴식 공간으로 변화시켰다.

┌ 보기 ┐
ㄱ. 공공 주택 건설　　　ㄴ. 낡은 하수관 정비
ㄷ. 하수 처리장 건설　　ㄹ. 대중교통 수단 확충

① ㄱ, ㄴ　　② ㄱ, ㄷ　　③ ㄴ, ㄷ
④ ㄴ, ㄹ　　⑤ ㄷ, ㄹ

17 📝 서술형

지도는 서울시의 평균 지가를 나타낸 것이다. A, B 지역의 지가 차이가 발생하는 이유와 A, B 지역에서 볼 수 있는 도시 경관에 대해 서술하시오.

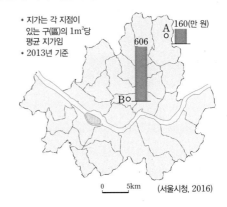

• 지가는 각 지점이 있는 구(區)의 1m²당 평균 지가임
• 2013년 기준

0　　5km　　(서울시청, 2016)

18 📝 서술형

지도의 중국과 미국의 도시화 과정을 현재의 도시화 단계와 속도 측면에서 비교하여 서술하시오.

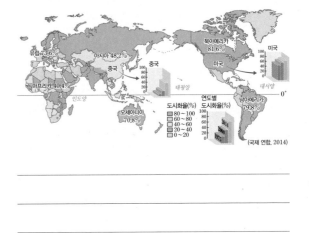

(국제 연합, 2014)

글로벌 경제 활동과 지역 변화

01 농업 생산의 기업화와 세계화

■ 혼합 농업

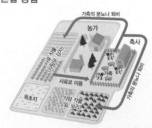

북서부 유럽 지역을 중심으로 이루어지는 농작물 재배와 가축 사육이 동시에 결합된 농업 형태이다. 농작물 재배와 가축 사육은 서로 밀접한 관련을 가지는데, 이는 가축의 배설물을 농작물의 비료로 사용하기 때문이다.

■ 곡물 메이저
전 세계를 대상으로 곡물 시장에서 매우 큰 영향력을 행사하고 있는 다국적 기업이다. 거대한 독점력을 배경으로 세계 농업 시장에 큰 영향을 미치고 있다.

■ 커피의 재배 지역, 커피 벨트

1. 농업 생산의 기업화와 세계화

(1) 농업 생산 방식의 변화

채소, 과일, 원예 작물 등을 시장에 팔기 위해 재배하는 작물을 말해.

구분	과거	현재
주된 생산 방식	자급적 농업 [자료 1]	상업적 농업 [자료 2]
특징	생산자 스스로가 소비하기 위해 소규모로 작물을 재배하거나 가축을 기름	시장에 판매할 목적으로 상품 작물을 재배하거나 가축을 기름
대표적 농업 방식	전통적 벼·밀·옥수수 재배, 혼합 농업 등	낙농업, 원예 농업, 대규모 곡물 재배 및 목축업

(2) 농업 생산의 기업화

① 의미: 기업이 많은 자본과 기술을 투입하여 세계 시장을 대상으로 농장을 운영하는 현상
② 배경: 교통과 통신의 발달로 인한 국제 교역량 증가, 세계화로 인한 다국적 기업의 활동 확대 → 대규모 기업농 및 곡물 메이저 출현 [자료 3]
③ 특징
- 선진 농업 기술 및 품종 개량을 통해 대량으로 농산물을 재배함 → 가격 경쟁력 상승
  가격이 이전보다 낮아지면서 수요가 증가하는 현상을 말해.
- 농산물의 생산, 유통, 판매를 전문적이고 체계적으로 관리함 → 생산 및 소비 구조에 영향을 미침
④ 농업 방식 [자료 4]
- 기업적 곡물 농업 및 목축업: 미국, 오스트레일리아, 아르헨티나 등 신대륙의 넓은 목초 지대 이용
- 플랜테이션 농업: 아프리카, 아시아의 열대 기후 지역에서 커피, 차, 카카오 등 기호 작물이나 천연고무, 목화 등과 같은 공업 원료가 되는 작물 재배
  → 독특한 향이나 맛을 즐기기 위한 기호 식품의 원료가 되는 작물을 말해.

(3) 농업 생산의 세계화

→ 무역 자유화를 통한 전 세계적인 경제 발전을 목적으로 하는 국제기구야.
① 의미: 전 세계를 대상으로 농산물의 생산과 소비가 이루어지는 현상
② 배경: 세계 무역 기구(WTO) 체제 출범 및 자유 무역의 확대로 인해 공산품뿐만 아니라 농산물의 교역량 급증, 세계화와 생활 수준의 향상으로 다양한 농산물에 대한 수요 증가
  → 국제 무역에서 상품 교역에 대한 정부의 간섭을 최소화하고 자유롭게 거래하는 무역 형태를 말해.
③ 영향: 농산물의 유통 범위 확대 및 국제적 이동 활발, 일상생활에서 소비하는 먹거리의 풍부화 및 원산지 다양화

자료 1 자급적 농업

생산자 스스로가 소비하기 위한 소규모 농업이기 때문에 노동력이 많이 투입된다.

자료 2 상업적 농업

선진 기술과 대형 기계 등을 활용하기 때문에 노동력이 적게 투입된다.

자료 3 5대 곡물 메이저

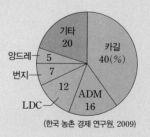

카길 40(%), 기타 20, 앙드레 5, 번지 7, LDC, ADM 16, 12

(한국 농촌 경제 연구원, 2009)

5대 곡물 메이저가 전 세계 곡물 시장 거래의 80%를 담당하고 있다.

2. 농업 생산의 기업화와 세계화로 인한 지역 변화

(1) 농산물 생산 지역의 변화

① 농업 생산 구조의 변화

농작물 대량 생산	선진 농업 기술, 대형 농기계, 화학 비료, 농약 사용
상업적 농업 확대	곡물 재배 중심에서 대규모로 상품 작물을 재배하는 방식으로 변화

② 토지 이용의 변화

상품 작물 재배 확대	• 커피, 카카오 등을 재배하는 플랜테이션 발달 • 식량 작물의 재배 면적 감소
사료 작물 재배 확대	• 가축의 사료 작물 재배를 위해 열대림을 목초지로 변화시킴 • 콩, 옥수수 등의 재배 면적 증가

└→ 육류 소비의 증가로 확대되고 있어.　└→ 가장 대표적인 사료 작물이야.

③ 문제점

환경 문제	농약 및 비료 사용에 따른 토양 오염, 지하수 고갈, 열대 우림 파괴 등 [자료 5]
개발 도상국의 전통 농업 쇠퇴	• 자영농 감소, 기업농 비중 증가 • 식량 생산량 감소 → 식량 부족 문제 초래, 곡물의 수입 의존도 증가

대체로 숲에 불을 질러서 목초지를 만들기 때문에 최근에 많은 환경 오염을 일으키고 있어.

(2) 농산물 소비 지역의 변화

① 긍정적 변화

• 외국산 농산물을 손쉽게 접할 수 있음 → 식탁의 먹거리 다양화
• 국내산 농산물의 공급이 부족할 때, 부족한 부분을 충당할 수 있음

② 부정적 변화

• 값싼 외국산 농산물의 수입 → 국내 농산물의 가격 경쟁력 하락

식량의 자급자족이 어려운 국가를 압박하거나 통제하기 위하여 식량을 무기로 삼는 일이야.

• 수입 농산물 의존도가 높은 상황에서의 국제 가격 급등 → 식량 무기화 문제 발생

애그플레이션 발생의 위험이 생겨. ←

• 수입 농산물의 안전성 문제 → 유기농 식품, 로컬 푸드에 대한 관심 증가

└→ 유전자 변형(GMO) 문제, 오랜 유통을 위한 방부제 사용 등이 있어.

더 알아보기　우리나라의 곡물 자급률
→ 곡물의 국내 소비량 중 국내 생산량이 차지하는 비율을 말해.

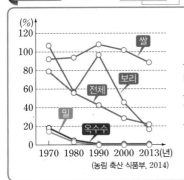

우리나라에서 쌀은 다른 작물들에 비해 자급률이 높은 편이다. 하지만 밀과 옥수수의 경우 대부분을 수입에 의존하고 있으며, 최근 육류 소비의 증가로 콩, 옥수수 등 사료 작물의 수입이 증가하며 해당 곡물의 자급률은 계속 낮아지고 있는 추세이다.

학습 내용 들여다보기

■ 베트남의 커피 생산량과 재배 면적의 변화

베트남은 열대 기후 지역에 있는 대표적인 쌀 수출국이었다. 그러나 쌀의 가격 변동성이 커지고, 세계적으로 기호 작물의 수요가 증가함에 따라 쌀을 재배하던 논을 메꾸어 커피나무를 심게 되었다. 결국 2007년부터 커피 수출량이 쌀 수출량을 추월하였고, 베트남은 세계 2위의 커피 생산국이 되었다.

■ 지구의 허파? 지구의 굴뚝! 아마존 열대 우림

아마존 열대 우림은 지구 산소의 1/5 이상을 만들어내고 탄소를 연간 약 10억 톤이나 흡수하여 지구의 허파라고 불렸다. 하지만 최근 브라질의 목축업 비율이 증가하면서 넓은 면적이 목초지로 개간되었다. 숲에 불을 내면 일일이 벌목하는 것보다 목초지나 농경지로 개간하는 데 필요한 시간과 비용이 크게 줄어 곳곳에서 방화를 통한 불법 개간이 시작되었고, 2010~2019년 10년간 27억 톤에 달하는 이산화 탄소가 초과 배출되어 더 이상 지구의 허파라고 불리기 어렵게 되었다.

■ 애그플레이션(agflation)

농업(agriculture)과 물가 상승(inflation)의 합성어로, 곡물 가격 상승으로 인한 전반적인 물가 상승을 말한다.

■ 로컬 푸드

동일 지역에서 생산·소비되는 농산물로, 장거리 운송을 거치지 않은 것이다. 흔히 반경 50km 이내에서 생산된 농산물을 말한다.

용어 알기

• **사료 작물** 콩, 옥수수, 당근 등 가축의 사료로 이용할 목적으로 재배하는 작물
• **목초지** 가축의 사료가 되는 풀이 자라는 곳
• **자영농** 자신의 소유인 땅에서 농사를 짓고 직접 경영하는 농민

자료 4　세계의 농업 분포

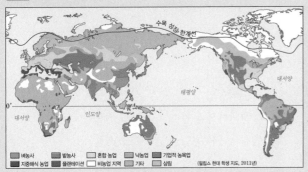

과거의 농업 분포에는 주로 기후와 지형이 많은 영향을 미쳤지만, 현재의 농업 분포에는 기후와 지형뿐만 아니라 자본과 상대적인 입지 등 다양한 요인이 작용한다. 기업적 곡물 농업 및 목축업의 경우 미국, 오스트레일리아, 아르헨티나 등지의 건조한 대초원 지대에 선진국의 자본이 투입되며 발달하였다.

자료 5　불타버린 아마존 열대 우림

목초지로 개간하기 위해 불태우는 아마존 열대 우림의 모습이다.

기본 문제

간단 체크

1 다음 설명이 맞으면 ○표, 틀리면 ×표 하시오.

(1) 과거의 전통적인 농업은 판매하기 위한 상품 작물을 주로 재배하였다. ( )

(2) 교통과 통신의 발달은 국제 교역량의 감소를 가져왔다. ( )

(3) 세계 무역 기구(WTO) 체제의 출범은 농업의 세계화를 촉진시켰다. ( )

(4) 콩, 옥수수 재배 면적의 증가는 육류 소비의 증가와 관련이 있다. ( )

(5) 농업의 세계화로 인해 식탁 먹거리의 다양화가 이루어졌다. ( )

2 농업 생산의 세계화에 따른 지역 변화의 사례를 바르게 연결하시오.

(1) 농산물 생산 지역의 변화 •

(2) 농산물 소비 지역의 변화 •

• ㉠ 지하수 고갈

• ㉡ 식량 무기화의 위험

• ㉢ 먹거리 다양화

• ㉣ 상품 작물 재배 확대

3 빈칸에 들어갈 알맞은 말을 쓰시오.

(1) 현대에는 시장에 판매할 목적으로 상품 작물을 재배하거나 가축을 기르는 ( ) 농업이 확대되었다.

(2) 농업 생산이 ( )되면서 많은 자본과 기술을 투입하여 세계 시장을 대상으로 운영되는 대규모 농장이 증가하고 있다.

(3) 농산물을 대규모로 수입하는 국가에서는 ( ) 이/가 낮아지며 다양한 문제의 원인이 되고 있다.

---

01 다음 설명에 해당하는 농업 방식으로 옳은 것은?

> 젖소나 염소 등을 키워 이들의 젖을 활용한 우유, 버터, 치즈 등의 유제품을 생산한다.

① 유목
② 낙농업
③ 원예 농업
④ 혼합 농업
⑤ 대규모 곡물 재배

02 오늘날 농업의 변화를 가져온 원인을 〈보기〉에서 고른 것은?

┌ 보기 ┐
ㄱ. 자유 무역의 확대
ㄴ. 자급적 농업의 발달
ㄷ. 교통·통신 기술의 발달
ㄹ. 전통적 식생활 습관의 강화

① ㄱ, ㄴ
② ㄱ, ㄷ
③ ㄴ, ㄷ
④ ㄴ, ㄹ
⑤ ㄷ, ㄹ

03 빈칸 ㉠, ㉡에 들어갈 용어를 바르게 연결한 것은?

> (㉠)은 열대 및 아열대 기후 지역에서 선진국의 자본과 기술, 원주민의 값싼 노동력을 바탕으로 커피, 차, 카카오 등의 (㉡)을 주로 기르는 농업 방식이다.

	㉠	㉡
①	낙농업	기호 작물
②	낙농업	식량 작물
③	플랜테이션 농업	구황 작물
④	플랜테이션 농업	기호 작물
⑤	플랜테이션 농업	식량 작물

04 무역 자유화를 통한 전 세계적인 경제 발전을 목적으로 하는 국제기구의 명칭으로 옳은 것은?

① EU
② IMF
③ WHO
④ WTO
⑤ OECD

05 그림은 점심시간 급식 메뉴와 그 원산지를 나타낸 것이다. 이러한 현상이 나타나게 된 배경을 〈보기〉에서 고른 것은?

┤ 보기 ├
ㄱ. 식량의 무기화
ㄴ. 농업의 기업화
ㄷ. 상업적 농업의 성장
ㄹ. 전통적 혼합 농업의 발달

① ㄱ, ㄴ
② ㄱ, ㄷ
③ ㄴ, ㄷ
④ ㄴ, ㄹ
⑤ ㄷ, ㄹ

06 다음 중 전통적인 농업 방식의 특징으로 옳은 것은?

① 대규모 토지를 이용한다.
② 도시 인구의 성장과 함께 발달하였다.
③ 직접 생산하여 소비하는 자급자족 방식이다.
④ 과일, 채소 등 팔기 위한 작물을 주로 재배한다.
⑤ 교통과 통신이 발달할수록 더욱 확산되는 농업 방식이다.

07 다음 글의 ㉠에 해당하는 작물로 옳은 것은?

베트남은 열대 기후 지역에 있는 대표적인 쌀 수출국이었다. 그러나 쌀의 가격 변동성이 커지고, 세계적으로 기호 작물의 수요가 증가하면서 (㉠)를 심기 시작했다. 현재 베트남은 세계 2위의 (㉠) 생산국이 되었다.

① 커피
② 보리
③ 옥수수
④ 고구마
⑤ 천연고무

08 사진의 농업 방식이 주로 나타나는 국가로 옳은 것은?

① 인도
② 타이
③ 베트남
④ 필리핀
⑤ 오스트레일리아

09 다음 현상이 발생하고 있는 지역으로 옳은 것은?

지구 산소의 1/5 이상을 만들어 내고 탄소를 연간 약 10억 톤이나 흡수하여 지구의 허파라고 불리던 지역이었지만, 최근 불법 방화를 통해 목초지로 개간되면서 지난 10년간 27억 톤에 달하는 이산화 탄소가 초과 배출되었다.

① 스텝
② 아마존
③ 사바나
④ 프레리
⑤ 케스타

10 다음 설명과 관련 있는 용어로 옳은 것은?

동일 지역에서 생산·소비되는 농산물로, 장거리 운송을 거치지 않은 것이다. 흔히 반경 50km 이내에서 생산된 농산물을 말한다.

① 슬로 푸드
② 로컬 푸드
③ 퓨전 푸드
④ 글로벌 푸드
⑤ 패스트 푸드

실전 문제

01 그림 속에 나타난 농업 방식에 대한 설명으로 옳은 것은?

▲ 「이삭 줍는 여인들」, 장 프랑수아 밀레

① 시장에 판매할 작물을 목적으로 재배한다.
② 농기계를 이용하여 작물을 대량으로 재배한다.
③ 생산자 스스로가 소비하기 위해 소규모로 작물을 재배한다.
④ 젖소나 염소 등을 사육하여 우유, 버터, 치즈 등의 유제품을 생산한다.
⑤ 기업이 많은 자본과 기술을 투입하여 세계 시장을 대상으로 농장을 운영한다.

02 밑줄 친 ㉠, ㉡에 대한 설명으로 옳지 않은 것은?

> 농업 생산의 기업화에 따라 생산 지역에서는 상업적 농업이 확대되고, 자영농의 비중이 감소하고 있다. 이에 따라 토지 이용의 형태는 ㉠사료 작물 재배 면적의 확대와 ㉡상품 작물 재배 면적의 확대로 나타나고 있다.

① ㉠의 주요 원인은 육류 소비량의 증가이다.
② ㉠은 신대륙의 대평원에서 활발히 진행 중이다.
③ ㉡으로 인해 우리나라의 먹거리 다양성이 증가한다.
④ 꽃을 기르기 위한 화원의 증가는 ㉡의 대표적인 사례이다.
⑤ ㉡의 대표적인 작물은 벼, 밀, 옥수수와 같은 전통적인 곡물들이다.

[03~04] 그래프는 우리나라의 곡물 자급률을 나타낸 것이다. 이를 보고 물음에 답하시오.

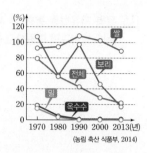

(농림 축산 식품부, 2014)

03 그래프에 대한 해석으로 옳은 것을 〈보기〉에서 고른 것은?

> **보기**
> ㄱ. 우리나라는 옥수수를 수입할 필요가 없다.
> ㄴ. 우리나라의 식량 자급률은 감소하고 있다.
> ㄷ. 1970년에 보리는 국내 생산량만으로 자급이 가능하였다.
> ㄹ. 1990년에 쌀은 생산량보다 소비량이 많았다.

① ㄱ, ㄴ ② ㄱ, ㄷ ③ ㄴ, ㄷ
④ ㄴ, ㄹ ⑤ ㄷ, ㄹ

★ 중요 ★
04 그래프와 관련하여 우리나라가 직면한 문제로 옳은 것은?

① 식량 무기화 문제의 위험에 노출될 수 있다.
② 사료 작물의 재배 면적 확대로 숲이 줄어든다.
③ 지나친 농업용수 사용으로 지하수가 고갈된다.
④ 육류 소비량이 증가하며 숲을 불법 개간하고 있다.
⑤ 상품 작물의 재배가 증가하여 농가의 수입이 감소한다.

고난도
05 밑줄 친 ㉠의 사례로 옳지 않은 것은?

> 농업 생산이 기업화되고 세계화됨에 따라 소규모 농작물을 생산하는 국가는 큰 타격을 입게 되었다. ㉠그 결과 세계 여러 국가는 농업 경쟁력을 높이기 위해 많은 변화를 주고 있으며, 이러한 변화는 새로운 문제를 야기하고 있다.

① 애그플레이션의 위험이 높아진다.
② 유전자 변형 식품에 대한 우려가 생겨났다.
③ 오랜 유통을 위한 방부제 사용으로 안전 문제가 발생한다.
④ 대규모 농장을 건설하기 위해 숲에 불을 질러 불법으로 개간하고 있다.
⑤ 값싼 농산물의 수입으로 소규모 농장에서 생산된 농산물의 가격 경쟁력이 올라간다.

고난도

06 다음은 학생이 제출한 사회 퀴즈의 답안지이다. 이 학생의 점수로 옳은 것은?

〈사회 퀴즈〉

농업 생산의 기업화에 대한 설명이 맞으면 ○표, 틀리면 ×표 하시오(단, 한 문제당 1점씩 배점하며, 틀리더라도 감점은 없음).

번호	내용	답
1	교통과 통신의 발달과 관계 없다.	×
2	선진 농업 기술들을 활용한다.	○
3	농산물의 생산은 자영농에게 의존한다.	×
4	전 세계를 대상으로 곡물 시장에서 매우 큰 영향력을 행사하고 있는 다국적 기업인 '곡물 메이저'가 출현했다.	○

① 0점   ② 1점   ③ 2점
④ 3점   ⑤ 4점

중요

07 다음은 학생의 정리 노트이다. ㉠~㉤의 내용 중 옳지 <u>않은</u> 것은?

농업 생산의 세계화로 인한 문제점
㉠ 다양한 외국 농산물을 먹을 수 있음
㉡ 많은 농약 사용으로 토양 오염 심화
㉢ 농업용수 사용으로 인한 지하수 고갈
㉣ 생산량 증대를 위한 유전자 변형 식품의 위험성
㉤ 국내 농산물의 가격 경쟁력 약화 → 농민들의 경제적 위기

① ㉠   ② ㉡   ③ ㉢
④ ㉣   ⑤ ㉤

서술형 문제

08 사진과 같이 아마존 열대 우림이 불타버린 이유를 아래의 제시어를 활용하여 200자 이내로 서술하시오.

• 농업의 세계화   • 상업적 농업

09 밑줄 친 ㉠과 같은 상황이 농산물 소비 지역에 미치는 긍정적인 영향과 부정적인 영향을 각각 한 가지씩 서술하시오.

민지: 아빠, 오랜만에 마트에 왔는데, 과일 좀 사갈까요?
아빠: 그래, 어떤 과일이 먹고 싶니?
민지: 바나나랑 오렌지요. 그런데 여기 있는 바나나는 필리핀산, 오렌지는 미국산이네요. 해외에서 왔는데 가격도 싼 것 같아요.
아빠: 맞아. 요즘은 ㉠ 외국산 농산물 수입이 점점 많아지고 있어.

다국적 기업과 경제 공간의 변화

1. 다국적 기업의 성장

(1) **다국적 기업의 의미와 배경** → 다른 기업의 지배를 받는 기업을 말해. 지배하는 큰 기업은 모회사라고 불러.

① 의미: 세계 각지에 자회사, 지사, 공장 등을 확보하고 국제적인 조직망을 바탕으로 생산과 판매 활동 등 경영 활동을 세계적으로 수행하는 기업

② 배경: 교통과 통신의 발달, 세계 무역 기구(WTO) 체제 출범 및 자유 무역의 확대로 국제 이동 활발 → 전 세계 대상으로 상품 판매 및 서비스 제공 가능 자료1

(2) **다국적 기업의 성장 과정**

단일 기업 단계	단일 공장이 위치한 지역에서 기업 성장
국내 확장 단계	국내에서 영업 지점과 생산 공장 확대 → 본사로부터 영업 업무를 위탁받아 운영하는 곳을 말해.
해외 진출 단계	해외에 영업 대리점을 설치하여 제품 판매 시장 확대
다국적 기업 단계	본사, 생산 공장, 영업 대리점 등이 여러 국가에 입지하며 통합적 기업 조직망 구축

더 알아보기 다국적 기업의 성장 과정

2. 다국적 기업의 공간적 분업

(1) **공간적 분업의 의미**: 기업의 의사 결정, 연구·개발(R&D), 생산 기능, 판매 등이 각각 수행하는 기능에 따라 공간적으로 적합한 지역에 분화하여 입지하는 것

(2) **각 기능별 입지 특성**

본사	• 의사 결정을 내리며, 기업을 경영하고 관리함 • 본국, 선진국의 대도시에 주로 위치 → 다양한 정보 수집과 자본 및 고급 인력 확보에 유리한 지역 자료2
연구소	• 신제품과 핵심 기술, 디자인 등을 연구·개발함 • 선진국에 주로 위치 → 기술을 갖춘 고급 인력이 풍부한 지역
생산 공장	• 개발 도상국에 위치 → 지가와 노동 임금이 저렴하여 생산 비용을 줄이기 위함 • 선진국에 위치 → 시장을 확대하고 무역 장벽을 피하기 위함

학습 내용 들여다보기

■ 다국적 기업
다국적 기업은 글로벌 기업이라고도 하며 세계 각지에 자회사, 지사, 생산 공장, 영업 대리점 등의 조직을 갖추고 경영, 생산, 판매, 사후 관리 등 기업의 전 과정을 국제적 규모로 수행하는 기업을 의미한다. 경제적 교류가 전 세계로 확대된 현재, 대부분의 대기업들은 점차 다국적 기업의 형태로 변화하고 있다.

■ 자유 무역 협정(FTA)
무역의 증진을 위해 상품과 서비스, 투자의 이동을 자유롭게 하는 협정으로, 대표적으로 국가의 무역 거래에서 관세 등의 장벽을 완화, 제거하는 협정이다.

■ 다국적 기업의 영향력

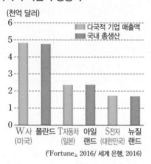

일부 다국적 기업의 연 매출액은 한 국가의 국내 총생산과 비교될 정도로 세계 경제에서 차지하는 비중과 역할이 크다.

용어 알기

• **관세** 국가가 일정한 경계선(국경)을 넘는 화물에 대해 매기는 세금
• **분업** 생산의 모든 과정을 여러 전문적인 부문으로 나누어 여러 사람이 분담하여 일을 완성하는 노동 형태
• **입지** 인간이 경제 활동을 하기 위하여 선택하는 장소
• **무역 장벽** 국가 간의 경쟁에서 자국 상품을 보호하고 교역 조건을 유리하게 하기 위하여 정부가 인위적으로 취하는 법적·제도적 조치 예 관세 부과, 무역량 제한

자료1 **우리나라의 자유 무역 협정(FTA) 현황**

(대한민국 통상교섭본부 누리집)

2021년 기준 우리나라는 칠레, 미국 등 16개의 국가 및 경제 협력체와 자유 무역 협정(FTA)을 체결하고 있다.

자료2 **세계 100대 기업 본사의 국가별 분포**

기타 12, 일본 5, 영국 6, 프랑스 7, 독일 10, 중국 13, 미국 47(개)

(유럽 브랜드 연구소, 2020)

대기업의 본사는 다양한 정보 수집과 자본 및 고급 인력 확보에 유리한 선진국의 대도시 지역에 입지하는 경향이 있다.

다국적 기업의 공간적 분업

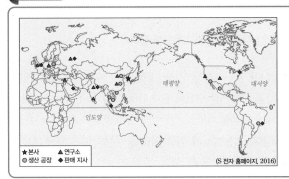

★ 본사　▲ 연구소
◎ 생산 공장　◆ 판매 지사
(S 전자 홈페이지, 2016)

다국적 기업은 생산 비용을 줄이기 위해 지가와 노동 임금이 저렴한 중국, 동남아시아, 남아메리카 등의 개발 도상국 지역에 생산 공장을 설립하는 경우가 많다. 한편, 유럽이나 북아메리카 등의 선진국 지역에는 현지 시장을 개척하고 무역 장벽을 피하기 위해서 생산 공장을 설립하기도 한다. ↓
선진국의 생산품이 되기 때문에 관세를 내지 않게 돼.

3. 다국적 기업의 입지에 따른 지역 변화

본국에 미치는 영향	긍정적 영향	해외에서 얻은 이익으로 본국에 또 다른 투자를 유발
	부정적 영향	생산 공장의 국외 이전으로 본국의 실업률 증가 → 산업 공동화 현상 발생 자료3
진출 지역에 미치는 영향 자료4	긍정적 영향	• 고용 창출 효과 증대 • 지역 경제 활성화 • 기술 및 경영 기법의 습득 → 단, 고급 기술의 이전은 어려워.
	부정적 영향	• 해외 경제 의존도 심화 • 산업 경쟁력 및 자생력 약화 • 현지 소규모 기업이 경쟁에서 밀려나게 됨

다국적 기업 생산 공장의 이동 → 우리나라도 1980년대까지 다국적 기업의 생산 공장이 입지했어.

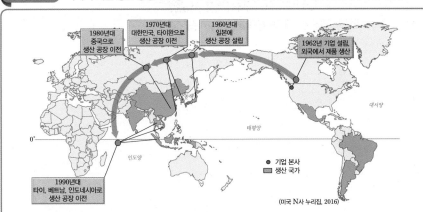

1980년대 중국으로 생산 공장 이전
1970년대 대한민국, 타이완으로 생산 공장 이전
1960년대 일본에 생산 공장 설립
1962년 기업 설립, 외국에서 제품 생산
1990년대 타이, 베트남, 인도네시아로 생산 공장 이전
● 기업 본사
■ 생산 국가
(미국 N사 누리집, 2016)

N사는 세계적으로 유명한 스포츠 용품을 생산·판매하는 다국적 기업이다. N사는 저임금 노동력의 확보가 유리한 지역을 찾아 계속해서 생산 공장을 이전했다. 최근에는 임금이 저렴하고 노동력이 풍부한 타이, 베트남, 인도네시아 등의 동남아시아 지역으로 공장을 이전했다.

■ **산업 공동화**
공동화는 속이 텅 비게 된다는 뜻으로, 일반적으로 도시가 성장함에 따라 인구와 산업이 주변부로 이동하게 되면서 중심부가 비어버리게 되는 현상을 말한다. 산업 공동화는 국내의 산업 구조에 공백이 생기는 현상을 말하며, 이는 국내의 산업이나 기업이 상대적으로 생산 비용이 저렴한 해외로 직접 투자를 하게 되면서 국내의 생산 능력이 저하되어 국내 산업이 쇠퇴하기 때문이다.

■ **미국의 러스트 벨트(Rust Belt)**

▲ 러스트 벨트의 위치

미국의 '러스트 벨트' 지역은 자동차, 철강 등을 생산하는 세계적 규모의 다국적 기업들이 들어서 번창하였으나, 20세기 후반부터 멕시코 등의 개발 도상국으로 생산 공장들이 이전하면서 실업률이 증가하고 지역 경제가 침체되었다.

■ **다국적 기업의 진출로 인한 지역의 변화**
다국적 기업이 생산 시설을 이전하면 생산 공장을 유치한 국가는 경제가 활성화되기도 한다. 즉, 새롭게 투자가 이루어지면서 자본이 유입되고, 일자리가 생기며, 기술을 이전받는 등 관련 산업이 발달한다. 이러한 이유로 많은 지역이 외국의 기업이 들어설 때 세금을 감면해 주고, 무상으로 공장 용지를 제공하며, 도로를 건설해 주는 등 다국적 기업의 투자를 유치하기 위해 노력한다. 그러나 대규모 자본과 높은 기술력을 가진 다국적 기업이 진출하면 유사한 제품을 생산하는 국내 기업들이 피해를 보기도 한다. 또한 이윤의 상당 부분이 본국으로 유출되고, 본국에서 이루어지는 의사 결정에 따라 생산 공장이 폐쇄될 수 있다는 단점도 나타난다.

• **창출** 전에 없던 것을 지어내거나 만들어 냄
• **자생력** 스스로 살길을 찾아 살아나가는 능력이나 힘

디트로이트시의 산업 공동화

(천 명)
1,900
1,640
1,380
1,120
860
600
(U.S.Census)
1920 1930 1940 1950 1960 1970 1980 1990 2000 2010 2016(년)

▲ 디트로이트시의 폐공장　　▲ 디트로이트시의 인구 변동

미국 미시간주의 디트로이트시는 자동차를 생산하는 다국적 기업의 공장들이 들어서 번창한 지역이었다. 하지만 20세기 후반부터 개발 도상국으로 생산 공장들이 이전하면서 폐공장들만 남게 되었다. 지금은 많이 회복되었으나, 이로 인해 실업률이 증가하고 인구가 유출되는 등 많은 문제점이 발생하였다.

다국적 기업이 진출 지역에 미치는 영향

다국적 기업의 생산 공장이 지역에 입주하는 것을 환영하는 모습이다.

지역 경제 위기를 우려해 다국적 기업의 철수를 반대하는 모습이다.

✅ 간단 체크

1 다음 설명이 맞으면 ○표, 틀리면 ×표 하시오.

(1) 경제 활동의 세계화는 교통·통신의 발달로 국가 간 교류
가 감소하는 현상이다. ( )

(2) 국제적인 조직망을 바탕으로 생산과 판매 활동 등 경영
활동이 세계적으로 이루어지는 기업을 다국적 기업이라
고 한다. ( )

(3) 다국적 기업은 무역 장벽을 피하기 위해 선진국에 생산
공장을 설립하기도 한다. ( )

(4) 다국적 기업의 생산 공장이 설립된 지역에는 고급 기술
이 이전된다. ( )

(5) 세계 무역 기구(WTO)의 출범은 국가 간 교류를 활발하
게 변화시켰다. ( )

2 다국적 기업의 공간적 분업을 바르게 연결하시오.

(1) 본사 •

        • ㉠ 높은 기술 수준을 갖춘
고급 인력이 풍부한 지역

(2) 연구소 •

        • ㉡ 다양한 정보 수집과 자본
확보에 유리한 선진국의
대도시

(3) 생산 공장 •

        • ㉢ 지가와 노동 임금이 저렴
한 지역

3 빈칸에 들어갈 알맞은 말을 쓰시오.

(1) 기업의 기능들이 각각 수행하는 기능에 따라 적합한 지역
에 분화하여 입지하는 것을 ( )(이)라고 한다.

(2) 단일 공장이 위치한 지역에서 기업이 성장하는 단계는
( )이다.

(3) 지역 기반을 이루던 산업이 해외로 이전하면서 국내의
산업 구조에 공백이 생기는 현상을 ( ) 현상이
라고 한다.

[01~02] 다음 글을 읽고 물음에 답하시오.

세계 각지에 자회사, 지사, 공장 등을 확보하고 국제적인
조직망을 바탕으로 생산과 판매 활동 등의 경영 활동을 세계
적으로 수행하는 기업을 (㉠)(이)라고 한다. (㉠)은/
는 경영의 효율성을 높이고 이윤을 극대화하기 위해 기업
의 기획 및 관리·연구·생산·판매 기능을 서로 다른 지역
에 배치하는데, 이를 (㉡)(이)라고 한다.

01 ㉠에 들어갈 용어로 옳은 것은?

① 대기업   ② 모기업
③ 자회사   ④ 로컬 기업
⑤ 다국적 기업

02 ㉡에 들어갈 용어로 옳은 것은?

① 분업   ② 입지 변화
③ 무역 장벽   ④ 공간적 분업
⑤ 자유 무역 협정

03 밑줄 친 ㉠~㉤ 중 옳지 않은 것은?

오늘날은 ㉠국가 간 교류가 침체되면서 ㉡생산,
소비와 같은 경제 활동이 전 세계를 대상으로 이루어
지게 되었다. 오늘날 우리는 과거에 비해 다른 나라에
서 만든 물건을 쉽게 접할 수 있게 되었다. 이처럼 ㉢상
품, 자본, 노동, 기술, 서비스 등이 국경을 초월하여
자유롭게 이동할 수 있게 되었고, ㉣세계적 차원에서
경제적 상호 의존도가 높아지게 되었다. 오늘날은
㉤경제 활동의 세계화가 이루어지게 된 것이다.

① ㉠   ② ㉡   ③ ㉢
④ ㉣   ⑤ ㉤

04 한 국가의 기업이 세계 각국으로 진출할 때 얻을 수 있는 장점만을 <보기>에서 있는 대로 고른 것은?

┌─ 보기 ─────────────────┐
ㄱ. 생산 비용 절감
ㄴ. 무역 장벽 극복
ㄷ. 새로운 시장 개척
ㄹ. 생산 공장의 국외 이전으로 실업률 증가
└────────────────────────┘

① ㄱ, ㄴ   ② ㄱ, ㄹ   ③ ㄷ, ㄹ
④ ㄱ, ㄴ, ㄷ   ⑤ ㄴ, ㄷ, ㄹ

05 다음 글의 ㉠, ㉡에 들어갈 용어를 바르게 연결한 것은?

> 다국적 기업은 주로 의사 결정에 필요한 다양한 정보와 자본을 확보하는 데 유리한 지역에 (㉠)을/를 두며, 지가와 노동 임금이 저렴한 곳에 (㉡)을/를 세운다.

	㉠	㉡
①	본사	연구소
②	본사	생산 공장
③	생산 공장	본사
④	생산 공장	연구소
⑤	영업 대리점	생산 공장

06 자료를 통해 추론할 수 있는 다국적 기업 활동의 이점으로 옳은 것은?

미국의 조지아주는 전통 산업인 방직 산업이 침체되면서 그동안 지역 경제가 크게 어려웠지만, 자동차 관련 공장이 들어선 이후 제조업 성장률이 크게 증가하였다.

① 상품의 생산비를 크게 절감할 수 있다.
② 고용 창출로 지역 경제를 활성화시킬 수 있다.
③ 영업 대리점을 각지에 둘 수 있어 판매가 증가한다.
④ 외국으로 기업의 이윤이 빠져나가는 것을 막을 수 있다.
⑤ 기업의 이윤이 분산되어 납부해야 하는 세금을 줄일 수 있다.

07 다음 설명에 해당하는 지역으로 옳은 것은?

> 이 지역은 자동차, 철강 등을 생산하던 세계적 규모의 다국적 기업들이 들어서 번창하였으나, 20세기 후반부터 개발 도상국으로 생산 공장들이 이전하면서 실업률이 증가하고 지역 경제가 침체되었다.

① 썬 벨트(Sun Belt)   ② 오션 벨트(Ocean Belt)
③ 스틸 벨트(Steel Belt)   ④ 러스트 벨트(Rust Belt)
⑤ 퍼시픽 벨트(Pacific Belt)

08 기업의 의사 결정 기능에 대한 설명으로 옳은 것은?

① 기업 경영에 있어 디자인을 연구하는 기능이다.
② 대부분 지가가 저렴한 개발 도상국에 입지하고 있다.
③ 주로 본사나 모기업이 위치한 곳에서 담당하고 있다.
④ 임금이 저렴한 지역이 입지에 가장 유리한 지점이다.
⑤ 경영의 편리성을 위해 세계 각 지역에 분산시키는 경향이 있다.

09 다국적 기업의 성장 과정을 순서대로 바르게 나열한 것은?

> (가) 해외에 영업 대리점을 설치하여 제품 판매 시장 확대
> (나) 본사, 생산 공장, 영업 지점 등이 여러 국가에 입지하며, 통합적인 기업 조직망 구축
> (다) 단일 공장이 위치한 지역에서 기업 성장
> (라) 국내에서 영업 지점과 생산 공장을 확대

① (가)—(나)—(다)—(라)
② (나)—(가)—(다)—(라)
③ (나)—(라)—(가)—(다)
④ (다)—(가)—(라)—(나)
⑤ (다)—(라)—(가)—(나)

중요

01 다음은 ○○기업의 신규 사업 계획서이다. 빈칸 (가), (나)에 들어갈 말로 가장 적절한 것은?

〈○○기업 신규 사업 계획서〉

1. 현재 상황: ○○기업은 최근 회사가 성장함에 따라 새로운 생산 공장의 건설이 필요함

2. ○○기업 신규 생산 공장의 입지 계획

구분	후보 지역	목적
제1공장	베트남 호찌민	(가)
제2공장	미국 앨라배마	(나)

	(가)	(나)
①	무역 장벽 극복	저임금 노동력 확보
②	무역 장벽 극복	의사 결정 기능 강화
③	저임금 노동력 확보	의사 결정 기능 강화
④	저임금 노동력 확보	무역 장벽 극복
⑤	고급 연구 인력 확보	무역 장벽 극복

02 그래프는 다국적 기업의 매출액과 국가별 국내 총생산을 나타낸 것이다. 이에 대한 해석으로 옳은 것은?

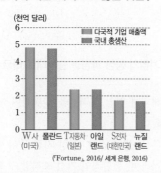

(『Fortune』, 2016/ 세계 은행, 2016)

① 다국적 기업은 선진국에만 입지하여 운영되고 있다.
② 세계 경제에서 다국적 기업이 차지하는 비중이 크다.
③ 다국적 기업의 진출 분야는 자동차 분야로 제한되어 있다.
④ 다국적 기업의 성장은 최근 무역 장벽의 등장으로 제한되고 있다.
⑤ 다국적 기업의 연 매출액이 한 국가의 국내 총생산을 넘어서기는 힘들다.

고난도

03 다국적 기업이 입지 지역에 미치는 영향으로 옳은 것을 〈보기〉에서 고른 것은?

┤ 보기 ├
ㄱ. 고용 창출을 통하여 지역 경제를 활성화시킨다.
ㄴ. 생산 공장이 위치한 지역에 고급 기술을 이전시킨다.
ㄷ. 본국에 산업 공동화 현상을 발생시켜 실업률을 낮춘다.
ㄹ. 해외에서 얻은 이익으로 본국에 또 다른 투자를 유발한다.

① ㄱ, ㄴ　　② ㄱ, ㄹ　　③ ㄴ, ㄷ
④ ㄴ, ㄹ　　⑤ ㄷ, ㄹ

중요

04 지도는 A 자동차 기업의 기능별 입지를 나타낸 것이다. 이에 대한 설명으로 옳지 <u>않은</u> 것은?

(S 전자 홈페이지, 2016)

① A는 우리나라에 본사가 위치한 다국적 기업이다.
② 경영의 효율성을 높이기 위해 공간적 집중이 이루어진다.
③ 연구소는 주로 전문 인력의 확보가 쉬운 선진국에 위치한다.
④ 생산 공장이 선진국에 위치한 것은 무역 장벽을 극복하기 위해서이다.
⑤ 생산 공장이 개발 도상국에 위치한 것은 지가와 임금이 저렴하기 때문이다.

[05~06] 지도는 다국적 기업의 생산 공장 이동을 나타낸 것이다. 이를 보고 물음에 답하시오.

05 지도에 대한 해석으로 옳은 것을 〈보기〉에서 고른 것은?

┤ 보기 ├
ㄱ. 중국은 경제 호황을 맞이할 것이다.
ㄴ. 베트남보다 타이의 생산비 경쟁력이 높다.
ㄷ. 베트남에 투자하는 기업의 수가 증가하고 있다.
ㄹ. 중국의 노동 인건비가 베트남보다 높아지면서 발생한 현상이다.

① ㄱ, ㄴ　　② ㄱ, ㄷ　　③ ㄴ, ㄷ
④ ㄴ, ㄹ　　⑤ ㄷ, ㄹ

고난도

06 다음은 베트남에서 근무하는 노동자의 일기장 중 일부이다. 밑줄 친 ㈀~㈁ 중 옳지 <u>않은</u> 것은?

> 2021년 7월 1일 목요일　　날씨: 맑음
> 　오늘부터 우리 지역에 세워진 공장에서 일하게 되었다. 이 공장은 핸드폰을 만드는 곳인데, ㈀본사는 다른 선진국에 있다고 한다. 이번에 공장이 만들어지면서 내 친구들도 다같이 ㈁우리 지역의 많은 이웃도 일자리를 얻을 수 있었다. 공장 선배와 이야기해 보니, 이 공장은 ㈂베트남의 무역 장벽을 극복하기 위해 만들어졌다고 한다. 원래는 중국에 있던 공장인데, ㈃베트남으로 옮기면서 생산비도 절감시키는 효과가 있었다고 한다. … 〈중략〉… ㈄공장에서 기술도 열심히 배워 베트남의 발전에 이바지하고 싶다.

① ㈀　　② ㈁　　③ ㈂
④ ㈃　　⑤ ㈄

07 자료는 여름 방학을 맞아 여행을 다녀온 학생이 조사한 것이다. ㈀에 들어갈 알맞은 말을 쓰고, ㈁에 해당하는 사례를 두 가지 서술하시오.

▲ 디트로이트시의 폐공장　　▲ 디트로이트시의 인구 변동

　지난 여름 가족과 함께 미국 디트로이트시를 다녀왔다. 디트로이트시는 자동차, 철강 등을 생산하던 세계적 규모의 다국적 기업들이 들어서 번창한 지역이었다고 한다. 하지만 20세기 후반부터 개발 도상국으로 생산 공장들이 이전하고 폐공장들만 남게 되면서 이 지역을 (㈀)(이)라고 부른다고 한다. 지금은 많이 회복되긴 하였으나 ㈁이 지역의 공장들이 이전하고 나서 많은 문제점이 발생했다고 한다.

_____
_____
_____
_____

08 사진은 우리나라 △△시에 있던 다국적 기업의 생산 공장이 이전하면서 나타난 갈등 상황을 촬영한 것이다. 다국적 기업과 지역 주민 각각의 입장에 대해 서술하시오.

_____
_____
_____

03 서비스업의 세계화와 경제 공간의 변화

학습 내용 들여다보기

■ **교통의 발달과 시·공간 거리의 단축**

1500~1840년

마차·범선
평균 속도 16km/h

1850~1930년

증기선
평균 속도 25km/h

1950년대

프로펠러 비행기
평균 속도 480~640km/h

현재

제트 비행기
평균 속도 800~1,120km/h

교통의 발달에 따른 시·공간 거리의 단축은 국가 간의 인적·물적 교류를 활성화시켰고, 국가 간 상호 의존도를 증가시키면서 세계화를 촉진시켰다.

■ **전문화된 서비스업의 공간적 집중**

3기: 2018~2020년
(단위: 개)

경기 서북부 4
서울권 13
강원권 ①
경기 남부 4
충북권 3
충남권 3
경북권 5
전북권 3
경남권 6
전남권 ①

(보건복지부, 2017)

▲ 3기 상급 종합병원 지정 기관 현황

의료, 금융 등 전문화된 서비스업은 접근성이 좋고 정보가 풍부한 특정 지역에 발달한다.

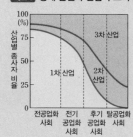

용어 알기

• **재화** 사람이 바라는 바를 충족시켜 주는 모든 물건
• **용역** 물질적 재화의 형태를 취하지 않고 생산과 소비에 필요한 노동력을 제공하는 일

1. 서비스업의 의미와 특성

(1) 산업 활동의 분류

1차 산업	토지나 바다 등의 자연환경에 노동력을 동원하여 필요한 물품을 얻거나 생산하는 산업 예 농업, 임업, 수산업, 축산업 등
2차 산업	1차 산업에서 얻은 생산물이나 천연자원을 가공하여 인간 생활에 필요한 물건이나 에너지 등을 생산하는 산업 예 광업, 제조업 등 ┐ ►광업이란 광물을 채굴하는 것뿐만 아니라 그것을 제련하는 산업을 포함해.
3차 산업	1, 2차 산업에서 생산된 물품을 소비자에게 유통·판매하거나 각종 서비스를 제공하는 산업 예 상업, 운수업, 정보·통신업, 금융업, 교육 등

(2) 서비스업의 의미와 특성

① 의미: 다른 산업이나 일반 소비자들에게 재화와 용역을 제공하는 활동

② 특성

• 소비자에 따라 원하는 서비스의 형태가 달라 표준화가 어려움

• 고용 창출 효과가 큼 → 기계가 대체하기 어려운 일들이 많기 때문이야.

• 경제 성장과 소득 수준 향상에 따라 다양한 서비스업에 대한 수요 증가
  └→ 선진국에서는 건강 관리(의료) 및 교육 분야의 서비스가 중요해지고 있어.

(3) 서비스업의 유형 → 서비스를 제공받는 대상에 따라 구분해.

소비자 서비스업	일반 소비자들에게 제공하는 서비스 예 음식업, 숙박업, 소매업 등
생산자 서비스업	기업 활동을 지원해 주기 위한 서비스 예 금융, 법률, 광고, 시장 조사 등

2. 서비스업의 성장과 세계화

(1) 탈공업화 사회 자료1

① 의미: 생산, 고용에서 제조업의 비중은 감소하고 서비스업 비중이 증가하는 사회

② 배경: 소득 수준 향상과 여가 시간 확대로 다양한 서비스에 대한 수요 증가, 생산의 자동화에 따른 제조업의 노동력 수요 감소, 교통과 정보·통신의 발달 등

(2) 서비스업의 세계화

① 의미: 서비스업이 국가의 경계를 넘어 세계 여러 지역으로 확대되는 현상

② 배경: 교통과 정보·통신의 발달로 인한 경제 활동의 시·공간적 제약 감소

③ 입지

공간적 집중	전문화된 서비스업은 접근성이 좋고 정보가 풍부한 특정 지역에 발달 예 의료, 광고, 금융, 문화 산업 등
공간적 분산	비용 절감, 업무 효율성을 높이기 위해 일부 업무를 개발 도상국으로 분산 예 콜센터 해외 이전, 온라인 서비스 서버 관리 등 자료2

└→ 기업 입장에서는 비용 절감 및 시차를 활용한 운영 시간 증대를 기대할 수 있어.

자료1 경제 발전과 산업 구조의 변화

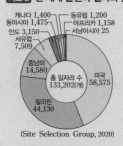

100 (%) 산업별 총 종사자 비율 75 50 25

3차 산업
1차 산업
2차 산업

전공업화 사회 / 전기 공업화 사회 / 후기 공업화 사회 / 탈공업화 사회

산업 구조는 대체로 경제가 발전하면서 1차 산업 중심에서 2차 산업 중심으로 변화하며, 이는 토지와 노동력을 생산 요소로 하는 농업 중심 사회에서 자본과 노동력을 생산 요소로 하는 공업 중심 사회로의 변화를 의미한다. 이후 지식과 정보를 주요 생산 요소로 하는 서비스업의 성장으로 2차 산업의 비중이 감소하고 3차 산업의 비중이 증가하면서 탈공업화 사회로 전환된다.

자료2 전 세계 콜센터 일자리 분포

캐나다 1,400
동아시아 1,475
인도 3,150
서유럽 7,509
중남미 14,580
동유럽 1,200
아프리카 1,158
서남아시아 25
미국 58,575
필리핀 44,130

총 일자리 수 133,202(개)

(Site Selection Group, 2020)

인도와 필리핀에는 다국적 기업의 콜센터가 집중되어 있는데, 모두 영어를 사용하고 있으며 인건비가 저렴하기 때문이다. 최근에는 인도에 있던 미국 기업들의 콜센터가 필리핀으로 많이 옮겨가고 있다. 이는 필리핀의 임금 수준이 인도보다 낮으며 필리핀 직원들이 미국식 영어를 구사하고 미국 문화에 대한 이해가 높기 때문이다. 필리핀은 콜센터의 입지로 일자리 증가 효과를 기대할 수 있다.

3. 서비스업의 세계화에 따른 지역 변화

(1) 상품 구매의 변화
① 배경: 교통과 정보·통신의 발달로 경제 활동의 시·공간적 제약 감소
② 변화: 과거에는 매장에 직접 방문하여 물건을 구매하였으나 최근에는 텔레비전, 인터넷 등을 활용한 전자 상거래가 증가함

(2) 전자 상거래
① 특성 자료3

소비자 입장	·상품 구입에 들어가는 시간이 절약됨 ·시간 제약이 없어 언제든지 물품 구입이 가능함 ·상품 구매를 위하여 이동할 필요가 없음
판매자 입장	·상품을 진열하는 넓은 공간이 필요하지 않음 ·판매 사원이 필요 없어 적은 자본으로 운영할 수 있음

② 입지: 교통이 편리한 대도시 외곽에 물류·유통 센터를 갖춘 무점포 상점이 늘어남
③ 영향: 유통 산업의 발달을 촉진함 → 대표적으로 택배 산업이 있지.

(3) 유통의 세계화
① 배경: 교통과 정보·통신의 발달, 전자 상거래 발달, 다국적 유통 업체들의 활동 증대, 세계 시장의 개방
② 영향

긍정적 영향	·상품 구매의 시·공간적 제약 극복 ·전자 상거래의 발달로 상품의 유통 단계 감소 ·해외 직접 구매 등을 통한 소비 활동의 범위 확대 ·유통 산업의 성장: 택배 산업, 물류 창고업 발달
부정적 영향	·재래시장, 오프라인 상점 등의 쇠퇴 ·중소 상인 및 영세한 유통 업체의 피해 ·유통 업체의 지점이 다른 곳으로 이동한 경우, 기존 지역의 경제 혼란

(4) 관광의 세계화 자료4
① 배경: 교통과 통신의 발달로 관광 정보 획득 용이, <u>소득 수준 향상 및 여가 시간 증가</u> → 여행과 레저 활동에 대한 관심이 증가하겠지?
② 영향

긍정적 영향	·지역의 일자리 창출 및 주민 소득 증가 ·교통 및 숙박 등 연관 산업의 발달 ·교통, 통신, 도로 등 기반 시설 개선
부정적 영향	·무리한 관광지 개발로 자연환경 파괴 ·지나친 상업화로 지역 고유문화 쇠퇴 ·인터넷상의 지나친 가격 경쟁, 허위·과장 광고로 인한 피해 ·관광객이 쓰는 돈이 현지 주민보다 선진국의 여행사에 많이 돌아감

└→ 이를 해소하기 위해 공정 여행이 등장했어.

학습 내용 들여다보기

■ 다국적 유통 업체

▲ 편의점 시장 규모의 성장

대형 마트, 편의점 등이 대표적이며, 전통 시장이나 동네 상점 등의 기존 소매업을 빠르게 대체하고 있다.

■ 공정 여행

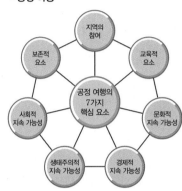

일반적인 대중 여행은 대규모 호텔이나 리조트에 투숙하며 레저 시설에서 여가를 즐기고, 노동 인권이나 동물권을 침해하는 활동들에 참여하는 경우가 많다. 반면, 공정 여행은 관광 지역의 환경에 미치는 영향을 최소화하고, 현지 주민에게 더 많은 혜택이 돌아가게 하며, 현지의 문화를 존중하는 여행을 추구하고 있다.

🎓 용어 알기
• **상거래** 물품 또는 서비스를 대상으로 하여 매매 또는 임대차 계약을 하는 행위
• **여가** 휴식을 겸한 다양한 취미 활동이 포함되는 경제 활동 이외의 시간으로 개인이 처분할 수 있는 자유로운 시간

자료3 **전자 상거래의 유통 구조**

기존의 유통 구조〈좌〉는 기업에서 도매상과 소매상을 거친 후 소비자에게 연결되는 다소 복잡한 단계였다. 전자 상거래〈우〉는 상점을 방문할 필요 없이 온라인에서 주문과 결제를 통해 바로 상품을 받아볼 수 있어 유통 단계가 줄어들었다.

자료4 **관광의 세계화와 항공 산업의 발전**

1969년 첫 취항을 한 A 항공사는 지난 50년 동안 관광의 세계화와 함께 발전해 왔다.

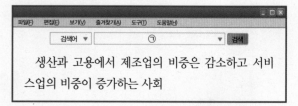

간단 체크

1 다음 설명이 맞으면 ○표, 틀리면 ×표 하시오.

(1) 서비스업은 산업의 분류에서 3차 산업에 속한다. (   )

(2) 경제 성장과 소득 수준 향상에 따라 다양한 서비스업에 대한 수요가 증가하고 있다. (   )

(3) 인터넷 등을 활용한 전자 상거래는 과거부터 이어온 전통적인 상품 구매 방법이다. (   )

(4) 전자 상거래의 발달로 유통 산업은 위기를 겪고 있다. (   )

(5) 관광의 세계화로 인해 관광지의 자연환경이 파괴되는 부작용이 나타나고 있다. (   )

2 소비자 서비스업과 생산자 서비스업에 해당하는 사례를 바르게 연결하시오.

(1) 소비자 서비스업 •

(2) 생산자 서비스업 •

• ㉠ 금융업
• ㉡ 소매업
• ㉢ 숙박업
• ㉣ 법률 서비스

3 빈칸에 들어갈 알맞은 말을 쓰시오.

(1) 토지나 바다 등의 자연환경에 노동력을 동원하여 필요한 물품을 얻거나 생산하는 산업을 (   ) 산업이라고 한다.

(2) 전자 상거래가 증가하면서 (   ) 입장에서는 공간과 자본이 절약되는 이점이 생겨났다.

(3) (   )은/는 관광 지역의 환경에 미치는 영향을 최소화하고, 현지 주민에게 더 많은 혜택이 돌아가게 하며, 현지의 문화를 존중하는 여행을 추구한다.

01 3차 산업에 속하는 사례를 〈보기〉에서 고른 것은?

┌ 보기 ┐
ㄱ. 광업   ㄴ. 농업   ㄷ. 금융업
ㄹ. 운수업   ㅁ. 제조업   ㅂ. 도·소매업

① ㄱ, ㄴ, ㄹ   ② ㄱ, ㄴ, ㅁ
③ ㄴ, ㄷ, ㅂ   ④ ㄷ, ㄹ, ㅁ
⑤ ㄷ, ㄹ, ㅂ

02 (가), (나)에 해당하는 용어를 바르게 연결한 것은?

(가) 사람이 바라는 바를 충족시켜 주는 모든 물건

(나) 물질의 형태를 취하지 아니하고 생산과 소비에 필요한 노동력을 제공하는 일

　(가)　(나)　　　　(가)　(나)
① 상품　소비　　② 상품　용역
③ 수요　용역　　④ 재화　소비
⑤ 재화　용역

03 밑줄 친 ㉠의 사례로 옳은 것은?

　　상점과 식당, 학교, 병원 등에서는 인간이 필요로 하는 재화와 용역 등을 공급하는데, 이를 서비스 산업이라고 한다. 서비스 산업은 누구에게 서비스를 제공하느냐에 따라 ㉠소비자 서비스업과 생산자 서비스업으로 구분된다.

① 광고   ② 금융   ③ 법률
④ 숙박업   ⑤ 시장 조사

04 ㉠에 들어갈 검색어로 옳은 것은?

　　생산과 고용에서 제조업의 비중은 감소하고 서비스업의 비중이 증가하는 사회

① 녹색 혁명   ② 사회 혁신
③ 산업 혁명   ④ 정보화 사회
⑤ 탈공업화 사회

05 그래프는 경제 발전 단계에 따른 산업 구조의 변화를 나타낸 것이다. A~C에 해당하는 산업을 바르게 연결한 것은?

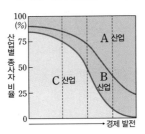

	A	B	C
①	1차	2차	3차
②	1차	3차	2차
③	2차	1차	3차
④	3차	1차	2차
⑤	3차	2차	1차

06 A에 들어갈 교사의 질문에 대한 학생의 대답으로 옳지 않은 것은?

① 스마트폰으로 쇼핑을 해요.
② 인터넷으로 공연을 예매할 수 있어요.
③ 언제, 어디서든 미국의 물건을 구매할 수 있어요.
④ 지역 화폐를 활용하여 재래시장 활성화에 기여하고 있어요.
⑤ 화상 애플리케이션을 활용하여 비대면 수업을 진행할 수 있어요.

07 공정 여행에 관한 설명으로 옳지 않은 것은?

① 현지의 문화를 경험한다.
② 현지 주민의 문화를 존중한다.
③ 현지 주민이 운영하는 식당을 이용한다.
④ 현지 주민이 만든 수공예품을 구매한다.
⑤ 현지 관광 지역의 환경을 개발한 대형 레저 시설을 이용한다.

08 (가), (나) 상거래 방식에 대한 설명으로 옳은 것은?

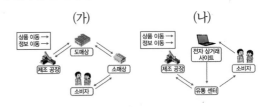

① (가)의 성장은 택배 산업을 활성화시켰다.
② (가)의 성장은 정보·통신 기술의 발달과 관련 있다.
③ (가)는 (나)보다 넓은 공간을 필요로 한다.
④ (나)는 상품 유통 구조가 (가)보다 복잡하다.
⑤ (나)는 (가)보다 초기 투자 비용이 많이 필요하다.

09 그래프에 대한 해석으로 옳은 것을 〈보기〉에서 고른 것은?

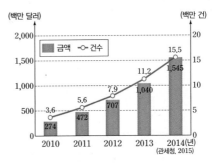

▲ 해외 직접 구매 현황

┤ 보기 ├
ㄱ. 유통 단계가 복잡해진다.
ㄴ. 전자 상거래 비중이 높아진다.
ㄷ. 구매 시 국경의 중요성이 커진다.
ㄹ. 서비스업의 공간적 제약이 약해진다.

① ㄱ, ㄴ ② ㄱ, ㄷ ③ ㄴ, ㄷ
④ ㄴ, ㄹ ⑤ ㄷ, ㄹ

[01~02] 다음 글을 읽고 물음에 답하시오.

> 미국에서 유학 중인 홍석이는 추수감사절 연휴 때 친구와 함께 미국 서부 지역을 여행하기로 하였다. 먼저 여행지에 대한 정보를 얻기 위해 미국의 온라인 여행사에 전화를 걸었다. 이날이 공휴일 밤늦은 시각이라 콜센터 직원과 연결될 수 있을지 걱정이 되었지만 통화는 쉽게 이루어졌다. 홍석은 이 콜센터 직원이 미국 현지가 아니라 필리핀에서 근무하고 있다는 것을 듣고 놀랐다. 필리핀에 이처럼 콜센터가 발달한 이유는 _____㉠_____ 때문이다.

★중요★

01 빈칸 ㉠에 해당하는 내용으로 옳은 것을 〈보기〉에서 고른 것은?

┌ 보기 ┐
ㄱ. 저렴한 인건비
ㄴ. 높은 영어 능력
ㄷ. 무역 장벽의 극복
ㄹ. 고객과 가까운 거리

① ㄱ, ㄴ 　② ㄱ, ㄷ 　③ ㄴ, ㄷ
④ ㄴ, ㄹ 　⑤ ㄷ, ㄹ

02 위의 글과 관련된 내용으로 옳지 **않은** 것은?

① 서비스업의 세계화에 해당하는 사례이다.
② 콜센터의 증가로 필리핀에 일자리가 창출되었을 것이다.
③ 콜센터의 증가로 필리핀의 3차 산업 비중이 줄어들었을 것이다.
④ 정보·통신 기술의 발달은 필리핀의 콜센터 발달의 배경이 되었다.
⑤ 오늘날 업무 수행에 따른 시·공간적 제약이 약화되면서 이러한 모습이 나타났다.

03 다음은 학생의 정리 노트이다. 밑줄 친 ㉠~㉢ 중 옳지 **않은** 것은?

> 〈서비스 산업의 특성과 유형〉
> 1. 서비스 산업: ㉠사람이 필요로 하는 재화나 용역 등을 공급하는 활동
> 2. 서비스 산업의 특성
>   • ㉡표준화가 어려움
>   • ㉢고용 창출 효과가 높음
> 3. 서비스 산업의 분류
>   • 소비자 서비스업: ㉣개인 소비자에게 서비스를 제공
>   • 생산자 서비스업: ㉤생산 노동자에게 도움을 주는 서비스

① ㉠ 　　② ㉡ 　　③ ㉢
④ ㉣ 　　⑤ ㉤

★중요★

04 그래프는 세계 관광객 수의 증가 추이를 나타낸 것이다. 이러한 현상이 지속될 때 관광 지역에서 발생할 수 있는 변화로 옳지 **않은** 것은?

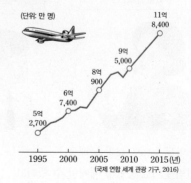

(단위: 만 명)

5억 2,700 (1995)
6억 7,400 (2000)
8억 900 (2005)
9억 5,000 (2010)
11억 8,400 (2015)

(국제 연합 세계 관광 기구, 2016)

① 교통 및 숙박 등 연관 산업이 발달한다.
② 교통, 통신, 도로 등 기반 시설이 개선된다.
③ 관광지가 개발되어 지역의 자연환경이 보존된다.
④ 지나친 상업화로 지역 고유문화가 쇠퇴하기도 한다.
⑤ 지역의 일자리가 창출되고 주민들의 소득이 증가한다.

05 빈칸 (가)에 들어갈 내용으로 가장 적절한 것은? ★중요★

> 금융, 영화 제작 산업과 같이 전문화된 서비스업은
> _____(가)_____ 발달하는 경향이 있다.
> 대표적으로 미국 뉴욕의 월 스트리트(Wall Street)와
> 영국 런던에 있는 시티 오브 런던(City of London)은
> 세계 여러 은행의 본점이 자리잡고 있어 세계 금융의
> 중심지이다.

① 공간의 제약을 받지 않고
② 제조 공장이 입지한 지역에
③ 접근성이 좋고 정보가 풍부한 특정 지역에
④ 기후가 쾌적하여 삶의 만족도가 높은 지역에
⑤ 비용 절감, 업무 효율성 증대가 가능한 지역에

06 유통의 세계화에 대한 설명으로 옳지 않은 것은?

① 택배 산업이나 물류 창고업이 발달한다.
② 세계 시장이 개방되며 범위가 넓어지고 있다.
③ 더 이상 교통·통신의 발달에 영향을 받지 않는다.
④ 재래시장, 오프라인 상점들에게 부정적인 영향을 준다.
⑤ 다국적 유통 업체의 발달로 기존의 소매업을 빠르게 대체하고 있다.

07 교사의 질문에 바르게 대답한 학생만을 있는대로 고른 것은? 고난도

> 교사: 지난 시간에 전자 상거래에 대해 학습한 내용을 한 가지씩 발표해 볼까요?
> 갑: 교통과 정보·통신의 발달로 증가하고 있어요.
> 을: 상품을 진열하는 넓은 공간이 필요하지 않아요.
> 병: 상품 구매를 위해 소비자가 매장에 방문해야 해요.
> 정: 판매자 입장에서는 공간이나 직원이 필요 없어 자본이 적게 들어요.

① 갑, 을   ② 갑, 병   ③ 병, 정
④ 갑, 을, 정   ⑤ 을, 병, 정

✎ 서술형 문제

08 그래프는 다국적 온라인 유통업체인 A 기업의 20년간의 매출 성장을 나타낸 것이다. A 기업의 급속한 성장의 배경을 제시어를 활용하여 서술하시오.

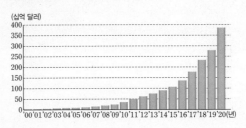

(십억 달러)

> • 교통과 정보·통신의 발달   • 전자 상거래

_____
_____
_____

09 빈칸 ㉠에 들어갈 관광 형태의 명칭을 쓰고, ㉠이 네팔에 미치는 긍정적 영향을 두 가지 서술하시오.

▲ 클린 마운틴 원정대

히말라야산맥이 인접한 네팔은 세계적인 관광 국가로 유명하다. 하지만 이렇게 유명한 관광 국가임에도 네팔인들의 소득은 여전히 증가하지 못하고 있다. 그 이유는 여행객들이 오며 가며 쓴 돈이 모두 네팔인들이 아니라 다국적 기업의 손으로 돌아가기 때문이다. 이것이 ___㉠___이/가 최근 화제가 되는 이유다. ___㉠___은/는 현지인들이 운영하는 시설을 이용하고, 현지 제품을 구매하며, 동물을 학대하는 투어에는 참여하지 않는 등 '윤리적 소비'와 '현지인들과의 교감'을 강조한 여행이다. 아름다운 풍경을 즐긴 그 몫은 오랫동안 그 땅을 지켜온 현지인들에게 돌아가야 한다는 취지다.

_____
_____
_____

대단원 정리

❶ 세계의 농업 분포

- 기업적 농 · 목축업은 미국, 오스트레일리아, 아르헨티나 등
(①   )의 넓은 목초 지대를 이용하며, 선진 기술과
(②   ) 기계 등을 활용하기 때문에 노동력이 적게
투입된다.
- 플랜테이션 농업은 열대 및 아열대 기후 지역에서 선진국
의 (③   )와/과 기술, 원주민의 값싼 (④   )
을/를 바탕으로 커피, 차, 카카오 등 (⑤   ) 작물이
나 천연고무, 목화 등과 같은 공업 원료가 되는 작물을 재
배하는 경작 방식이다.

답 ① 신대륙 ② 대형 ③ 자본 ④ 노동력 ⑤ 기호

❷ 다국적 기업의 성장 과정과 공간적 분업

- 단일 기업 단계: 단일 공장이 위치한 지역에서 기업 성장
- 국내 확장 단계: 국내에서 영업 지점과 생산 공장을 확대
- 해외 (①   ) 단계: 해외에 영업 대리점을 설치하여
판매 시장 확대
- 다국적 기업 단계: 본사, (②   ), 영업 대리점 등이
여러 국가에 입지하며, 통합적인 기업 (③   ) 구축

답 ① 진출 ② 생산 공장 ③ 조직망

❸ 다국적 기업 생산 공장의 이동

- 다국적 기업의 생산 공장은 (①   )와/과 노동 임금
이 저렴하여 (②   )을/를 줄일 수 있는 곳을 찾아
서 이전하고 있다.
- 기업이 철수하는 지역은 (③   )자가 증가하고 지역
경제가 (④   )되는 반면, 생산 공장이 유입되는 지
역은 일자리가 증가하고 지역 경제가 (⑤   )된다.

답 ① 지가 ② 생산 비용 ③ 실업 ④ 침체 ⑤ 활성화

---

1. 농업 생산의 기업화와 세계화

(1) 농업 생산의 기업화와 세계화 ❶

기업화	기업이 많은 자본과 기술을 투입하여 세계 시장을 대상으로 농장을 운영하는 현상
세계화	전 세계를 대상으로 농산물의 생산과 소비가 이루어지는 현상

(2) 농업 생산의 기업화와 세계화로 인한 지역 변화

농산물 생산 지역의 변화		• 농업 생산 구조의 변화: 대량 생산, 상업적 농업 • 토지 이용의 변화: 상품 · 사료 작물 재배 면적 증가 → 식량 작물 재배 면적 감소 • 환경 문제 및 전통 농업이 쇠퇴하는 문제점 발생
농산물 소비 지역의 변화	긍정적 변화	• 식탁의 먹거리 다양화 • 부족한 농산물 공급 충당
	부정적 변화	• 국내 농산물의 가격 경쟁력 하락 • 식량 무기화 문제 • 수입 농산물의 안전성 문제 → 대안으로 유기농 식품, 로컬 푸드에 대한 관심 증가

2. 다국적 기업과 경제 공간의 변화

(1) 다국적 기업의 성장 ❷

의미	세계 각지에 자회사, 지사, 공장 등을 확보하고 국제적인 조직망을 바탕으로 경영 활동을 수행하는 기업
배경	교통과 통신의 발달, 자유 무역의 확대로 국제 이동이 활발
성장 과정	단일 기업 단계 → 국내 확장 단계 → 해외 진출 단계 → 다국적 기업 단계

(2) 다국적 기업의 공간적 분업

공간적 분업	기업의 기능들이 각각 수행하는 원리에 따라 공간적으로 적합한 지역에 분화하여 입지하는 것
각 기능별 입지 특성	• 본사: 다양한 정보 수집과 자본 및 고급 인력 확보에 유리한 본국, 선진국의 대도시에 주로 위치 • 연구소: 기술을 갖춘 고급 인력이 풍부한 선진국에 주로 위치 • 생산 공장: 지가와 노동 임금이 저렴하여 생산 비용을 줄일 수 있는 개발 도상국, 시장을 확대하고 무역 장벽을 극복할 수 있는 선진국에 위치

(3) 다국적 기업의 입지에 따른 지역 변화 ❸

본국에 미치는 영향	• 해외에서 얻은 이익으로 본국에 또 다른 투자를 유발 • 생산 공장의 국외 이전으로 실업률 증가 → 산업 공동화 현상 발생
진출 지역에 미치는 영향	• 고용 창출 효과 증대, 지역 경제 활성화, 기술 및 경영 기법의 습득 • 해외 경제 의존도 심화, 산업 경쟁력 및 자생력 약화

3. 서비스업의 세계화와 경제 공간의 변화

(1) 산업 활동의 분류 ❹

1차 산업	자연환경에 노동력을 동원하여 필요한 물품을 얻거나 생산하는 산업 ⑩ 농업, 임업, 수산업, 축산업 등
2차 산업	1차 산업에서 얻은 생산물이나 천연자원을 가공하여 인간 생활에 필요한 물건이나 에너지 등을 생산하는 산업 ⑩ 광업, 제조업 등
3차 산업	1, 2차 산업에서 생산된 물품을 소비자에게 유통·판매하거나 각종 서비스를 제공하는 산업 ⑩ 상업, 운수업, 금융업, 정보·통신업, 교육 등

(2) 서비스업의 의미와 특성, 유형

의미	다른 산업이나 일반 소비자들에게 재화와 용역을 제공하는 활동
특성	소비자의 취향들이 달라 표준화가 어려움, 고용 창출 효과가 큼, 경제 성장과 소득 수준 향상에 따라 다양한 서비스업에 대한 수요가 증가함
유형	• 소비자 서비스업: 일반 소비자들에게 제공하는 서비스 ⑩ 소매업 등 • 생산자 서비스업: 기업 활동을 지원하기 위한 서비스 ⑩ 금융, 법률 등

(3) 서비스업의 성장과 세계화 ❺

탈공업화 사회	생산과 고용에서 제조업의 비중은 감소하고 서비스업의 비중이 증가하는 사회
서비스업의 세계화	서비스업이 국가의 경계를 넘어 세계로 확대되는 현상

(4) 서비스업의 세계화에 따른 지역 변화 ❻

상품 구매의 변화		• 교통, 정보·통신의 발달에 의한 경제 활동의 시·공간적 제약 감소로 변화 • 과거에는 매장에 직접 방문하여 물건을 구매하였으나 최근에는 전자 상거래가 증가함
전자 상거래		• 소비자 입장: 상품 구입에 들어가는 시간과 이동이 절약됨 • 생산자 입장: 상품 관리에 들어가는 자본과 공간이 절약됨 • 유통 산업의 발달을 촉진
유통의 세계화	긍정적 영향	• 상품 구매의 시·공간적 제약 극복 • 전자 상거래의 발달로 상품의 유통 단계 감소 • 해외 직접 구매 등을 통한 소비 활동의 범위 확대
	부정적 영향	• 재래시장, 오프라인 상점 등의 쇠퇴 • 유통 업체의 지점이 다른 곳으로 이동한 경우 기존 지역의 경제 혼란
관광의 세계화	배경	• 교통과 통신의 발달로 관광 정보 획득 용이 • 소득 수준 향상 및 여가 시간 증가
	긍정적 영향	• 지역의 일자리 창출 및 주민 소득 증가 • 교통, 통신, 도로 등 기반 시설 개선
	부정적 영향	• 무리한 관광지 개발로 자연환경 파괴 • 지나친 상업화로 지역 고유문화 쇠퇴

❹ 경제 발전과 산업 구조의 변화

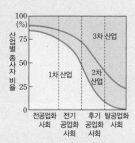

산업 구조는 대체로 경제가 발전하면서 1차 산업 중심에서 2차 산업 중심으로 변화하며, 이는 토지와 노동력을 생산 요소로 하는 (①   ) 중심 사회에서 자본과 노동력을 생산 요소로 하는 (②   ) 중심 사회로의 변화를 의미한다. 이후 지식과 정보를 주요한 생산 요소로 하는 (③   )업의 성장으로 2차 산업의 비중이 감소하고 3차 산업의 비중이 증가하면서 (④   ) 사회로 전환된다.

답 ① 농업 ② 공업 ③ 서비스 ④ 탈공업화

❺ 서비스업의 공간 변화

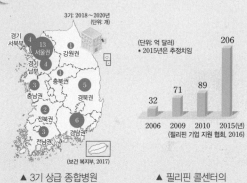

▲ 3기 상급 종합병원 지정 기관 현황   ▲ 필리핀 콜센터의 매출액 변화

• 공간적 (①   ): 전문화된 서비스업은 접근성이 좋고 정보가 풍부한 특정 지역에 발달한다.
• 공간적 (②   ): 비용 절감, 업무 효율성을 높이기 위해 일부 업무를 개발 도상국으로 분산한다.

답 ① 집중 ② 분산

❻ 전자 상거래의 유통 구조

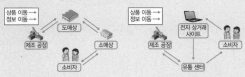

• 기존의 유통 구조는 기업에서 도매상과 소매상을 거쳐 소비자에게 연결되는 다소 (①   )한 단계를 거친다.
• 전자 상거래의 경우에는 (②   )의 제약 없이 온라인에서 주문과 결제를 통해 바로 상품을 받아볼 수 있어 유통 단계가 줄어들었다.

답 ① 복잡 ② 시·공간

01 다음 사회 보고서의 빈칸 ㉠에 들어갈 농업 방식으로 옳은 것은?

사회 보고서
◇학년 ◇반 △△모둠

농업 방식	㉠
특징	1. 시장에 판매할 목적 2. 상품 작물을 주로 재배 3. 낙농업, 원예 농업, 대규모 농·목축업 등

① 소작 농업
② 전통 농업
③ 상업적 농업
④ 자급적 농업
⑤ 이동식 화전 농업

02 그래프는 다국적 농업 기업인 C사의 순익 변화를 나타낸 것이다. 이러한 변화와 관련이 없는 것은?

(회계 연도 기준, 단위: 억 달러)
5.2 (2010년 2분기) 7.3 (3분기) 6.9 (4분기) 8.8 (2011년 1분기) 14.9 (2분기)
(카길, 2010년 9~11월)

① 자유 무역이 확대되고 있다.
② 교통·통신 기술이 발달했다.
③ 지역에서 생산하여 소비하는 로컬 푸드가 유행한다.
④ 육류 소비량의 증가로 사료 작물의 소비가 증가했다.
⑤ 선진 농업 기술 및 품종 개량을 통해 대량으로 농산물 재배가 가능해졌다.

[03~04] 다음 편지를 읽고 물음에 답하시오.

지민이에게

　지민아, 안녕? 잘 지내고 있지? 지금쯤 한국은 가을이겠구나. 한국의 선선한 바람과 아름다운 단풍이 그리워.
　나는 지금 (A) 지역을 여행 중이야. 이곳은 플랜테이션 농업이 발달되어 있어. 사회 시간에 배운 내용 기억나지? 특히 여기서 생산되는 커피의 맛은 세계적으로 유명할 정도로 맛있어. 원두를 함께 보낼 테니 맛봐. 너도 반할 거야. 그런데 ㉠사람들이 커피 농사만을 많이 지으려 하다 보니 여러 문제가 발생하고 있어. 아름다운 곳인데, 마음이 아파.
　곧 한국에서 보자. 그때까지 잘 지내. 안녕!
2021. 9. 20. 세희가

03 세희가 여행 중인 A 지역의 기후대를 지도의 ㉠~㉤에서 고른 것은?

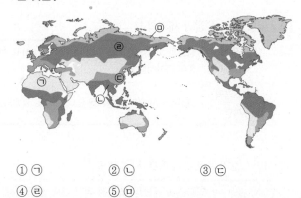

① ㉠
② ㉡
③ ㉢
④ ㉣
⑤ ㉤

04 밑줄 친 ㉠의 사례로 옳지 않은 것은?

① 농장을 만들기 위해 숲을 파괴한다.
② 농업용수 사용으로 지하수가 고갈된다.
③ 과도한 농약 사용으로 토양이 오염된다.
④ 농업 생산의 세계화와 더불어 농가 소득이 증대하고 있다.
⑤ 식량 작물의 재배 면적이 줄어들어 식량 자급률이 떨어진다.

05 (가) 시기와 비교한 (나) 시기의 상대적 특징을 그림의 ㉠~㉢에서 고른 것은?

- (가) 시기: 생산자 스스로가 소비하기 위해 가족 노동력을 중심으로 소규모로 작물을 재배하거나 가축을 기름
- (나) 시기: 시장에 판매할 목적으로 곡물, 채소, 과일, 원예 작물 등 여러 농산물을 재배하거나 가축을 기름

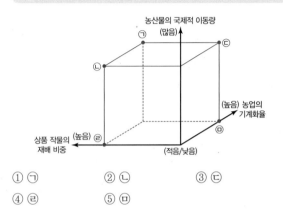

① ㉠   ② ㉡   ③ ㉢
④ ㉣   ⑤ ㉤

06 그림은 A 사의 스마트폰에 사용된 부품과 기술을 나타낸 것이다. 이에 대한 추론으로 옳은 것을 〈보기〉에서 고른 것은?

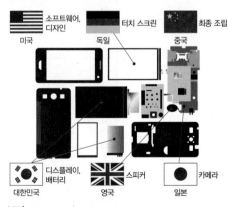

┤ 보기 ├
ㄱ. 공간적 집중이 더욱 강화될 것이다.
ㄴ. 국가 간 교류가 더욱 활발해질 것이다.
ㄷ. 고급 인력 확보가 가장 유리한 지역은 중국이다.
ㄹ. 교통과 통신의 발달로 가능해진 기업 운영 방식이다.

① ㄱ, ㄴ   ② ㄱ, ㄷ   ③ ㄴ, ㄷ
④ ㄴ, ㄹ   ⑤ ㄷ, ㄹ

07 다음 글에 대한 설명으로 옳지 <u>않은</u> 것은?

K 자동차는 멕시코 페스케리아시에 국외 생산 공장을 완공하였다. K 자동차가 멕시코에 투자한 이유는 ㉠많은 인구로 인한 거대한 내수 시장과 ㉡낮은 노동 임금, 지가 등에 기인한다. 또한 ㉢멕시코와 북미 간 무관세 협정인 북미 자유 무역 협정(NAFTA), 멕시코가 브라질, 아르헨티나 등 중남미 주요국과 체결한 자유 무역 협정(FTA)의 이점을 극대화하기 위해서이다.

① K 자동차는 다국적 기업에 속한다.
② 페스케리아시의 인구는 감소할 전망이다.
③ ㉠을 보면 시장 확대가 공장 설립의 원인 중 하나이다.
④ ㉡을 통해 자동차의 생산 비용을 줄일 수 있다.
⑤ ㉢을 통해 무역 장벽의 극복이 중요한 요인임을 알 수 있다.

08 지도의 현상으로 중국과 베트남에 발생할 상황을 〈보기〉에서 골라 바르게 연결한 것은?

(대한 무역 투자 진흥 공사, 2016)

┤ 보기 ├
ㄱ. 일자리가 줄어들 수 있다.
ㄴ. 지역 경제가 활성화될 수 있다.
ㄷ. 산업 공동화 현상이 발생할 수 있다.
ㄹ. 해외 경제 의존도가 높아질 수 있다.

	중국	베트남
①	ㄱ, ㄴ	ㄷ, ㄹ
②	ㄱ, ㄷ	ㄴ, ㄹ
③	ㄴ, ㄷ	ㄱ, ㄹ
④	ㄴ, ㄹ	ㄱ, ㄷ
⑤	ㄷ, ㄹ	ㄱ, ㄴ

09 그림은 기업의 성장 단계와 공간적 분업의 변화를 나타낸 것이다. 이에 대한 설명으로 옳은 것은?

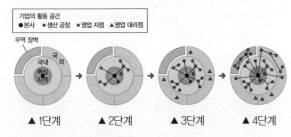

① 1단계 – 국내에서 기업이 성장하는 중이다.

② 2단계 – 해외에 진출하며 다국적 기업으로 성장하였다.

③ 3단계 – 국내에서 영업 지점과 생산 공장을 확대하는 국내 확장 단계이다.

④ 3단계 – 영업 대리점은 개발 도상국의 낮은 노동 임금과 지가의 이점을 살린 것이다.

⑤ 4단계 – 기업이 비대해지며 통합적인 기업 조직망을 구축하지 못하고 여러 기업으로 분리된다.

10 그래프는 우리나라 산업 구조의 시기별 변화를 나타낸 것이다. A 단계에서 나타나는 특징을 〈보기〉에서 고른 것은?

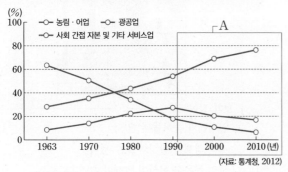

(자료: 통계청, 2012)

┤ 보기 ├

ㄱ. 시간과 거리의 제약이 줄어든다.

ㄴ. 1차 산업이 차지하는 비중이 커진다.

ㄷ. 탈공업화가 진행되며 서비스업이 발달한다.

ㄹ. 천연자원을 가공하여 인간 생활에 필요한 물건을 만드는 활동의 비중이 커진다.

① ㄱ, ㄴ   ② ㄱ, ㄷ   ③ ㄴ, ㄷ

④ ㄴ, ㄹ   ⑤ ㄷ, ㄹ

11 다음 기사의 (가)에 들어갈 제목으로 가장 적절한 것은?

○○일보

(가)

◇◇백화점은 17일 톈진 1호점의 문을 연다고 16일 발표했다. ◇◇백화점은 "톈진 1호점은 ◇◇백화점이 100% 자본을 출자해 독자적으로 중국에 출자한 첫 점포로 ◇◇만의 차별화된 색을 담아 운영하게 될 것"이라고 밝혔다. '단독 경영'이라는 데 무게가 실린 것이다. ◇◇는 2008년 중국 업체와의 합작을 통해 베이징점을 출점하며 중국에 처음 진출했고, 최근 중국 진출 5년 만에 국내 유통업체로서는 최초로 중국 100호점 시대를 열었다.

① 새로운 공장, 우리 지역에 영향은?

② 떠나는 기업들, 산업 공동화 우려된다!

③ 전자 상거래가 새로운 대세로 등장하다!

④ 재래시장을 살리기 위한 지방 정부의 계획은?

⑤ 유통의 세계화, 우리나라가 주도하는 세계 시장!

12 지도는 세계 100대 은행의 분포를 나타낸 것이다. 이에 대한 설명으로 옳은 것을 〈보기〉에서 고른 것은?

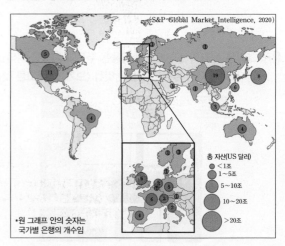

┤ 보기 ├

ㄱ. 공간적 집중이 나타나고 있다.

ㄴ. 낮은 지가와 노동 임금을 찾아 이동한 결과이다.

ㄷ. 공간의 제약을 받지 않고 세계 여러 지역으로 확산되었다.

ㄹ. 접근성이 좋고 정보가 풍부한 선진국 지역에 주로 분포하고 있다.

① ㄱ, ㄴ   ② ㄱ, ㄹ   ③ ㄴ, ㄷ

④ ㄴ, ㄹ   ⑤ ㄷ, ㄹ

13 그래프에 대한 설명으로 옳지 <u>않은</u> 것은?

(단위: 억 달러)
* 2015년은 추정치임

206
89
71
32

2006 2009 2010 2015(년)
(필리핀 기업 지원 협회, 2016)

▲ 필리핀 콜센터의 매출액 변화

① 서비스 산업의 세계화를 보여 준다.
② 필리핀과 주요 선진국들의 시차가 입지에 영향을 주었다.
③ 다국적 기업 활동에 시·공간적 제약이 강화된 사례이다.
④ 필리핀 직원들의 영어 구사력도 콜센터의 입지에 영향을 준다.
⑤ 다국적 기업의 콜센터를 유치하면서 필리핀의 일자리가 증가하였을 것이다.

14 그림은 관광의 세계화로 인한 부정적 영향을 해소하고자 새로운 대안으로 제시된 여행 방식과 관련된 것이다. 이 여행 방식에 대한 설명으로 옳지 <u>않은</u> 것은?

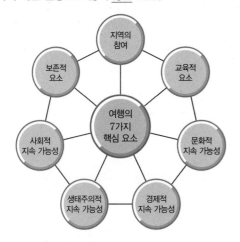

지역의
참여

보존적
요소

교육적
요소

여행의
7가지
핵심 요소

문화적
지속 가능성

사회적
지속 가능성

생태주의적
지속 가능성

경제적
지속 가능성

① 공정 여행이라 부른다.
② 현지의 문화를 존중하는 여행 방식이다.
③ 주민에게 더 많은 혜택이 가도록 노력한다.
④ 관광 지역의 환경에 미치는 영향을 최소화한다.
⑤ 외부인이 운영하는 호텔이나 리조트를 이용한다.

서술형

15 다음 글의 ㉠에 들어갈 알맞은 말을 쓰고, ㉡의 이유를 세 가지 서술하시오.

> 우리가 잘 모르는, 그러면서도 세계 경제에 막대한 영향력을 끼치며 국민의 식탁을 좌지우지하는 기업들이 있다. 그것은 바로 (㉠)(이)다. 전 세계적으로 거의 모든 국가는 (㉠)의 영향력 아래에 있으며 우리나라도 예외가 아니다. 한국 곡물 시장의 72.9%를 (㉠)와/과 일본계 종합 상사가 장악하고 있다. ㉡이러한 상황 속에서 우리나라는 바람 앞의 촛불처럼 위태로울 뿐이다.

서술형

16 다음 글에 나타난 변화의 직접적인 배경에 대해 서술하시오.

> 1948년 런던 올림픽은 대한민국의 이름으로 참가한 첫 번째 하계 올림픽이었다. 런던까지 가는 길은 멀고도 멀었다. 교통 시설이 워낙 열악하던 시절이라, 먼저 서울에서 기차를 타고 부산까지 가서 여객선으로 갈아탄 뒤 일본 후쿠오카로 이동하였다. 그 뒤 기차 편으로 요코하마로 이동한 후 다시 여객선에 올랐고, 상하이를 거쳐 홍콩에서 유럽으로 가는 비행기에 올랐다. 당시 여객기의 성능이 좋지 못해 방콕, 콜카타, 뭄바이, 바그다드, 카이로, 로마, 암스테르담을 거쳐 가야만 했다. 이렇게 20박 21일 동안 9개국 12개 도시를 거치는 고생스럽고도 지겨운 여정을 보내고서야 간신히 런던 땅을 밟을 수 있었다. 현재는 12시간 정도면 직항으로 런던까지 갈 수 있다는 것을 생각하면 그야말로 격세지감이 아닐 수 없다.

환경 문제와
지속 가능한 환경

01 전 지구적 차원의 기후 변화

학습 내용 들여다보기

■ 화석 연료
지각에 파묻힌 동·식물의 유해가 오랜 세월에 걸쳐 온도와 압력의 변화를 받아 만들어진 연료로 석유, 석탄, 천연가스 등이 해당한다.

■ 온실가스
온실 효과를 일으키는 기체로 이산화 탄소, 메탄가스, 아산화 질소 등이 대표적이다. 이 중 이산화 탄소는 전체 온실가스의 비중 중 절반 이상을 차지하는, 지구 온난화의 주범으로 알려져 있다.

6대 온실가스

88.6% 이산화 탄소(CO_2) 석탄 및 석유 연소로 발생

4.8% 메탄(CH_4) 음식물 쓰레기 등 유기물 분해

2.8% 아산화 질소(N_2O) 석탄, 질소 비료 폐기물 소각
수소 불화 탄소(HFCs)
과불화 탄소(PFCs)

3.8% 육불화 황(SF_6) 냉매, 세정제, 절연체 등

■ 백화 현상
바다의 수온이 올라가면서 조류가 살 수 없게 되고, 이로 인해 조류와 공생하던 산호초가 죽어서 하얗게 변하는 현상이다. 조류가 소실되면 이를 먹이로 삼거나 해조류를 서식처로 삼는 해양 생물들이 함께 사라지기 때문에, 끝내는 해양 생태계 자체가 무너지고 어획량 감소 등으로 연안 주민들의 생활에 악영향을 미친다. 이 때문에 백화 현상을 바다 사막화라고 표현하기도 한다.

🎓 용어 알기
• **인위** 자연의 힘이 아닌 사람의 힘으로 이루어지는 일
• **폭염** 평년보다 기온이 매우 높아 더위가 심해서 일상생활에 지장을 줄 정도가 되는 상태

1. 기후 변화의 발생과 영향

(1) 기후 변화
① 의미: 일정한 지역에서 장기간에 걸쳐서 나타나는 기후의 평균적인 상태가 변하는 현상
② 원인

자연적 요인	화산 활동에 따른 화산재 분출, 태양의 활동 변화, 태양과 지구의 상대적 위치 변화 등
인위적 요인	산업화로 인한 화석 연료 사용의 증가, 도시화로 인한 무분별한 토지 및 삼림 개발 등 인간의 활동

(2) 지구 온난화
① 의미: 대기 중 온실가스의 농도가 증가하여 온실 효과가 과도하게 나타나 지구의 평균 기온이 올라가는 현상 [자료1] [자료2]
→ 자연적으로 존재하는 현상으로 지구의 평균 기온을 유지하는 역할을 해.
② 원인: 화석 연료의 사용 증가, 무분별한 농경지 개발 및 삼림 파괴 → 온실가스의 농도 증가
③ 지구 온난화의 위협: 빈번한 집중 호우와 홍수, 초대형 태풍, 사막화 등 이상 기후 유발 → 이로 인해 발생한 자연재해가 인류를 위협 [자료3]

(3) 기후 변화의 영향 [자료4]
① 빙하 감소와 해수면 상승
• 극지방과 고산 지역의 빙하가 녹음 예) 그린란드, 북극해 등
• 해수면 상승으로 섬나라 및 해안 저지대 침수 예) 투발루, 키리바시, 몰디브, 베네치아 등
② 기상 이변 증가
• 태풍, 홍수, 폭설 등 자연재해 발생 빈도와 피해 규모 증가
• 가뭄과 사막화 현상의 심화 예) 사하라 사막 이남의 사헬 지대 등
• 여름철 고온 현상 증가로 인한 폭염, 열대야 발생 증가
→ 밤의 기온이 25℃ 이상인 것을 말해.
③ 생태계 변화
• 해양 생태계 변화: 수온 상승으로 해양 생물들이 죽거나 서식지 변경, 산호초의 백화 현상 발생
• 식생 변화: 고산 식물의 분포 범위 축소, 농작물의 재배 범위 변경
• **동식물의 서식지 변화**: 개체 수 감소 및 식물의 생장 범위 변경
• 열대 지역에서 발생하던 질병의 발생 지역 확대, 새로운 질병의 출현 가능성 증가, 식물의 개화 시기 변화
→ 식물들의 생장 범위가 변경되면 이를 식량으로 삼는 동물들의 서식 범위에도 변화가 일어나.

자료1 **지구의 평균 기온 변화**

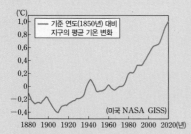

1850년은 일반적으로 산업화 시작의 기준이 되며, 지표 기온 관측이 광범위하게 시작된 시기이다. 산업화 이후 지구의 평균 기온은 꾸준히 상승하고 있다.

자료2 **온실 효과**

대기 중의 온실가스가 마치 온실의 유리 같은 역할을 하여 지구에서 복사되는 에너지가 지구 밖으로 방출되는 것을 방해해 지구 표면의 온도가 높게 유지되는 현상이다.

자료3 **지구 온난화 재앙 시간표**

포츠담 연구소의 지구 온난화 재앙 시간표는 지구 온난화에 따른 기온 상승이 앞으로 우리 생활에 미칠 단계별 영향을 예고한다. 산업 혁명 시기를 기준으로 1℃씩 상승할 때마다 예상되는 피해를 단계별로 예고하며, 대책 마련을 촉구하고 있다.

2. 기후 변화를 해결하기 위한 노력

(1) 국제적 차원의 노력

① 국제적 협력의 필요성: 기후 변화는 전 지구적 차원에서 발생하며, 지구촌 대부분 지역에 영향을 미침

② 국제적 협력의 사례

탄소 배출권 거래 제도 자료 5		• 온실가스 감축을 유도하기 위해 온실가스 배출 권리를 사고팔 수 있도록 한 제도 • 국가별로 배출권이 할당되지만, 주로 기업 사이에서 거래가 이루어짐
국제 협약	기후 변화 협약 (1992)	• 브라질에서 개최된 리우 환경 개발 회의에서 채택 • 온실가스 감축과 관련한 최초의 국제 협약
	교토 의정서 (1997)	기후 변화 협약의 구체적 이행 방안(선진국들의 국가별 목표 수치) 채택 →교토 의정서는 개발 도상국들에 대한 책임은 배제했다는 한계가 있었어.
	파리 협정 (2015)	• 2020년 만료 예정이었던 교토 의정서를 대체할 신기후 체제 • 선진국과 개발 도상국 모두 지구 평균 온도의 상승 폭을 2℃ 이내로 제한하기 위해 온실가스 감축에 동참

③ 국제적 협력의 한계
- 각국의 이해관계와 산업 구조, 기술 수준 등이 달라 합의하기가 쉽지 않음
- 목표를 이행하지 않아도 해당 국가를 강제적으로 제한할 수 없음

(2) 지역적 차원의 노력

국가적 노력	• 화석 연료를 대체할 수 있는 에너지 개발 • 탄소 배출권 거래 제도 • 탄소 성적 표지 제도→제품의 생산부터 폐기 과정까지 발생하는 온실가스의 배출량을 제품에 표기하고, 저탄소 배출 상품을 홍보하기 위해 시행한 제도를 말해. • 녹색 성장 정책
비정부 기구(NGO) 활동	• 국가 정책의 변화를 이끌어내기 위한 노력 • 시민들의 환경 의식 개선
개인적 노력	에너지 절약, 자원 재활용, 친환경 제품 사용 등

(3) 온실가스 감축에 대한 지역별 입장 차이

선진국의 입장	• 현재 개발 도상국들이 오염 물질을 많이 배출하므로 온실가스 감축에 주도적으로 참여해야 함 • 개발 도상국들은 환경 보호를 위한 법규나 규제가 미흡함
개발 도상국의 입장	• 과거 선진국들이 온실가스를 많이 배출했기 때문에 개발 도상국들에게 책임을 떠맡기는 것은 정당하지 않음 • 오염 물질을 배출하는 개발 도상국의 공장들은 대부분 선진국 출신 다국적 기업의 소유이며, 해당 공장에서 생산된 제품 역시 대부분 선진국에서 소비됨

학습 내용 들여다보기

■ 국가별 이산화 탄소 배출 비율

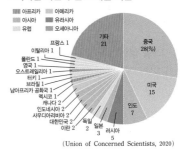

(Union of Concerned Scientists, 2020)

■ 교토 의정서와 파리 협정 비교

구분	교토 의정서	파리 협정
적용 시기	2008~2020년 • 1차 공약 기간: 2008~2012년 • 2차 공약 기간: 2013~2020년	2020년 교토 의정서 만료 이후
목표	온실가스 배출량 감축(1990년 대비) • 1차: 5.2% • 2차: 18.0%	• 지구 평균 기온 2℃ 감축 목표 • 1.5℃ 감축 목표 달성 노력
범위	주로 온실가스 감축에 초점	온실가스 감축뿐 아니라 적응, 재원, 기술 이전, 역량 배양, 투명성 등을 포괄
대상	주로 선진국	모든 당사국
방향	하향식 진행	상향식 진행
강제성	징벌적(미달성량의 1.3배를 다음 공약 기간에 추가)	비징벌적
지속 가능성	종료 시점이 있어 지속 가능성 의문	종료 시점을 규정하지 않아 지속 가능한 대응 가능
행위자	국가 중심	다양한 행위자의 참여 독려

🎓 용어 알기

- **감축** 덜어서 줄임
- **의정서** 외교적인 회의에서 의정한 사항을 기록한 국제 공문서
- **재원** 재화나 자금이 나올 원천

자료 4 기후 변화로 인한 주요 현상

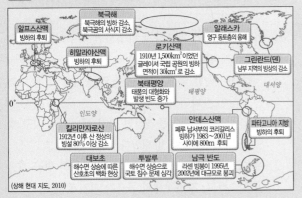

(상해 현대 지도, 2010)

기후 변화가 계속 방치될 경우 대규모로 동식물이 멸종될 것으로 예측된다. 빙하의 융해도 심각한 상황으로, 지난 50년간 지구 빙하의 약 50%가 녹아내렸다. 극지방의 만년설이 녹으면 세계 대부분의 해안 도시가 물에 잠길 것으로 예측되고 있다.

자료 5 탄소 배출권 거래 제도

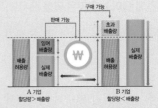

탄소 배출권은 지구 온난화 유발 및 이를 가중시키는 온실가스를 국제 연합의 담당 기구에서 할당받은 만큼 배출할 수 있는 권리로, 배출권을 할당받은 국가와 기업들은 의무적으로 할당 범위 내에서 온실가스를 사용해야 한다. 그리고 남거나 부족한 배출권은 시장에서 거래할 수 있다. 2021년 8월 탄소 배출권 1톤의 가격은 26,000원이다.

기본 문제

간단 체크

1 다음 설명이 맞으면 ○표, 틀리면 ×표 하시오.

(1) 지구 온난화에 가장 큰 영향을 미치는 기체는 오존이다.
( )

(2) 기후 변화로 인해 자연재해의 발생 빈도와 피해 규모는 갈수록 증가하고 있다. ( )

(3) 오늘날 기후 변화는 자연적 요인에 의해서만 발생하고 있다. ( )

(4) 파리 협약은 선진국의 온실가스 감축을 의결한 최초의 협약이다. ( )

(5) 최근에는 국가뿐만 아니라 비정부 기구, 다국적 기업, 개인 등 다양한 행위 주체의 기후 변화 해결을 위한 노력이 중요해지고 있다. ( )

2 기후 변화의 영향 사례와 피해 지역을 바르게 연결하시오.

(1) 가뭄과 사막화 •

(2) 해수면 상승 •

• ㉠ 베네치아

• ㉡ 사하라 사막 이남 사헬 지대

• ㉢ 투발루

3 빈칸에 들어갈 알맞은 말을 쓰시오.

(1) 지구 온난화는 대기 중 온실가스의 농도가 증가하여 ( )이/가 과도하게 나타나 지구의 평균 기온이 올라가는 현상이다.

(2) 기후 변화가 전 지구적 차원에서 발생하며, 지구촌 대부분 지역에 영향을 미치기 때문에 ( )의 필요성이 증가하고 있다.

(3) 2015년 채택된 ( )에서는 기후 변화 당사국 모두에게 온실가스 감축 의무를 부과했다.

01 빈칸 ㉠에 들어갈 용어로 옳은 것은?

(㉠) 변화는 일정한 지역에서 장기간에 걸쳐서 나타나는 (㉠)의 평균적인 상태가 변화하는 것으로, 홍수나 가뭄, 폭염 등의 비정상적인 기상 현상을 일으킨다.

① 날씨 ② 기후 ③ 기상
④ 기단 ⑤ 일기예보

02 지구 온난화에 의한 자연재해로 옳지 <u>않은</u> 것은?

① 사막화 ② 빙하 감소
③ 화산 폭발 ④ 해수면 상승
⑤ 초대형 태풍 발생

03 그림에 대한 설명으로 옳지 <u>않은</u> 것은?

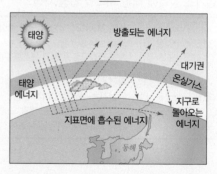

① 이산화 탄소와 메탄의 배출 증가는 이러한 현상을 약화시킨다.

② 이러한 현상이 과도하게 발생하면 지구의 해수면은 상승하게 된다.

③ 산업화로 인한 화석 연료 사용의 증가로 인해 이러한 현상이 강화되고 있다.

④ 온실가스의 농도가 증가하면 복사 에너지가 지구 밖으로 방출되는 것을 방해한다.

⑤ 이러한 현상이 과도하게 발생하면 지구의 평균 기온이 상승하고, 자연재해의 규모가 커지게 된다.

86 • 사뿐 중학 사회 ②-2

04 2020년부터 적용된 국제 협약으로 선진국과 개발 도상국 모두에게 온실가스 배출 감축 의무를 규정한 국제 협약으로 옳은 것은?

① 런던 협정   ② 리우 협정
③ 도쿄 협정   ④ 파리 협정
⑤ 로스앤젤레스 협정

[05~06] 그래프는 지구의 평균 기온 변화를 나타낸 것이다. 이를 보고 물음에 답하시오.

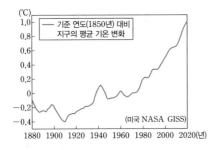

05 위와 같은 변화가 나타나게 된 원인을 〈보기〉에서 고른 것은?

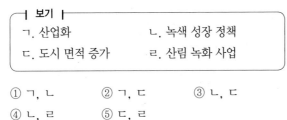

┌─────── 보기 ───────┐
ㄱ. 산업화   ㄴ. 녹색 성장 정책
ㄷ. 도시 면적 증가   ㄹ. 산림 녹화 사업
└────────────────────┘

① ㄱ, ㄴ   ② ㄱ, ㄷ   ③ ㄴ, ㄷ
④ ㄴ, ㄹ   ⑤ ㄷ, ㄹ

06 위와 같은 변화가 지속될 경우 나타날 수 있는 현상으로 옳은 것은?

① 빙하의 분포 범위가 확대된다.
② 열대 작물의 재배 범위가 줄어든다.
③ 홍수, 태풍 등의 자연재해 발생 빈도가 감소한다.
④ 바닷물의 염분 농도가 높아져 해류 순환을 방해한다.
⑤ 수온 변화에 적응이 어려운 물고기들이 죽는 등 해양 생태계에 변화가 일어난다.

07 지도는 사과 재배 범위의 변화를 나타낸 것이다. 이러한 현상을 늦추기 위한 행동으로 옳지 <u>않은</u> 것은?

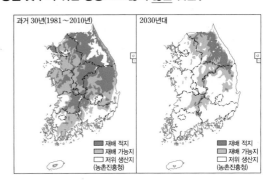

① 친환경 제품을 사용한다.
② 에너지 절약을 실천한다.
③ 일회용품 사용을 늘린다.
④ 재활용을 위해 분리수거에 참여한다.
⑤ 대중교통이나 자전거를 주로 이용한다.

08 ㉠에 들어갈 검색어로 옳은 것은?

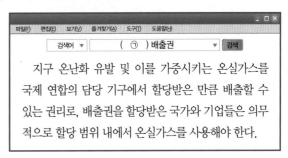

① 탄소   ② 산소   ③ 수소
④ 오존   ⑤ 이산화 황

09 다음 설명에 해당하는 협약으로 옳은 것은?

┌────────────────────────────────┐
온실가스를 줄이기 위한 협약으로, 1992년 브라질 리우 환경 개발 회의에서 최초로 채택되었다.
└────────────────────────────────┘

① 람사르 협약   ② 제네바 협약
③ 알래스카 조약   ④ 기후 변화 협약
⑤ 생물 다양성 협약

01 그림 속 빈칸들에 들어갈 적절한 내용을 〈보기〉에서 고른 것은?

┌ 보기 ┐
ㄱ. 화산 폭발 ㄴ. 해수면 상승
ㄷ. 화석 연료 사용 증가 ㄹ. 무분별한 농경지 개발

① ㄱ, ㄴ ② ㄱ, ㄷ ③ ㄴ, ㄷ
④ ㄴ, ㄹ ⑤ ㄷ, ㄹ

02 표의 기체들에 대한 설명으로 옳지 않은 것은?

구분	지구 온난화 지수	주요 발생원	배출량
이산화 탄소	1	에너지 사용, 삼림 개발	약 77%
메탄	21	화석 연료, 폐기물, 농업, 축산	약 14%
아산화 질소	310	산업 공정, 비료 사용, 소각	약 8%

① 온실가스에 해당한다.
② 지구 온난화의 원인 물질들이다.
③ 이산화 탄소의 배출량이 제일 많다.
④ 대기 중의 농도는 점점 줄어들고 있다.
⑤ 메탄의 배출은 농·축산업의 세계화와 관련이 있다.

03 기후 변화에 대한 학생들의 대화 중 옳지 않은 것은?

을: 온실가스 배출량을 줄이는 것이 제일 중요해.

병: 온실가스는 자연적 요인으로 인해 증가하고 있어.

정: 국제 사회에서도 각종 협약을 체결하는 등 다양한 노력을 기울이고 있어.

갑: 지구촌 기온이 꾸준히 상승하고 있어.

무: 국가는 물론 지방 자치 단체, 개인 모두 온실가스 감축에 동참해야 해.

① 갑 ② 을 ③ 병 ④ 정 ⑤ 무

[04~05] 표는 기후 변화에 대응하기 위한 대표적인 두 국제 협약을 비교한 것이다. 이를 보고 물음에 답하시오.

구분	교토 의정서	파리 협정
적용 시기	2008~2020년 • 1차 공약 기간: 2008~2012년 • 2차 공약 기간: 2013~2020년	2020년 교토 의정서 만료 이후
목표	온실가스 배출량 감축(1990년 대비) • 1차: 5.2% • 2차: 18%	• 지구 평균 기온 2℃ 감축 목표 • 1.5℃ 감축 목표 달성 노력
범위	주로 온실가스 감축에 초점	온실가스 감축뿐 아니라 적응, 재원, 기술 이전, 역량 배양, 투명성 등을 포괄
대상	주로 선진국	모든 당사국
방향	하향식 진행	상향식 진행
강제성	징벌적(미달성량의 1.3배를 다음 공약 기간에 추가)	비징벌적
지속 가능성	종료 시점이 있어 지속 가능성에 의문	종료 시점을 규정하지 않아 지속 가능한 대응 가능
행위자	국가 중심	다양한 행위자의 참여 독려

★ 중요 ★

04 위 협약들에 대한 설명으로 옳은 것을 〈보기〉에서 고른 것은?

┌ 보기 ┐
ㄱ. 파리 협정은 선진국만 대상으로 한다.
ㄴ. 공통적으로 온실가스 감축을 목표로 한다.
ㄷ. 교토 의정서는 파리 협정의 보완적 성격이 있다.
ㄹ. 환경에 대한 인식이 발달하며 행위자의 범위가 넓어졌다.

① ㄱ, ㄴ ② ㄱ, ㄷ ③ ㄴ, ㄷ
④ ㄴ, ㄹ ⑤ ㄷ, ㄹ

★ 중요 ★

05 파리 협정의 내용이 잘 이행될 경우 나타날 수 있는 변화의 모습으로 옳은 것은?

① 열대림이 늘어날 것이다.
② 산호초의 백화 현상이 발생할 것이다.
③ 여름철 열대야 일수가 감소할 것이다.
④ 해수면이 높아져 저지대가 침수될 것이다.
⑤ 열대 지역에서 발생하던 질병의 발생 지역이 확대될 것이다.

06 고난도

지도에 표시된 지역에서 발생하고 있는 가장 심각한 자연재해와 그 특징이 바르게 연결된 것은?

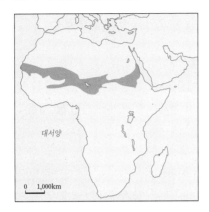

① 홍수 피해 – 기후 변화로 인한 집중 호우
② 지진 피해 – 아프리카 판의 활발한 움직임
③ 냉해 – 사막의 일교차로 인한 작물의 서리 피해
④ 사막화 현상 – 기상 변화로 인하여 수목이 말라 죽고 건조한 나대지 확대
⑤ 태풍 피해 – 대서양에서 불어오는 열대 저기압에 의한 홍수와 강풍에 의한 피해

서술형 문제

08 알프스 산지의 빙하가 다음과 같이 녹아내린 이유와 이로 인한 피해에 대해 제시어를 활용하여 서술하시오.

▲ 1865년   ▲ 2010년

• 온실 효과	• 기온	• 홍수

_____

_____

_____

_____

---

07 ★ 중요 ★

다음 사회 퀴즈를 푼 학생의 점수로 옳은 것은?

〈사회 퀴즈〉
기후 변화를 해결하기 위한 노력에 대한 설명이 맞으면 ○표, 틀리면 ×표 하시오. (단, 한 문제당 1점씩 배점하며, 틀리더라도 감점은 없음)

번호	내용	답
1	개인의 노력은 효력이 없다.	×
2	각 구성원들의 이해관계가 달라 협력에 어려움도 나타난다.	○
3	온실가스 감축을 유도하기 위해 탄소 배출권 거래 제도를 도입했다.	○
4	국가적으로 화석 연료를 대체하기 위한 친환경 에너지를 개발하고 있다.	○

① 0점   ② 1점   ③ 2점
④ 3점   ⑤ 4점

---

09 다음 장면 속에서 (가)에 들어갈 의견으로 알맞은 내용을 세 가지 서술하시오.

의장: 세계 여러 나라는 온실가스 배출량 감축에는 동의하지만, 나라마다 어느 정도 줄여야하는지에 대한 의견이 다릅니다.

기후 변화 전문가: 기후 변화는 인류의 당면 과제로, 배출량에 따라 감축량을 정하고 함께 책임을 나누어야 합니다.

선진국 대표: 우리는 온실가스를 오랫동안 배출해 왔고, 현재도 배출량이 많은 것에 대해 책임감을 느낍니다. 그러나 최근 개발 도상국들도 배출량이 많으므로 감축에 동참해야 합니다.

개발 도상국 대표: _____ (가)

_____

_____

_____

02 환경 문제 유발 산업의 국가 간 이전

학습 내용 들여다보기

■ 석면
WHO가 지정한 1급 발암 물질로 인체에 유해하다. 하지만 내화성과 단열 효과가 뛰어나고 가격이 저렴하여 건축이나 산업의 재료로 널리 활용되었다.

■ 주요 전자 제품들의 사용 주기

(트랜드 모니터, 2015)

■ 전자 쓰레기의 이동
가나의 아그보그블로시는 아프리카에서 가장 큰 전자 쓰레기 처리장이 있는 곳으로, 서부 유럽에서 발생한 전자 쓰레기의 상당수가 이곳으로 향한다. 주민들은 돈이 될 만한 것을 얻기 위해 맨손으로 전자 쓰레기들을 분해하거나 불에 태우는데 이때 유독 가스를 들이마시고 중금속에 쉽게 노출된다.
→ 불에 태우고 나면 플라스틱이나 고무 같은 성분들은 사라지고 금속 성분만 남아.

용어 알기

• **이전** 장소나 주소 따위를 다른 데로 옮김
• **수용** 거두어들여 사용함
• **발암 물질** 실험동물에 투여하거나 인간이 섭취했을 때 암을 발생시킬 확률이 높은 물질

1. 환경 문제 유발 산업의 이전

(1) 환경 문제의 발생: 산업화와 도시화로 인해 생태계의 수용 능력을 넘어서는 환경 오염 발생 예 폐기물 및 생활 하수 등 오염 물질 대량 배출 등

(2) 환경 문제 유발 산업의 이동 자료 1

① 환경 문제 유발 산업의 의미: 제품 생산 과정에서 대량의 오염 물질을 배출하거나, 폐기물 처리 과정에서 환경 문제를 일으키는 산업 예 제철 공업, 석유 화학 공업, 금속 공업 등

② 이동 특징
• 선진국에서 개발 도상국으로 이동
• 환경 오염에 대한 사회적 인식이 높은 국가에서 그렇지 못한 국가로 이동 ← 대부분 환경보다 경제 발전을 우선으로 생각하는 국가들이야.
• 생산 시설과 함께 환경 문제도 이동하고 있음

선진국	• 환경 오염에 대해 엄격하게 규제함 • 환경 오염을 유발하는 제조 설비들을 개발 도상국으로 이전하고 있음
개발 도상국	• 환경 오염에 대해 상대적으로 느슨하게 규제함 • 경제 성장을 우선시하는 정책으로 선진국의 환경 문제 유발 산업을 유치하고 있음

(3) 전자 쓰레기의 이동 자료 2

① 전자 쓰레기(e-waste)
• 전자 제품이 새롭게 등장할 때마다 이전에 사용하던 제품을 교체하면서 자연스럽게 버려지는 전자 제품을 의미함
• 납, 카드뮴, 수은, 크롬, 셀렌, 비소 등 치명적인 중독을 일으키거나 유독 화합물을 발산함 → 납, 카드뮴, 수은, 크롬을 흔히 중독 질환을 유발하는 4대 중금속이라 불러.
• 약 60%는 가전제품을 통해, 약 7%는 휴대폰과 컴퓨터를 통해 발생함
• 약 5천만 톤의 전자 쓰레기가 매년 생성되며, 그 중 15~20%만이 재활용됨

② 전자 쓰레기의 증가: 기술이 발달할수록 전자 제품의 사용 주기가 짧아지면서 전자 쓰레기의 양 증가

③ 이동 특징: 선진국에서 개발 도상국으로 이동

선진국	• 전자 쓰레기의 대부분을 배출 • 환경 및 경제적 부담을 줄이기 위해 개발 도상국에 불법 수출
개발 도상국	• 금속 자원을 채취하고 경제적 이익을 얻기 위해 수입 • 유해 물질 배출에 따른 환경 오염과 생태계 파괴 발생

자료 1 석면 공장의 이동

(환경 보건 시민 센터, 2014)

석면 관련 규제가 심해지면서 석면 공장은 선진국에서 개발 도상국으로 이동하고 있다.

자료 2 전자 쓰레기의 국제 이동

(국제 연합 대학, 그린피스, 바젤 행동 네트워크, 2016)

선진국에서 발생한 전자 쓰레기들이 중국, 인도, 아프리카 등의 개발 도상국으로 이동하고 있다. 개발 도상국의 주민들은 금속 자원을 채취하여 경제적 이익을 얻기도 하지만 전자 쓰레기의 처리 과정에서 환경 오염과 생태계 파괴의 피해를 입고 있다.

2021년 개최된 도쿄올림픽 메달에는 올림픽 사상 최초로 시민들이 기증한 폐가전제품에서 추출한 재활용 금속 원료가 사용되었다. 올림픽 메달 제작을 위해서는 새 원료를 구입해 사용하는 것이 일반적이지만, 친환경 올림픽을 내세운 도쿄 조직 위원회는 새로운 원료 조달 방법을 선택했다. 메달 제작을 위해 2년간 일본 전역에서 전자 쓰레기 모으기 캠페인인 '도쿄 2020 메달 프로젝트'로 폐휴대폰, 폐가전제품 수거에 나섰고, 이를 통해 총 620만여 개의 폐휴대폰과 7만 9천 톤의 폐가전제품을 모았다. 수거한 폐휴대폰과 폐가전제품에서 금 33kg, 은 3,500kg, 동 2,200kg을 추출하였고, 이렇게 모인 금속들은 금메달(556g), 은메달(550g), 동메달(450g) 등 총 5,000개의 도쿄올림픽과 패럴림픽 메달로 새로 탄생하였다.

▲ 도쿄올림픽 메달

2. 환경 문제의 공간적 불평등

(1) 환경 문제 유발 산업의 이동이 미치는 영향

선진국	• 환경 문제 유발 산업의 유출로 쾌적한 환경 조성 • 환경 오염의 부담 없이 개발 도상국에서 생산된 제품 소비 가능
개발 도상국	• 긍정적 영향: 일자리 창출, 지역 경제 활성화 • 부정적 영향: 환경 오염 심화, 주민 건강 및 생활 위협

(2) 환경 문제의 공간적 불평등을 해결하기 위한 노력

① 선진국의 기업: 환경 오염의 최소화, 안전한 생산 환경의 조성을 위한 노력

② 개발 도상국: 기업에 대한 환경 규제와 감시 강화

③ 국제 사회: 유해 폐기물과 공해 산업의 불법적 확산 방지, 국제 협약 체결
　　 예 바젤 협약

3. 농업의 이전과 지역 변화

(1) 이전 원인 　자료 3

① 개발 도상국의 임금과 땅값이 상대적으로 저렴함

② 열대 기후 지역 개발 도상국의 기후 특성상 난방 설비를 구축하지 않아도 연중 생산이 가능함 ──→ 연중 고온의 특성이 나타나지.

(2) 이전으로 인해 개발 도상국에서 나타나는 영향 　자료 4

긍정적 영향	외화 수입의 증가, 일자리 창출을 통한 지역 경제의 활성화
부정적 영향	토양의 황폐화, 관개용수 남용에 따른 물 부족 문제, 화학 비료와 농약 사용으로 인한 토양 및 식수 오염 등

──→ 과도한 농업은 작물이 필요로 하는 영양소인 질소, 인산, 칼륨, 마그네슘, 황, 칼슘 등 토양의 영양분을 부족하게 만들어.

학습 내용 들여다보기

■ 바젤 협약

1989년 스위스 바젤에서 체결되었으며, 유해 폐기물이 국가 간 이동을 할 때 교역국은 물론 경유국에까지 사전 통보 등의 조치를 취하여 유해 폐기물의 불법적인 이동을 감소시키는 것을 목적으로 한다. 대부분의 환경 관련 국제 협약이 선진국의 주도로 이루어지는 것과 달리 바젤 협약은 아프리카 등의 개발 도상국들이 주도하고 있는데, 이는 개발 도상국이 선진국의 폐기물 처리장이 되어서는 안 된다는 위기의식이 발동하였기 때문이다.

■ 쓰레기를 기부한다?

바젤 협약 이후에 선진국들은 유해 폐기물인 전자 쓰레기를 다른 나라에 내다 버릴 수 없게 되었다. 그래서 이 전자 쓰레기들은 '중고품', 더 나아가 '구호품'이란 이름표를 달고 개발 도상국으로 옮겨지고 있다. 가나의 경우 2013년에 2만 5천 톤의 중고 전자 제품을 유럽 등에서 수입했다. 하지만 국제 환경 단체 그린피스는 가나를 포함한 아프리카로 수출되는 중고 가전제품의 75%는 재사용이 불가능하다고 파악하였다.

■ 물 발자국(Water footprint)

초콜릿 1kg	소고기 1kg	쌀 1kg	바나나 1kg
17,196리터	15,414리터	2,497리터	790리터

커피 톨 사이즈	우유 작은 팩	달걀 1알	와인 1잔
396리터	255리터	196리터	109리터

(waterfootprint.org, 2011)

▲ 주요 식품들의 물 발자국

물 발자국은 단위 제품 및 단위 서비스 생산 전 과정(Life cycle) 동안 직·간접적으로 사용되는 물의 총량을 뜻하는 것으로, 우리가 일상생활에서 사용하는 제품을 생산·소비하는 데 얼마나 많은 양의 물이 필요한지 나타내는 지표이다. 장미 한 송이의 물 발자국은 10리터에 이른다.

용어 알기

• 관개 농사에 필요한 물을 인위적으로 끌어 논밭에 대는 일

자료 3 네덜란드와 케냐의 화훼 산업 변화

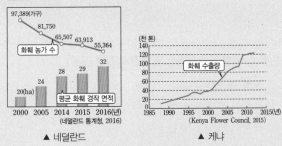

▲ 네덜란드

▲ 케냐

세계 화훼 시장의 중심지는 네덜란드 등 유럽이었으나 1990년대 이후 케냐, 에티오피아 등 동아프리카 지역으로 이동하고 있다.

자료 4 케냐 나이바샤 호수 주변의 화훼 농장

과거 세계 화훼 시장의 중심지는 네덜란드였지만, 최근 유럽 시장에 공급되는 장미꽃의 약 70%는 케냐에서 재배된 것이다. 많은 화훼 농가가 탄소 배출 비용 절감, 값싼 노동력 확보, 난방비 절감 등을 이유로 기후가 온화하고 비용이 적게 드는 아프리카 케냐 지역으로 이전하였다. 화훼 산업의 이전으로 케냐의 외화 수입은 증가하고 일자리도 늘어났지만, 장미를 재배하는 과정에서 화학 물질과 농약이 호수로 흘러들어 수질이 악화되고 어획량이 감소하였으며, 장미 농장에서 호수의 물을 과도하게 사용하면서 호수의 수위도 낮아졌다.

간단 체크

1 다음 설명이 맞으면 ○표, 틀리면 ×표 하시오.

(1) 선진국은 최근 들어 강화되는 환경 규제를 피하기 위해 환경 문제 유발 산업을 해외로 이전시키고 있다. (   )

(2) 기술이 발달할수록 전자 제품의 사용 주기가 길어져 전자 쓰레기의 양이 감소하고 있다. (   )

(3) 개발 도상국에서 환경에 대한 관심이 커지며 전자 쓰레기의 수입량이 증가하고 있다. (   )

(4) 네덜란드는 과거에 대표적인 화훼 산업 발달 국가였으나 최근 많은 농가가 아프리카의 케냐로 이전하였다. (   )

(5) 선진국의 농장이 개발 도상국으로 이전하면서 개발 도상국에서는 식수 오염과 같은 문제가 발생하고 있다. (   )

2 선진국과 개발 도상국의 특징을 바르게 연결하시오.

(1) 선진국 •

(2) 개발 도상국 •

• ㉠ 환경 오염에 대한 규제가 엄격하다.

• ㉡ 환경 문제에 대한 사회적 인식이 높지 않아 공해 유발 산업을 유치한다.

• ㉢ 환경보다 경제 성장 정책을 우선시한다.

• ㉣ 환경 오염을 유발하는 제조 설비를 다른 나라로 이전시킨다.

3 빈칸에 들어갈 알맞은 말을 쓰시오.

(1) 제품 생산 과정 및 폐기물 처리 과정에서 환경 문제를 일으키는 산업을 (   )(이)라고 한다.

(2) (   )은/는 전자 제품이 새롭게 등장할 때마다 그 전에 사용하던 제품을 교체하면서 자연스럽게 버려지는 폐기물이다.

(3) (   )은/는 유해 폐기물의 불법적인 이동을 감소시키기 위한 목적으로 체결된 국제 협약이다.

01 환경 문제 유발 산업이 유입되는 지역의 특징으로 옳은 것만을 〈보기〉에서 있는 대로 고른 것은?

┤ 보기 ├
ㄱ. 정부의 환경 규제가 덜 엄격하다.
ㄴ. 국민 건강에 대한 복지가 발달해 있다.
ㄷ. 환경 문제에 대한 주민의 저항이 약하다.
ㄹ. 환경보다 경제 개발에 역점을 두는 정책을 펼친다.

① ㄱ, ㄴ   ② ㄴ, ㄷ   ③ ㄷ, ㄹ
④ ㄱ, ㄴ, ㄹ   ⑤ ㄱ, ㄷ, ㄹ

[02~03] 다음 글을 읽고 물음에 답하시오.

첨단 기능을 갖춘 전자 제품이 새롭게 등장할 때마다 그 전에 사용하던 제품을 교체하면서 (㉠)의 양이 증가하고 있다. (㉠)은/는 재활용이 가능한 일부를 제외하고는 정부의 허가를 받은 안전 설비가 갖추어진 곳에서 매립·소각 등의 방법으로 폐기해야 한다. 그러나 일부 선진국들은 (㉠)을/를 자국에서 안전하게 처리할 수 있는데도 (㉡) 아시아와 아프리카 등의 개발 도상국에 불법적으로 수출하고 있다.

02 빈칸 ㉠에 들어갈 용어로 옳은 것은?

① 재활용품   ② 유해 폐기물
③ 지정 폐기물   ④ 전자 쓰레기
⑤ 중고 전자 제품

03 빈칸 ㉡에 들어갈 내용으로 가장 적절한 것은?

① 공적 원조를 위해
② 공정한 무역을 위해
③ 경제적 부의 분배를 위해
④ 온실가스를 감축하기 위해
⑤ 환경 문제와 경제적 부담을 줄이기 위해

04 다음 ○○기업 사업 계획서의 ㉠, ㉡에 들어갈 말을 바르게 연결한 것은?

〈○○기업 사업 계획서〉

1. 현재 상황
   - 최근 □□지역의 환경 규제가 심화됨에 따라 생산 공장의 이전이 필요함
2. 신규 생산 공장 후보 지역과 공장 배출 물질

후보 지역	배출 물질
㉠	㉡

	㉠	㉡
①	선진국	산소
②	선진국	이산화 탄소
③	개발 도상국	산소
④	개발 도상국	질소
⑤	개발 도상국	이산화 탄소

05 다음 글의 ㉠에 들어갈 용어로 옳은 것은?

(㉠)은/는 1급 발암 물질로 건축이나 산업의 재료로 많이 활용해 왔다. 일본에서 (㉠)의 규제가 강화되자 우리나라로 생산 공장이 이전되었다. 이후 우리나라에서도 (㉠)의 생산과 사용이 금지되자 제조 공장들은 규제가 약한 중국과 동남아시아로 옮겨갔다.

① 납　　　② 석고　　　③ 석면
④ 시멘트　　　⑤ 알루미늄

06 빈칸 (가)에 들어갈 말로 가장 적절한 것은?

쾌적한 환경에 대한 요구가 높고 환경 오염 물질에 대한 배출 허용 기준이 엄격한 선진국에서 개발 도상국으로의 환경 문제를 유발하는 산업의 국제적 이동은 ＿＿＿＿(가)＿＿＿＿을/를 심화시킨다.

① 생활 환경 이슈
② 지구 온난화 문제
③ 지속 가능한 발전
④ 환경 문제의 공간적 불평등
⑤ 다양한 공간적 규모의 환경 이슈

07 다음과 같은 문제점을 해결하기 위해 국제 협약이 체결된 도시로 옳은 것은?

미국의 ○○사는 인도 중부의 상업 도시인 보팔에 공장을 설립하고 농약을 제조하였다. 농약의 원료로 쓰이는 메틸 이소시아네이트라는 유독 가스를 탱크에 저장하고 사용했는데, 1984년 12월에 유독 가스가 누출되는 사고가 일어났다. 이 사고로 2,800여 명의 주민이 사망했고 20만 명 이상의 피해자가 발생했다.

① 바젤　　　② 베른　　　③ 취리히
④ 제네바　　　⑤ 생모리츠

08 개발 도상국으로 이전한 농업에 관한 설명으로 옳지 <u>않은</u> 것은?

① 농업의 이전은 지역의 경제에 도움을 준다.
② 상품 작물보다 식량 작물을 주로 재배한다.
③ 개발 도상국의 저렴한 땅값과 인건비를 활용하는 것이다.
④ 화학 비료와 농약 사용으로 인한 토양 및 식수 오염이 발생한다.
⑤ 토양의 황폐화와 관개용수 남용에 따른 물 부족 문제가 나타난다.

09 ㉠에 들어갈 검색어로 옳은 것은?

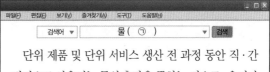

단위 제품 및 단위 서비스 생산 전 과정 동안 직·간접적으로 사용되는 물의 총량을 뜻하는 것으로, 우리가 일상생활에서 사용하는 제품을 생산·소비하는 데 얼마나 많은 양의 물이 필요한지를 나타내 주는 지표이다.

① 경로　　　② 지문　　　③ 흔적
④ 발자국　　　⑤ 손바닥

01 사진은 방글라데시 어느 시장의 모습이다. 이에 대한 설명으로 옳지 <u>않은</u> 것은?

① 재활용 목적으로 전자 쓰레기를 처리하고 있다.
② 전자 쓰레기들은 대부분 선진국에서 온 것들이다.
③ 전자 쓰레기 처리 과정에서 환경 오염 문제가 심각하다.
④ 방글라데시는 선진국보다 전자 쓰레기 처리 기술이 우수하여 이러한 산업이 발달하였다.
⑤ 방글라데시는 경제적 수익을 얻기 위해 선진국에서 전자 쓰레기를 수입하여 처리하고 있다.

02 다음 글의 사태에 대한 설명으로 옳지 <u>않은</u> 것은?

> 아프리카의 가나에는 매달 컨테이너 600개 이상 분량의 중고 전자 제품들이 세계 각국의 배를 통해 들어온다. 배에 가득 실린 컨테이너에는 '기부'라고 적힌 스티커가 붙어 있다. 하지만 가나 사람들은 이 나눔 때문에 큰 고통을 받고 있다.

① 개발 도상국은 유해 물질로 인해 환경 오염이 심해지고 있다.
② 함께하는 성장 구현을 위한 선진국들의 노력의 사례가 나타난다.
③ 바젤 협약을 통해 유해 폐기물의 이동을 제한했지만, 기부 목적의 이동은 제한하지 못하고 있다.
④ 개발 도상국 정부는 경제적 이익을 얻을 수 있다는 점에서 선진국의 전자 쓰레기를 수입하고 있다.
⑤ 전자 쓰레기를 수출하는 국가는 유해 물질로 인한 환경 오염에 대해 엄격한 규제를 실시하고 있다.

[03~04] 다음 글을 읽고 물음에 답하시오.

> 과거 세계 화훼 시장의 중심지는 네덜란드였지만, 최근 유럽 시장에 공급되는 장미꽃의 약 70%는 케냐에서 재배된 것이다. 세계 화훼 시장의 중심지가 네덜란드에서 케냐로 이동한 이유는 _____㉠_____ 아프리카 지역으로 네덜란드 화훼 농가가 이전했기 때문이다. 그중에서도 케냐는 난방 설비를 구축하지 않아도 연중 꽃이 만개하는 기후 조건을 활용하여 대표적인 화훼 생산국이 되었다. 하지만 케냐의 나이바샤 호수 주변에 장미 농장이 들어선 이후 고품질의 장미를 생산하는 과정에서 많은 ㉡문제점이 발생하였다.

03 빈칸 ㉠에 들어갈 내용으로 가장 적절한 것은?

① 인건비가 높은
② 재배 기술 이전을 위해
③ 장미꽃의 최대 소비국인
④ 탄소 배출 비용 절감을 위해
⑤ 연중 한랭하고 건조한 기후인

04 밑줄 친 ㉡의 사례로 적절하지 <u>않은</u> 것은?

① 호수의 수질이 악화된다.
② 지역의 생태계가 파괴된다.
③ 온실가스 배출량이 증가하고 있다.
④ 호수 인근의 토양 오염이 심각해졌다.
⑤ 산업 공동화로 인해 일자리가 줄어들고 있다.

고난도
05 밑줄 친 ㉠~㉢에 대한 설명으로 옳은 것을 〈보기〉에서 고른 것은?

산업화의 속도가 국가별로 다르므로 생산 시설의 국가 간 이동이 발생한다. 일반적으로 ㉠ 선진국의 기업은 ㉡ 오래된 제조 설비를 ㉢ 개발 도상국으로 이전한다.

┤ 보기 ├
ㄱ. ㉡은 환경 오염을 유발할 가능성이 크다.
ㄴ. 일반적으로 ㉠은 ㉢보다 환경 관련 규제가 약하다.
ㄷ. 친환경 기술의 설비를 갖춘 공장은 ㉢보다 ㉠에 주로 입지한다.
ㄹ. 최근 ㉢에서 ㉠으로 ㉡을 이전시키고 있다.

① ㄱ, ㄴ   ② ㄱ, ㄷ   ③ ㄴ, ㄷ
④ ㄴ, ㄹ   ⑤ ㄷ, ㄹ

중요
06 다음은 학생의 정리 노트이다. 밑줄 친 ㉠~㉤의 내용 중 옳지 않은 것은?

〈환경 문제 유발 산업의 이전〉

1. 환경 문제 유발 산업: ㉠ 제품 생산 과정에서 대량의 오염 물질을 배출하거나 폐기물 처리 과정에서 환경 문제를 일으키는 산업
2. 환경 문제 유발 산업의 이동
   • ㉡ 선진국에서 개발 도상국으로 이동
   • ㉢ 환경 오염에 대한 사회적 인식이 낮은 국가에서 높은 국가로 이동
3. 전자 쓰레기의 이동
   • 전자 쓰레기: ㉣ 전자 제품이 새롭게 등장할 때마다 이전에 사용하던 제품을 교체하면서 자연스럽게 버려지는 전자 제품
   • 전자 쓰레기의 증가: ㉤ 기술이 발달할수록 전자 제품의 사용 주기가 짧아지면서 전자 쓰레기의 양 증가

① ㉠   ② ㉡   ③ ㉢   ④ ㉣   ⑤ ㉤

서술형 문제

[07~08] 자료는 여름 방학을 맞아 여행을 다녀온 학생이 조사한 것이다. 이를 보고 물음에 답하시오.

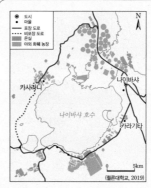

(필론대학교, 2019)

지난 겨울 가족과 함께 아프리카 케냐를 다녀왔다. 우리는 케냐로 출발하며 넓은 세렝게티 초원과 이를 뛰노는 얼룩말, 기린, 물소들을 생각했다. 하지만 케냐의 모습은 우리의 상상과는 달랐다. 나이바샤 호수에 도착했을 때, 물을 마시는 기린과 코끼리들을 기대하였던 우리의 눈앞에는 넓은 (㉠)꽃 농장이 펼쳐져 있었다. 현지 가이드에게 물어보니 케냐는 난방 설비를 구축하지 않아도 연중 꽃이 만개하는 ㉡ 기후 조건을 활용하여 세계적인 화훼 생산국이 되었다고 한다. 하지만 ㉢ 이 지역에 농장들이 들어선 이후 많은 문제점이 발생했다고 한다.

07 빈칸 ㉠에 들어갈 알맞은 말을 쓰고, 밑줄 친 ㉡에 대해 서술하시오.

_____
_____
_____
_____

08 밑줄 친 ㉢의 사례를 세 가지 서술하시오(단, 케냐 나이바샤 호수 주변의 환경 변화와 관련하여 서술함).

_____
_____
_____
_____

생활 속 환경 이슈

1. 환경 이슈(환경 쟁점)

(1) 의미와 특징

→ 정상적인 생명 활동에 지장이 있을 정도로 자연환경에 손상을 주는 것을 말해.

의미	환경 문제 중 원인과 해결 방안이 입장에 따라 서로 다른 것
특징	• 시대별, 공간적 규모에 따라 다양하게 나타남 • 일상생활과 사회 활동 전반에 영향을 미침

(2) 사례

세계적 차원	기후 변화 문제, 아마존 열대 우림 개발 등
국가 및 지역적 차원	원자력 발전소 건설, 쓰레기 소각장 건설, 갯벌 간척, 국립 공원 케이블카 설치 등 자료1

(3) 해결: 집단 간에 서로 다른 의견을 검토하고 대안을 협의하는 토의 과정이 필요

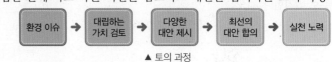

▲ 토의 과정

2. 우리 주변의 환경 문제와 환경 이슈

(1) 우리 주변의 환경 문제

오염 문제	대기 오염, 수질 오염, 토양 오염 등
소음 문제	• 소음에 의하여 상당한 범위에 걸쳐 사람과 동물에게 심리적 장애를 주는 공해 → '보이지 않는 살인마' • 소음에 오랫동안 노출되면 불안·초조·신경 장애·정서 불안 등 초래 • 소음 공해 대책: 주택 내 방음재 강화, 산업·건설·교통 현장에서 소음 수준 유지, 방음벽 설치 등
진동 문제	• 주로 공장, 교통 시설, 건설 현장으로부터 발생 • 진동의 영향권 안에 있는 사람과 동물에게 심리적 불쾌감을 일으켜 수면 방해 및 업무 능률을 떨어뜨림, 스트레스·정서 장애·생리 기능 장애 등 초래, 심한 경우 건축물을 훼손하기도 함

(2) 우리 주변의 환경 이슈

① 유전자 재조합 식품(GMO) 자료2 자료3

• 의미: 유전자를 인위적으로 결합시켜 새로운 특성의 품종을 개발하는 유전자 변형을 가한 식품

• 사례: 잘 무르지 않는 토마토, 제초제에 내성이 있고 동물성 단백질을 생산하는 콩, 잡초와 냉해에 강한 딸기와 옥수수, 카페인이 제거된 커피 원두 등

학습 내용 들여다보기

■ 국립 공원 케이블카 설치와 관련된 논란

찬성	신체적 약자의 관광 가능, 관광 소득 증가로 지역 경제 활성화, 등산객 분산으로 인한 등산로 훼손 감소
반대	생태계와 자연 경관 파괴, 무분별한 개발 유발, 설치 지역 주변에만 이익이 돌아감

■ 유전자

생물체의 개개의 유전 형질을 발현시키는 원인이 되는 인자로, 염색체 가운데 일정한 순서로 배열되어 생식 세포를 통하여 어버이로부터 자손에게 유전 정보를 전달한다.

■ 유전자 재조합 식품의 원리

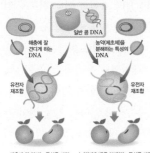

해충에 잘 견디는 특성을 가진 유전자 재조합 콩 탄생 / 농약(제초제)을 분해하는 특성을 가진 유전자 재조합 콩 탄생

용어 알기

• 쟁점 서로 다투는 중심이 되는 점
• 제초제 잡초를 제거하는 데 사용되는 화학 약제

자료1 지역적 차원의 환경 이슈

국립 공원 케이블카 설치를 반대하는 사람들의 모습이다.

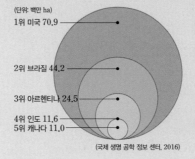

자료2 유전자 재조합 농산물 재배 면적 상위 5개국

(단위: 백만 ha)
1위 미국 70.9
2위 브라질 44.2
3위 아르헨티나 24.5
4위 인도 11.6
5위 캐나다 11.0

(국제 생명 공학 정보 센터, 2016)

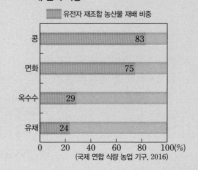

자료3 세계 농지 면적 중 유전자 재조합 농산물 재배 면적 비중

유전자 재조합 농산물 재배 비중

콩 83
면화 75
옥수수 29
유채 24

0 20 40 60 80 100(%)
(국제 연합 식량 농업 기구, 2016)

• 입장 차이

긍정적 측면	• 병충해에 강하고 생산량이 많음, 적은 노동력과 비용으로 대량 수확 → 농가 소득 증대, 식량 부족 문제 해결에 기여 • 특정 영양소 강화
부정적 측면	• 인체에 미치는 영향에 대한 안전성이 검증되지 않음 • 재배 과정에서 환경과 생물 다양성을 위협할 수 있음 • 유전자 재조합 기술을 가진 다국적 농업 기업에 많은 비용 지불

② 로컬 푸드 운동 자료 4

의미	지역에서 생산된 농산물을 그 지역에서 소비하는 운동
배경	식품 운송 과정에서 많은 온실가스 배출, 방부제 과다 사용 → 환경 및 안전하고 건강한 먹을거리에 대한 관심 증가
효과	• 생산자: 안정적인 소득 보장 • 소비자: 신선하고 안전한 먹을거리를 제공 받음 • 지역: 친환경 농업 발전을 통한 지역 경제 활성화

③ 미세 먼지 자료 5

의미	대기 중에 떠다니며 눈에 보이지 않을 정도로 작은 먼지를 말함, 질산염(NO_3^-), 암모늄 이온(NH_4^+), 황산염(SO_4^{2-}) 등의 이온 성분과 탄소 화합물, 금속 화합물 등으로 구성
원인	• 자연적 요인: 흙먼지, 식물 꽃가루 등 • 인위적 요인: 화석 연료 연소 시 생기는 매연, 자동차 배기가스, 건설 현장의 날림 먼지, 소각장 연기 등
영향	• 각종 호흡기 질환, 심혈관 질환, 치매 등의 뇌 질환 유발 • 가시거리 확보가 어려워 교통수단 운행에 차질 • 반도체 등 정밀 기기의 불량률 증가

④ 원자력 발전소 건설

찬성 입장	• 지구 온난화 방지를 위한 친환경 에너지이며 다른 에너지원과 비교했을 때 우수한 경제성 보유 • 방사선에 대한 사회의 우려가 실제보다 큼, 방사선의 이점 이해 필요
반대 입장	• 원자력 연료의 수입 문제, 사용 후 핵폐기물 처리 문제 • 방사능에 대한 각 분야에서 벌어지는 사고 우려, 안전 의식과 시스템 필요

⑤ 쓰레기 문제

원인	자원 소비 증가, 일회용품 및 포장재 사용 증가
내용	쓰레기 처리 방법(매립 및 소각)을 둘러싼 갈등, 쓰레기 증가로 인한 오염 발생
대책	쓰레기 종량제, 자원 재활용, 쓰레기 분리 배출 의무화

└─→ 쓰레기를 처리하는 시설은 혐오 시설로 인식되어 지역 간 갈등의 원인이 되고 있어.

학습 내용 들여다보기

■ 미세 먼지

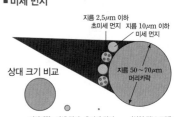

입자 크기에 따라 지름 10μm 이하를 미세 먼지, 2.5μm 이하를 초미세 먼지로 구분한다.

■ 쓰레기 문제로 인한 갈등 사례

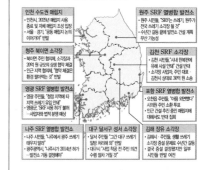

■ 쓰레기 종량제

쓰레기 배출량에 따라 수수료가 부과되는 제도로, 우리나라에서는 1995년부터 전국적으로 실시되었다. 지정된 규격의 쓰레기봉투를 판매하고 그 봉투에만 쓰레기를 담아 버리도록 하는 방식을 택하고 있으며 재활용이 가능한 쓰레기는 규격 봉투에 담지 않아도 되기 때문에 쓰레기의 양을 줄이고 재활용률을 높이는 효과가 있다.

용어 알기

• 방부제 물질의 부패를 막는 약제, 즉 동식물성 유기물이 미생물의 작용에 의해 부패하는 것을 막기 위해서 첨가하는 약제

자료 4 주요 식재료들의 푸드 마일리지

푸드 마일리지는 먹을거리가 생산되어 소비자의 식탁에 오르기까지의 이동 거리(km)에 식품 수송량(t)을 곱한 값이다. 푸드 마일리지가 높을수록 이동 거리가 멀며 운송 과정에서 배출되는 온실가스의 양이 많아 환경에 부담을 주게 된다. 수입 농산물은 푸드 마일리지가 높고 안전성을 보장하기 어려워 이에 대한 대안으로 로컬 푸드 운동이 점차 확대되고 있다.

자료 5 미세 먼지를 줄이기 위한 실천 방안

1 다음 설명이 맞으면 ○표, 틀리면 ×표 하시오.

(1) 환경 이슈는 시대와 공간적 규모에 따라 다양하게 나타날 수 있다. ( )

(2) 환경 이슈의 해결에는 집단 간에 서로 다른 의견을 검토하고 대안을 협의하는 토의 과정이 필요하지 않다. ( )

(3) 푸드 마일리지가 높을수록 안전하고 건강한 먹을거리라고 할 수 있다. ( )

(4) 유전자 재조합 식품은 인체에 대한 안전성이 충분히 검증되었다. ( )

(5) 우리나라의 미세 먼지는 일본에서 바람을 타고 유입되는 경우가 많다. ( )

2 다음 환경 이슈와 관련된 갈등을 바르게 연결하시오.

(1) 미세 먼지 •　　　　　• ㉠ 영향권 안에 있는 사람과 동물에게 심리적 불쾌감을 일으킴

(2) 쓰레기 문제 •　　　　　• ㉡ 쓰레기 처리 방법을 둘러싼 갈등

(3) 진동 문제 •　　　　　• ㉢ 화력 발전소 유지 및 노후 경유차 운행을 둘러싼 갈등

3 빈칸에 들어갈 알맞은 말을 쓰시오.

(1) 기존의 생물체에 다른 생물체의 유전자를 결합하여 만들어 낸 새로운 식품을 ( ) 식품이라고 한다.

(2) 화석 연료 연소 시 발생하는 매연, 자동차 배기가스 등은 미세 먼지의 ( ) 요인에 해당한다.

(3) ( )은/는 일반적으로 소비지로부터 반경 50km 이내에서 생산된 농산물을 의미한다.

01 환경 이슈에 대한 설명으로 옳은 것을 〈보기〉에서 고른 것은?

┤ 보기 ├

ㄱ. 시대와 장소에 상관없이 동일하게 나타난다.

ㄴ. 원인과 해결 방안이 입장에 따라 다양하게 나타난다.

ㄷ. 서로 다른 의견을 검토하고 협의하는 토의 과정을 통해 해결할 수 있다.

ㄹ. 기후 변화 문제나 아마존 열대 우림 개발은 지역적 수준의 환경 이슈에 해당한다.

① ㄱ, ㄴ　　　② ㄱ, ㄷ　　　③ ㄴ, ㄷ
④ ㄴ, ㄹ　　　⑤ ㄷ, ㄹ

02 다음 중 환경 이슈에 해당하지 <u>않는</u> 것은?

① 국립 공원 케이블카 설치 문제

② 독도 영유권을 둘러싼 한일 문제

③ 카페에서 플라스틱 컵 규제 문제

④ 공공 기관 냉난방 온도 규제 문제

⑤ 노후 원자력 발전소 연장 허가 문제

03 A에 들어갈 교사의 질문에 대한 학생의 대답으로 옳지 <u>않</u>은 것은?

미세 먼지가 심한 날에 지켜야 할 건강 생활 수칙에는 무엇이 있을까요?

A

① 실외 활동을 자제해요.

② 충분한 수분 섭취를 해요.

③ 외출 시 마스크를 착용해요.

④ 창문을 열어 환기를 자주 해요.

⑤ 외출 후에는 손을 깨끗이 씻어요.

04 빈칸 ㉠에 해당하는 용어로 옳은 것은?

> 우리 눈에 보이지 않을 정도로 가늘고 작은 먼지 입자로, 크기에 따라 지름 10㎛ 이하를 미세 먼지, 지름 2.5㎛ 이하를 (㉠)(으)로 구분한다.

① 황사
② 매연
③ 메탄
④ 초미세 먼지
⑤ 마이크로 화이바

05 다음은 두 환경 문제에 대한 대비책을 나타낸 것이다. (가), (나)에 해당하는 환경 문제를 바르게 연결한 것은?

> (가) 방음벽을 세우고, 피해 기준을 세분화한다. 관련 법규를 정비하고 건축 시 피해 저감 대책을 세운다.
> (나) 종량제 봉투 사용을 법제화하고, 방송이나 인터넷 등을 통해 생활 폐기물의 발생을 최소화하는 캠페인을 실시한다.

	(가)	(나)
①	진동 문제	대기 오염
②	진동 문제	쓰레기 문제
③	소음 문제	대기 오염
④	소음 문제	쓰레기 문제
⑤	대기 오염	쓰레기 문제

06 한반도에 다음과 같은 방향으로 바람이 불 때 악화되는 환경 이슈로 옳은 것은?

① 수질 오염
② 미세 먼지
③ 진동 문제
④ 쓰레기 문제
⑤ 방사능 문제

07 유전자 재조합 식품(GMO)에 속하는 사례로 옳은 것만을 〈보기〉에서 있는 대로 고른 것은?

> ┤ 보기 ├
> ㄱ. 냉해에 강한 딸기
> ㄴ. 동물성 단백질을 생산하는 콩
> ㄷ. 공정 무역으로 생산되는 커피
> ㄹ. 오랜 기간 보관 가능한 토마토

① ㄱ, ㄹ
② ㄴ, ㄷ
③ ㄷ, ㄹ
④ ㄱ, ㄴ, ㄷ
⑤ ㄱ, ㄴ, ㄹ

08 그림은 환경 이슈의 해결 과정을 나타낸 것이다. 빈칸 A에 들어갈 내용으로 옳은 것은?

① 오염 인정
② 대안 무시
③ 실천 노력
④ 합의 결렬
⑤ 형식적 노력

09 빈칸 ㉠에 들어갈 용어로 옳은 것은?

> 최근 환경에 대한 관심이 커지고 안전하고 건강한 먹거리를 찾는 소비자들이 늘어나면서 지역에서 생산된 농산물을 지역에서 소비하자는 (㉠) 운동이 펼쳐지고 있다.

① 로컬 푸드
② 퓨전 푸드
③ 패스트 푸드
④ 글로벌 푸드
⑤ 슬로우 푸드

10 미세 먼지를 줄이기 위한 개인 및 국가의 노력으로 적절한 것은?

① 화력 발전소의 비중을 늘린다.
② 개인 자동차의 보급률을 높인다.
③ 소각장을 통해 쓰레기 문제를 해결한다.
④ 태양광, 풍력, 조력 등 친환경 발전의 비중을 늘린다.
⑤ 중국의 사막화는 타국의 이야기이므로 신경 쓰지 않는다.

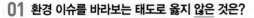

01 환경 이슈를 바라보는 태도로 옳지 <u>않은</u> 것은?

① 다양한 집단 간의 대립이 있음을 인식한다.
② 법에 따라 정부의 견해로 논쟁을 정리한다.
③ 지구의 지속 가능성을 우선적인 가치로 한다.
④ 대립하고 있는 집단의 입장을 명확하게 파악한다.
⑤ 환경을 바라보는 관점에는 여러 가지가 있음을 이해한다.

02 유전자 재조합 식품(GMO)에 대한 찬성과 반대 입장의 이유를 〈보기〉에서 골라 바르게 연결한 것은?

┌── 보기 ┐
ㄱ. 수확량이 많아진다.
ㄴ. 특정 영양소가 강화된다.
ㄷ. 생태계 교란 가능성이 있다.
ㄹ. 인체 유해성이 밝혀지지 않았다.
└─────────┘

	찬성	반대
①	ㄱ, ㄴ	ㄷ, ㄹ
②	ㄱ, ㄷ	ㄴ, ㄹ
③	ㄴ, ㄷ	ㄱ, ㄹ
④	ㄴ, ㄹ	ㄱ, ㄷ
⑤	ㄷ, ㄹ	ㄱ, ㄴ

03 그래프는 세계 농지 면적 중 유전자 재조합 농산물 재배 면적 비중을 나타낸 것이다. 이와 같은 상황에서 제기될 수 있는 문제점으로 옳은 것은?

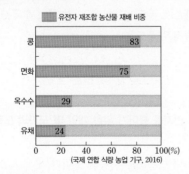

유전자 재조합 농산물 재배 비중

콩	83
면화	75
옥수수	29
유채	24

0 20 40 60 80 100(%)
(국제 연합 식량 농업 기구, 2016)

① 병충해에 강해져 농약 사용이 감소한다.
② 특정 영양소가 강화된 식품을 제공할 수 있다.
③ 적은 노동력과 비용으로 대량 수확이 가능하다.
④ 인체에 미치는 안전성 여부가 확인되지 않았다.
⑤ 농산물의 생산량이 많아져 농가 소득이 증가한다.

04 ★중요★ 밑줄 친 ㉠~㉤ 중 옳지 <u>않은</u> 것은?

미세 먼지는 ㉠흙먼지나 식물 꽃가루 등 자연적 요인에 의하여 발생하기도 하지만, 주로 ㉡석탄, 석유 등 화석 연료를 태울 때 생기는 매연, 자동차 배기가스나 ㉢건설 현장 등에서 발생하는 날림 먼지, 소각장 연기 등 인위적 요인에 의하여 생성되기도 한다. 미세 먼지는 입자가 매우 작지만 ㉣건강에 나쁜 영향은 없다. 미세먼지의 농도는 날씨와 밀접한 관련이 있다. ㉤비가 내리고 바람이 부는 날에는 미세 먼지가 흩어지기 때문에 농도가 낮아질 수 있다.

① ㉠　　② ㉡　　③ ㉢　　④ ㉣　　⑤ ㉤

05 사진은 우리나라의 어느 공사 현장이다. 이곳에서 발생할 수 있는 환경 문제와 관련된 내용으로 옳지 <u>않은</u> 것은?

① 심한 경우 건물을 훼손시킨다.
② 방사능에 의해 벌어지는 사고가 우려된다.
③ 수면을 방해하고 업무 능률을 떨어뜨린다.
④ 소음 수준을 유지하고 방음벽을 설치하여 대책을 세울 수 있다.
⑤ 오랫동안 노출되면 불안, 초조, 신경 장애, 정서 불안 등을 초래한다.

★중요★

06 다음은 원자력 발전에 대한 다양한 주장을 나타낸 것이다. 찬성하는 사람을 고른 것은?

> 갑: 전력 생산의 효율성이 높아 경제성이 우수합니다.
> 을: 발생하는 원자력 폐기물 문제부터 해결해야 합니다.
> 병: 온실가스를 배출하지 않는 친환경적인 에너지원입니다.
> 정: 혹시라도 재해나 사고로 인한 문제가 발생하면 너무 위험합니다.

① 갑, 을　　② 갑, 병　　③ 을, 병
④ 을, 정　　⑤ 병, 정

고난도

07 자료에 대한 학생의 설명으로 옳은 것을 〈보기〉에서 고른 것은?

'쓰레기 섬'이란 미국의 하와이와 캘리포니아 사이에 있는 북태평양 바다 위의 거대한 쓰레기더미를 일컫는다. '태평양 거대 쓰레기 지대'라고도 불리는데, 바닷속에 버려진 쓰레기들이 바람과 해류의 순환으로 한곳에 모이면서 이 같은 쓰레기 섬이 형성되었다.

┤ 보기 ├
ㄱ. 국제적인 협력이 필요한 문제인 것 같아요.
ㄴ. 해양 생물들이 오염되거나 폐사할 수 있어요.
ㄷ. 주요 구성 물질들은 금방 물에 녹아 자연 정화될 거예요.
ㄹ. 해결책으로 화석 연료의 사용을 줄이고 친환경 발전의 비중을 높여야 해요.

① ㄱ, ㄴ　　② ㄱ, ㄷ　　③ ㄴ, ㄷ
④ ㄴ, ㄹ　　⑤ ㄷ, ㄹ

✎ 서술형 문제

[08~09] 다음 글을 읽고 물음에 답하시오.

> 수도권 쓰레기 매립지의 시행 계획대로라면 매립지는 2016년 말에 문을 닫아야 했지만, 이는 시행되지 못했다. 서울시, 경기도, 인천시는 서로의 의견 차이를 좁히지 못하였고, 현 매립지를 대체할 다른 매립지를 확보하지 못하였기 때문이다.
>
> • 서울시, 경기도, 환경부의 입장: "＿＿＿＿(가)＿＿＿＿"
> 서울시는 경기도, 환경부와 함께 2010년부터 인천시에 위치한 현 매립지의 시설 용량에 충분한 여유가 있으니 30년 이상 더 사용하자고 요구해 왔다. 또한, 서울시는 쓰레기 반입 수수료를 현재보다 50% 인상한 가격으로 내겠다는 의사도 밝혔다.
>
> • 인천시의 입장: "＿＿＿＿(나)＿＿＿＿"
> 인천시는 서울시의 요구를 수용하게 되면 매립지 개장 이후 20여 년간 악취와 소음, 분진 등의 환경 피해를 겪은 시민들에게 또다시 고통을 감내해 달라고 호소해야 한다. 인천시는 현재 매립 가능한 면적 중 약 6분의 1에 해당하는 103만m²에 6~7년 더 쓰레기를 매립하고, 이 기간 안에 서울시, 경기도, 인천시 각각 자기 지역에 대체 매립지를 조성할 것을 주장하고 있다.

08 빈칸 (가), (나)에 들어갈 각 입장에 대해 서술하시오.

_____
_____
_____
_____

09 위 글에 나타난 환경 문제를 감소시키기 위해 개인이 할 수 있는 실천 방안을 세 가지 서술하시오.

_____
_____
_____
_____

대단원 정리

① 온실가스

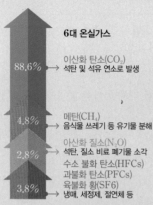

6대 온실가스

- 88.6% 이산화 탄소(CO_2) 석탄 및 석유 연소로 발생
- 4.8% 메탄(CH_4) 음식물 쓰레기 등 유기물 분해
- 2.8% 아산화 질소(N_2O) 석탄, 질소 비료 폐기물 소각
- 3.8% 수소 불화 탄소(HFCs) 과불화 탄소(PFCs) 육불화 황(SF6) 냉매, 세정제, 절연체 등

온실가스는 (①)을/를 일으키는 기체로 메탄, 아산화 질소, (②) 등이 대표적이다. 그중 (②)은/는 전체 온실가스의 비중 중 절반 이상을 차지하는, 지구 온난화의 주범으로 알려져 있다.

정답 ① 온실 효과 ② 이산화 탄소

② 탄소 배출권

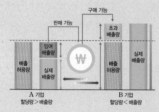

탄소 배출권은 (①)의 담당 기구에서 할당받은 만큼 (②)을/를 배출할 수 있는 권리로, 배출권을 할당받은 국가와 기업들은 의무적으로 할당 범위 내에서 (②)을/를 사용해야 한다.

정답 ① 국제 연합 ② 온실가스

③ 전자 쓰레기의 국제 이동

1인당 전자 쓰레기 발생량 상위 지역(kg)
- 24 이상
- 20~24
- 20 미만

전자 쓰레기 발생량 상위 5개국(만 톤)
- 700
- 200

주요 이동 경로

(국제 연합 대학, 그린피스, 바젤 행동 네트워크, 2016)

선진국에서 발생한 (①) 쓰레기들이 중국, 인도, 아프리카 등의 개발 도상국으로 이동하고 있다. 개발 도상국의 주민들은 금속 자원을 채취하여 (②)을/를 얻기도 하지만 (①) 쓰레기의 처리 과정에서 (③)의 피해를 입고 있다.

정답 ① 전자 ② 경제적 이익 ③ 환경 오염

1. 전 지구적 차원의 기후 변화

(1) 기후 변화의 발생과 영향

기후 변화	의미	일정한 지역에서 장기간에 걸쳐 나타나는 기후의 평균적인 상태가 변하는 현상
	원인	• 자연적 요인: 화산 활동에 따른 화산재 분출, 태양의 활동 변화, 태양과 지구의 상대적 위치 변화 등 • 인위적 요인: 산업화로 인한 화석 연료 사용의 증가, 도시화로 인한 무분별한 토지 및 삼림 개발 등 인간의 활동으로 인한 요인
	영향	빙하 감소와 해수면 상승, 기상 이변 증가, 생태계 변화

(2) 지구 온난화 ①

의미	대기 중 온실가스의 농도가 증가하여 온실 효과가 과도하게 나타나 지구의 평균 기온이 올라가는 현상
원인	화석 연료의 사용 증가, 무분별한 농경지 개발 및 삼림 파괴

(3) 기후 변화를 해결하기 위한 노력 ②

	필요성	기후 변화는 전 지구적 차원에서 발생하며, 지구촌 대부분 지역에 영향을 미침
국제적 차원	사례	• 탄소 배출권 거래 제도: 온실가스 감축을 유도하기 위해 온실가스 배출 권리를 사고팔 수 있도록 한 제도 • 국제 협약: 기후 변화 협약(1992), 교토 의정서(1997), 파리 협정(2015)
	한계	각국의 이해관계와 산업 구조, 기술 수준 등이 달라 합의하기가 쉽지 않음, 강제하기가 어려움
지역적 차원	국가적 노력	화석 연료 대체 에너지 개발, 탄소 배출권 거래 제도, 탄소 성적 표지 제도, 녹색 성장 정책
	비정부 기구 활동	국가 정책의 변화 추진 노력, 시민들의 환경 의식 개선
	개인적 노력	에너지 절약, 자원 재활용, 친환경 제품 사용 등

2. 환경 문제 유발 산업의 국가 간 이전

(1) 환경 문제 유발 산업의 이전 ③

환경 문제 유발 산업	의미	제품 생산 과정에서 대량의 오염 물질을 배출하거나 폐기물 처리 과정에서 환경 문제를 일으키는 산업
	이동 특징	• 선진국에서 개발 도상국으로 이동 • 환경 오염에 대한 사회적 인식이 높은 국가에서 그렇지 못한 국가로 이동
전자 쓰레기	의미	전자 제품이 새롭게 등장할 때마다 이전에 사용하던 제품을 교체하면서 자연스럽게 버려지는 전자 제품
	이동 특징	• 선진국: 환경 및 경제적 부담을 줄이기 위해 개발 도상국에 불법 수출 • 개발 도상국: 금속 자원을 채취하고 경제적 이익을 얻기 위해 수입

(2) 환경 문제의 공간적 불평등

선진국	• 환경 문제 유발 산업의 유출로 쾌적한 환경 조성 • 환경 오염의 부담 없이 개발 도상국에서 생산된 제품 소비 가능
개발 도상국	• 긍정적 영향: 일자리 창출, 지역 경제 활성화 • 부정적 영향: 환경 오염 심화, 주민 건강 및 생활 위협

(3) 농업의 이전과 지역 변화 ❹

이전 원인	• 개발 도상국의 임금과 땅값이 상대적으로 저렴함 • 열대 기후 지역 개발 도상국의 기후 특성상 난방 설비를 구축하지 않아도 연중 생산이 가능함
진출 지역에 미치는 영향	• 긍정적 영향: 외화 수입 증가, 일자리 창출로 지역 경제 활성화 • 부정적 영향: 토양의 황폐화, 관개용수 남용으로 물 부족, 화학 비료와 농약 사용으로 토양 및 식수 오염 등

3. 생활 속의 환경 이슈

(1) 환경 이슈(환경 쟁점) ❺

의미	환경 문제 중 원인과 해결 방안이 입장에 따라 서로 다른 것	
특징	• 시대별, 공간적 규모에 따라 다양하게 나타남 • 일상생활과 사회 활동 전반에 영향을 미침	
사례	세계적 차원	기후 변화 문제, 아마존 열대 우림 개발 등
	국가 및 지역적 차원	원자력 발전소 건설, 쓰레기 소각장 건설, 갯벌 간척, 국립 공원 케이블카 설치 등
해결	서로 다른 의견을 검토하고 대안을 협의하는 토의 과정이 필요	

(2) 우리 주변의 환경 문제와 환경 이슈 ❻

환경 문제		오염 문제, 소음 문제, 진동 문제
환경 이슈	유전자 재조합 식품 (GMO)	• 찬성: 병충해에 강하고 생산량이 많음, 특정 영양소 강화 • 반대: 인체에 미치는 영향에 대한 안전성이 검증되지 않음, 재배 과정에서 환경과 생물 다양성을 위협할 수 있음, 유전자 재조합 기술을 가진 다국적 농업 기업에 많은 비용 지불
	로컬 푸드 운동	• 의미: 지역에서 생산된 농산물을 그 지역에서 소비하자는 운동 • 배경: 식품 운송 과정에서 많은 온실가스 배출, 방부제 과다 사용
	미세 먼지	각종 호흡기 질환, 심혈관 질환, 치매 등의 뇌 질환 유발, 교통수단 운행에 차질, 정밀 기기의 불량률 증가
	원자력 발전소	• 찬성: 지구 온난화 방지를 위한 친환경 에너지이며 다른 에너지원과 비교했을 때 경제성 높음, 방사선에 대한 사회의 우려가 실제보다 큼 • 반대: 원자력 연료 수입 문제, 핵폐기물 처리 문제, 방사능에 대한 각 분야에서 벌어지는 사고 우려, 안전 의식과 시스템 필요
	쓰레기 문제	쓰레기 처리 방법(매립 및 소각)을 둘러싼 갈등, 쓰레기 증가로 인한 오염 발생 등

---

❹ 물 발자국

초콜릿 1kg 17,196리터 / 소고기 1kg 15,414리터 / 쌀 1kg 2,497리터 / 바나나 1kg 790리터

커피 톨 사이즈 396리터 / 우유 작은 팩 255리터 / 달걀 1알 196리터 / 와인 1잔 109리터

(waterfootprint.org, 2011)

물 (①   )은/는 단위 제품 및 단위 서비스 생산 전 과정(Life cycle) 동안 직·간접적으로 사용되는 물의 총량을 뜻하는 것으로, 우리가 일상생활에서 사용하는 제품을 생산·소비하는 데 얼마나 많은 양의 물이 필요한지 나타내는 지표이다. 장미 한 송이의 물 발자국은 10리터에 이른다.

정답 ① 발자국

❺ 환경 이슈의 해결 과정

환경 이슈 → 대립하는 (①   ) 검토 → 다양한 대안 제시 → (②)의 대안 합의 → (③   ) 노력

환경 문제의 원인과 해결 방안에 대한 의견이 입장에 따라 다르므로 집단 간에 서로 다른 의견을 검토하고 대안을 협의하는 (④   ) 과정이 필요하다.

정답 ① 가치관 ② 집단별 ③ 집행 ④ 협의

❻ 우리 주변의 환경 문제

• (①   ) 문제: (①   )에 의하여 상당한 범위에 걸쳐 사람과 동물에게 심리적 장애를 주는 공해로 '보이지 않는 살인마'라고 불린다. (①   )에 오랫동안 노출되면 불안·초조·신경 장애·정서 불안 등이 초래된다.

• (②   ) 문제: 주로 공장, 교통 시설, 건설 현장으로부터 발생한다. (②   )의 영향권 안에 있는 사람과 동물에게 심리적 불쾌감을 일으켜 수면 방해 및 업무 능률을 떨어뜨린다. 스트레스·정서 장애·생리 기능 장애 등을 초래하며, 심한 경우 건축물을 훼손시킨다.

정답 ① 소음 ② 진동

대단원 마무리

01 다음 사회 보고서의 빈칸 A에 들어갈 용어로 옳은 것은?

사회 보고서
◇학년 ◇반 △△모둠

주제	(A)
목차	1. 지구 대기 구성의 변화 2. 지구 온난화의 피해 3. 화석 연료를 줄이기 위한 실천 방안

① 탈도시화
② 온실 효과
③ 화산 활동
④ 백화 현상
⑤ 생태계 변화

02 사진과 같은 환경 문제가 발생하는 원인을 〈보기〉에서 고른 것은?

▲ 브라질 판타나우의 말라버린 강

┌─ 보기 ┐
ㄱ. 빙하의 감소로 인한 해수면 상승
ㄴ. 지구 온난화로 오랜 기간 지속된 가뭄
ㄷ. 외래 생물종의 침입으로 인한 생태계 파괴
ㄹ. 인구 증가에 따른 과도한 농경 및 목축 활동

① ㄱ, ㄴ
② ㄱ, ㄷ
③ ㄴ, ㄷ
④ ㄴ, ㄹ
⑤ ㄷ, ㄹ

03 자료의 빈칸 ㉠에 들어갈 지역으로 옳지 않은 것은?

〈기후 변화로 위기에 처한 지역 조사〉

• 주제: 지구 온난화로 인한 해안 침수
• 조사 지역: _____㉠_____
• 조사 내용: 주민들이 바닷물에 집이 잠기는 것을 막으려고 돌을 쌓고, 제방을 설치하고 있다. 바닷가 근처에 있던 집은 해안 침식으로 기둥이 기울어져 주민이 급히 대피했다. 지하수의 염분이 증가하고 열대성 저기압이 빈발하면서 농작물 재배도 힘들어지고 있다.

① 몽골
② 몰디브
③ 투발루
④ 키리바시
⑤ 베네치아

04 (가), (나)에 해당하는 국제 협약을 바르게 연결한 것은?

(가) 1992년, 지구 온난화 규제와 방지를 위해 세워진 최초의 국제 협약으로, 온실가스 감축을 위한 노력을 약속했다.
(나) 2015년 채택된 국제 협약으로, 선진국에만 온실가스 감축 의무를 지우지 않고 선진국과 개발 도상국 모두 온실가스 배출량을 감축하기로 하였다.

	(가)	(나)
①	교토 의정서	파리 협정
②	교토 의정서	기후 변화 협약
③	기후 변화 협약	셍겐 조약
④	기후 변화 협약	파리 협정
⑤	마스트리히트 조약	셍겐 조약

05 A에 들어갈 교사의 질문에 대한 학생의 대답으로 옳지 <u>않은</u> 것은?

기후 변화를 해결하기 위해 우리가 할 수 있는 노력에는 무엇이 있을까요?

A

① 안 쓰는 가전제품의 전원을 빼놓아요.
② 장바구니를 활용해서 일회용품 사용을 줄여요.
③ 대중교통을 주로 이용하여 탄소 배출을 줄여요.
④ 분리수거를 열심히 해서 자원 재활용을 늘려요.
⑤ 기온을 낮추기 위해 창문을 열고 에어컨을 틀어요.

06 다음 글과 관련된 내용으로 옳은 것을 〈보기〉에서 고른 것은?

미국의 ○○사는 인도 중부의 상업 도시인 보팔에 공장을 설립하고 농약을 제조하였다. 농약의 원료로 쓰이는 메틸 이소시아네이트라는 유독 가스를 탱크에 저장하고 사용했는데, 1984년 12월에 유독 가스가 누출되는 사고가 일어났다. 이 사고로 2,800여 명의 주민이 사망했고 20만 명 이상의 피해자가 발생했다.

| 보기 |
ㄱ. 인도보다 미국의 환경 규제가 더 심할 것이다.
ㄴ. 인도 정부는 환경보다 경제 성장을 더 중요시했다.
ㄷ. 인도는 녹색 성장 정책의 일환으로 선진국의 공장을 유치했을 것이다.
ㄹ. 인도의 영어 사용이 가능한 고급 인력 수급이 공장 입지에 가장 중요한 요인일 것이다.

① ㄱ, ㄴ ② ㄱ, ㄷ ③ ㄴ, ㄷ
④ ㄴ, ㄹ ⑤ ㄷ, ㄹ

07 빈칸 ㉠에 들어갈 용어로 옳은 것은?

국제 올림픽 위원회(IOC) 규정에 따르면, 금메달은 순도 92.5% 이상의 은에 6g 이상의 금을 도금해야 한다. 은메달은 순도 92.5%의 은으로 제작한다. 동메달은 순수한 구리가 아니라 구리에 주석을 섞은 청동 메달이다. 올림픽 메달을 제작하기 위해서는 새 원료를 구입해 사용하는 것이 일반적이지만, 친환경 올림픽을 내세운 2020 도쿄 올림픽 조직 위원회는 새로운 원료 조달 방법을 선택했다. 이들은 메달 제작을 위해 2년간 일본 전역에서 (㉠) 모으기 캠페인인 '도쿄 2020 메달 프로젝트'로 폐휴대폰, 폐가전제품 수거에 나섰다.

① 재활용품 ② 전자 쓰레기
③ 지정 폐기물 ④ 유해 폐기물
⑤ 중고 전자 제품

08 자료와 같은 현상으로 네덜란드와 케냐에 발생할 상황을 〈보기〉에서 골라 바르게 연결한 것은?

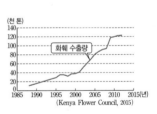

▲ 네덜란드〈좌〉, 케냐〈우〉의 화훼 산업 변화

| 보기 |
ㄱ. 일자리가 줄어들 수 있다.
ㄴ. 지역 경제가 활성화될 수 있다.
ㄷ. 농업용수 사용 증가로 식수가 부족해진다.
ㄹ. 환경 문제가 감소하여 쾌적한 환경이 조성된다.

	네덜란드	케냐
①	ㄱ, ㄴ	ㄷ, ㄹ
②	ㄱ, ㄷ	ㄴ, ㄹ
③	ㄱ, ㄹ	ㄴ, ㄷ
④	ㄴ, ㄷ	ㄱ, ㄹ
⑤	ㄴ, ㄹ	ㄱ, ㄷ

09 다음 기사의 밑줄 친 ㉠~㉤의 내용 중 옳지 <u>않은</u> 것은?

> ## ○○일보
>
> ### 쓰레기를 기부한다고?
>
> ㉠자유 무역 협정 이후에 선진국들은 ㉡유해 폐기물인 전자 쓰레기를 다른 나라에 내다 버릴 수 없게 되었다. 그래서 이 전자 쓰레기들은 '중고품' 더 나아가 '구호품'이란 이름표를 달고 ㉢개발 도상국으로 옮겨지고 있다. 가나의 경우, 2013년에 21만 5천 톤의 중고 전자 제품을 ㉣선진국에서 수입했다. 하지만 국제 환경 단체 그린피스는 가나를 포함한 아프리카로 수출되는 중고 가전제품의 75%는 ㉤재사용이 불가능하다고 파악하였다.

① ㉠   ② ㉡   ③ ㉢
④ ㉣   ⑤ ㉤

10 다음 내용이 설명하는 용어로 옳은 것은?

> 기존의 생물체 속에 인위적으로 다른 생물체의 유전자를 끼워 넣음으로써 새로운 성질을 갖는 생물체를 말한다. 일반적으로 생산량을 증대시키거나 유통 및 가공의 편의를 위하여 유전 공학 기술을 이용하여 기존의 육종 방법으로는 나타날 수 없는 형질이나 유전자를 지니도록 개발된 식품을 말한다.

① FAO   ② WHO   ③ RNA
④ GMO   ⑤ HACCP

11 (가) 식품과 비교한 (나) 식품의 상대적 특징을 그림의 ㉠~㉤에서 고른 것은?

> (가) 식품: 호주에서 수입한 소고기
> (나) 식품: 우리 지역에서 생산한 소고기

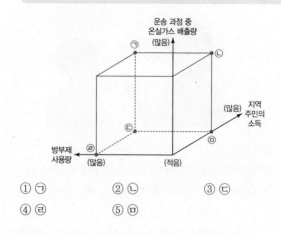

① ㉠   ② ㉡   ③ ㉢
④ ㉣   ⑤ ㉤

12 사진은 2021년 3월에 촬영한 서울의 모습이다. 사진에서 관찰되는 모습에 대한 설명으로 옳은 것을 〈보기〉에서 고른 것은?

> **보기**
> ㄱ. 화석 연료 사용의 증가와 관련 있다.
> ㄴ. 특히 서풍이 불어올 때 심해지는 환경 이슈이다.
> ㄷ. 도시화로 소음이 증가하며 문제가 발생하고 있다.
> ㄹ. 지역적 차원의 환경 이슈로 지역 이기주의와 관련이 있다.

① ㄱ, ㄴ   ② ㄱ, ㄷ   ③ ㄴ, ㄷ
④ ㄴ, ㄹ   ⑤ ㄷ, ㄹ

13 사진은 어느 환경 이슈와 관련된 시위 장면이다. 사진에서 관찰되는 입장의 주장으로 옳은 것은?

① 전력 생산의 효율성이 높아 경제성이 우수합니다.
② 방사능에 대한 사회의 우려가 실제보다 너무 큽니다.
③ 안전에 대한 수많은 대책과 기술이 준비되어 있습니다.
④ 온실가스를 배출하지 않는 친환경적인 에너지원입니다.
⑤ 혹시라도 재해나 사고로 인한 문제가 발생하면 방사능 누출의 위험이 있습니다.

14 다음 글을 읽고 분석한 내용으로 옳은 것을 〈보기〉에서 고른 것은?

수도권 쓰레기 매립지는 시행 계획대로라면 2016년 말 문을 닫아야 했지만, 현 매립지를 대체할 다른 매립지를 아직 확보하지 못하고 있다. 서울시는 경기도, 환경부와 함께 2010년부터 인천시에 위치한 현 매립지의 시설 용량에 충분한 여유가 있으니 30년 이상 더 사용하자고 요구해 왔다. 또한, 서울시는 쓰레기 반입 수수료를 현재보다 50% 인상한 가격으로 내겠다는 의사도 밝혔다. 그러나 인천시는 서울시의 요구를 수용하게 되면 매립지 개장 이후 20여 년간 악취와 소음, 분진 등의 환경 피해를 겪은 시민들에게 또다시 고통을 감내해 달라고 호소해야 한다. 인천시는 현재 매립 가능한 면적 중 약 6분의 1에 해당하는 103만m²에 6~7년 더 쓰레기를 매립하고, 이 기간 안에 서울시, 경기도, 인천시 각각 자기 지역에 대체 매립지를 조성할 것을 주장하고 있다.

| 보기 |
ㄱ. 인천시는 쓰레기 매립지 사용 연장을 찬성한다.
ㄴ. 서울시, 경기도, 인천시는 각자 자신들의 지역 쓰레기를 처리하고 있다.
ㄷ. 매립지 사용이 연장될 경우, 인천 시민들을 위한 보상책이 마련될 필요가 있다.
ㄹ. 쓰레기 매립장은 각 지역에서 서로 유치하기 싫어하는 대표적인 혐오 시설이다.

① ㄱ, ㄴ   ② ㄱ, ㄷ   ③ ㄴ, ㄷ
④ ㄴ, ㄹ   ⑤ ㄷ, ㄹ

서술형

15 다음과 같은 노력이 지구 온난화에 어떤 도움을 줄 수 있는지 서술하시오.

캐나다 몬트리올이나 미국의 워싱턴 등에서는 쉽게 빌리고 맡길 수 있는 공공 자전거 시스템 덕에 자전거가 도심 교통의 중요한 축을 차지하고 있다. 서울시도 교통 체증·대기오염 문제 해결과 건강한 사회 조성, 시민들의 삶의 질 향상을 목표로 지난 2010년 공공 자전거 '따릉이' 서비스를 도입했다. 이후 따릉이 서비스는 '시민들이 공감하는 서울시 정책 순위' 상위권에 수차례 오르는 등 성공적인 공공사업으로 자리매김했다. 특히 자동차 중심에서 사람 중심으로 도시 교통 정책의 패러다임을 변화시키고, 자전거를 보편적인 생활 교통수단으로 정착시키는 데 선도적인 역할을 수행했다는 평가를 받고 있다.

서술형

16 자료를 보고 빈칸 ㉠에 들어갈 알맞은 말을 쓰고, 밑줄 친 ㉡에 해당하는 내용을 세 가지 서술하시오.

(㉠)은/는 먹을거리가 생산되어 소비자의 식탁에 오르기까지 소요된 총거리를 나타낸 것으로, 식품의 수송량(t)과 생산지에서 소비지까지의 수송 거리(km)를 곱하여 계산한다. (㉠)이/가 높은 먹을거리는 _____㉡_____

XI

세계 속의
우리나라

01 우리나라의 영역과 독도

학습 내용 들여다보기

1. 우리나라의 영역 [자료1]

(1) 영역 → 영역=영토+영해+영공

① **의미**: 한 나라의 주권이 미치는 공간적 범위로 영토, 영해, 영공으로 구성

② **특징**: 국민의 생활 공간, 국가가 존재하기 위한 기본 조건 → 외부의 침입으로부터 보호 필요
　　└→ 국가의 중요한 사항을 결정하는 최고의 권력으로, 다른 나라의 간섭을 받지 않는 독립성을 가져.

③ **구성**

영토	• 국가가 다스리는 땅(土)으로 섬을 포함함 • 영해, 영공 설정의 기준 • 간척 사업을 하거나, 화산 폭발로 섬이 새로 생기는 경우 → 영토가 넓어짐
영해	• 영토에서 일정 거리까지의 바다 • 보통 기선으로부터 12해리까지를 영해로 설정 └→ 우리나라는 서·남해안의 직선 기선 내에서 간척이 이루어지기 때문에 영해가 넓어지지는 않아. • 다른 나라와 거리가 가까울 경우 범위가 조정됨 └→ 약 22km
영공	• 영토와 영해의 수직 상공으로, 지표면에서 대기권까지의 하늘 • 다른 국가의 비행기는 해당 국가의 허가 없이 비행 불가 • 최근 항공 교통뿐 아니라 인공위성을 이용한 통신과 관측 활동, 우주 산업의 발달로 중요성이 커지고, 군사적 중요성도 커짐 → 영공을 대기권까지 한정하는 것에 논란 발생

(2) 우리나라의 영토, 영해의 범위 [자료2] →남한과 북한 전체를 포함해.

영토	• 한반도와 그 주변 섬들로 구성 • 4극: 독도, 마안도, 마라도, 유원진 [자료3]
영해	• 대부분의 동해안, 제주도, 울릉도, 독도: 통상 기선 적용. 해안선이 단조로워 최저 조위선을 기준으로 영해 설정 └→ 해안선을 영해 설정의 기준으로 삼아. • 서해안, 남해안: 섬이 많고 해안선이 복잡 → 가장 외곽의 섬을 연결한 직선 기선 적용 • 대한 해협: 일본과 가까움 → 영해를 각각 12해리 확보 불가 → 예외적으로 직선 기선으로부터 3해리까지를 영해로 설정

(3) 배타적 경제 수역(EEZ) → 해당 바다에 접해 있는 나라를 말해.

① **의미**: 연안국이 바다에 대한 독점적인 경제적 권리를 가지는 수역

② **범위**: 영해 기선으로부터 200해리까지의 수역 중 영해를 제외한 수역
　　└→ 영해는 배타적 경제 수역에 속하지 않아.

③ **특징**

• 수산·광물·에너지 자원 등 해양 자원의 탐사와 개발 및 보존에 대한 독점적인 권리를 가짐, 인공 섬을 만들거나 시설물의 설치·활용이 가능함

• 다른 국가들은 선박·항공기를 운항하거나, 해저 케이블을 설치하는 것은 가능함

학습 내용 들여다보기

■ **최저 조위선**

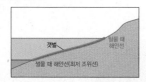

썰물로 인해 바닷물이 가장 많이 빠졌을 때의 해안선으로, 해수면이 가장 낮을 때의 해안선이기도 하다. 통상 기선의 기준이 된다.

■ **우리나라의 배타적 경제 수역**

우리나라는 중국, 일본과 거리가 가까워 배타적 경제 수역을 200해리로 설정하면 서로 겹치는 문제가 생긴다. 따라서 우리나라는 중국, 일본과 각각 국가 간 어업 협정을 맺어 겹치는 해역을 한·중 잠정 조치 수역, 한·일 중간 수역으로 지정하고 공동으로 관리하고 있다.

🎓 **용어 알기**

• **간척 사업** 얕은 바다에 방조제를 건설한 후 갯벌을 흙으로 메워 육지로 만드는 일
• **기선** 영해를 정하는 기준선
• **해리** 바다 위에서의 거리를 나타내는 단위(1해리는 약 1,852m)

자료1 영역과 배타적 경제 수역

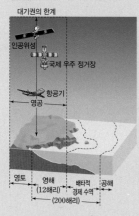

• 영공은 지표면에서 대기권(지구를 싸고 있는 공기층)의 한계까지를 범위로 한다. 최근에는 우주 산업의 발달로 대기권 밖의 우주 영역도 영공에 포함시켜야 하는지에 대해 논란이 발생하고 있다.
• 배타적 경제 수역의 상공은 영공이 아니다. 따라서 다른 나라의 항공기가 자유롭게 비행할 수 있다.
• 공해(公海)는 어느 나라의 영역에도 속하지 않고 모든 국가에 개방되어 있는 바다이다. 따라서 연안국이 아닌 국가의 선박도 자유롭게 운항이 가능하고, 어업 활동을 할 수 있다.

자료2 우리나라의 영토, 영해의 범위

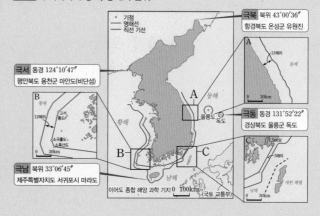

○ 기점 / — 영해선 / — 직선 기선

극북 북위 43°00′36″ 함경북도 온성군 유원진

극서 동경 124°10′47″ 평안북도 용천군 마안도(비단섬)

극동 동경 131°52′22″ 경상북도 울릉군 독도

극남 북위 33°06′45″ 제주특별자치도 서귀포시 마라도

이어도 종합 해양 과학 기지 0 100km (국토 교통부)

2. 독도의 중요성

(1) 독도의 특징

위치	경상북도 울릉군에 속함, 우리나라 영역의 동쪽 끝(동극)에 위치 `자료 4`
자연환경	• 동해 해저에서 분출한 용암이 굳어져 형성된 화산섬 • 동도와 서도 2개의 큰 섬과 89개의 작은 바위섬들로 이루어져 있음 • 난류의 영향으로 기후가 온화하고, 기온의 연교차가 작으며, 일 년 내내 강수가 고름
현황	• 512년 신라 장군 이사부가 우산국을 신라의 영토로 편입한 후 우리나라 영토로 관리 • 독도 경비대원, 등대 관리원, 울릉군청 소속 직원 등이 생활하는 유인도

→ 우리나라에서 일출 시각과 일몰 시각이 가장 이르지.

(2) 독도의 가치

위치·영역적 가치	• 해상·항공 교통의 요충지 • 영해와 배타적 경제 수역 설정에 중요한 기준점 • 주변국의 정세를 파악할 수 있는 동해 한 가운데에 있어 군사적 요충지 역할 • 동아시아 해상 주도권 경쟁에서 해상 전진 기지 역할 수행
경제적 가치	독도 주변 바다: 한류와 난류가 만나 조경 수역을 형성하여 어족 자원이 풍부, 해양 심층수 존재, 메탄 하이드레이트 매장 `자료 5`
환경·생태적 가치	• 다양한 동식물이 서식 → 생태계의 보고 → 섬 전체가 천연 보호 구역으로 지정 • 다양한 화산 지형이 존재함, 해저 화산의 형성·진화 과정을 살펴볼 수 있음

(3) 독도는 우리 땅

① 고문헌과 고지도 속의 독도

『세종실록지리지』(1454)	"우산(독도)과 무릉(울릉도) 두 섬은 울진현의 정동쪽 바다에 있다. 두 섬은 서로의 거리가 멀지 않아 날씨가 맑으면 바라볼 수 있다"라고 기록함
『신증동국여지승람』(1531)의 「팔도총도」	동해상에 우산도(독도) 표기함, 현존하는 인쇄본 단독 지도 중 독도가 등장하는 최초의 지도

② 독도를 지킨 사람들

안용복	조선 후기의 어부로, 울릉도·독도에서 불법 조업을 하던 일본 어부들에 대해 강력히 항의 → 일본 정부가 "울릉도는 일본의 영토가 아니다"라는 내용의 문서를 써 줌
심흥택	대한제국의 울릉군수로, 1906년 일본 시네마현 관리들이 독도를 일본 영토로 편입하려는 것을 강원도 관찰사에게 보고함, 이 때 공문서에 최초로 독도라는 명칭이 등장
홍순칠	독도 의용 수비대를 조직하여 해상 경비 활동을 함

③ 독도를 지키려는 노력

→ 군인이 아닌 경찰이 독도를 지키는 것은 독도가 분쟁 지역이 아닌 분명한 우리의 영토이기 때문이야.

• 경상북도 경찰청 소속 독도 경비대 파견
• 독도 관련 민간단체: 독도 관련 학술 연구 진행, 문화·예술 행사 및 축제 개최

학습 내용 들여다보기

■ 독도 주변의 해양 자원

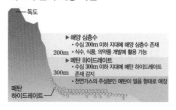

▶ 해양 심층수
• 수심 200m 이하 지대에 해양 심층수 존재
• 식수, 식품, 의약품 개발에 활용 가능
▶ 메탄 하이드레이트
• 수심 300m 이하에 메탄 하이드레이트 존재 감지
• 천연가스의 주성분인 메탄이 얼음 형태로 매장

■ 팔도총도(1531)

■ 일본 고문헌·고지도 속의 독도

『은주시청합기』(1667)	"오키섬의 서북쪽에 송도(울릉도)와 죽도(독도)가 있으며, …(중략) … 그런즉 일본의 서북쪽 한계는 오키섬으로 한다"라고 기록함
「삼국접양지도」(1785)	울릉도와 독도를 한반도와 같은 색으로 칠하고, '조선의 소유'라고 명백히 밝힘

🎓 **용어 알기**

• **기온의 연교차** 일년 동안 가장 추운 달과 가장 더운 달의 기온 차이

`자료 3` **이어도**

▲ 이어도 위치

한 국가가 특정 지역에 대한 관리·통제 능력을 가져 실질적으로 지배하고 있는 걸 말해.

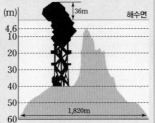

▲ 이어도 단면도

마라도에서 남서쪽으로 149km 정도에 위치한다. 해수면 아래 약 4.6m 잠겨 있는 수중 암초이다. 가장 가깝게 위치한 육지가 우리나라의 마라도로, 우리나라가 실효 지배하고 있다. 이어도에 설치한 종합 해양 과학 기지에서는 기상 및 해양 관측을 하고 있다.

→ 섬이 아니라서 영토로 인정되지 않아.

`자료 6` **독도의 위치**

울릉도와 독도 간 거리는 87.4km로, 배로 1시간 30분 정도 걸린다. 반면, 일본 영토 중 독도에서 가장 가까운 오키섬과 독도 간 거리는 157.5km이다.

`자료 5` **독도 주변의 조경 수역**

독도 주변 바다는 북쪽에서 내려오는 한류(차가운 해류)와 남쪽에서 올라오는 난류(따뜻한 해류)가 만나 조경 수역을 이룬다.

간단 체크

1 다음 설명이 맞으면 ○표, 틀리면 ×표 하시오.

(1) 간척 사업을 하면 영토가 넓어진다. ( )

(2) 군용 항공기가 아닌 민간 항공기는 다른 나라의 영공에 서 자유롭게 비행할 수 있다. ( )

(3) 배타적 경제 수역의 상공은 영공에 속한다. ( )

(4) 배타적 경제 수역은 영해 기선으로부터 200해리까지의 수역으로, 영해는 배타적 경제 수역에 포함된다. ( )

(5) 연안국은 배타적 경제 수역에 인공 섬을 만들 수 있다. ( )

(6) 이어도는 우리나라의 영토이다. ( )

2 밑줄 친 부분을 바르게 고쳐 쓰시오.

(1) 메탄 하이드레이트는 수심 200m 이하 지대에 존재하며 식수·식품·의약품 개발에 활용할 수 있다. ( )

(2) 독도 주변 바다는 한류와 난류가 만나 혼합 수역을 형성 하여 어족 자원이 풍부하다. ( )

(3) 신증동국여지승람에는 "우산(독도)과 무릉(울릉도) 두 섬 은 울진현의 정동쪽 바다에 있다. 두 섬은 서로의 거리가 멀지 않아 날씨가 맑으면 바라볼 수 있다"라고 기록되어 있다. ( )

(4) 삼국접양지도는 현존하는 인쇄본 단독 지도 중 독도가 등장하는 최초의 지도이다. ( )

3 다음 설명은 독도를 지킨 인물에 대한 것이다. 이에 해당하는 인물의 이름을 쓰시오.

(1) 조선 후기의 어부로, 울릉도와 독도에서 불법 조업을 하 던 일본 어부들에 대해 일본 호키 주 태수에게 강력히 항 의하였다. ( )

(2) 대한제국의 울릉군수로, 1906년 시네마현 관리들이 독 도를 일본 영토로 편입하려는 것을 강원도 관찰사에게 보고하였다. ( )

(3) 독도 의용 수비대를 조직하여 국립 경찰과 함께 독도 및 인근 해상에 대한 경비 활동을 하였다. ( )

[01~02] 그림을 보고 물음에 답하시오.

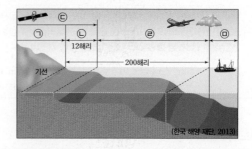

(한국 해양 재단, 2013)

01 다음 글에 해당하는 범위를 그림의 ㉠~㉤에서 있는 대로 고른 것은?

> 한 나라의 주권이 미치는 공간적 범위이다. 국민의 생활 공간이자, 국가가 존재하기 위한 기본 조건이다.

① ㉠, ㉡, ㉢　　　　② ㉠, ㉡, ㉣

③ ㉠, ㉡, ㉢, ㉣　　④ ㉠, ㉡, ㉣, ㉤

⑤ ㉠, ㉡, ㉢, ㉣, ㉤

02 그림의 ㉣, ㉤의 명칭을 바르게 연결한 것은?

	㉣	㉤
①	영해	공해
②	영해	배타적 경제 수역
③	공해	배타적 경제 수역
④	배타적 경제 수역	공해
⑤	배타적 경제 수역	영해

03 A~C의 영해 설정 기준을 바르게 연결한 것은?

	A	B	C
①	직선 기선	직선 기선	통상 기선
②	직선 기선	통상 기선	절충 기선
③	통상 기선	직선 기선	직선 기선
④	통상 기선	통상 기선	직선 기선
⑤	통상 기선	해양 기선	절충 기선

04 지도는 우리나라의 4극을 나타낸 것이다. ㉠~㉣의 지명을 바르게 연결한 것은?

(대한민국 국가 지도집, 2014)

	㉠	㉡	㉢	㉣
①	유원진	마안도	독도	마라도
②	마안도	중강진	독도	제주도
③	마안도	유원진	울릉도	마라도
④	비단섬	유원진	독도	마라도
⑤	비단섬	중강진	울릉도	제주도

05 지도에 대한 설명으로 옳지 <u>않은</u> 것은?

(국토 교통부)

① A는 대한민국의 영해선이다.
② B는 대한민국의 배타적 경제 수역이다.
③ C는 한·일 중간 수역이다.
④ D는 한·중 잠정 조치 수역이다.
⑤ 독도는 대한민국의 배타적 어업 수역 안쪽에 위치하고 있다.

06 지도의 A~C의 명칭을 바르게 연결한 것은?

	A	B	C
①	난류	한류	조경 수역
②	한류	난류	조경 수역
③	한류	조류	혼합 수역
④	빙하류	조류	혼합 수역
⑤	빙하류	난류	조경 수역

07 지도의 A섬에 대한 설명으로 옳지 <u>않은</u> 것은?

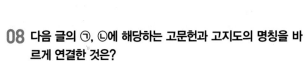

① 행정 구역상 강원도에 속한다.
② 우리나라 영역의 동쪽 끝에 위치한다.
③ 동도, 서도 및 작은 바위섬들로 이루어져 있다.
④ 섬 전체가 천연 보호 구역으로 지정되어 있다.
⑤ 동해 해저에서 분출한 용암이 굳어져 형성되었다.

08 다음 글의 ㉠, ㉡에 해당하는 고문헌과 고지도의 명칭을 바르게 연결한 것은?

(㉠)에는 "우산(독도)과 무릉(울릉도) 두 섬은 울진현의 정동쪽 바다에 있다. 두 섬은 서로의 거리가 멀지 않아 날씨가 맑으면 바라볼 수 있다"라고 기록되어 있다. 『신증동국여지승람』(1531)의 (㉡)는 현존하는 인쇄본 단독 지도 중 독도가 등장하는 최초의 지도이다.

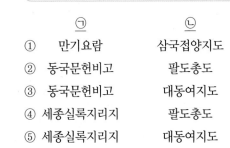

	㉠	㉡
①	만기요람	삼국접양지도
②	동국문헌비고	팔도총도
③	동국문헌비고	대동여지도
④	세종실록지리지	팔도총도
⑤	세종실록지리지	대동여지도

실전 문제

01 지도의 ⊙에 대한 설명으로 옳은 것을 〈보기〉에서 고른 것은?

| 보기 |

ㄱ. 우리나라의 영토이다.
ㄴ. 바다 표면으로부터 약 4.6m 돌출된 바위섬이다.
ㄷ. 가장 가깝게 위치한 육지는 우리나라의 마라도이다.
ㄹ. 기상·해양 관측을 하는 종합 해양 과학 기지가 건설되어 있다.

① ㄱ, ㄴ
② ㄱ, ㄹ
③ ㄴ, ㄷ
④ ㄴ, ㄹ
⑤ ㄷ, ㄹ

★ 중요 ★ 고난도
02 지도의 ⊙~⊕에 대한 설명으로 옳은 것은?

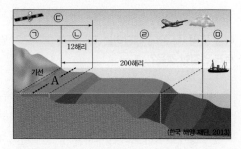

① 간척 사업을 하여 A까지 육지가 된다면 ⊙ 면적이 넓어진다.
② 간척 사업을 하여 A까지 육지가 된다면 ⓒ 면적이 넓어진다.
③ 간척 사업을 하여 A까지 육지가 되어도 ⓒ 면적은 변화가 없다.
④ 연안국이 아닌 국가는 ⓔ에 해저 케이블을 설치할 수 없다.
⑤ 연안국이 아닌 국가의 선박은 연안국의 허가를 받아야 ⓜ에서 운항이 가능하다.

★ 중요 ★
03 지도와 관련된 설명으로 옳지 않은 것은?

① 울릉도는 우리나라 영해 안쪽에 위치하고 있다.
② 제주도는 직선 기선을 기준으로 영해를 설정하였다.
③ 울릉도와 독도는 통상 기선을 기준으로 영해를 설정하였다.
④ 한·일 중간 수역에서는 우리나라, 일본 어선이 모두 어업 활동을 할 수 있다.
⑤ 한·일 중간 수역, 한·중 잠정 조치 수역이 생긴 이유는 한·중·일 3국이 가깝게 위치하기 때문이다.

04 다음 글의 ⊙~ⓒ에 해당하는 인물을 바르게 연결한 것은?

⊙ 조선 후기의 어부로, 울릉도·독도에서 불법 조업을 하던 일본 어부들에 대해 일본 호키주 태수에게 강력히 항의하였다.
ⓒ 대한제국의 울릉군수로, 1906년 시네마현 관리들이 독도를 일본 영토로 편입하려는 것을 강원도 관찰사에게 보고하였다.
ⓒ 독도 의용 수비대를 조직하여 국립 경찰과 함께 독도 및 인근 해상에 대한 경비 활동을 하였다.

	⊙	ⓒ	ⓒ
①	심흥택	안용복	홍순칠
②	안용복	심흥택	홍순칠
③	안용복	홍순칠	심흥택
④	홍순칠	심흥택	안용복
⑤	홍순칠	안용복	심흥택

★ 중요 ★

05 독도에 대한 설명으로 옳은 것만을 〈보기〉에서 있는 대로 고른 것은?

┤ 보기 ├

ㄱ. 울릉도보다 형성 시기가 이르다.

ㄴ. 우리나라에서 일몰 시각이 가장 이르다.

ㄷ. 대한민국 해군 소속 독도 경비대가 파견되어 있다.

ㄹ. 한류와 난류의 영향으로 여름에는 매우 덥고 겨울에는 매우 추워 기온의 연교차가 크다.

① ㄱ, ㄴ   ② ㄴ, ㄷ   ③ ㄷ, ㄹ

④ ㄱ, ㄴ, ㄹ   ⑤ ㄱ, ㄷ, ㄹ

06 지도의 ㉠에 대한 설명으로 옳은 것을 〈보기〉에서 고른 것은?

┤ 보기 ├

ㄱ. 오키섬보다 울릉도에 가깝다.

ㄴ. 사람이 살고 있지 않은 무인도이다.

ㄷ. 동해 한가운데 위치한 군사적 요충지이다.

ㄹ. 바다의 영향으로 여름철에 강수가 집중된다.

① ㄱ, ㄴ   ② ㄱ, ㄷ   ③ ㄴ, ㄷ

④ ㄴ, ㄹ   ⑤ ㄷ, ㄹ

07 그림의 ㉠, ㉡의 명칭을 바르게 연결한 것은?

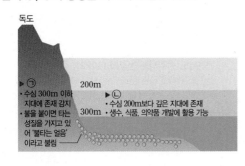

	㉠	㉡
①	에탄올	해양 심층수
②	메탄가스	해양 심층수
③	메탄가스	해저 용출수
④	메탄 하이드레이트	해양 심층수
⑤	메탄 하이드레이트	해저 용출수

08 영공의 개념과 수직적 범위를 쓰고, 최근 영공의 수직적 한계에 대한 논란이 발생한 이유를 서술하시오.

_____

_____

_____

_____

09 배타적 경제 수역에서 연안국이 갖는 독점적인 권리 세 가지와 연안국이 아닌 국가들도 갖는 권리 두 가지를 서술하시오.

_____

_____

_____

_____

10 고문헌과 고지도 사료를 두 가지 인용하여 독도가 대한민국의 영토인 이유를 〈조건〉에 맞게 서술하시오.

┤ 조건 ├

• 고문헌과 고지도 명칭을 정확하게 제시할 것

• 고문헌과 고지도의 어떤 내용이 독도가 대한민국의 영토임을 뒷받침하는 근거인지 서술할 것

_____

_____

_____

_____

02 세계화 시대의 지역화 전략

학습 내용 들여다보기

■ 제주 올레와 지역화 전략
제주 올레는 사단 법인 제주 올레에서 추진한 도보 여행 코스 개발 사업으로 마을 길, 해안 길, 숲 속 오솔길, 오름 등을 걸으며 제주의 아름다운 자연·인문 경관 및 역사를 느낄 수 있게 개발되었다. 제주 올레는 제주도 관광 산업 성장 및 제주도 곳곳의 작은 마을 성장에 크게 기여하였으며, 2011년에는 일본 규슈 관광 추진 기구에 제주 올레 브랜드가 수출되어 규슈 올레 코스가 개장했다. 국내에서도 지리산 둘레길, 동해 해파랑길, 서울 한양도성 순성길, 남해 지게길, 무등산 옛길 등 전국적으로 다양한 도보 여행 코스들이 생겨났다.

■ 지역 브랜드 캐릭터

▲ 강화군

▲ 제주특별자치도

▲ 보령시

지역 브랜드 캐릭터를 활용하면 지역의 특성을 잘 드러내면서도 친밀한 느낌을 줄 수 있다. 강화군은 고인돌이 많이 분포하는 지역의 특성을 살려 '강돌이' 캐릭터를 만들었고, 제주특별자치도는 현무암으로 만들어진 돌하르방을 모티브로 한 '돌이'와 제주의 해녀 옷을 입고 있는 '소리' 캐릭터를 만들었으며, 보령시는 '세계적인 진흙 해안'이라는 지역성을 살려 '머돌이와 머순이' 캐릭터를 만들었다.

■ 미국 뉴욕의 'I♥NY'
1970년대 중반 뉴욕은 경기 침체, 실업, 범죄로 인한 부정적 이미지에서 벗어나고, 관광 산업을 활성화시키기 위해 'I♥NY' 브랜드를 만들었다.
→ 전 세계 지역 브랜드의 시초이자 가장 성공적인 지역 브랜드야.

용어 알기

• **오름** 산 또는 봉우리를 뜻하는 제주도 방언으로, 지형학적으로 측화산, 기생 화산을 일컬음
• **슬로건** 지역에 대해 마음에 떠오르는 인상을 쉽고 효과적으로 전달하기 위해 간결하게 줄여서 만든 문구

---

1. 지역과 지역성의 의미

(1) **지역**: 지역성이 다른 곳과 구분되는 지표상의 공간적 범위

(2) **지역성**
① 지역의 자연환경과 그곳에서 거주해 온 주민이 오랜 시간에 걸쳐 상호 작용하며 형성된 것으로, 다른 지역과 구별되는 특성
② 세계화 시대에 지역성은 그 지역만의 가치와 경쟁력을 제공함
→ 세계 여러 나라가 정치·경제·사회·문화 등 다양한 분야에서 서로 많은 영향을 주고받으면서 교류가 많아지는 현상을 말해.

2. 지역화 전략 [자료1]
→ 지역의 생활양식이나 사회·문화·경제 활동 등이 세계적 차원에서 가치를 지니게 되는 현상을 말해.

(1) **배경**: 세계화로 지역 간 교류가 활발해지면서 지역 간 경쟁 치열 → 지역 고유의 특성을 살리는 것이 그 지역의 경쟁력으로 작용

(2) **의미**: 경제적·문화적 측면에서 다른 지역과 차별화되는 그 지역만의 지역성을 활용하고 부각시켜 지역의 경쟁력을 높이는 전략

(3) **효과**
① 지역의 긍정적 이미지를 강화하거나 부정적 이미지를 긍정적 이미지로 전환함
② 지역 정체성 강화, 지역 주민들의 자긍심 향상
③ 기업 유치로 인한 일자리 창출, 관광 산업의 발달, 지역 상품과 서비스 판매량 증가 → 지역 경제 활성화

(4) **종류**
① **지역 브랜드** [자료2] [자료3]
→ 소나무는 동해안 해안가에서 방풍림의 역할을 하며 많은 군락이 형성되어 있어. 강릉에도 많은 소나무 군락이 형성되어 있지.

개념	자연환경, 역사·문화적 특징, 산업, 인물 등과 관련된 그 지역만의 고유한 특성과 가치를 이미지화해 해당 지역을 상징하는 로고, 슬로건, 캐릭터 등을 통해 상품화하는 전략
효과	지역 브랜드 가치가 높아지면 브랜드가 기재된 상품 판매로 수익을 얻을 수 있고, 지역을 찾는 사람들이 늘면서 관광 산업이 발달 → 지역 이미지 향상, 지역 경제 활성화
사례	강릉시에서는 마음의 평안과 휴식을 주는 강릉 소나무의 이미지를 통해 관광·휴양 도시로서 강릉의 가치를 표현함
	경상북도 영덕군은 청정한 바다와 풍부한 해산물이 대표적인 지역으로 특산물로는 대게가 유명함, 붓글씨체 속에 바다 해(海)와 대게의 형상을 자연스럽게 녹여 냄
	전라북도 전주시는 전주의 문화 자산을 전 세계로 퍼트려 대한민국을 대표하는 문화 전령사가 되겠다는 의지를 표현하고, 붉은 색상을 활용해 에너지와 창조 정신, 열정을 표현함 → 한지, 비빔밥, 영화 등

[자료1] 지역화 전략 개발 절차

〈1단계〉 지역성 정리하기	〈2단계〉 이미지 구축하기	〈3단계〉 브랜드화, 상품화하기
• 지역의 자원 확인 • 지역 고유의 특성 파악	• 지역의 차별화된 장점, 잠재력 분석 • 경쟁력 있는 지역성 → 매력적인 지역 이미지 구축	• 지역 이미지에 적합한 브랜드, 슬로건 만들기 • 상품 개발 및 홍보 전략 수립

모든 과정에서 지방 자치 단체와 지역 주민은 주체가 되어 긴밀하게 협력해야 성공적인 지역화 전략을 개발할 수 있다.

[자료2] 독일 베를린의 'be Berlin'

독일의 수도인 베를린은 동·서 베를린 분단을 경험한 도시로, 어두운 이미지에서 벗어나기 위해 'be Berlin' 브랜드를 만들었다.

[자료3] 네덜란드 암스테르담의 'I amsterdam'

네덜란드의 수도 암스테르담의 'I amsterdam'은 글자 조형물이 랜드마크가 되고 수많은 모방을 낳은 성공적인 도시 브랜드의 사례이다.

② 장소 마케팅

개념	• 특정 장소가 지닌 유형·무형의 자산이나 고유한 특징을 이용하여 장소 자체를 매력적인 상품으로 발전시키는 전략 • 랜드마크 등 지역의 특정 장소가 갖는 고유 이미지와 상품을 개발하여 경제적 가치를 높이는 전략 • 지역 축제를 개최하고 박물관을 개관하며, 랜드마크를 이용해 지역을 홍보하는 활동 등이 대표적임 → 경상북도 문경시는 폐광 시설에 석탄 박물관을 만들고 이를 지역의 자연환경 및 문화유산과 결합하여 많은 관광객을 불러모았어.
사례	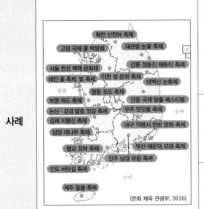 ▲ 우리나라의 지역 축제 (문화 체육 관광부, 2016) **보령 머드 축제** 갯벌이 발달한 충청남도 보령시는 갯벌의 풍부한 천연 바다 진흙을 활용한 화장품을 개발하고 상품의 홍보와 판매를 촉진하기 위해 머드 축제를 개최하여 수많은 외국인 관광객을 유치하고 지역 경제를 발전시킴 **부산 국제 영화제** 아시아 영화의 발전을 위해 시작된 부산 국제 영화제가 해를 거듭할수록 더 많은 국가에 알려지면서 부산은 문화 예술의 도시로 거듭남 **안동 하회 마을** 우리나라의 유교 문화가 잘 보존된 안동 하회 마을은 유네스코 세계 문화유산으로 등재되어 있으며, 국제 탈춤 페스티벌이 열리는 관광 명소임

③ 지리적 표시제 [자료 4] [자료 5]
→ 기후와 지형, 토양 등 지역의 자연환경이나 독특한 재배 방법을 말해.

개념	• 특산물의 품질과 특징이 본질적으로 특정 지역의 지리적 특성에 기인한 경우, 그 원산지의 지명을 상표권으로 인정하는 제도 • 지리적 표시 인증을 받은 상표는 다른 곳에서 이를 함부로 사용하지 못하게 하는 법적 권리를 가짐
효과	• 지리적 특산물의 품질을 향상시키고 지역 특화 산업으로 키워나갈 수 있음 • 생산자에게 안정적인 생산 활동을 보장하고, 소비자에게는 믿을 수 있는 제품을 살 기회를 제공함
사례	 ▲ 우리나라의 지리적 표시제 (국립 농산물 품질 관리원, 2016) **보성 녹차** [자료 6] 보성은 연평균 기온이 약 13℃, 연 강수량이 1,459mm로 차나무 재배에 알맞은 기후 조건임, 2002년 우리나라의 지리적 표시제 제1호로 등록됨 **횡성 한우 고기** 횡성은 해발 고도 100~800m 산지 지대에 위치하여 여름철에도 시원하여 소를 키우기 좋은 기후 조건이고, 주변 시·군보다 더 넓은 농경지에서 생산되는 옥수수, 벼, 콩 등을 통해 사료 공급이 원활함 **청양 고추** 청양군은 내륙에 위치하여 기온의 일교차가 크고, 일조량이 풍부하며, 토양의 물 빠짐이 좋아 고추가 자라는 데 유리한 조건임

학습 내용 들여다보기

■ 함평 나비 축제

함평군은 특별한 관광 자원이나 특산물이 별로 없던 벼농사 지역이었다. 1999년부터 매년 '나비'를 활용하여 축제를 개최하고 있는데, 연간 20만 명이 넘는 관광객이 방문한다. 생태 자원을 활용하여 성공을 거둔 대표적인 지역 축제로 꼽힌다.

■ 지역의 이름을 바꾸는 장소 마케팅

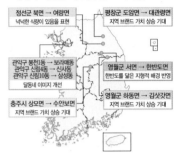

정선군 북면 → 여량면 넉넉한 식량이 있음을 표현	평창군 도암면 → 대관령면 지역 브랜드 가치 상승 기대
관악구 봉천동 → 보라매동 관악구 신림동 → 신사동 관악구 신림10동 → 삼성동 달동네 이미지 개선	영월군 서면 → 한반도면 한반도를 닮은 지형적 배경 반영
충주시 상모면 → 수안보면 지역 브랜드 가치 상승 기대	영월군 하동면 → 김삿갓면 지역 브랜드 가치 상승 기대

우리나라 일부 지역에서는 기존의 지역명을 바꿔 지역 이미지 개선과 장소 마케팅 효과를 기대하고 있다.

■ 랜드마크
지역의 이미지를 대표하는 지형이나 시설물 등 상징물을 말한다. 서울의 N서울타워, 미국 뉴욕의 자유의 여신상, 프랑스 파리의 에펠탑, 제주도의 한라산, 일본 시즈오카현의 후지산 등이 랜드마크의 예이다.

용어 알기

• **기온의 일교차** 하루 동안의 최고 기온과 최저 기온의 차이
• **일조량** 지표면에 비치는 햇빛의 양

자료 4 **지리적 표시 인증 로고**	자료 5 **보성 벌교 꼬막**	자료 6 **보성 녹차**
 농림축산식품부(농산물, 축산물, 임산물)와 해양수산부(수산물, 수산 가공물)의 지리적 표시(PGI) 인증 로고이다.	 보성군 벌교읍은 꼬막으로 유명하다. 2009년 '보성 벌교 꼬막'이라는 등록명으로 우리나라의 수산물 지리적 표시제 제1호로 등록되었다.	 보성은 바다와 호수가 가까워 안개 일수가 많아 차나무 성장기에 많은 수분이 공급된다. 보성 차밭의 면적은 전국 차 재배 면적의 약 37%를 차지한다.

 간단 체크

1 다음 설명이 맞으면 ○표, 틀리면 ×표 하시오.

(1) 세계화는 세계 여러 나라가 정치·경제·사회·문화 등 다양한 분야에서 서로 많은 영향을 주고받으면서 교류가 많아지는 현상이다. ( )

(2) 세계화로 지역 간 교류가 크게 늘면서 지역 고유의 특성이 흐릿해지고 중요성이 감소하고 있다. ( )

(3) 지역화 전략은 경제적·문화적 측면에서 다른 지역과 차별화되는 그 지역만의 지역성을 활용하고 부각시켜 지역의 경쟁력을 높이는 전략이다. ( )

2 다음 설명에 해당하는 지역화 전략의 명칭을 쓰시오.

(1) 특정 상품 원산지의 지명을 상표권으로 인정하는 제도

( )

(2) 해당 지역을 상징하는 로고, 슬로건, 캐릭터 등을 통해 상품화하는 전략 ( )

(3) 특정 장소가 지닌 유형·무형의 자산이나 고유한 특징을 이용하여 장소 자체를 매력적인 상품으로 발전시키는 전략

( )

3 다음 사진과 관련된 설명을 바르게 연결하시오.

(1)

▲ 진흙을 뒤집어쓴 사람들

(2)

▲ 녹차밭 전경

· ㉠ 2002년 우리나라의 지리적 표시제 제1호로 등록됨

· ㉡ 넓은 갯벌이 발달한 지역적 특성을 활용하여 축제를 개최함

01 지역과 지역성에 대한 설명으로 옳지 않은 것은?

① 지역성은 그 지역만의 가치와 경쟁력을 제공한다.

② 지역은 다른 곳과 구분되는 지표상의 공간적 범위이다.

③ 지역성은 다른 지역과 구별되는 그 지역만의 특성이다.

④ 세계화로 지역 간 교류가 크게 늘면서 지역 고유의 특성이 흐릿해지고 지역의 중요성이 감소하고 있다.

⑤ 지역성은 지역의 자연환경과 그곳에서 거주해 온 주민이 오랜 시간에 걸쳐 상호 작용하며 형성된 것이다.

02 지역화 전략 및 효과에 대한 설명으로 옳지 않은 것은?

① 세계화로 지역 간 경쟁이 치열해짐에 따라 등장하였다.

② 지역성을 활용하고 부각시켜 지역 경쟁력을 높이고자 한다.

③ 지역에 대한 긍정적 이미지를 만들고 강화하는 것을 목표로 한다.

④ 지역 고유의 특성이 전 세계에 통용될 수 있도록 보편성을 띠도록 수정·보완한다.

⑤ 성공적인 지역화 전략은 관광 산업의 발달, 지역 상품·서비스 판매량 증가를 촉진시킨다.

03 다음 그림과 관련된 지역화 전략에 대한 설명으로 옳은 것은?

① 지리적 표시제에 해당한다.

② 지역의 랜드마크를 활용하였다.

③ 해당 지역은 강원도에 위치한다.

④ 특산물인 대게 이미지를 활용하였다.

⑤ 고지대라는 자연환경적 특성을 브랜드화했다.

04 다음 글의 ⊙에 해당하는 지방 자치 단체로 옳은 것은?

> (　⊙　)시(군)는 폐광 시설 및 갱도를 활용하여 석
> 탄 박물관을 만들었다. 과거 실제 갱도의 모습을 재현
> 하여 관광객들이 과거 석탄 채굴 현장을 생생히 체험
> 할 수 있게 하였고, 탄광 사택촌을 재현하여 관련 유
> 물을 전시하였으며, 갱도 체험 테마의 관람 열차를 만
> 들어 많은 관광객을 불러 모으고 있다.

① 김제　　② 문경　　③ 보성
④ 삼척　　⑤ 평창

05 다음 그림에 대한 설명으로 옳은 것은?

① 지역 축제의 마스코트이다.
② 지역의 랜드마크를 활용하였다.
③ 모든 지방 자치 단체에서 활용하는 전략이다.
④ 특산물 생산자에게 안정적인 생산 활동을 보장한다.
⑤ 지역 특성을 드러내는 캐릭터를 활용하여 친밀한 느
　낌을 주었다.

06 다음 설명에 해당하는 지역화 전략으로 옳은 것은?

> 특산물의 품질과 특징이 본질적으로 특정 지역의
> 지리적 특성(기후와 지형, 토양 등 지역의 자연환경,
> 독특한 재배 방법)에 기인한 경우, 그 원산지의 지명
> 을 상표권으로 인정하는 제도

① 장소 마케팅　　　　② 지역 브랜드
③ 지리적 표시제　　　④ 지역 마스코트
⑤ 특산물 특허 제도

07 다음 글의 ⊙에 해당하는 지방 자치 단체로 옳은 것은?

> (　⊙　)시(군)는 특별한 관광 자원이나 특산물이
> 별로 없던 벼농사 지역이었다. 1999년부터 매년 '나
> 비'를 활용하여 축제를 개최하고 있는데, 연간 20만
> 명이 넘는 관광객이 방문한다. 생태 자원을 활용하여
> 성공을 거둔 대표적인 지역 축제로 꼽힌다.

① 김제　　② 김해　　③ 논산
④ 담양　　⑤ 함평

08 ⊙~ⓒ 지역화 전략 개발 절차를 순서대로 바르게 나열한
것은?

> ⊙ 이미지 구축하기
> ⓒ 브랜드화, 상품화하기
> ⓒ 지역성 정리하기

① ⊙-ⓒ-ⓒ　　　　② ⊙-ⓒ-ⓒ
③ ⓒ-⊙-ⓒ　　　　④ ⓒ-⊙-ⓒ
⑤ ⓒ-ⓒ-⊙

01 (가)~(다)에 해당하는 개념을 바르게 연결한 것은?

> (가) 세계 여러 나라가 정치·경제·사회·문화 등 다양한 분야에서 서로 많은 영향을 주고받으면서 교류가 많아지는 현상
>
> (나) 다른 곳과 구분되는 지표상의 공간적 범위
>
> (다) 지역의 자연환경과 그곳에서 거주해 온 주민이 오랜 시간에 걸쳐 상호 작용하며 형성된 것

	(가)	(나)	(다)
①	세계화	지역	지역성
②	세계화	지역성	지역화
③	지역성	지역	세계화
④	지역화	지역	세계화
⑤	지역화	세계화	지역성

02 지역화 전략의 영향에 대한 설명으로 옳은 것을 〈보기〉에서 고른 것은?

> ┤ 보기 ├
> ㄱ. 지역 정체성을 약화시킨다.
> ㄴ. 관광 산업 발달을 촉진시킨다.
> ㄷ. 지역의 긍정적 이미지를 강화한다.
> ㄹ. 기업의 유출로 일자리가 감소한다.

① ㄱ, ㄴ ② ㄱ, ㄹ ③ ㄴ, ㄷ
④ ㄴ, ㄹ ⑤ ㄷ, ㄹ

03 다음 그림과 관련된 설명으로 옳지 <u>않은</u> 것은?

① 지역 브랜드 전략이다.
② 강릉은 강원도에 위치하고 있다.
③ 자연환경적 특성을 브랜드화하였다.
④ 강릉 소나무는 지리적 표시제에 등록되어 있다.
⑤ 강릉 해안가의 소나무 군락은 방풍림의 역할을 한다.

★ 중요 ★ 고난도

04 (가)~(다)에 대한 설명으로 옳은 것만을 〈보기〉에서 있는 대로 고른 것은?

(가)	(나)	(다)

> ┤ 보기 ├
> ㄱ. (가)는 선사 유적지가 많은 연천군의 지역 브랜드 캐릭터이다.
> ㄴ. (나)는 보령시의 지역 브랜드 캐릭터이다.
> ㄷ. (다)는 제주특별자치도의 지역 브랜드 캐릭터이다.
> ㄹ. (가), (나)는 해당 지역의 자연환경적 특성에 기반한 캐릭터이다.

① ㄱ, ㄷ ② ㄱ, ㄹ ③ ㄴ, ㄷ
④ ㄱ, ㄴ, ㄹ ⑤ ㄴ, ㄷ, ㄹ

05 밑줄 친 '(가) 지역'의 위치를 지도의 A~E에서 고른 것은?

> 갯벌이 발달한 (가) 지역은 갯벌의 풍부한 천연 바다 진흙을 활용한 화장품을 개발하고 이러한 상품의 홍보와 판매를 촉진하기 위해 머드 축제를 개최하여, 수많은 외국인 관광객을 유치하고 지역 경제를 발전시켰다.

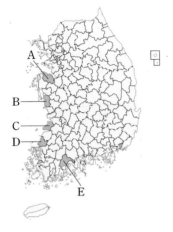

① A   ② B   ③ C   ④ D   ⑤ E

06 (가), (나)에 대한 설명으로 옳지 않은 것은?

① (가)는 농산물, 축산물, 임산물에 부여된다.
② (나)는 수산물, 수산 가공물에 부여된다.
③ 우리나라 최초의 지리적 표시제 제1호는 (나)로 등록되었다.
④ (가), (나)는 생산자에게 안정적인 생산 활동을 보장한다.
⑤ (가), (나)는 각각 다른 국가 행정 부서에서 부여·관리한다.

서술형 문제

07 세계화와 지역화의 개념을 쓰고, 세계화 시대에 지역화 전략이 각광받게 된 이유를 서술하시오.

_____
_____
_____
_____

08 지역 브랜드 'I♥NY'의 개발 배경 및 목적, 의의를 각각 서술하시오.

_____
_____
_____
_____

09 지역화 전략 개발 절차를 3단계로 나누어 각 단계별 명칭 및 세부 내용을 서술하고, 성공적인 지역화 전략을 개발하기 위해 주의해야 할 점을 서술하시오.

_____
_____
_____

03 우리나라의 위치와 통일의 중요성

학습 내용 들여다보기

■ 동아시아 항공 교통의 요지, 인천 국제공항

인천 국제공항은 동아시아의 주요 도시를 3시간 대 비행 거리에 둔 항공 교통의 요지이다. 2019년 인천 국제공항은 국제 여객 수송량 세계 5위, 국제 화물 수송량 세계 3위를 기록하였다.

■ 우리나라와 주변국의 국내 총생산 및 교역량

우리나라는 세계적으로 경제 규모가 큰 미국, 중국, 일본, 러시아 등과 교역하기 좋은 입지에 위치하며 활발한 수출·수입이 이뤄지고 있다.

용어 알기

- **사회 기반 시설** 사회 유지와 경제 발전의 기초가 되는 도로, 교량, 설비, 조경, 통신, 전력, 수도 따위의 공공시설
- **실향민** 고향을 떠난 뒤 본인의 의사와는 상관없이 돌아갈 수 없게 된 사람

1. 우리나라의 위치 특성

> 유럽과 아시아가 속한 거대한 대륙을 의미해.
> 대륙과 해양 진출에 유리해.

위치적 장점 자료1	• 북쪽으로는 유라시아 대륙과 남쪽으로는 태평양을 연결하는 반도국 • 새로운 세계 경제 중심지로 떠오르는 동아시아의 중심에 위치하여 여러 지역과의 교류에 유리함 → 중국, 일본, 러시아를 연결하는 교통의 요지야.
분단으로 인한 한계	• 남북 분단으로 한반도의 위치적 장점을 활용하지 못함 • 국토 공간의 불균형 심화: 남한은 대륙 진출, 북한은 해양 진출에 어려움을 겪음, 시간이 지날수록 남북 지역 간 사회 기반 시설 및 경제 규모 격차가 커지고 있음 자료2

2. 통일의 필요성

(1) **분단의 문제점(분단 비용)** → 남북한이 통일되지 못하고 분단되어 있기 때문에 소요되는 국방비, 외교적 경쟁 비용, 이산가족, 국군 포로 등 유·무형의 비용을 말해.

① 과도한 군사비 지출

② 문화적 이질성 심화, 민족 동질성 약화 → 언어, 생활 모습, 정체성 등이 많이 달라져 문화적 차이가 커지게 돼.

③ 이산가족 및 실향민 발생

④ 군사적 긴장 상태 → 국가 신용이 낮게 평가 → 경제 발전과 국가 위상에 부정적

⑤ 세계 평화와 국제 정세에 불안 요인

⑥ 분단 기간이 길어질수록 분단 비용이 더 크게 요구됨

> 통일을 하면 얻을 수 있는 이익으로, 경제적·비경제적 이익을 모두 포함해.

(2) **통일의 장점(통일 편익)**

위치적 측면	• 한반도 위치의 지리적 장점과 잠재력을 극대화할 수 있음 • 유라시아 대륙과 태평양을 연결하는 중계 무역의 핵심지로 성장 가능
경제적 측면	• 남한의 기술과 자본, 북한의 천연자원과 노동력을 결합하여 성장 자료3 • 소모적인 분단 비용이 경제 개발과 복지 비용으로 사용되면서 삶의 질 향상 • 시장 규모가 커지며 다양한 일자리가 창출되고 생산성이 높아짐 • 국가 신용 등급이 올라가 외국인 투자 증가 기대
정치적 측면	• 전쟁 위험이 없어짐 → 동북아시아의 긴장감 해소 → 세계 평화에 이바지 • 증가된 인구와 경제 규모로 국제 사회에서의 위상이 높아짐
사회·문화적 측면	• 이산가족과 북한 이탈 주민의 아픔 치유 • 남한의 저출산·고령화 문제 완화 → 청장년층 인구 감소 추세 완화 → 청장년층의 노년층·유소년층 인구 부양 부담의 감소 • 북한의 기아와 인권 문제 해결 • 역사적 정체성 회복과 민족 공동체 건설 • 관광 기회 확대 → 관련 산업 성장, 지역 일자리 증가 • 의무 복무 제도(징병제) 폐지 → 젊은 남성들의 사회 활동 증가

자료1 우리나라의 위치적 장점

우리나라는 태평양을 통한 해상 운송에 유리하며, 도로·철도를 통해 중국, 러시아 등 내륙 국가들과 교류하기에 유리하다.

자료2 남한과 북한의 경제 지표 비교(2014년)

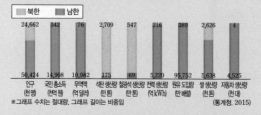

2014년을 기준으로 남한과 북한의 명목 국민 총소득(GNI) 차이는 약 43배에 이른다. 인구, 무역액, 전력 생산량, 원유 도입량, 쌀 생산량, 자동차 생산량은 남한이 북한보다 우위를 보이고, 석탄 생산량과 철광석 생산량은 북한이 남한보다 우위를 보이고 있다.

자료3 남한과 북한의 자원 보유량 비교

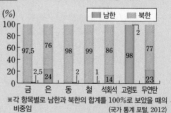

대부분의 광물 자원은 북한 보유량이 월등하다. 통일이 된다면 남한의 자본과 기술을 활용해 더 많은 광물 자원의 탐사가 가능할 것으로 기대된다.

(3) 통일 비용과 통일의 필요성

① 통일 비용

개념	통일을 이룬 후, 양측 간의 격차를 좁히고 각 분야가 통합되어 정상적인 기능을 하기까지 소모되는 비용
사례	법·행정·제도 통합 비용, 화폐 통합 비용, 사회 복지 비용, 경제 개발·투자 및 인프라 구축 비용, 이념 갈등 비용, 사회 문제 처리 비용 등

② 통일의 필요성

- 분단 기간이 길어질수록 분단 비용 소모가 커지고, 양측 간 차이와 격차가 커져 통일 비용 역시 더 크게 요구됨
- 최근 많은 국내외 관련 기관의 연구 결과를 보면, 통일 비용보다 지속적으로 소모되는 분단 비용 및 통일에 따른 통일 편익이 더 크게 나오고 있음
- 단기적으로는 통일 비용이 많이 소요되지만 분단 비용이 절약되고, 장기적으로 시간이 지날수록 통일 편익이 커지고 계속 축적되므로 통일을 하는 것이 분단 상태로 남아 있는 것보다 이익임

(4) 통일 이후의 변화

국토 공간 측면	• 국토 공간의 효율적이고 균형 있는 개발 가능 • 국토 면적이 현재의 2배로 넓어짐 • 대륙과 해양을 잇는 반도국으로서의 위치적 장점 발휘 자료 4
경제적 측면	• 남북 문화 통합 전문가, 광물 자원 전문가, 환경 컨설턴트 등 새로운 직업이 생기고, 북한 지역 개발에 따른 일자리 증가 • 비무장 지대, 고구려 유적, 백두산, 금강산 등 국내 관광 자원 증대 → 경제 활성화 • 육로 이용 → 유라시아 대륙으로의 물자 수송 비용 절감, 육로 여행 활성화 • 육로가 열리면서 해상 무역도 더 활성화 → 외국인 투자 증가, 경제 활성화
사회·문화적 측면	• 거주·경제·여가의 생활권 확대 → 개인의 기회 증가 • 통일 후 총인구는 약 7,500만 명 이상으로 증가 • 출산율 증가, 유소년층 인구 비율 증가, 노년층 인구 비율 감소, 청장년층 인구 비율 증가, 경제 활동 인구 증가 → 저출산·고령화 및 노동력 부족 문제 완화, 청장년층의 유소년층·노년층 인구 부양 부담 감소 • 통일 한국 단일 스포츠팀, 공동 국어사전 편찬, 다양한 문화 이벤트 → 민족 공동체성 회복

→ 분단된 세월 동안 커진 남한과 북한의 언어적·문화적 차이를 극복하는 데 도움을 주는 직업으로, 언어 통합, 정치 통합, 제도 통합 등의 역할을 할 수 있어.

미리 만나 보는 통일 지도

(통일 연구원, 『행복한 통일』로 가는 길 리플릿, 2015)

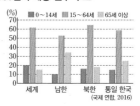

자료 4 **대륙과 해양을 연결하는 한반도**

(국가 지도집, 2014)

아시아 32개국을 연결하는 아시안 하이웨이 건설이 추진되고 있다. 아시안 하이웨이와 연결되는 우리나라의 구간은 1번 도로(일본-부산-서울-평양-신의주-중국 연결)와 6번 도로(부산-강릉-원산-러시아 연결)이다. 경의선·경원선의

한반도 종단 철도(TKR)가 시베리아 횡단 철도(TSR), 중국 횡단 철도(TCR) 등 대륙 철도와 연결되면 우리나라와 유럽 간의 물자 수송 비용을 크게 줄일 수 있다.

(국가 지도집, 2014)

우리나라는 세계 3대 간선 항로 중 하나인 북아메리카 항로의 길목에 있어 세계 여러 지역과 활발하게 교류할 수 있다.

✓ 간단 체크

1 빈칸에 들어갈 알맞은 말을 쓰시오.

(1) 우리나라는 북쪽으로는 (   ), 남쪽으로는 (   )을/를 연결하는 반도국이다.

(2) (   )은/는 동아시아 주요 도시를 3시간대 비행 거리에 둔 항공 교통의 요지이다. 2019년 국제 여객 수송량 세계 5위, 국제 화물 수송량 세계 3위를 기록했다.

(3) 통일이 된다면 남한의 (   )와/과 (   ), 북한의 (   )와/과 (   )을/를 결합하여 경제적 성장이 기대된다.

2 다음 설명에 해당하는 용어를 바르게 쓰시오.

(1) 통일을 하면 얻을 수 있는 이익으로, 경제적·비경제적 이익을 모두 포함 (   )

(2) 통일을 이룬 후, 양측 간의 격차를 좁히고 각 분야가 통합되어 정상적인 기능을 하기까지 소모되는 비용 (   )

(3) 남북한이 통일되지 못하고 분단되어 있기 때문에 소요되는 국방비, 외교적 경쟁 비용, 이산가족, 국군 포로 등 유·무형의 비용 (   )

(4) 군사적 대립을 방지하기 위해 군사 분계선을 기준으로 남북으로 각각 2km 범위에 설정한 완충 지대 (   )

3 다음 설명이 맞으면 ○표, 틀리면 ×표 하시오.

(1) 분단 기간이 길어질수록 분단 비용 소모가 커진다. (   )

(2) 분단 기간이 길어질수록 통일 비용은 감소한다. (   )

(3) 통일을 할 경우, 단기적으로는 통일 비용이 많이 소요되지만 분단 비용이 절약된다. (   )

(4) 통일을 할 경우, 시간이 지날수록 통일 편익이 커지고 계속 축적된다. (   )

01 지도를 통해 알 수 있는 우리나라의 위치 특성에 대한 설명으로 옳지 <u>않은</u> 것은?

① 남쪽으로 태평양과 연결된다.
② 유라시아 대륙과 연결되어 있다.
③ 동아시아의 가운데에 위치하고 있다.
④ 일본 열도로 막혀 있어 해양 진출에 불리하다.
⑤ 중국, 일본, 러시아를 연결하는 교통의 요지이다.

02 지도를 통해 알 수 있는 우리나라의 위치 특성에 대한 설명으로 옳은 것은?

(인천 국제공항 공사, 2016)

① 동아시아의 군사적 요충지이다.
② 동아시아 항공 교통의 요지이다.
③ 동아시아 해양 교통의 요지이다.
④ 대륙과 해양 진출에 유리한 반도국이다.
⑤ 태평양과 인도양을 연결하는 다리 역할을 한다.

03 지도를 통해 알 수 있는 우리나라의 특성을 〈보기〉에서 고른 것은?

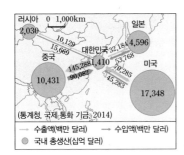

(통계청, 국제 통화 기금, 2014)
→ 수출액(백만 달러) → 수입액(백만 달러)
● 국내 총생산(십억 달러)

┤ 보기 ├
ㄱ. 내륙 교통의 요지이다.

ㄴ. 군사적 긴장 상태에 처해 있다.

ㄷ. 활발한 수출·수입이 이뤄지고 있다.

ㄹ. 세계적으로 경제 규모가 큰 나라들과 교역하기 좋은 입지에 위치하고 있다.

① ㄱ, ㄴ   ② ㄱ, ㄷ   ③ ㄴ, ㄷ
④ ㄴ, ㄹ   ⑤ ㄷ, ㄹ

04 지도의 A, B에 해당하는 명칭을 바르게 연결한 것은?

(국가 지도집, 2014)

	A	B
①	아시안 하이웨이	러시아 횡단 철도
②	아시안 하이웨이	시베리아 횡단 철도
③	아시아 횡단 도로	러시아 횡단 철도
④	아시아 횡단 도로	시베리아 횡단 철도
⑤	남북 아시아 고속도로	시베리아 횡단 철도

05 한반도 국토 분단이 우리나라에 미치는 영향을 〈보기〉에서 고른 것은?

┤ 보기 ├
ㄱ. 과도한 군사비가 지출된다.

ㄴ. 주변 국제 정세를 불안하게 한다.

ㄷ. 국가 신용 등급이 높게 평가된다.

ㄹ. 중국과의 교역량보다 미국과의 교역량이 많다.

① ㄱ, ㄴ   ② ㄱ, ㄷ   ③ ㄴ, ㄷ
④ ㄴ, ㄹ   ⑤ ㄷ, ㄹ

06 지도와 관련된 통일 편익으로 옳은 것은?

① 관광 기회가 확대된다.

② 민족 공동체 건설이 실현된다.

③ 이산가족과 북한 이탈 주민의 아픔이 치유된다.

④ 유라시아 대륙으로의 물자 수송 비용이 절감된다.

⑤ 한반도 위치의 지리적 장점과 잠재력을 극대화할 수 있다.

07 통일 이후 나타날 수 있는 변화 모습으로 옳지 <u>않은</u> 것은?

① 국토 면적이 현재의 2배로 넓어진다.

② 통일 한국 단일 스포츠팀이 결성된다.

③ 새로운 직업이 생기고 일자리가 증가한다.

④ 국토 방위를 위한 군사비 지출이 증가한다.

⑤ 막대한 통일 비용으로 세금 부담이 증가한다.

실전 문제

★ 중요 ★

01 지도를 통해 알 수 있는 우리나라의 위치 특성을 〈보기〉에서 고른 것은?

| 보기 |

ㄱ. 동아시아의 군사적 요충지 역할을 한다.

ㄴ. 삼면이 바다와 면해 해상 운송에 유리하다.

ㄷ. 해상 운송 중간 기착지 역할을 수행하기에 유리하다.

ㄹ. 도로·철도를 통해 중국, 러시아 등 내륙 국가들과 교류하기에 유리하다.

① ㄱ, ㄴ ② ㄱ, ㄷ ③ ㄴ, ㄷ
④ ㄴ, ㄹ ⑤ ㄷ, ㄹ

고난도

02 지도와 관련된 해석으로 옳은 것은?

① 5개국 중 경제 규모는 중국이 가장 크다.

② 우리나라와의 교역 금액은 미국이 가장 크다.

③ 우리나라의 1인당 국내 총생산은 중국보다 클 것이다.

④ 우리나라는 중국, 일본과의 무역에서 적자를 기록하고 있다.

⑤ 우리나라는 미국, 러시아와의 무역에서 흑자를 기록하고 있다.

03 지도를 보고 인천 국제공항에 대한 설명으로 옳은 것만을 〈보기〉에서 있는 대로 고른 것은?

▲ 인천 국제공항과 주요 도시 간 비행 시간

| 보기 |

ㄱ. 동아시아 항공 교통의 요지이다.

ㄴ. 동아시아 주요 도시를 3시간대 비행 거리에 두었다.

ㄷ. 베이징까지의 비행 시간보다 상하이까지의 비행 시간이 짧다.

ㄹ. 2019년 기준 국제 화물 수송량 세계 1위의 물류 허브 공항이다.

① ㄱ, ㄴ ② ㄱ, ㄹ ③ ㄷ, ㄹ
④ ㄱ, ㄴ, ㄷ ⑤ ㄴ, ㄷ, ㄹ

04 자료의 ㉠에 해당하는 명칭으로 옳은 것은?

(㉠)은/는 군사적 대립을 방지하기 위해 군사 분계선을 기준으로 남북으로 각각 2km 범위에 설정한 완충 지대이다.

① 38선 ② 휴전선
③ 중립 지대 ④ 비무장 지대
⑤ 야생 생태계 보존 지역

05 그래프에 대한 해석으로 옳은 것을 〈보기〉에서 고른 것은?

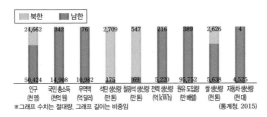

	북한	남한
인구(천 명)	24,662	50,424
국민 총소득(천억 원)	342	14,908
무역액(억 달러)	76	10,982
석탄 생산량(만 톤)	2,709	175
철광석 생산량(만 톤)	547	69
전력 생산량(억 kWh)	216	5,220
원유 도입량(만 배럴)	389	95,752
쌀 생산량(천 톤)	2,626	5,638
자동차 생산량(천 대)	4	4,525

※그래프 수치는 절대량, 그래프 길이는 비중임 (통계청, 2015)

┤ 보기 ├

ㄱ. 국민 총소득, 무역액은 남한이 북한보다 많다.

ㄴ. 북한의 1인당 국민 총소득은 1,000만 원이 넘는다.

ㄷ. 2014년 남한과 북한 인구의 합은 7,000만 명이 넘는다.

ㄹ. 북한은 풍부한 석탄·철광석을 바탕으로 남한보다 철강 산업이 발달하였을 것이다.

① ㄱ, ㄴ   ② ㄱ, ㄷ   ③ ㄴ, ㄷ
④ ㄴ, ㄹ   ⑤ ㄷ, ㄹ

06 다음은 학생이 정리한 노트의 일부이다. 밑줄 친 ⊙~⑩의 내용 중 옳지 않은 것은?

> 1. 통일 비용: 통일을 이룬 후, 양측 간의 격차를 좁히고 각 분야가 통합되어 정상적인 기능을 하기까지 소모되는 비용
> 2. 통일 비용의 사례
>   • ⊙ 화폐 통합 비용
>   • ⓒ 경제 개발·투자 비용
>   • ⓒ 법·행정·제도 통합 비용
>   • ② 사회 기반 시설 구축 비용
>   • ⑩ 의무 복무 제도로 인한 인력 활용 비용

① ⊙   ② ⓒ   ③ ⓒ
④ ②   ⑤ ⑩

07 그래프는 2050년의 예상 인구 구조를 나타낸 것이다. 2050년 남한 인구 구조의 문제점 세 가지를 쓰고, 통일이 되면 어떤 영향을 받을지 서술하시오.

그래프: □0~14세 □15~64세 □65세 이상
가로축: 세계, 남한, 북한, 통일 한국
(국제 연합, 2016)

08 지도를 보고 통일 이후 경제적 측면의 변화 세 가지를 서술하시오.

(통일 연구원, 『행복한 통일로 가는 길 리플릿』, 2015)

대단원 정리

❶ 우리나라의 영역

- (①   )은/는 어느 나라의 영역에도 속하지 않고 모든 국가에 개방되어 있는 바다이다.
- (②   )은/는 마라도에서 남서쪽으로 149km 정도에 위치한 수중 암초로, 가장 가까운 육지가 우리나라의 마라도이므로 국제법상 우리나라의 (③   )에 포함된다.

⟨답⟩ ① 공해 ② 이어도 ③ 배타적 경제 수역

❷ 우리나라 영토, 영해의 범위

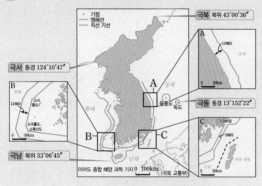

- 우리나라의 극북은 (①   ), 극서는 (②   ), 극동은 (③   ), 극남은 (④   )이다.
- 영해 설정 시 A는 (⑤   ) 기선, B는 (⑥   ) 기선, C는 (⑦   ) 기선을 적용한다. 이 중 C는 일본과 거리가 가까워 기선으로부터 (⑧   )해리까지를 영해로 설정한다.

⟨답⟩ ① 온성군(유원진) ② 마안도(마안군) ③ 독도 ④ 마라도 ⑤ 통상 ⑥ 직선 ⑦ 직선 ⑧ 3해리

❸ 독도의 중요성

독도 주변 바다는 북쪽에서 내려오는 (①   )와/과 남쪽에서 올라오는 (②   )이/가 만나 (③   )을/를 이룬다. 이 지역은 플랑크톤이 풍부하고 어족 자원이 풍부하다.

⟨답⟩ ① 한류 ② 난류 ③ 조경 수역

---

1. 우리나라의 영역과 독도

(1) 영역 ❶

영토	국가가 다스리는 땅으로 섬을 포함함, 영해, 영공 설정의 기준
영해	• 영토에서 일정 거리까지의 바다 • 보통 기선으로부터 12해리까지를 영해로 설정
영공	영토와 영해의 수직 상공으로, 지표면에서 대기권까지의 하늘

(2) 우리나라 영토, 영해의 범위 ❷

영토	한반도와 그 주변 섬(부속 도서)들로 구성
영해	• 대부분의 동해안, 제주도, 울릉도, 독도: 통상 기선 적용 • 서해안, 남해안: 최외곽의 섬을 연결한 직선 기선 적용

(3) 배타적 경제 수역(EEZ; Exclusive Economic Zone)

의미	연안국이 바다에 대한 독점적인 경제적 권리를 가지는 수역
범위	영해 기선으로부터 200해리까지의 수역 중 영해를 제외한 수역
특징	연안국은 해양 자원 탐사·개발·보존에 대한 독점적인 권리를 가짐, 인공 섬을 만들거나 시설물의 설치·활용이 가능함

(4) 독도의 특징

위치	경상북도 울릉군에 속함, 우리나라 영역의 동쪽 끝(동극)에 위치
자연 환경	화산섬임, 난류의 영향으로 기후가 온화함, 기온의 연교차가 작음, 일 년 내내 강수가 고름
현황	• 512년 신라 장군 이사부가 우산국을 신라의 영토로 편입한 후 우리나라 영토로 관리 • 독도 경비대원, 등대 관리원, 울릉군청 소속 직원 등이 생활하는 유인도

(5) 독도의 가치 ❸

위치·영역적 가치	해상·항공 교통의 요충지이자 군사적 요충지
경제적 가치	독도 주변 바다: 한류와 난류가 만나 조경 수역을 형성하여 어족 자원이 풍부, 해양 심층수 존재, 메탄 하이드레이트 매장
환경·생태적 가치	다양한 동식물 서식, 다양한 화산 지형 존재

(6) 독도는 우리 땅

고문헌과 고지도 속의 독도	• 우리나라: 『세종실록지리지』(1454), 『신증동국여지승람』(1531)의 「팔도총도」 등에 독도 기록 및 표기 • 일본: 『은주시청합기』(1667), 『삼국접양지도』(1785) 등에 독도가 우리나라 영토임을 기록 및 표기
독도를 지킨 사람들	안용복(조선 후기 어부), 심흥택(대한제국 울릉군수), 홍순칠(독도 의용수비대 조직)
독도를 지키려는 노력	독도 경비대 파견, 독도 관련 학술 연구 진행, 문화·예술 행사 및 축제 개최

2. 세계화 시대의 지역화 전략

(1) 지역과 지역성의 의미

지역	지역성이 다른 곳과 구분되는 지표상의 공간적 범위
지역성	지역의 자연환경과 그곳에 거주해 온 주민이 오랜 시간에 걸쳐 상호 작용하며 형성된 것으로, 다른 지역과 구별되는 특성

(2) 지역화 전략 ❹ ❺

지역 브랜드	로고, 슬로건, 캐릭터 등을 통해 지역의 특징을 상품화하는 전략
장소 마케팅	장소 자체를 매력적인 상품으로 발전시키는 전략
지리적 표시제	특산물 원산지의 지명을 상표권으로 인정하는 제도

3. 우리나라의 위치와 통일의 중요성

(1) 우리나라의 위치 특성

위치적 장점	북쪽으로는 유라시아 대륙과 남쪽으로는 태평양을 연결하는 반도(국)
분단으로 인한 한계	한반도의 위치적 장점을 활용하지 못함, 국토 공간의 불균형 심화

(2) 통일의 필요성 ❻

분단의 문제점 (분단 비용)	과도한 군사비 지출, 문화적 이질성 심화, 이산가족 및 실향민 발생, 정치적 불안정 등
통일의 장점 (통일 편익)	• 한반도 위치의 지리적 장점 및 잠재력 극대화 가능 • 남한의 기술과 자본, 북한의 천연자원과 노동력을 결합하여 성장 • 증가된 인구와 경제 규모로 국제 사회에서의 위상이 높아짐 • 소모적인 분단 비용이 경제 개발과 복지 비용으로 사용 → 삶의 질 향상
통일 비용	• 통일 이후 양측 간의 격차를 좁히고 각 분야가 통합되어 정상적인 기능을 하기까지 소모되는 비용 • 법·행정·제도·화폐 통합 비용, 사회 복지 비용, 경제 개발·투자 및 인프라 구축 비용, 이념 갈등 비용
통일의 필요성	• 분단 기간이 길어질수록 분단 비용 및 통일 비용 상승 • 최근 많은 국내외 관련 기관 연구 결과 : 통일 비용 < 분단 비용 + 통일 편익
통일 이후의 변화	• 남북 문화 통합 전문가, 광물 자원 전문가, 환경 컨설턴트 등 새로운 직업이 생기고 북한 지역 개발에 따른 일자리 증가 • 통일 한국 단일 스포츠팀, 공동 국어사전 편찬, 다양한 문화 이벤트 → 민족 공동체성 회복

❹ 우리나라의 지역 축제

(문화 체육 관광부, 2016)

• 갯벌이 발달한 (①   )시는 (②   ) 축제를 개최한다.
• 하회마을이 있는 (③   )시는 탈춤을 소재로 한 축제를 개최한다.

답 ① 보령 ② 머드 ③ 안동

❺ 우리나라의 지리적 표시제

(국립 농산물 품질 관리원, 2016)

• (①   )은/는 2002년 우리나라의 지리적 표시제 제1호로 등록되었다.
• (②   )은/는 해당 지역의 대표 축산업과 관련하여 지리적 표시제로 등록되었다.

답 ① 보성 녹차 ② 횡성 한우

❻ 통일 이후의 변화

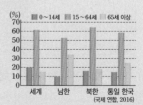

(국제 연합, 2016)

남한은 (①   ), 고령화 문제로 인해 청장년층 인구의 심각한 감소가 예상된다. 이는 청장년층에게 (②   ), (③   ) 인구를 부양해야 하는 막대한 부담을 준다. 통일을 통한 북한 인구의 유입은 (②   ) 인구 비율 증가 및 (③   ) 인구 비율 감소를 가져와 남한의 인구 구조적 문제의 해결 방안이 될 수 있다.

답 ① 저출산 ② 유소년 ③ 노년

대단원 마무리

01 지도의 ㉠~㉢에 대한 설명으로 옳지 <u>않은</u> 것은?

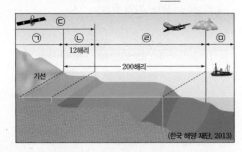

① ㉠은 간척 사업, 새로운 화산섬의 형성 등으로 확장될 수 있다.
② 다른 나라와 거리가 가까울 경우 ㉡의 범위는 12해리에서 조정될 수 있다.
③ ㉢의 수직적 범위는 지표면부터 대기권까지이다.
④ ㉣의 범위는 영해 수역을 포함한다.
⑤ ㉤은 어느 나라의 영역에도 속하지 않고 모든 국가에 개방되어 있는 바다이다.

02 지도는 우리나라의 영해와 기선을 나타낸 것이다. 이에 대한 설명으로 옳지 <u>않은</u> 것은?

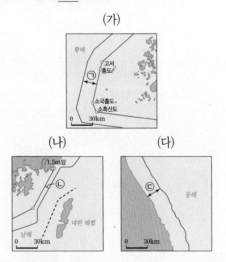

① (가), (나) 지역은 섬이 많고 해안선이 복잡해 직선 기선을 기준으로 영해를 설정한다.
② (다) 지역은 해안선이 단조로워 최고 조위선을 기준으로 영해를 설정한다.
③ ㉠, ㉢은 12해리이다.
④ ㉡은 3해리이다.
⑤ ㉡이 ㉠, ㉢보다 좁은 이유는 일본과 거리가 가깝기 때문이다.

03 지도와 관련된 독도의 가치로 옳은 것은?

① 조경 수역   ② 군사적 요충지
③ 생태계의 보고   ④ 해상 교통의 요지
⑤ 해저 자원의 보고

04 지도의 섬에 대한 설명으로 옳지 <u>않은</u> 것은?

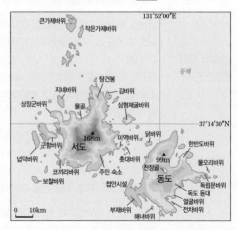

① 주민들이 생활하는 유인도이다.
② 우리나라 동쪽 끝에 위치하고 있다.
③ 화산 분출로 인해 형성된 화산섬이다.
④ 동도, 서도 및 작은 바위섬들로 이루어져 있다.
⑤ 최외곽 섬을 연결한 직선 기선을 기준으로 영해가 설정되어 있다.

05 다음 고지도에 대한 설명으로 옳은 것만을 〈보기〉에서 있는 대로 고른 것은?

| 보기 |
ㄱ. 신증동국여지승람에 수록된 팔도총도이다.
ㄴ. 일본 영토의 서북쪽 한계가 오키섬인 것이 표시되어 있다.
ㄷ. 지도에 독도를 '조선의 소유'라고 문자로 명백히 기재하였다.
ㄹ. 현존하는 인쇄본 단독 지도 중 독도가 등장하는 최초의 지도이다.

① ㄱ, ㄷ   ② ㄱ, ㄹ   ③ ㄴ, ㄷ
④ ㄱ, ㄴ, ㄹ   ⑤ ㄴ, ㄷ, ㄹ

06 다음 글의 ㉠에 해당하는 지역으로 옳은 것은?

(㉠) 지역의 도보 여행 코스는 마을 길, 해안 길, 숲 속 오솔길, 오름 등을 걸으며 (㉠)의 아름다운 자연·인문 경관 및 역사를 느낄 수 있게 개발되었다. 이는 해당 지역의 관광 산업 및 작은 마을들의 성장에 크게 기여하였으며, 2011년에는 일본 규슈 관광 추진 기구에 여행 코스 브랜드를 수출하였다. 국내에서도 전국적으로 다양한 도보 여행 코스들이 생겨나는 데 영향을 미쳤다.

① 강릉   ② 남해   ③ 부산
④ 울릉도   ⑤ 제주도

07 다음 지역 브랜드 및 해당 도시에 대한 설명으로 옳은 것을 〈보기〉에서 고른 것은?

| 보기 |
ㄱ. 전 세계 최초의 지역 브랜드이다.
ㄴ. 독일의 수도 베를린의 지역 브랜드이다.
ㄷ. 'be Berlin' 조형물이 랜드마크로 유명하다.
ㄹ. 베를린은 동·서베를린 분단을 경험한 도시이다.
ㅁ. 도시의 어두운 이미지에서 벗어나기 위해 만든 지역 브랜드이다.

① ㄱ, ㄴ, ㅁ   ② ㄱ, ㄷ, ㄹ   ③ ㄱ, ㄷ, ㅁ
④ ㄴ, ㄷ, ㄹ   ⑤ ㄴ, ㄹ, ㅁ

08 다음 지역 브랜드에 대한 설명으로 옳은 것은?

① 전주 한지의 아름다움을 소재로 하였다.
② 전주의 특산물인 국화의 모습을 형상화하였다.
③ 전주를 상징하는 동물인 공작새의 모습을 형상화하였다.
④ 전주의 문화 자산을 전 세계로 퍼트리겠다는 의지를 표현하였다.
⑤ 한반도의 중심에 위치한 위치적 특성을 '한바탕 전주'로 표현하였다.

09 밑줄 친 '(가) 지역'의 위치를 지도의 A~E에서 고른 것은?

> 우리나라의 유교 문화가 잘 보존된 (가) 지역의 하회 마을은 유네스코 세계 문화유산으로 등재되어 있으며, 국제 탈춤 페스티벌이 열리는 관광 명소이다.

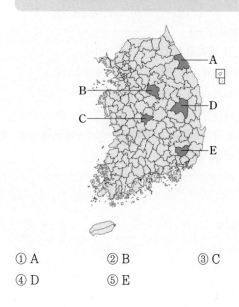

① A   ② B   ③ C

④ D   ⑤ E

10 빈칸 ㉠, ㉡에 해당하는 지역을 바르게 연결한 것은?

> • (㉠) 지역은 한우를 지리적 표시제에 등록하였다. 이 지역은 해발 100~800m 산지 지대에 위치하여 여름철에도 시원해 소를 키우기 좋은 기후 조건을 갖췄다.
> • (㉡) 지역은 고추를 지리적 표시제에 등록하였다. 이 지역은 내륙에 위치하여 기온의 일교차가 크고, 일조량이 풍부하며, 토양의 물 빠짐이 좋아 고추가 자라는 데 유리하다.

	㉠	㉡
①	창녕	단양
②	창녕	청양
③	충주	청양
④	횡성	단양
⑤	횡성	청양

11 지도의 ㉠, ㉡ 해상 운송 항로의 명칭을 바르게 연결한 것은?

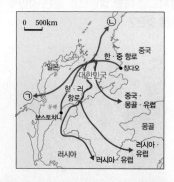

	㉠	㉡
①	북아메리카 항로	동남아시아·유럽 항로
②	북아메리카 항로	한·오스트레일리아 항로
③	동아시아·유럽 항로	동남아시아·유럽 항로
④	동아시아·유럽 항로	한·오스트레일리아 항로
⑤	한·오스트레일리아 항로	동남아시아·유럽 항로

12 다음 대화의 ㉠, ㉡에 해당하는 관광권을 지도를 참고하여 바르게 연결한 것은?

> 갑: 나는 (㉠)에 가서 왕건릉, 공민왕릉, 선죽교, 황진이 묘를 볼 거야!
> 을: 나는 (㉡)에 가서 만물상, 비로봉, 삼일포, 총석정을 보고 올 테야!

	㉠	㉡
①	개성 관광권	금강산 관광권
②	개성 관광권	묘향산 관광권
③	평양 관광권	백두산 관광권
④	평양 관광권	칠보산 관광권
⑤	함흥 관광권	금강산 관광권

13 그래프를 보고 2050년에 예상되는 인구 구조 및 인구 문제를 〈보기〉에서 고른 것은?

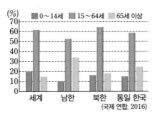

▲ 2050년의 예상 인구 구조

┌─ 보기 ┐
ㄱ. 남한은 심각한 저출산 문제가 예상된다.
ㄴ. 통일이 되면 남한의 노동력 부족 문제가 심화될 것이다.
ㄷ. 남한은 노년층 인구 비율이 세계 평균보다 높을 것으로 예상된다.
ㄹ. 북한은 남한보다 청장년층의 유소년층·노년층 인구 부양 부담이 클 것으로 예상된다.
└───────┘

① ㄱ, ㄴ   ② ㄱ, ㄷ   ③ ㄴ, ㄷ
④ ㄴ, ㄹ   ⑤ ㄷ, ㄹ

14 지도의 A에 대한 설명으로 옳지 않은 것은?

① 군대의 주둔이 허용된다.
② 자연 생태계가 잘 보존되어 있다.
③ 일반인의 출입이 엄격하게 통제된다.
④ 다양한 멸종 위기 동물들이 서식하고 있다.
⑤ 군사 분계선을 기준으로 설정한 완충 지대이다.

✎서술형
15 지역화 전략의 의미를 쓰고, 자료를 참고하여 성공적인 지역화 전략의 기대 효과를 세 가지 서술하시오.

_____
_____
_____
_____

✎서술형
16 그래프와 관련된 통일의 장점을 아래의 제시어를 활용하여 서술하시오.

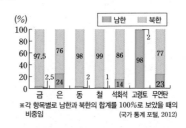

※각 항목별로 남한과 북한의 합계를 100%로 보았을 때의 비중임
(국가 통계 포털, 2012)

┌──────────────────────────────┐
│ •자본   •기술   •탐사 │
└──────────────────────────────┘

_____
_____
_____
_____

XII

더불어 사는 세계

지구상의 다양한 지리적 문제

■ 학습 내용 들여다보기

■ 곡물 대기업의 유통량 조절

세계적인 곡물 유통 회사의 운영 현황	
연매출 1,349억 달러 (약 148조 원)	거래 국가 130개국
순수익 18억 7,000만 달러 (약 2조 594억 원)	사업장 수 67개국 1,200곳
	곡물 창고 수 8,000개
직원 수 14만 3,000명	접안 시설 확보한 항구 수 600곳
	(Cargill, 2014년)

세계 곡물 유통 시장의 약 80%는 5대 곡물 대기업이 장악하고 있다. 곡물 대기업들은 이윤을 극대화하려고 유통량을 조절하는데, 이 과정에서 곡물 가격이 상승하면서 저개발국의 곡물 수입이 더욱 어려워지는 문제가 발생한다.

■ 바이오 에너지

생물을 열분해하거나 발효하여 얻는 에너지를 말한다. 소와 돼지 등 가축의 배설물, 음식물 쓰레기 등에서 나오는 메탄가스, 나무, 해조류, 옥수수·콩·사탕수수에서 추출한 알코올(자동차의 연료로 사용) 등이 있다.

■ 생물 다양성 협약

생물 다양성 협약은 생물 다양성 보전과 생물 자원의 지속 가능한 이용, 이를 이용하여 얻는 이익의 공정하고 공평한 분배를 목적으로 1992년 브라질 리우 회의에서 채택되었다. 기후 변화 협약, 사막화 방지 협약과 더불어 세계 3대 환경 협약 중 하나이다.

■ 열대 우림 개발을 둘러싼 논쟁

• 찬성: 적도 주변 저개발국들의 경제 발전을 위해 열대 우림을 개발해야 한다. 열대 우림을 벌목하여 조성된 토지는 다양한 용도로 사용할 수 있으며, 열대 우림은 수출용 목재로 가치가 높다.

• 반대: 열대 우림은 많은 생물의 서식처이자 많은 산소를 제공해 주는 지구의 허파이다. 열대 우림 파괴에 따른 생물 다양성 감소, 지구 온난화 등 환경 피해가 크므로 개발을 중단해야 한다.

🎓 용어 알기

• **농업 기반 시설** 농업 활동을 위한 저수지, 지하수 이용 시설, 배수 시설, 제방, 도로(농로)
• **남획** 짐승이나 물고기 따위를 마구 잡음

1. 지구상의 지리적 문제

(1) 지리적 문제의 의미와 원인

의미	사람들이 살아가는 공간에서 발생하는 문제 ⑩ 기아 문제, 생물 다양성 감소 문제, 영토 분쟁, 영해 분쟁 등
원인	지역 간 경제 격차의 심화, 서로 다른 문화 집단 간 충돌, 자원을 둘러싼 이해관계 대립, 환경 오염 물질의 이동 등

(2) 지리적 문제의 특징

① 공간에서 발생하는 문제이므로 해당 지역의 특징이 반영됨
② 경제, 정치, 문화, 환경 등 다양한 요인이 복합적으로 결합되어 나타남
③ 지역 간 상호 작용으로 특정 지역의 문제가 다른 지역의 문제와 연결됨
④ 특정 지역에 국한되어 발생하지 않기 때문에 여러 국가 간 공조와 협력이 요구됨

2. 기아 문제와 생물 다양성 감소 문제

(1) 기아 문제
→ 기아는 면역력을 낮추어 전염병을 유행시키고, 노동 생산성을 떨어뜨려 사회 전체에 큰 타격을 주기 때문에 '소리 없는 쓰나미'라고도 불러.

① 의미: 주민들이 식량 부족으로 충분한 영양을 섭취하지 못하는 문제
② 원인

자연적 요인	이상 기후, 사막화 현상, 자연재해(홍수, 가뭄, 폭염 등), 농작물 병충해로 인한 식량 생산량 감소
사회적 요인	잦은 분쟁(전쟁), 급격한 인구 증가, 농업 기반 시설의 부족, 곡물 대기업의 유통량 조절로 인한 식량 공급 및 분배 문제 발생(식량 가격 상승), 옥수수, 콩 등의 식량 작물이 가축 사료, 바이오 에너지 원료로 사용 → 식량 작물 가격 상승

③ 주요 발생 지역: 아프리카, 남아메리카, 남부 아시아 등 저개발 지역 [자료1]

(2) 생물 다양성 감소 문제

① 의미: 생물 종이 멸종하고 유전자의 다양성과 생태계의 다양성이 감소하는 문제
② 원인과 피해

원인	• 도시 개발 및 농경지 확대 → 동·식물 서식지 파괴 • 전 세계 생물 종의 절반 이상이 분포하는 열대 우림의 파괴 [자료2] • 무분별한 남획, 환경 오염 및 기후 변화, 외래종의 침입으로 인한 개체 수 감소 • 상품 작물 및 바이오 에너지 연료용 작물 재배로 인한 농작물 다양성 감소
피해	인간이 이용 가능한 생물 자원의 수 감소, 먹이 사슬이 끊겨 생태계가 빠르게 파괴 → 지구 생태계의 지속 가능성 감소

→ 지구 표면의 약 12%였던 열대 우림이 현재는 약 5% 밖에 남지 않았어.

→ 매년 2만 5천여 종 이상의 동·식물이 지구상에서 사라져 가고 있어.

③ 주요 발생 지역: 남아메리카의 아마존강 유역과 아프리카의 콩고강 유역, 인도네시아 등 열대 우림 지역, 열대 지역 산호초 해안 및 맹그로브 숲 [자료3]

→ 열대 갯벌이나 강과 바다가 만나는 하구에 자라는 키가 작은 나무로, 주로 대단위 숲을 이루고 있어.

자료1 국가별 영양실조 인구 비율

영양실조 인구 비율은 사하라 이남의 아프리카와 남부 아시아 등에서 높게 나타나고, 유럽, 북아메리카, 오세아니아 등에서는 낮게 나타난다.

자료2 생물 다양성이 풍부한 지역

남아메리카의 아마존강 유역과 아프리카의 콩고강 유역, 인도네시아의 열대 우림 지역 등은 전체 생물 종의 약 50% 이상이 서식한다.

자료3 생물 다양성을 유지시키는 맹그로브 숲

맹그로브 숲은 다양한 동물들이 서식하고 물고기의 산란 장소이자 은신처로 먹이를 제공하며 태풍이 왔을 때 방풍림 역할까지 한다.

3. 영역을 둘러싼 갈등

(1) 영역 갈등의 발생

① 의미: 영토, 영해, 영공의 주권을 두고 벌어지는 국가 사이의 분쟁, 분리 독립 운동

★ 분쟁 지역 (한국 국방 연구원, 2016)

② 원인: 패권 경쟁, 역사적 배경, 모호한 경계, 자원 확보를 통한 경제적 이익 등

③ 피해: 난민 발생, 지구의 평화 위협

(2) 영토 분쟁 [자료 4] [자료 5] [자료 6]

네 번에 걸친 전쟁으로 이스라엘이 팔레스타인 지역의 대부분을 차지하였고, 이슬람교를 믿는 팔레스타인 사람들은 저항하고 있어.

카슈미르	• 분쟁국: 인도, 파키스탄, 중국 • 영국으로부터 독립할 때 카슈미르에는 이슬람교도가 많았으나, 이곳을 통치하던 힌두교 지도자가 인도에 통치권을 넘기면서 인도-파키스탄 갈등이 시작됨
이스라엘-팔레스타인	• 분쟁국: 이스라엘, 팔레스타인 • 1948년 팔레스타인 지역에 유대교 국가인 이스라엘이 건국되며 갈등이 시작됨
수단-남수단	• 분쟁국: 수단, 남수단 → 이슬람교를 믿는 아랍계 주민들이 거주해. → 크리스트교와 전통 종교를 믿는 아프리카계 주민들이 거주해. • 민족과 종교가 다른 수단의 북부 지역과 남부 지역의 대립 → 유전 개발을 둘러싸고 대립 격화 → 수십 년간 내전 후 2011년 수단과 남수단으로 분리됨
난사 군도 (스프래틀리 군도)	• 분쟁국: 중국, 필리핀, 베트남, 말레이시아, 브루나이 등 → 원유, 천연가스 등 • 가치: 인도양과 태평양을 잇는 해상 교통의 요충지, 천연자원이 풍부
센카쿠 열도 (댜오위다오)	• 분쟁국: 일본(실효 지배), 중국, 타이완 • 청·일 전쟁 후 일본이 점령 → 중국과 타이완이 불법 점령이라며 영유권을 주장 • 가치: 다량의 석유 매장, 중요 해상 교통로이자 군사적 요충지
쿠릴 열도 (지시마 열도)	• 분쟁국: 러시아(실효 지배), 일본 • 러·일 전쟁 후 일본이 점령 → 제2차 세계 대전 후 소련이 점령 → 일본이 영유권을 주장하며 러시아에게 반환 요구 • 가치: 풍부한 어족 자원, 많은 양의 석유와 천연가스가 매장

→ 100여 개의 작은 섬과 암초로 구성된 군도야.

(3) 분리 독립 운동

티베트어, 위구르어 ← → 티베트 불교, 이슬람교

중국 티베트, 신장 위구르	• 티베트인, 신장 위구르인은 각각 고유의 언어, 종교 및 문화를 바탕으로 중국 한족과는 다른 민족 정체성을 가지고 있으며, 과거 독립국이었던 역사가 있음 • 티베트: 티베트 망명 정부, 달라이 라마를 중심으로 지속적인 독립 운동 전개 • 신장 위구르: 1990년대 이후 극단주의 위구르인들의 과격한 독립 운동 → 중국의 신장 재교육 캠프 운영(2017년~) → 인권 탄압 문제가 국제적인 이슈가 되고 있음 → 폭동, 테러
캐나다 퀘벡	캐나다는 대부분 영국(영어) 문화권이지만, 퀘벡주는 프랑스(프랑스어) 문화권으로 문화의 이질성이 큼 → 자치 주권, 분리 독립 요구 → 프랑스계 주민이 주 인구의 82%를 차지하고 프랑스어를 주로 사용해.

학습 내용 들여다보기

■ 난사 군도(스프래틀리 군도) 분쟁

각국이 영유권을 주장하는 해역의 범위
— 중국
— 베트남
— 필리핀
— 말레이시아
— 브루나이

■ 센카쿠 열도(댜오위다오) 분쟁

■ 한스섬 분쟁

한스섬은 덴마크령 그린란드와 캐나다령 엘즈미어섬 사이에 위치해 있다. 지구 온난화로 섬 주변의 빙하가 녹으며 가치가 상승하였고, 북극 항로의 중요 구간에 속한다.

■ 지역 분쟁 해결 사례(진먼섬)

진먼섬은 타이완이 실효적으로 차지하고 있었으나 제2차 세계 대전 이후 중국이 섬에 포탄을 발사하는 등 극심한 대립이 발생하였다. 1990년 이후 양국이 평화적 해결 방법을 모색해 섬의 군사 시설이 박물관으로 바뀌었고, 현재 진먼섬은 많은 관광객들이 방문하는 평화의 섬이 되었다.

용어 알기

• 패권 힘이나 경제력으로 다른 나라를 압박하고 자기의 세력을 넓히려는 권력

[자료 4] **카슈미르 분쟁**

(한국 국방 연구원, 2016)

카슈미르는 인도-파키스탄 전쟁 후 남북으로 분할되었으나 국경선이 확정되지 않았다. 1962년 중국이 동부 아크사이친을 침입·점령함으로써 카슈미르는 인도, 중국, 파키스탄에 걸쳐 있게 되었다.

[자료 5] **이스라엘-팔레스타인 분쟁**

팔레스타인 사람들은 가자 지구와 분리 장벽 안쪽의 요르단강 서안 지구에 거주하고 있다. 가자 지구는 강경파인 하마스, 서안 지구는 팔레스타인 자치 정부가 통치하고 있다. 팔레스타인은 2012년이 되어서야 유엔 총회에서 국가로 인정되었다.

[자료 6] **카스피해 5개 연안국 활용 원칙 합의**

바다와 같이 맞닿은 면적에 비례하여 영해, 배타적 조업 수역을 설정하되 호수와 같이 연안국이 아닌 군대의 카스피해 주둔을 금지하였다. 해저 영토 및 자원의 분할, 해저 파이프 라인의 설치는 국가 간에 협의하기로 합의하였다.

✅ 간단 체크

1 빈칸에 들어갈 알맞은 말을 쓰시오.

(1) 주민들이 식량 부족으로 충분한 영양을 섭취하지 못하는 문제를 (　　　　) 문제라고 한다.

(2) (　　　　) 에너지는 생물을 열분해하거나 발효하여 얻는 에너지를 말한다.

(3) 생물 종이 멸종하고 유전자의 다양성과 생태계의 다양성이 감소하는 문제를 (　　　　) 문제라고 한다.

(4) 수단의 북부 지역은 이슬람교를 믿는 (　　　　) 주민들이 거주했고, 남부 지역은 크리스트교와 전통 종교를 믿는 (　　　　) 주민들이 거주하였는데, 유전 개발을 둘러싸고 대립이 심해졌다.

2 다음 글의 밑줄 친 부분을 바르게 고쳐 쓰시오.

(1) 리우 협약은 생물 다양성 보전과 생물 자원의 지속 가능한 이용, 이를 이용하여 얻는 이익의 공정하고 공평한 분배를 목적으로 1992년 브라질 리우 회의에서 채택되었다.

(　　　　　)

(2) 산호는 열대 갯벌이나 강과 바다가 만나는 하구에 자라는 키가 작은 나무로, 주로 대단위 숲을 이룬다.

(　　　　　)

(3) 인도양과 태평양을 잇는 해상 교통의 요충지에 위치하고, 원유, 천연가스 등 천연자원이 풍부하여 여러 국가들 간 경제적 이권을 둘러싼 갈등이 나타나는 지역은 장사 군도이다.　(　　　　　)

(4) 캐나다는 대부분 영어를 사용하는 영국 문화권이지만, 온타리오 지역은 프랑스계 주민이 주 인구의 82%를 차지하고 프랑스어를 주로 사용하는 프랑스 문화권이다.

(　　　　　)

3 다음 설명이 맞으면 ○표, 틀리면 ×표 하시오.

(1) 곡물 대기업들은 이윤을 극대화하려고 유통량을 조절하는데, 이 과정에서 곡물 가격은 상승하게 된다.　(　　)

(2) 옥수수, 콩 등의 식량 작물이 가축 사료, 바이오 에너지 원료로 사용되어 식량 작물 가격이 하락하게 된다.　(　　)

(3) 카슈미르에서의 주요 분쟁은 힌두교를 믿는 파키스탄과 이슬람교를 믿는 인도 간의 분쟁이다.　(　　)

01 지구상의 지리적 문제의 원인으로 옳지 않은 것은?

① 지역 간 경제 격차의 심화
② 생물 다양성의 폭발적 증가
③ 서로 다른 문화 집단 간 충돌
④ 환경 오염 물질의 국가 간 이동
⑤ 자원을 둘러싼 이해관계의 대립

02 밑줄 친 ㉠, ㉡에 해당하는 것을 바르게 연결한 것은?

> 기아 문제의 원인은 크게 ㉠ 자연적 요인과 ㉡ 사회적 요인으로 나눠볼 수 있다.

	㉠	㉡
①	자연재해	이상 기후
②	자연재해	사막화 현상
③	농작물 병충해	급격한 인구 증가
④	급격한 인구 증가	이상 기후
⑤	농업 기반 시설의 부족	급격한 인구 증가

03 지도는 국가별 영양실조 인구 비율을 나타낸 것이다. 이에 대한 설명으로 옳은 것을 〈보기〉에서 고른 것은?

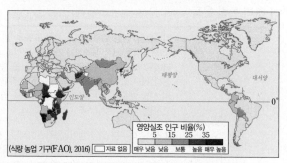

│ 보기 │

ㄱ. 유럽 국가들은 영양실조 인구 비율이 매우 낮다.
ㄴ. 북아메리카 국가들은 영양실조 인구 비율이 높다.
ㄷ. 사하라 이남 아프리카에서 영양실조 인구 비율이 높다.
ㄹ. 저위도 지역보다 고위도 지역에서 영양실조 인구 비율이 높다.

① ㄱ, ㄴ　　　② ㄱ, ㄷ　　　③ ㄴ, ㄷ
④ ㄴ, ㄹ　　　⑤ ㄷ, ㄹ

04 빈칸 ㉠, ㉡에 해당하는 명칭을 바르게 연결한 것은?

(㉠)(으)로 인해 킬리만자로산 주변을 흐르던 케냐의 강들이 말라 가고 있으며, 케냐 북부 지역의 (㉡) 현상이 점점 더 심각해지고 있다. (㉡) 현상으로 인해 케냐 북부의 초지가 사라지자, 케냐 사람들은 초지를 찾아 에티오피아까지 국경을 넘어 이동해 가면서 부족들 간의 분쟁이 늘어나고 있다. 이에 따라 이 지역의 많은 사람이 기아와 전쟁으로 사망하고, 가축들 역시 죽어가고 있다.

	㉠	㉡
①	지구 온난화	병충해
②	지구 온난화	사막화
③	외래종의 침입	잦은 전쟁
④	열대 우림 파괴	사막화
⑤	열대 우림 파괴	잦은 전쟁

05 (가)에 해당하는 영역 갈등 지역을 지도의 A~E에서 고른 것은?

인도는 영국으로부터 독립할 때 종교에 따라 인도(힌두교)와 파키스탄(이슬람교)으로 분리 독립하였는데, 이슬람교도가 많았던 ___(가)___ 지역은 이곳을 통치하던 힌두교 지도자가 통치권을 인도에 넘기면서 갈등이 시작되었다.

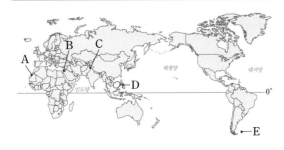

① A   ② B   ③ C
④ D   ⑤ E

06 (가)에 해당하는 영역 갈등 지역을 지도의 A~E에서 고른 것은?

___(가)___ 은/는 청·일 전쟁 이후 일본 영토로 편입되어 일본이 실효적으로 지배하였으나, 이에 대해 중국과 타이완이 불법 점령이라며 영유권을 주장하고 있다. 이곳은 다량의 석유 매장지이며, 중요 해상 교통로이자 군사적 요충지이다.

① A   ② B   ③ C
④ D   ⑤ E

07 다음은 학생이 정리한 노트이다. ㉠에 해당하는 지역으로 옳은 것은?

〈분리 독립 운동〉

1. 중국 내 분리 독립 운동: (㉠)
   (1) 인도로 망명하여 망명 정부를 세운 달라이 라마를 중심으로 지속적인 독립 운동을 전개
   (2) (㉠) 불교(라마교)를 믿고 고유의 언어를 사용

① 길림   ② 쓰촨
③ 내몽골   ④ 티베트
⑤ 신장 위구르

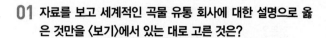

01 자료를 보고 세계적인 곡물 유통 회사에 대한 설명으로 옳은 것만을 〈보기〉에서 있는 대로 고른 것은?

세계적인 곡물 유통 회사의 운영 현황	
연매출 1,349억 달러 (약 148조 원)	거래 국가 130개국
순수익 18억 7,000만 달러 (약 2조 594억 원)	사업장 수 67개국 1,200곳
	곡물 창고 수 8,000개
직원 수 14만 3,000명	접안 시설 확보한 항구 수 600곳
	(Cargill, 2014년)

┤ 보기 ├

ㄱ. 이윤(순수익)의 극대화를 추구한다.
ㄴ. 유통량 조절을 통해 곡물 가격 상승을 초래할 수 있다.
ㄷ. 소수의 곡물 대기업이 세계 곡물 유통 시장의 대부분을 장악하고 있다.
ㄹ. 세계적인 곡물 유통 회사의 대부분은 농경지가 넓은 저개발국의 회사이다.

① ㄱ, ㄴ ② ㄱ, ㄹ ③ ㄷ, ㄹ
④ ㄱ, ㄴ, ㄷ ⑤ ㄴ, ㄷ, ㄹ

02 빈칸 ㉠에 해당하는 국제 협약으로 옳은 것은?

(㉠)은/는 생물 다양성 보전과 생물 자원의 지속 가능한 이용, 이를 이용하여 얻는 이익의 공정하고 공평한 분배를 목적으로 1992년 브라질 리우 회의에서 채택되었다.

① 리우 의정서
② 생물 보전 협약
③ 생물 다양성 협약
④ 생물 자원 이용 협약
⑤ 리우 생물 자원 협약

고난도
03 지도에 대한 설명으로 옳은 것만을 〈보기〉에서 있는 대로 고른 것은?

┤ 보기 ├

ㄱ. 열대 우림의 분포 면적은 아시아가 가장 넓다.
ㄴ. 열대 우림의 분포 지역은 생물 다양성이 풍부하다.
ㄷ. 고위도보다 저위도 지역의 생물 다양성이 풍부하다.
ㄹ. 아프리카보다 남아메리카의 생물 다양성이 풍부하다.

① ㄱ, ㄴ ② ㄱ, ㄹ ③ ㄷ, ㄹ
④ ㄱ, ㄴ, ㄷ ⑤ ㄴ, ㄷ, ㄹ

04 빈칸 ㉠에 해당하는 지명으로 옳은 것은?

캐나다는 대부분 영어를 사용하는 영국 문화권이지만, (㉠)주는 프랑스계 주민이 주 인구의 82%를 차지하고 프랑스어를 주로 사용하는 프랑스 문화권으로 문화의 이질성이 크다. 1980년, 1995년, 1998년에 분리 독립에 대한 주민 투표가 실시되어 부결되었지만, 현재까지 자치 주권, 분리 독립의 요구가 남아있다.

① 퀘벡 ② 바스크
③ 온타리오 ④ 플랑드르
⑤ 루이지애나

05 다음 설명에 해당하는 영역 갈등 지역을 지도의 A~E에서 고른 것은?

> 1948년 팔레스타인 지역에 유대교 국가인 이스라엘이 건국되며 갈등이 시작되었다. 네 번에 걸친 전쟁으로 이스라엘이 팔레스타인 지역의 대부분을 차지하였고, 이슬람교를 믿는 팔레스타인 사람들은 영토를 회복하기 위해 저항하며 갈등이 지속되고 있다.

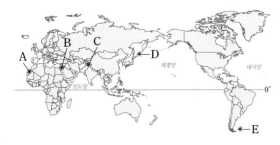

① A   ② B   ③ C
④ D   ⑤ E

06 빈칸 ㉠에 해당하는 영역 갈등 지역을 지도의 A~E에서 고른 것은?

> 지구 온난화로 (㉠) 인근의 빙하가 녹으며 가치가 상승하였고, 북극 항로의 중요 구간에 속하여 덴마크와 캐나다 간 분쟁이 발생하였다.

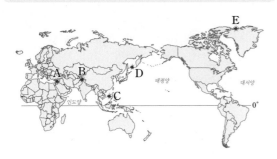

① A   ② B   ③ C
④ D   ⑤ E

📝 **서술형 문제**

07 다음은 열대 우림 개발을 둘러싼 토론의 한 장면이다. 철수가 열대 우림 개발에 찬성하는 이유를 두 가지 서술하시오.

> 영희: 열대 우림은 많은 생물의 서식처이자 많은 산소를 제공해 주는 지구의 허파야. 열대 우림 파괴에 따른 생물 다양성 감소, 지구 온난화 등 환경 피해가 크므로 열대 우림 개발은 어서 중단해야 해!
> 철수: 저개발국 입장에서도 생각해야지! 난 찬성이야! 저개발국이 열대 우림을 개발할 수밖에 없는 이유가 있어!

_____

_____

_____

_____

★ 중요 ★

08 지도에서 알 수 있는 지리적 문제와 이 문제의 원인, 이로 인해 나타나는 사회 문제에 대해 서술하시오.

_____

_____

_____

_____

02 저개발국의 발전 노력

1. 발전 수준의 지역 차

(1) 선진국과 저개발국

선진국	생활 수준과 삶의 질이 높은 국가 → 북서부 유럽, 앵글로아메리카, 동아시아 등
저개발국	생활 수준과 삶의 질이 낮은 국가 → 아프리카, 라틴 아메리카, 남부 아시아 등

(2) 발전 수준 차이의 원인

① 산업화 시기의 차이: 선진국은 18세기 후반부터 산업화를 시작한 반면, 저개발국은 20세기 이후부터 지금까지 산업화가 진행 중

② 인적·문화적 자원의 차이: 선진국은 저개발국에 비해 교육 수준이 높은 인적 자원이 풍부하고, 안정된 사회적·경제적 제도 등 문화적 자원이 풍부

③ 선진국에게 유리한 무역 구조: 선진국은 주로 부가 가치가 높은 상품을 수출하고 저개발국은 주로 부가 가치가 낮은 상품을 수출
→ 상품을 판매하였을 때 이윤이 많이 남는 상품으로, IT 상품, 지식 서비스 상품 등 높은 기술력이 필요한 상품을 말해.

(3) 발전 수준을 보여 주는 다양한 지표
→ 경제 지표뿐 아니라 사회, 문화, 정치, 환경, 교육, 의료 등의 비경제 지표를 포함하여 발전 수준을 파악해야 해.

① 선진국이 높은 지표: 1인당 국내 총생산, 인간 개발 지수, 행복 지수, 기대 교육 연한, 인터넷 이용자 비율, 평균 수명 등 자료1 자료2
→ 국내 총생산을 국가 인구수로 나눈 값을 말해.

② 저개발국이 높은 지표: 성 불평등 지수, 영아 사망률, 교사 1인당 학생 수, 부패 인식 지수 등 자료3
→ 출생 후 1년 이내(365일 미만)에 사망한 영아 수를 해당 연도의 1년 동안의 총 출생아 수로 나눈 비율이야.

▲ 1인당 국내 총생산

▲ 인간 개발 지수

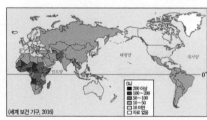

▲ 영아 사망률

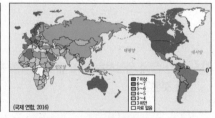

▲ 행복 지수

학습 내용 들여다보기

■ 남북문제
경제 발전 수준이 높은 선진국들은 주로 북반구에 있고, 상대적으로 경제 발전 수준이 낮은 저개발국들은 주로 적도 주변과 남반구에 위치한다. 이처럼 북반구에 있는 선진국과 남반구에 있는 저개발국 사이의 경제 차이와 이로 인해 발생하는 여러 가지 문제를 남북문제라고 한다.

■ 인간 개발 지수(HDI)
국제 연합 개발 계획(UNDP)이 매년 각국의 교육 수준, 국민 소득, 평균 수명 등을 기본으로 국가별 국민의 삶의 질을 평가한 지표이다. 우리나라는 2020년 189개국 중 23위를 기록하였다.

■ 행복 지수
국내 총생산, 기대 수명, 사회적 자본, 부패 지수, 관용의 총 5개 지표를 종합한 결과로 선진국이 대체로 높으나, 일부 저개발국이 높게 나타나기도 한다.

■ 성 불평등 지수
국제 연합 개발 계획(UNDP)에서 국가별 모성 사망률과 청소년 출산율, 여성 의원 비율, 중등학교 이상 교육받은 여성 인구, 남녀 경제 활동 참가율 격차 정도를 측정한 지표이다. 우리나라는 2017년 160개국 중 10위를 기록하였다.

■ 인터넷 이용자 비율

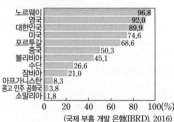

노르웨이 96.8
영국 92.0
대한민국 89.9
미국 74.6
포르투갈 68.6
중국 50.3
볼리비아 45.1
수단 26.6
잠비아 21.0
아프가니스탄 8.3
콩고 민주 공화국 3.8
소말리아 1.8

(국제 부흥 개발 은행(IBRD), 2016)

북서부 유럽, 앵글로아메리카, 동아시아에 위치한 선진국들이 대체로 높은 순위를 차지하고 있다.

용어 알기
• 부가 가치 생산 과정에서 새로 덧붙인 가치

자료1 1인당 국내 총생산 변화

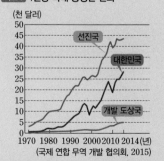

(천 달러)

선진국
대한민국
개발 도상국

1970 1980 1990 2000 2010 2014(년)
(국제 연합 무역 개발 협의회, 2015)

세계화가 진행되면서 선진국과 개발 도상국 간의 격차는 지속적으로 벌어지고 있다.

자료2 기대 교육 연한

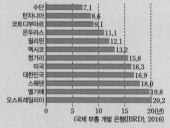

수단 7.1
탄자니아 8.6
코트디부아르 9.1
온두라스 11.1
필리핀 12.1
멕시코 13.2
헝가리 15.8
미국 16.3
대한민국 16.9
스웨덴 18.0
벨기에 19.8
오스트레일리아 20.2

(국제 부흥 개발 은행(IBRD), 2016)

기대 교육 연한은 어린이들이 교육을 받을 것으로 예상되는 기간을 말한다. 아프리카 대륙이나 정치적으로 불안정한 국가 등에서 기대 교육 연한이 낮다.

자료3 부패 인식 지수

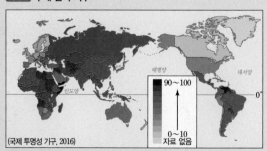

(국제 투명성 기구, 2016)

부패 인식 지수는 국가별 청렴도 인식 순위이다. 덴마크, 핀란드 등이 매우 낮고, 북한, 소말리아 등이 매우 높다. 우리나라는 2018년 180개국 중 45위를 기록하였다.

2. 저개발국의 빈곤을 극복하기 위한 자체적 노력

(1) 저개발국의 빈곤 극복 노력 `자료 4`

→ 과거에는 선진국의 원조에 의존하는 경향이 있었지만 최근에는 자체적인 발전 노력을 강조하고 있어.

① 다양한 노력 → 인간으로서 기본적인 욕구를 해소할 수 없을 정도로 물질적인 부족함이 장기간 지속되는 상태를 말해.

- 관광 산업 육성, 인접 저개발국 간 지역 경제 협력체 구축, 교육 투자 확대
- 기간 산업을 발전시켜 안정적인 일자리 창출을 위해 노력
- 외국 자본을 적극적으로 유치하여 사회 기반 시설을 확충 → 도로, 전력, 통신 등
- 일상생활에서 겪는 어려움을 해결하기 위해 적정 기술 제품을 도입
- 관개 시설을 확충하고 수확량이 많은 품종을 개발해 식량 생산량을 증진

② 사례 지역

르완다	종족 간의 학살로 인한 아픔을 극복하기 위해 공동체 교육을 강화하고, 종족 간 차별을 엄격하게 금지함. 공직 선거 후보자 중 30%를 여성에게 할당함
브라질 쿠리치바	주민들이 쓰레기를 수거해 오면 이를 버스표나 식품으로 교환해 줌, 이때 식품들은 지역 농가에서 구매하여 지역 경제를 활성화함
쿠바 아바나	도시 곳곳의 빈터와 버려진 공장 터를 농장으로 바꾸어 도시민들을 위한 농산물을 유기농법으로 재배함
부탄	자연환경의 훼손을 막고자 관광객 수를 일정 수준으로 제한하고, 비싼 관광 비용을 받아 벌어들인 소득은 다시 경제 발전에 투자함, 교육과 의료를 무상으로 함
볼리비아	천연자원을 국유화하여 국가의 재정을 늘렸으며, 이익을 저소득층에게 돌려주고 사회 복지 정책을 강화함
케냐	훼손된 삼림에 나무를 심어 척박한 땅을 되살리는 그린벨트 운동을 진행함, 이 과정에서 일자리 창출의 효과도 나타남
라오스	시장 개방에 이은 국가 성장 및 빈곤 퇴치 전략으로 최근 10년간 평균 7% 이상의 성장률을 기록하였고, 빈곤층 비율도 감소함
에티오피아	우리나라 사례를 모델로 5개의 새마을 시범 마을을 운영함, 새마을 교육을 받은 지도자와 마을 주민들이 부엌, 화장실, 지붕 개량 등 주거 환경 개선 사업과 식수 개발, 마을 도로 정비, 마을 회관 건립 등 공동 환경 개선 사업 실시

(2) 성과와 한계

① 성과: 신흥 공업국 등 수출 증대를 기반으로 경제 발전을 이룬 국가들의 등장 `자료5`

② 한계

- 경제 성장에 필요한 기초 기술과 자본의 부족, 인구 급증으로 인한 식량 부족
- 불평등한 세계 경제 체제 속에서 선진국의 다국적 기업에 의한 영향을 크게 받음
- 뒤늦은 산업화로 인해 과거 선진국들이 겪었던 각종 사회 문제를 급속히 경험함
- 정치적 불안정(내전, 쿠데타)으로 지속적인 정책 수행이 어려움
- 최빈국의 수는 1971년 25개국에서 2014년 48개국으로 증가함

학습 내용 들여다보기

■ 저개발국 경제 협력체

서아프리카 경제 협력체, 동남아시아 국가 연합(ASEAN), 남아메리카 공동 시장, 남아메리카 국가 연합, 남아시아 지역 협력 연합, 중앙아프리카 경제 공동체 등이 있다.

■ 적정 기술

해당 지역의 특별한 환경을 고려하여 만들어진 기술이다. 주로 저개발국의 열악한 환경을 극복하고, 해당 지역의 여건에 적용 가능한 기술을 뜻한다. 예를 들어, 물을 멀리서 길어 와야 하는 지역에서 머리에 물통을 얹고 나르는 대신 커다란 물통을 굴려서 오는 '히포 롤러 워터 프로젝트(Q-드럼)' 등이 있다.

■ 신흥 공업국

1960~1970년대에 급속한 공업화를 바탕으로 눈에 띄게 발전한 대한민국, 싱가포르, 멕시코, 브라질 등의 국가를 일컫는다. 이 국가들은 수출 지향적 공업화 정책을 기반으로 선진국과의 격차를 줄였다.

■ 최빈국

1971년 국제 연합(UN)에서 제안한 개념으로 1인당 국내 총생산이 900달러 미만인 나라 중에서 교육 수준, 평균 수명, 경제 발전 정도 등을 살펴 최빈국으로 분류한다.

🎓 용어 알기

- **기간 산업** 한 나라의 경제 활동을 원활히 하는 데 필수적인 산업
- **관개 시설** 농작물을 경작하기 위하여 논이나 밭 등에 필요한 물을 인근의 하천, 저수지 등에서 끌어오는 인공적인 시설

`자료 4` **보츠와나의 빈곤 해결 노력**

보츠와나는 중남부 아프리카에 있는 국가로, 1960년대 1인당 국민 총생산은 약 70달러 정도였으나 2018년에는 약 8,000달러로 급성장하였다. 보츠와나의 성장에는 정부와 민간의 협력으로 성공한 다이아몬드 광산 개발이 큰 역할을 하였다. 보츠와나는 수출로 얻은 소득을 다시 교육 시설, 도로 등의 사회 기반 시설에 투자하며 눈부신 경제 발전을 이루었다.

`자료 5` **연평균 경제 성장률(2009~2013년)**

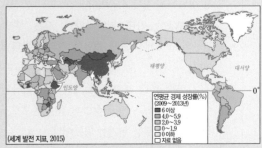

(세계 발전 지표, 2015)

중국, 몽골, 에티오피아 등 저개발국의 연평균 경제 성장률은 선진국보다 높다. 이는 선진국의 경제 규모가 큰 까닭도 있지만, 저개발국의 경제 성장 속도가 상당히 빠르기 때문이다.

간단 체크

1 빈칸에 들어갈 알맞은 말을 쓰시오.

(1) (　　　　　)문제는 북반구에 있는 선진국과 남반구에 있는 저개발국 사이의 경제 차이와 이로 인해 발생하는 여러 가지 문제를 말한다.

(2) (　　　　　)은/는 어린이들이 교육을 받을 것으로 예상되는 기간을 말한다.

(3) (　　　　　)은/는 해당 지역의 특별한 환경을 고려하여 만들어진 기술이다. 주로 저개발국의 열악한 환경을 극복하고, 해당 지역의 여건에 적용 가능한 기술을 말한다.

(4) 1971년 국제 연합(UN)에서 제안한 개념으로, 1인당 국내 총생산이 900달러 미만인 나라 중에서 교육 수준, 평균 수명, 경제 발전 정도 등을 살펴 (　　　　　)(으)로 분류한다.

2 다음 설명이 맞으면 ○표, 틀리면 ×표 하시오.

(1) 선진국은 주로 부가 가치가 높은 상품을 수출하고, 저개발국은 주로 부가 가치가 낮은 상품을 수출한다. (　　　)

(2) 인터넷 이용자 비율은 북서부 유럽, 앵글로아메리카, 라틴 아메리카 국가들의 순위가 대체로 높다. (　　　)

(3) 세계화가 진행되면서 선진국과 개발 도상국 간의 격차가 지속적으로 감소하고 있다. (　　　)

3 다음 국가별 발전 수준을 보여 주는 지표에 해당하는 설명을 〈보기〉에서 찾아 기호를 쓰시오.

┌─ 보기 ┐
ㄱ. 국가별 청렴도 인식 순위 지표로 덴마크, 핀란드 등이 매우 낮고 북한, 소말리아 등이 매우 높다.
ㄴ. 국제 연합 개발 계획(UNDP)에서 국가별 모성 사망률과 청소년 출산율, 여성 의원 비율, 중등학교 이상 교육받은 여성 인구, 남녀 경제 활동 참가율 격차 정도를 측정한 지표이다.
ㄷ. 국내 총생산, 기대 수명, 사회적 자본, 부패 지수, 관용의 총 5개 지표를 종합한 결과를 나타낸 지표이다.
ㄹ. 국제 연합 개발 계획(UNDP)이 매년 각각의 교육 수준, 국민 소득, 평균 수명 등을 기본으로 국가별 국민의 삶의 질을 평가한 지표이다.
└───────┘

(1) 행복 지수　(　　　)　(2) 부패 인식 지수 (　　　)
(3) 인간 개발 지수 (　　　)　(4) 성 불평등 지수 (　　　)

01 선진국과 저개발국에 대한 설명으로 옳지 <u>않은</u> 것은?

① 선진국은 18세기 후반부터 산업화를 시작했다.
② 선진국은 교육 수준이 높은 인적 자원이 풍부하다.
③ 저개발국은 주로 부가 가치가 높은 상품을 수출한다.
④ 저개발국은 20세기 이후부터 지금까지 산업화가 진행 중이다.
⑤ 선진국은 안정된 사회적·경제적 제도 등 문화적 자원이 풍부하다.

02 지도를 보고 A에 해당하는 지표를 옳게 고른 것은?

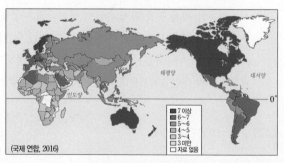

(국제 연합, 2016)

(A)는 국내 총생산, 기대 수명, 사회적 자본, 부패 지수, 관용의 총 5개 지표를 종합한 결과로 선진국이 대체로 높으나, 일부 저개발국이 높게 나타나기도 한다.

① 행복 지수　　　　　　② 사회 기반 지수
③ 사회 발전 지수　　　　④ 인간 개발 지수
⑤ 인간 발전 지수

03 지도를 보고 A에 해당하는 지표를 옳게 고른 것은?

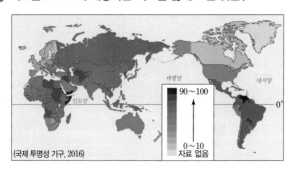

(국제 투명성 기구, 2016)

(A)는 국가별 청렴도 인식 순위이다. 덴마크, 핀란드 등이 매우 낮고, 북한, 소말리아 등이 매우 높다. 우리나라는 2018년 180개국 중 45위를 기록하였다.

① 청렴 지수
② 부패 인식 지수
③ 국가 투명성 지수
④ 청렴도 인식 지수
⑤ 국가 부패 척결 지수

04 그림을 보고 ㉠에 해당하는 개념을 옳게 고른 것은?

▲ 히포 롤러 워터 프로젝트(Q-드럼)

(㉠)은 해당 지역의 특별한 환경을 고려하여 만들어진 기술이다. 주로 저개발국의 열악한 환경을 극복하고, 해당 지역의 여건에 적용 가능한 기술을 말한다.

① 적정 기술
② 지역 밀착 기술
③ 환경 극복 기술
④ 국지 적용 가능 기술
⑤ 지역 환경 고려 기술

05 다음 글의 ㉠에 해당하는 국가로 옳은 것은?

(㉠)은/는 중남부 아프리카에 위치한 국가로, 1960년대 1인당 국민 총생산은 약 70달러 정도였으나 2018년에는 약 8,000달러로 급성장하였다. (㉠)의 성장에는 정부와 민간의 협력으로 성공한 다이아몬드 광산 개발이 큰 역할을 하였다. 수출로 얻은 소득을 다시 교육 시설, 도로, 철도 등의 사회 기반 시설에 투자하며 눈부신 경제 발전을 이루었다. 또한 지속적인 경제 성장을 위해 자동차 산업을 유치하는 등의 노력을 하고 있다.

① 나미비아
② 모잠비크
③ 보츠와나
④ 짐바브웨
⑤ 남아프리카 공화국

06 다음 글의 ㉠에 대한 설명으로 옳은 것을 〈보기〉에서 고른 것은?

전 세계 국가를 발전 수준의 차이로 나누어 보았을 때, 생활 수준과 삶의 질이 낮은 (㉠)와/과 생활 수준과 삶의 질이 높은 (㉡)(으)로 나누어 볼 수 있다.

┤ 보기 ├
ㄱ. ㉡보다 교육 수준이 낮은 편이다.
ㄴ. 주로 부가 가치가 높은 상품을 수출하고 있다.
ㄷ. 20세기 이후부터 지금까지 산업화가 진행 중이다.
ㄹ. 안정된 사회적·경제적 제도 등 문화적 자원이 풍부하다.

① ㄱ, ㄴ
② ㄱ, ㄷ
③ ㄴ, ㄷ
④ ㄴ, ㄹ
⑤ ㄷ, ㄹ

실전 문제

01 빈칸 ⊙에 들어갈 명칭으로 옳은 것은?

> 경제 발전 수준이 높은 선진국들은 주로 북반구에 있고, 상대적으로 경제 발전 수준이 낮은 저개발국들은 주로 적도 주변과 남반구에 위치한다. 이처럼 북반구에 있는 선진국과 남반구에 있는 저개발국 사이의 경제 차이와 이로 인해 발생하는 여러 가지 문제를 (⊙)(이)라고 한다.

① 남북문제
② 남북 격차
③ 경제 격차 문제
④ 국제 정치적 불안정
⑤ 북반구 – 남반구 문제

02 그래프는 1인당 국내 총생산의 변화를 나타낸다. 이에 대한 설명으로 옳은 것을 〈보기〉에서 고른 것은?

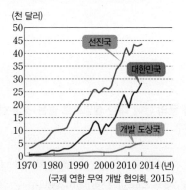

(국제 연합 무역 개발 협의회, 2015)

┤ 보기 ├
ㄱ. 선진국과 개발 도상국 간의 격차는 점점 커지고 있다.
ㄴ. 2014년 선진국의 1인당 국내 총생산은 40,000달러 미만이다.
ㄷ. 2014년 우리나라의 1인당 국내 총생산은 20,000달러 이상이다.
ㄹ. 1970~2014년 동안 개발 도상국의 1인당 국내 총생산 증가 속도는 선진국보다 빠르다.

① ㄱ, ㄴ   ② ㄱ, ㄷ   ③ ㄴ, ㄷ
④ ㄴ, ㄹ   ⑤ ㄷ, ㄹ

03 지도는 영아 사망률을 나타낸 것이다. 이에 대한 설명으로 옳은 것을 〈보기〉에서 고른 것은?

(세계 보건 기구, 2016)

┤ 보기 ├
ㄱ. 유럽 대륙은 영아 사망률이 매우 낮다.
ㄴ. 영아 사망률이 가장 높은 대륙은 아시아 대륙이다.
ㄷ. 고위도보다 저위도에 영아 사망률이 높은 국가들이 많다.
ㄹ. 의료·보건 기술의 발달 정도와 영아 사망률은 비례한다.

① ㄱ, ㄴ   ② ㄱ, ㄷ   ③ ㄴ, ㄷ
④ ㄴ, ㄹ   ⑤ ㄷ, ㄹ

★ 중요 ★
04 다음 글을 보고 저개발국의 빈곤 극복 노력으로 옳은 것은?

> 에티오피아에서는 우리나라 사례를 모델로 5개의 새마을 시범 마을을 운영하였다. 새마을 교육을 받은 지도자와 마을 주민들이 힘을 모아 부엌, 화장실, 지붕 개량 등의 주거 환경 개선 사업과 식수 개발, 마을 도로 정비, 마을 회관 건립 등 공동 환경 개선 사업을 실시하였다.

① 관광 산업을 육성하였다.
② 기간 산업을 발전시켰다.
③ 사회 기반 시설을 확충하였다.
④ 일상생활에서 겪는 어려움을 해결하기 위해 적정 기술을 활용하였다.
⑤ 선진국 자본에 대응하기 위해 저개발국의 공동 발전을 위한 경제 협력체를 구축하였다.

05 ★중요★ ㉠, ㉡에 해당하는 용어를 바르게 연결한 것은?

> • (㉠): 한 나라의 경제 활동을 원활히 하는 데 필수적인 산업으로, 다른 산업의 원료(원자재)와 건설용 자재로 널리 사용되는 중요 물자(철강, 목재, 금속 등)를 생산하는 산업, 경제 활동에 불가결한 에너지(전력, 석유, 석탄)를 공급하는 산업, 자동차 공업이나 조선 공업처럼 고용이 많고 다수의 부품 제조업에 파급 효과가 큰 산업 등을 가리킨다.
> • (㉡): 1960~1970년대에 급속한 공업화를 바탕으로 눈에 띄게 발전한 대한민국, 싱가포르, 멕시코, 브라질 등의 국가를 일컫는다. 이 국가들은 수출 지향적 공업화 정책을 기반으로 선진국과의 격차를 줄였다.

	㉠	㉡
①	기간 산업	개발 도상국
②	기간 산업	신흥 공업국
③	경제 기반 산업	개발 도상국
④	경제 기반 산업	신흥 공업국
⑤	경제 필수 산업	급속 공업화 국가

06 빈칸 ㉠에 해당하는 국가로 옳은 것은?

> (㉠)의 그린벨트 운동은 훼손되어 황폐해진 숲에 나무를 심어 척박한 땅을 되살리는 환경 운동이다. 뿐만 아니라 그린벨트 운동은 가난한 (㉠) 여성들의 일자리를 창출하였고, 사람들에게 삶의 터전을 제공하였다. 삼림 황폐화 문제를 환경 문제로만 접근한 것이 아니라, 지역 주민들의 경제적 문제와 연계하여 접근함으로써 환경 문제뿐만 아니라 지역 주민들의 빈곤 문제 해결에도 도움이 되었다.

① 수단　② 케냐　③ 이집트
④ 소말리아　⑤ 나이지리아

서술형 문제

07 선진국과 저개발국 간 발전 수준 차이가 나는 원인을 세 가지 서술하시오.

08 제시된 지표 중 저개발국이 선진국보다 높은 수치를 나타내는 지표 네 가지를 골라 개념을 서술하시오.

> • 평균 수명　• 행복 지수
> • 영아 사망률　• 성 불평등 지수
> • 기대 교육 연한　• 인간 개발 지수
> • 부패 인식 지수　• 1인당 국내 총생산
> • 교사 1인당 학생 수　• 인터넷 이용자 비율

09 저개발국의 빈곤을 극복하기 위한 자체적 노력이 갖는 한계를 세 가지 서술하시오.

03 지역 간 불평등 완화 노력

학습 내용 들여다보기

■ **개발 원조**
저개발국의 빈곤 문제를 해결하기 위해 국제 사회가 재정, 기술, 물자 등을 지원하는 것이다. 개발 원조는 정부나 국제기구가 공식적으로 지원하는 공적 개발 원조가 있고, 비정부 기구와 민간 재단이 지원하는 민간 개발 원조가 있다.

■ **개발 원조 위원회(DAC)**
경제 협력 개발 기구(OECD)의 산하 기관으로, 저개발국에 대한 공적 개발 원조를 논의하는 기구이다. 우리나라는 2009년에 개발 원조 위원회에 가입한 이후 꾸준하게 원조액 규모를 늘리고 있다.

■ **한국 국제 협력단(KOICA)**
1991년 우리나라 정부에서 설립한 해외 무상 원조 기관이다. 저개발국과 상호 협력 및 교류, 경제·사회 발전 지원 등을 통해 국제 협력 증진에 이바지하는 것을 목적으로 한다.

■ **공적 개발 원조의 분야별 원조 현황(2014년)**

사회 인프라(교육·보건·인구·치안 등) 37	경제 분야 19	인도적 지원 12	기타 32(%)

(경제 협력 개발 기구(OECD), 2016)

공적 개발 원조는 인도적 지원뿐만 아니라 사회 인프라(교육, 보건, 인구, 치안 등), 경제 분야에 집중되고 있다.

■ **세계의 공적 개발 원조 금액 추이**

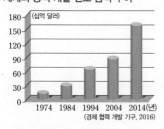

1974 1984 1994 2004 2014(년)
(경제 협력 개발 기구, 2016)

용어 알기

• **국제 연합(UN)** 제2차 세계 대전 후 전쟁 방지와 평화 유지를 위해 설립된 국제기구

1. 국제기구의 노력
→ 평화 유지나 경제·사회 협력 등 어떤 국제적인 목적이나 활동을 위해서 두 국가 이상으로 구성된 조직체를 말해.

(1) 국제적 협력의 필요성
① 오늘날 세계의 경제력은 모든 사람들의 기초 생활을 보장할 수 있으나, 여전히 빈곤한 지역이 많고 경제적 격차는 점차 심해짐
② 지역 간 불평등 문제는 소득·교육·노동·무역·보건·환경 등 다양한 문제와 연결되어 있으며, 한 국가의 노력만으로 해결하기 어려움

(2) 국제 연합(UN)의 노력
① 역할: 국제 평화와 안전의 유지, 인권 및 자유 확보, 다양한 세계 문제에 개입, 지속 가능 발전 목표 등을 수립 [자료1]
② 국제 연합(UN) 산하 기구

세계 보건 기구 (WHO)	모든 인류에게 최고 수준의 건강 보장을 목적으로, 감염병 관리, 만성 질환 관리, 의약품 및 식품 등의 안전성 기준 관리 등을 함
국제 연합 난민 기구 (UNHCR)	난민의 권리 보호와 복지 향상을 위해 난민에 대한 긴급 구조 활동, 안전한 피난처 제공 등의 활동을 함
세계 식량 계획 (WFP)	모든 사람이 식량 걱정 없이 살 수 있는 세계를 만들기 위해 기아와 빈곤 문제 해결을 목표로 활동함
국제 연합 평화 유지군 (PKF)	분쟁 지역에 파견되어 질서를 유지하고 주민들의 안전을 지키며, 분쟁의 재발을 방지하기 위해 노력함
국제 연합 아동 기금 (UNICEF)	전 세계 빈곤 국가의 어린이들을 돕기 위해 영양, 보건, 위생, 기초 교육, 긴급 구호 등의 기본 사업을 진행함

(3) 공적 개발 원조(ODA) [자료2] [자료3]
① 의미: 선진국의 정부를 비롯한 공공 기관이 저개발국의 경제 발전 및 복지 증진을 목적으로 저개발국이나 국제기구에 제공하는 원조
② 특징과 한계

특징	• 저개발국에 지원하는 공적 개발 원조 총량은 지속적으로 증가하고 있음 • 과거 식량, 물품, 의료 등의 단기적 지원에서 사회 기반 시설 구축, 기술 교육 등의 장기적 지원으로 변해가고 있음 →산업 시설, 농경지, 에너지 공급 시설, 도로 등을 의미해.
한계	• 선진국의 원조에 의존하는 경향이 커지게 되어 지역의 자립성이 낮아질 수 있음 • 원조가 일회성으로 끝나거나, 이를 지속시킬 수 있는 현지의 인적·물적 자원이 제대로 갖추어지지 않았을 경우 지속성이 떨어짐 • 현지 상황을 고려하지 않은 경우 지속 가능성이 떨어짐 • 부정부패 및 정치적 불안정으로 구호 물품이 도달하지 않을 수 있음 • 국제적 이해관계, 자연재해 등으로 장기적·안정적 지원이 어려움

자료1 지속 가능 발전 목표(SDGs)

(국제 연합(UN), 2015)

17개 분야에 대한 2030년까지의 전 세계 공동 목표로서 빈곤 퇴치를 최우선으로 하며, 지속 가능한 발전을 위협하는 요인들을 완화해 나가고자 한다.

자료2 공적 개발 원조의 참여국과 수혜국

원조받는 국가의 금액
(백만 달러, 2014년)
■ 1,000 이상
■ 500~1,000
■ 100~500
■ 50~100
□ 50 미만
□ 원조하는 국가

(경제 협력 개발 기구(OECD), 2016)

공적 개발 원조의 참여국은 주로 선진국이고, 수혜국은 주로 저개발국이다.

자료3 우리나라의 공적 개발 원조 현황

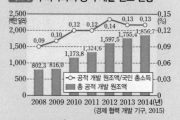

2008 2009 2010 2011 2012 2013 2014(년)
(경제 협력 개발 기구, 2015)

— 공적 개발 원조액/국민 총소득
■ 총 공적 개발 원조액

우리나라는 광복 이후 국제 원조를 받던 수혜국이었지만, 지속적인 경제 성장을 바탕으로 다른 국가에 원조를 하는 공여국으로 바뀐 최초의 국가이다.

2. 시민 사회의 노력

(1) 국제 비정부 기구(NGO)의 노력 →다양한 국적을 가진 시민들의 자발적인 참여와 모금으로 구성돼.

① 국제 비정부 기구: 국제 문제를 다루기 위해 세계 곳곳에서 활동하는 비영리 시민 단체

② 특징
  • 저개발 지역의 현실을 시민들에게 알리고, 다양한 방식의 구호 활동을 진행
  • 국가 간의 이해관계를 넘어 인도주의적 차원에서 구호 활동을 함

③ 사례

국경 없는 의사회	국제 민간 인도주의적 의료 구호 단체로 인종, 종교, 성, 정치적 성향과 관계없이 도움이 필요한 사람들에게 의료 활동을 지원함
옥스팜	빈곤 해결에 관심을 갖고 불공정 무역에 대항하는 단체로 무상 교육 및 의료 투자, 빈곤층을 위한 사회 안전망 보장, 최저 임금 보장, 탈세 단속 등의 활동을 함
그린피스	지구의 환경을 보존하고 평화를 증진하기 위해 기후 변화 방지, 원시림 보호, 해양 보호, 고래잡이 방지, 유전자 조작 반대, 핵 위협 저지 등의 활동을 함
키바	국제적 비영리 소액 신용 대출 기관으로, 돈이 필요한 빈곤한 지역의 사람과 기부자를 연결해 무이자로 돈을 대여해 줌

(2) 공정 무역 자료 4 자료 5 자료 6

① 의미: 기존 불공정한 무역 체제에 대한 대안으로, 개발 도상국에서 생산되는 친환경적인 제품들에 대해 중간 유통 과정을 거치지 않고 선진국의 소비자가 정당한 가격을 지급하여 생산자들에게 무역의 혜택이 돌아가도록 하는 무역 형태

② 주요 상품: 플랜테이션 작물(커피, 차, 카카오, 바나나 등)과 의류, 수공예품 등

③ 성과와 한계

성과	• 중간 유통 상인의 개입을 줄여 유통 비용을 낮춤 • 생산자의 건강한 노동 환경과 정당한 임금을 보장하고, 경제적 자립을 지원함 • 친환경 방식 생산으로 지구 환경 보호에 기여하고 소비자에게 신뢰를 줌 • 공정 무역으로 인한 수익 중 일부는 기술 개발과 기반 시설 확충에 투자됨
한계	• 다국적 기업의 상품에 밀려 시장 확보에 어려움을 겪음 • 선진국 소비자의 선심과 경제적 여력에 의존할 수밖에 없음 • 다양한 조건을 만족시키다 보니 가격이 다소 비싸고, 판매하는 상점이 부족함 • 일부 기업들이 부정적 이미지를 개선하기 위한 홍보 수단으로 이용함

(3) 세계 시민의 자세

① 세계에서 발생하는 다양한 지리적 문제에 관심을 두고 협력해야 함

② 지역 불평등 완화, 빈곤·기아 문제 해결을 위한 봉사 활동·기부에 동참해야 함

③ 다양한 문화 간 차이와 다양성을 존중하는 자세를 갖추어야 함

④ 지구 환경의 소중함을 깨닫고, 일상생활 속에서 환경 보호를 실천해야 함

■ 학습 내용 들여다보기

■ 아그로스 인터내셔널
농가와 농촌 공동체가 토지를 구매할 수 있도록 낮은 이자로 돈을 빌려주는 단체이다. 또한 작물 재배 방법, 생산성을 높이는 방법, 효과적인 지역 공동체 운영 방법 등을 교육한다.

■ 공정 무역 마크

국제공정무역기구(Fairtrade International)의 공정 무역 마크는 국제공정무역기구가 정한 공정 무역 기준(환경, 사회, 경제 기준)을 모두 준수한 제품에 부여되는 마크이다. 사람이 한쪽 팔을 치켜들고 환호하고 있는 모습이 표현되어 있는데, 이는 공정 무역 생산자들의 희망과 삶의 의지, 소비자들의 공정 무역에 대한 지지를 뜻한다. 파란색은 가능성, 연두색은 성장을 뜻한다.

■ 공정 무역의 원칙
• 생산자 단체(협동조합)로부터 직접 구매한다.
• 투명하고 장기적으로 거래한다.
• 생산자에게 합의된 최저 보장 가격을 제공한다.
• 지역 공동체 발전 기금을 지원한다.
• 인권을 보장하는 생산 방식을 유지한다.

■ 공정 무역으로 거래되는 대표적인 품목

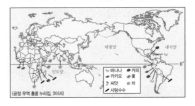

(공정 무역 총동 누리집, 2016)

■ 우리나라 공정 무역 상품의 매출 현황

(한국 사회적 기업 진흥원, 2014)

🎓 용어 알기

• **인도주의** 인간의 존엄성을 가장 우선시하는 태도

자료 4 공정 무역 제품의 주요 생산 국가와 소비 국가

(영국 공영 방송(BBC) 누리집, 2016)

공정 무역 제품 주요 생산 국가는 주로 개발 도상국이지만, 주요 소비 국가는 선진국뿐만 아니라 인도, 케냐, 리투아니아, 라트비아 등 개발 도상국도 있다.

자료 5 일반 커피와 공정 무역 커피의 수익 배분 구조

▲ 일반 커피   ▲ 공정 무역 커피

공정 무역은 유통 단계를 줄이고 직거래를 활성화하여 유통비를 절약하고 생산자(농민)의 수익을 높일 수 있다.

자료 6 미국 A 기업의 공정 무역 커피 판매 비중

(http://www.mdpi.com/, 2013)

공정 무역 커피의 판매 비중이 조금씩 증가하고 있지만 일반 커피의 판매 비중보다 여전히 크게 낮다.

간단 체크

1 빈칸에 들어갈 알맞은 말을 쓰시오.

(1) (   )은/는 제2차 세계 대전 후 전쟁 방지와 평화 유지를 위해 설립된 국제기구로, 2017년 기준 193개국이 가입되어 있다. 해당 국제기구 산하에는 지구상의 다양한 문제를 해결하기 위한 전문 기구가 있다.

(2) (   )은/는 모든 인류에게 최고 수준의 건강 보장을 목적으로 감염병 관리, 만성 질환 관리, 의약품과 식품 등의 안전성 기준 관리 등을 한다.

(3) (   )은/는 1991년 우리나라 정부에서 설립한 해외 무상 원조 기관으로, 저개발국과 상호 협력 및 교류, 경제·사회 발전 지원 등을 통해 국제 협력 증진에 이바지하는 것을 목적으로 한다.

(4) (   )은/는 여러 나라에서 발생하는 국제 문제를 다루기 위해 세계 곳곳에서 활동하는 비영리 시민 단체로, 다양한 국적을 가진 시민들의 자발적인 참여와 모금으로 구성된다.

2 다음 국제 비정부 기구에 해당하는 설명을 〈보기〉에서 찾아 기호를 쓰시오.

┌─ 보기 ├─
ㄱ. 국제적 비영리 소액 신용 대출 기관
ㄴ. 국제 민간 인도주의적 의료 구호 단체
ㄷ. 빈곤 해결에 관심을 갖고 불공정 무역에 대항하는 단체
ㄹ. 지구의 환경을 보존하고 평화를 증진하기 위해 노력하는 단체
└─────────────────────────

(1) 키바   (   )   (2) 옥스팜   (   )
(3) 그린피스 (   )   (4) 국경 없는 의사회 (   )

3 다음 설명에 해당하는 명칭을 쓰시오.

(1) 저개발국의 빈곤 문제를 해결하기 위해 국제 사회가 재정, 기술, 물자 등을 지원하는 행위 (   )

(2) 개발 도상국에서 생산되는 친환경적인 제품들에 대해 중간 유통 과정을 거치지 않고 선진국의 소비자가 정당한 가격을 지급하여 생산자들에게 무역의 혜택이 돌아가도록 하자는 운동 (   )

(3) 선진국의 정부를 비롯한 공공 기관이 저개발국의 경제 발전 및 복지 증진을 목적으로 저개발국이나 국제기구에 제공하는 원조 (   )

01 전 세계의 빈곤 및 경제적 상황과 국제적 협력의 필요성에 대한 설명으로 옳지 <u>않은</u> 것은?

① 오늘날 전 세계에는 여전히 빈곤한 지역이 많다.
② 선진국과 개발 도상국 간 경제적 격차는 점점 심해지고 있다.
③ 지역 간 불평등 문제는 한 국가의 노력만으로 해결하기 어렵다.
④ 오늘날 세계의 경제력으로는 전 인류의 기초 생활을 보장할 수 없다.
⑤ 지역 간 불평등 문제는 소득·교육·노동·무역·보건·환경 등 다양한 문제와 연결되어 있다.

02 자료의 ㉠에 해당하는 국제 연합 산하 기구로 옳은 것은?

> (㉠)은/는 1946년 제2차 세계 대전으로 인해 기아와 질병에 시달리는 아동을 구제하기 위해 만들어졌다. 국적이나 이념, 종교 등으로 인한 차별 없이 어린이를 구호하는 '차별 없는 구호'이며, 이에 따라 제2차 세계 대전의 승전국과 패전국 등 전 세계 어린이들이 (㉠)의 도움을 받았다. (㉠)은/는 점차 그 영역을 넓히면서 모든 개발 도상국 어린이들을 위한 긴급 구호, 영양, 예방 접종, 식수 및 환경 개선, 기초 교육 등의 사업을 펼쳤으며, 이에 대한 공로로 1965년에는 노벨 평화상을 수상하기도 했다.

▲ ㉠의 로고

① 세계아동구호기구
② 국제연합난민기구
③ 국제연합아동기금
④ 국제연합평화유지군
⑤ 국제연합아동구호기구

03 지도는 공적 개발 원조의 참여국과 수혜국을 나타낸 것이다. 이에 대한 설명으로 옳은 것을 〈보기〉에서 고른 것은?

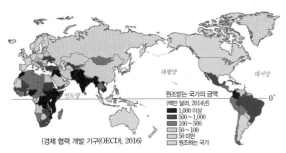

(경제 협력 개발 기구(OECD), 2016)

원조받는 국가의 금액
(백만 달러, 2014년)
- 1,000 이상
- 500~1,000
- 100~500
- 50~100
- 50 미만
- 원조하는 국가

┤ 보기 ├

ㄱ. 공적 개발 원조의 참여국은 주로 선진국이다.

ㄴ. 공적 개발 원조의 참여국은 북아메리카 대륙에 가장 많다.

ㄷ. 공적 개발 원조의 수혜국은 아프리카와 동아시아에 가장 많다.

ㄹ. 남아메리카 대륙에는 공적 개발 원조 참여국보다 수혜국이 많다.

① ㄱ, ㄴ ② ㄱ, ㄹ ③ ㄴ, ㄷ
④ ㄴ, ㄹ ⑤ ㄷ, ㄹ

04 그림은 국제 비정부 기구 옥스팜의 로고이다. 옥스팜에 대한 설명으로 옳은 것은?

OXFAM
옥스팜

① 국제 민간 인도주의적 의료 구호 단체이다.

② 난민의 권리 보호와 복지 향상을 추구한다.

③ 대규모 가축 사육으로 인한 환경 파괴를 방지한다.

④ 곡물 대기업의 유통량 조절로 인한 곡물 가격 상승에 대항한다.

⑤ 빈곤 해결과 난민 구호에 관심을 갖고 불공정 무역에 대항한다.

05 다음 글의 ㉠, ㉡에 해당하는 국제 비정부 기구를 바르게 연결한 것은?

- (㉠)은/는 국제적 비영리 소액 신용 대출 기관으로, 돈이 필요한 빈곤한 지역의 사람과 기부자를 연결해 무이자로 돈을 대여해 주고 있다.

- (㉡)은/는 지구의 환경을 보존하고 평화를 증진하기 위해 기후 변화 방지, 원시림 보호, 해양 보호, 고래잡이 방지, 유전자 조작 반대, 핵 위협 저지 등의 활동을 하고 있다.

	㉠	㉡
①	키바	그린피스
②	키바	아그로스 인터내셔널
③	그린피스	키바
④	아그로스 인터내셔널	키바
⑤	아그로스 인터내셔널	그린피스

06 그림을 통해 파악할 수 있는 공정 무역의 특징으로 가장 적절한 것은?

판매업자 93.8%
농민 1%
기타 5.2%

판매업자 50%
농민 6%
기타 44%

▲ 일반 커피 ▲ 공정 무역 커피

① 지구 환경 보호에 기여한다.

② 생산자의 건강한 노동 환경을 보장한다.

③ 중간 유통 상인의 개입을 줄여 유통 비용을 낮춘다.

④ 친환경 방식의 생산 방식으로 소비자에게 신뢰를 준다.

⑤ 공정 무역으로 인한 수익 중 일부는 기술 개발과 기반 시설 확충에 투자된다.

01 ㉠에 해당하는 국제 연합 산하 기구로 옳은 것은?

> (㉠)은/는 분쟁 지역에 파견되어 질서를 유지하고 주민들의 안전을 지키며, 분쟁의 재발을 방지하기 위해 노력한다.

① 국제 연합 다국적군
② 국제 연합 질서 유지군
③ 국제 연합 분쟁 방지군
④ 국제 연합 평화 유지군
⑤ 국제 연합 안전 보장 이사회

고난도
02 ㉠, ㉡에 해당하는 국제기구를 바르게 연결한 것은?

> • (㉠)은/는 경제 협력 개발 기구(OECD)의 산하 기관으로, 저개발국에 대한 공적 개발 원조를 논의하는 기구이다.
> • (㉡)은/는 1991년 우리나라 정부에서 설립한 해외 무상 원조 기관이다. 저개발국과 상호 협력 및 교류, 경제·사회 발전 지원 등을 통해 국제 협력 증진에 이바지하는 것을 목적으로 한다.

	㉠	㉡
①	개발 원조 위원회	한국 국제 협력단
②	개발 원조 위원회	한국 개발 원조 기구
③	공적 개발 원조 기구	한국 국제 협력단
④	공적 개발 원조 기구	한국 개발 원조 협회
⑤	국제 개발 원조 기구	한국 개발 원조 협회

고난도
03 그래프는 우리나라의 공적 개발 원조 현황을 나타낸 것이다. 이와 관련한 설명 및 추론으로 옳은 것만을 〈보기〉에서 있는 대로 고른 것은?

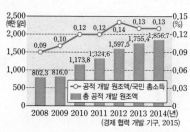
(경제 협력 개발 기구, 2015)

| 보기 |
> ㄱ. 총 공적 개발 원조액은 상승하고 있다.
> ㄴ. 2012년 국민 총소득은 2014년 국민 총소득보다 높다.
> ㄷ. 우리나라는 공적 개발 원조 수혜국에서 공여국으로 바뀐 최초의 국가이다.
> ㄹ. 2008~2014년에 국민 총소득 대비 공적 개발 원조액 비율은 매년 상승하고 있다.

① ㄱ, ㄷ   ② ㄴ, ㄹ   ③ ㄷ, ㄹ
④ ㄱ, ㄴ, ㄷ   ⑤ ㄱ, ㄴ, ㄹ

★중요★
04 공정 무역의 원칙에 대한 설명으로 옳은 것만을 〈보기〉에서 있는 대로 고른 것은?

| 보기 |
> ㄱ. 지역 공동체 발전 기금을 지원한다.
> ㄴ. 전자 상거래를 통해 유통비를 낮춘다.
> ㄷ. 인권을 보장하는 생산 방식을 유지한다.
> ㄹ. 소비자에게 합의된 최저 보장 가격을 제공한다.

① ㄱ, ㄷ   ② ㄴ, ㄹ   ③ ㄷ, ㄹ
④ ㄱ, ㄴ, ㄷ   ⑤ ㄱ, ㄴ, ㄹ

05 자료의 ㉠에 해당하는 국제 비정부 기구로 옳은 것은?

(㉠)은/는 세계 70개 이상의 나라에서 분쟁, 전염병, 영양실조, 자연재해로 고통 받거나 사회적으로 소외된 사람들을 위해 긴급 구호를 하는 국제 민간 인도주의 의료 구호 단체로, 인종, 종교, 성별, 정치적 이익에 관계없이 독립적으로 활동한다.

▲ ㉠의 로고

① 그린피스 ② 국제엠네스티
③ 세계보건기구 ④ 국경없는의사회
⑤ 국제연합아동기금

06 다음은 학생의 정리 노트이다. ㉠~㉤의 내용 중 옳지 <u>않은</u> 것은?

■ **세계 시민의 자세**
(1) 세계 시민: 전 세계적인 철학과 감각을 가지고, 세계의 일원이 되는 것과 함께 오는 권리와 시민적 책임을 가지는 시민
(2) 세계 시민이 갖추어야 할 자세 및 관점
  ㉠ 지역 간 불평등 완화를 위한 봉사 활동에 동참한다.
  ㉡ 빈곤과 기아 문제를 해결하기 위한 기부에 동참한다.
  ㉢ 지역 공동체 단위 활동에 중점을 둔다.
  ㉣ 지구 환경의 소중함을 깨닫고, 일상생활 속에서 환경 보호를 실천한다.
  ㉤ 다양한 문화를 가진 사람들과 어울려 살면서 서로의 차이와 다양성을 존중하려는 자세를 갖추어야한다.

① ㉠ ② ㉡ ③ ㉢
④ ㉣ ⑤ ㉤

07 다음 글을 통해 추론할 수 있는 공적 개발 원조의 한계를 두 가지 서술하시오.

캄보디아에 개발 원조를 제공하는 대다수 구호 단체들은 캄보디아의 영유아 사망률이 높은 이유를 식수 오염에서 찾았고, 이 문제의 해결을 위해 우물 조성 사업을 추진하였다. 그런데 구호 단체의 후원금으로 만든 우물 중 대부분이 관리 소홀과 방치로 인해 말라버리게 되었고, 일부 우물에서 중금속 성분이 검출되는 등 문제가 발생하였다.

_____
_____
_____
_____

08 그래프는 우리나라 공정 무역 상품의 매출 현황을 나타낸 것이다. 이와 같이 공정 무역 매출이 늘어나면 얻을 수 있는 성과를 세 가지 서술하시오.

(한국 사회적 기업 진흥원, 2014)

_____
_____
_____
_____

대단원 정리

① 생물 다양성 감소 문제

(유엔 환경 계획, 2015) 열대 우림 분포

- 남아메리카의 (①   )강 유역과 아프리카의 (②   )강 유역, 인도네시아 등 (③   ) 지역 등은 전체 생물 종의 약 50% 이상이 서식할 정도로 전 세계에서 생물 종이 가장 풍부한 곳이다.
- (④   )은/는 열대 갯벌이나 강과 바다가 만나는 하구에 자라는 키가 작은 나무로 주로 대단위 숲을 이룬다.

① 아마존 ② 콩고 ③ 동남아시아 ④ 맹그로브

② 영역 갈등

지도상의 (①   ) 대륙의 많은 나라는 과거에 (②   ) 대륙 강대국의 이해관계에 따라 국경선이 설정되었는데, 독립 이후 국경과 부족 경계가 달라서 분쟁과 내전, 그리고 (③   ) 발생이 끊이지 않고 있다.

① 아프리카 ② 유럽 ③ 난민

③ 발전 수준의 지역 차

(국제 연합, 2016)

	7 이상
	6~7
	5~6
	4~5
	3~4
	3 미만
	자료 없음

(①   )은/는 국내 총생산, 기대 수명, 사회적 자본, 부패 지수, 관용의 총 5개 지표를 종합한 결과로 (②   )이/가 대체로 높으나, 일부 (③   )이/가 높게 나타나기도 한다.

① 행복 지수 ② 선진국 ③ 저개발국

1. 지구상의 다양한 지리적 문제

(1) 기아 문제

자연적 요인	이상 기후, 사막화 현상, 자연재해, 농작물 병충해 등
사회적 요인	잦은 분쟁, 급격한 인구 증가, 농업 기반 시설의 부족 등

(2) 생물 다양성 감소 문제 ①

원인	• 전 세계 생물 종의 절반 이상이 분포하는 열대 우림의 파괴 • 상품 작물 및 바이오 에너지 연료용 작물의 획일적 재배

(3) 영역을 둘러싼 갈등 ②

영토 분쟁	카슈미르, 이스라엘–팔레스타인, 수단–남수단 분쟁, 난사 군도, 센카쿠 열도 분쟁, 카스피해 분쟁 등
분리 독립 운동	중국 티베트, 신장 위구르, 캐나다 퀘벡 등

2. 저개발국의 발전 노력

(1) 발전 수준의 지역 차 ③

선진국–저개발국 발전 수준 차이의 원인		산업화 시기의 차이, 인적·문화적 자원의 차이, 선진국에게 유리한 무역 구조
발전 수준을 보여 주는 다양한 지표	선진국이 높은 지표	1인당 국내 총생산, 인간 개발 지수, 행복 지수, 기대 교육 연한, 인터넷 이용자 비율, 평균 수명 등
	저개발국이 높은 지표	성 불평등 지수, 영아 사망률, 교사 1인당 학생 수, 부패 인식 지수 등

(2) 저개발국의 빈곤을 극복하기 위한 자체적 노력

다양한 노력		관광 산업 육성, 지역 경제 협력체 구축, 교육 기회 확대, 사회 기반 시설 확충, 적정 기술 제품 도입 등
성과와 한계	성과	신흥 공업국 등 수출 증대를 기반으로 경제 발전을 이룩한 국가들이 등장, 저개발국 경제 성장률 향상
	한계	• 경제 성장에 필요한 기본적인 자본과 기술이 부족함 • 정치적 불안정, 식량 부족 문제 심화, 최빈국 수 증가 • 다국적 기업의 침투 및 횡포, 다양한 사회 문제 발생

(3) 저개발국의 빈곤을 극복하기 위한 자체적 노력 사례

르완다	종족 간 차별을 엄격하게 금지함, 공직 선거 후보자 중 30%를 여성에게 할당함
브라질 쿠리치바	주민들이 쓰레기를 수거해 오면 이를 버스표나 식품으로 교환해 줌, 이때 식품들은 지역 농가에서 구매하여 지역 경제를 활성화함
쿠바 아바나	도시 곳곳의 빈터와 버려진 공장 터를 농장으로 바꾸어 도시민들을 위한 농산물을 유기농법으로 재배함

부탄	자연환경의 훼손을 막고자 관광객 수를 일정 수준으로 제한하고, 비싼 관광 비용을 받아 벌어들인 소득은 다시 경제 발전에 투자함, 교육과 의료를 무상으로 함	
볼리비아	천연자원을 국유화하여 국가의 재정을 늘렸으며, 이익을 저소득층에게 돌려주고 사회 복지 정책을 강화함	
케냐	훼손된 삼림에 나무를 심어 척박한 땅을 되살리는 그린벨트 운동을 전개함, 이 과정에서 일자리 창출의 효과도 나타남	
라오스	시장 개방에 이은 국가 성장 및 빈곤 퇴치 전략으로 최근 10년간 평균 7% 이상의 성장률을 기록하였고, 빈곤층 비율도 감소함	
에티오피아	우리나라 사례를 모델로 5개의 새마을 시범 마을을 운영함, 새마을 교육을 받은 지도자와 마을 주민들이 힘을 모아 부엌, 화장실, 지붕 개량 등의 주거 환경 개선과 식수 개발, 마을 도로 정비, 마을 회관 건립 등 공동 환경 개선 사업 실시	
보츠와나	정부와 민간의 협력으로 성공적으로 다이아몬드 광산 개발함, 수출로 얻은 소득을 다시 교육 시설, 도로 등의 사회 기반 시설에 투자	

3. 지역 간 불평등 완화 노력

(1) 국제기구의 노력 ❹

국제 연합	역할	국제 평화와 안전의 유지, 인권 및 자유 확보, 다양한 세계 문제에 개입, 지속 가능 발전 목표 등을 수립
	산하 기구	세계 보건 기구(WHO), 국제 연합 난민 기구(UNHCR), 세계 식량 계획(WFP), 국제 연합 평화 유지군(PKF), 국제 연합 아동 기금(UNICEF)
공적 개발 원조	특징	• 저개발국에 지원하는 공적 개발 원조 총량 증가 • 사회 기반 시설 구축, 기술 교육 등 장기적 지원 증가
	한계	• 선진국의 원조에 의존하는 경향이 커지게 되어 지역의 자립성이 낮아질 수 있음 • 부정부패 및 정치적 불안정으로 구호 물품이 도달하지 않을 수 있음

(2) 시민 사회의 노력 ❺ ❻

국제 비정부 기구	의미	국제 문제 해결을 위해 활동하는 비영리 시민 단체
	사례	국경 없는 의사회, 옥스팜, 그린피스, 키바 등
공정 무역	의미	기존 불공정한 무역 체제에 대한 대안으로, 개발 도상국에서 생산되는 친환경적인 제품들에 대해 중간 유통 과정을 거치지 않고 선진국의 소비자가 정당한 가격을 지급하여 생산자들에게 무역의 혜택이 돌아가도록 하자는 운동
	특징	• 주요 상품: 플랜테이션 작물(커피, 차, 카카오, 바나나)과 의류, 수공예품 등 • 생산자의 건강한 노동 환경과 정당한 임금을 보장하고, 경제적 자립을 지원함 • 공정 무역으로 인한 수익 중 일부는 기술 개발과 기반 시설 확충에 투자됨

❹ 우리나라의 공적 개발 원조 현황

• 우리나라는 광복 이후 국제 원조를 받던 (① ____)이었지만, 지속적인 경제 성장을 바탕으로 다른 국가에 원조를 하는 (② ____)(으)로 바뀐 최초의 국가이다.
• 1991년 우리나라 정부는 해외 무상 원조 기관을 설립하는데, 이를 (③ ____)(이)라고 한다.
• (④ ____)은/는 경제 협력 개발 기구(OECD)의 산하 기관으로, 저개발국에 대한 공적 개발 원조를 논의하는 기구이다. 우리나라는 2009년에 가입한 이후 꾸준하게 원조액 규모를 늘리고 있다.

답 ① 수혜국 ② 공여국(원조국) ③ 한국 국제 협력단 ④ 개발 원조 위원회

❺ 공정 무역

▲ 일반 커피 　　▲ 공정 무역 커피

• 공정 무역은 유통 단계를 줄이고 (① ____)을/를 활성화하여 유통비를 절약하고 (② ____)의 수익을 높일 수 있다.
• (③ ____)적인 생산 방식으로 지구 환경 보호에 기여하고 소비자에게 신뢰를 준다.

답 ① 직거래 ② 생산자(농민) ③ 친환경

❻ 공정 무역의 한계

• 공정 무역 상품은 (① ____)의 상품에 밀려 시장 확보에 어려움을 겪고 있다.
• 공정 무역 상품은 가격이 다소 비싸고, 판매처가 부족하며, (② ____) 소비자의 선심과 경제적 여력에 의존할 수밖에 없는 한계가 있다.

답 ① 다국적 기업 ② 선진국

대단원 마무리

01 밑줄 친 ㉠에 해당하는 기아 문제의 원인으로 옳지 <u>않은</u> 것은?

> 전 세계의 국제기구와 국제 비정부 기구는 기아 문제 해결을 위해 노력하고 있다. 하지만 여전히 세계 인구 중 다수가 기아와 영양실조로 고통 받고 있다. 최근에는 기아 문제의 원인으로 절대적인 식량 생산량의 부족 측면뿐만 아니라, ㉠ 정치·사회·경제적 측면의 원인이 부각되고 있다.

① 자연재해
② 잦은 전쟁
③ 농업 기반 시설의 부족
④ 곡물 대기업의 유통량 조절
⑤ 식량 작물의 가축 사료, 바이오 에너지 원료로의 사용

02 자료의 ㉠에 해당하는 명칭으로 옳은 것은?

> (㉠) 나무는 열대 갯벌이나 강과 바다가 만나는 하구에 자라는 키가 작은 나무로, 주로 대단위 숲을 이룬다. 다양한 동물들이 서식하고 고기의 산란 장소이자 은신처로 먹이를 제공하며 태풍이 왔을 때 방풍림 역할까지 한다.

① 바오밥
② 코르크
③ 맹그로브
④ 유칼립투스
⑤ 플라타너스

03 자료의 (가)에 들어갈 내용으로 옳은 것은?

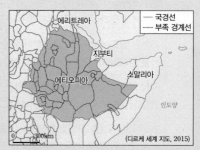

> '아프리카의 뿔'로 불리는 아프리카의 북동부에는 에티오피아와 소말리아, 에리트레아, 지부티가 있다. 이 지역은 분쟁과 내전, 그리고 난민 발생이 끊이지 않고 있다. 그 이유는 _____ (가) _____

① 북극 항로의 중요 구간에 속하기 때문이다.
② 국경과 부족 경계가 일치하지 않기 때문이다.
③ 해저 자원을 둘러싼 갈등이 심하기 때문이다.
④ 원유 수송 파이프 라인의 요충지이기 때문이다.
⑤ 인도양과 태평양을 잇는 해상 교통의 요지이기 때문이다.

04 다음 글의 ㉠에 해당하는 영역 갈등 지역을 지도의 A~E에서 고른 것은?

> (㉠)은/는 100여 개의 작은 섬과 암초로 구성된 군도이다. 인도양과 태평양을 잇는 해상 교통의 요충지이며 원유와 천연가스 등 천연자원이 풍부하여 중국, 필리핀, 베트남, 말레이시아, 브루나이 등 여러 국가들 간 경제적 이권을 둘러싼 갈등이 나타나고 있다.

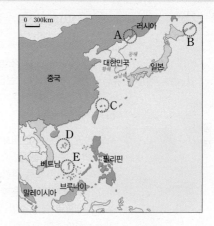

① A
② B
③ C
④ D
⑤ E

05 다음 글에 해당하는 영역 갈등 지역을 지도의 A~E에서 고른 것은?

> 북부 지역에는 이슬람교를 믿는 아랍계 주민들이 거주하고 남부 지역에는 크리스트교와 전통 종교를 믿는 아프리카계 주민들이 거주하였는데, 유전 개발을 둘러싸고 양자 간의 대립이 심해졌다. 수십 년간의 내전 후 2011년 분리되었으나 여전히 갈등은 끊이지 않고 있다.

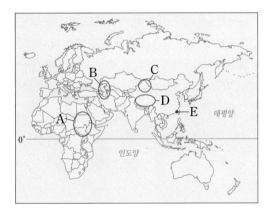

① A ② B ③ C
④ D ⑤ E

06 다음 글의 ㉠에 해당하는 영역 갈등 지역을 지도의 A~E에서 고른 것은?

> (㉠) 지역은 어족 자원이 풍부하고 인근에 많은 양의 석유와 천연 가스가 매장되어 있다. 러·일 전쟁 후 일본이 점령하였으나 제2차 세계 대전 후 소련이 점령하였고, 그 이후 러시아가 실효 지배 중이다. 일본이 영유권을 주장하며 러시아에 반환을 요구하고 있다.

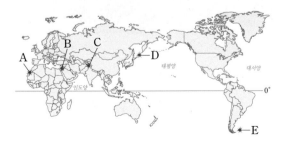

① A ② B ③ C
④ D ⑤ E

07 자료의 A에 해당하는 지표로 옳은 것은?

> (A)은/는 국제 연합 개발 계획(UNDP)이 매년 각국의 교육 수준, 국민 소득, 평균 수명 등을 기본으로 국가별 국민의 삶의 질을 평가한 지표이다. 우리나라는 2020년 189개국 중 23위를 기록하였다.

① 행복 지수 ② 사회 발전 지수
③ 인간 개발 지수 ④ 삶의 질 인식 지수
⑤ 삶의 질 평가 지수

08 자료의 ㉠에 해당하는 지표로 옳은 것은?

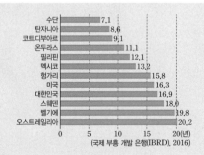

> 그래프는 상·하위 주요 국가의 (㉠)을 나타낸 것이다. (㉠)은 어린이들이 교육을 받을 것으로 예상되는 기간을 말한다. 일반적으로 선진국에서 높고, 아프리카 대륙이나 정치적으로 불안정한 국가에서 낮다.

① 기대 교육 연한 ② 예상 교육 기간
③ 학습 예상 기간 ④ 어린이 학습 예상 기간
⑤ 어린이 예상 교육 기간

09 다음 글에서 추론할 수 있는 쿠리치바시 정부 정책의 효과로 옳은 것만을 〈보기〉에서 있는 대로 고른 것은?

> 쿠리치바시 정부는 빈민 거주 지역 주민들이 재활용 쓰레기를 수거해오면 시 차원에서 이를 버스표나 식품으로 교환해 주는 정책을 시행하였다. 이때 나눠 준 식품들은 주변 지역 농가에서 생산한 제품을 구매한 것이거나, 주변 농산물 시장에서 구매한 것이었다.

┤ 보기 ├
ㄱ. 자원 재활용 촉진
ㄴ. 빈민 지역 환경 개선
ㄷ. 지역 농가 및 상권의 보전·발전
ㄹ. 빈민들의 경제적 어려움의 완전한 해소

① ㄱ, ㄴ   ② ㄴ, ㄹ   ③ ㄷ, ㄹ
④ ㄱ, ㄴ, ㄷ   ⑤ ㄱ, ㄷ, ㄹ

10 다음 글을 보고 부탄에 대한 해석으로 옳은 것만을 〈보기〉에서 있는 대로 고른 것은?

> 히말라야산맥 자락의 절경을 간직한 부탄은 가난한 나라 중 하나이지만, 국민의 97%가 행복하다고 답하는 나라이다. 자연환경의 훼손을 막고자 관광객 수를 일정 수준으로 제한하고, 비싼 관광 비용을 받아 벌어들인 소득은 다시 경제 발전에 투자하였다. 또한 교육과 의료 서비스를 국가에서 무상으로 제공하였고, 농가의 소득과 생산성을 높이고자 2020년까지 모든 농지를 유기 농업 경작지로 전환하는 계획을 추진하고 있다.

┤ 보기 ├
ㄱ. 행복 지수가 높다.
ㄴ. 사회 기반 시설을 확충하였다.
ㄷ. 지속 가능한 개발·발전을 추구하고 있다.
ㄹ. 자연환경을 잘 보전하여 관광 산업으로 활용하고 있다.

① ㄱ, ㄴ   ② ㄴ, ㄷ   ③ ㄷ, ㄹ
④ ㄱ, ㄴ, ㄹ   ⑤ ㄱ, ㄷ, ㄹ

11 그림에 대한 설명으로 옳지 <u>않은</u> 것은?

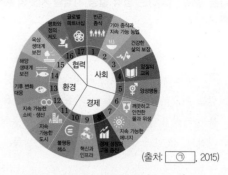
(출처: ㉠ , 2015)

① 위의 목표를 제시한 ㉠은 국제 연합이다.
② 17개 분야에 대한 발전 목표를 제안하였다.
③ 글로벌 파트너십을 최우선 목표로 제시하였다.
④ 2030년까지의 전 세계 공동 목표로 제안되었다.
⑤ 지속 가능 발전을 위협하는 요인들을 완화해 나가고자 한다.

12 자료의 ㉠에 해당하는 국제 연합 산하 기구로 옳은 것은?

> (㉠)은/는 모든 사람이 식량 걱정 없이 살 수 있는 세계를 만들기 위해 기아와 빈곤 문제 해결을 목표로 활동한다.

▲ ㉠의 로고

① 세계 식량 계획
② 세계 식량 기구
③ 기아 방지 위원회
④ 국제 연합 식량 기구
⑤ 국제 연합 기아 방지 기금

13 지도는 공정 무역 제품의 주요 생산 국가와 소비 국가를 나타낸 것이다. 이에 대한 설명으로 옳지 <u>않은</u> 것은?

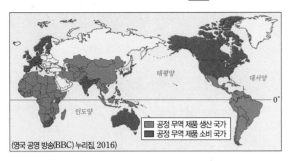

(영국 공영 방송(BBC) 누리집, 2016)

▨ 공정 무역 제품 생산 국가
▨ 공정 무역 제품 소비 국가

① 공정 무역 제품 주요 생산 국가는 주로 개발 도상국이다.

② 몇몇 개발 도상국은 공정 무역 제품 소비 국가에 속한다.

③ 공정 무역 제품 주요 소비 국가는 주로 고위도에 위치해 있다.

④ 인도, 남아프리카 공화국은 공정 무역 제품 생산 국가에 속한다.

⑤ 적도 인근 국가들은 대부분 공정 무역 제품 생산 국가에 속한다.

14 다음 글의 ㉠에 해당하는 국제 비정부 기구로 옳은 것은?

> (㉠)은/는 농가와 농촌 공동체가 토지를 구매할 수 있도록 낮은 이자로 돈을 빌려주는 단체이다. 또한 작물 재배 방법, 생산성을 높이는 방법, 효과적인 지역 공동체 운영 방법 등을 교육하여 농촌의 지속 가능한 발전에 도움을 준다.

① 키바
② 옥스팜
③ 그린피스
④ 굿네이버스
⑤ 아그로스 인터내셔널

🖉 서술형

15 (가), (나) 그래프를 통해 알 수 있는 공적 개발 원조의 특징을 각각 한 가지씩 서술하시오.

(가)

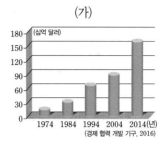

(경제 협력 개발 기구, 2016)

▲ 세계 공적 개발 원조 금액 추이

(나)

사회 인프라(교육·보건·인구·치안 등)	경제 분야	인도적 지원	기타
37	19	12	32(%)

(경제 협력 개발 기구(OECD), 2016)

▲ 공적 개발 원조의 분야별 원조 현황(2014년)

_____

_____

_____

_____

🖉 서술형

16 지도와 같이 저개발국의 연평균 경제 성장률이 선진국보다 높은 이유를 두 가지 서술하시오.

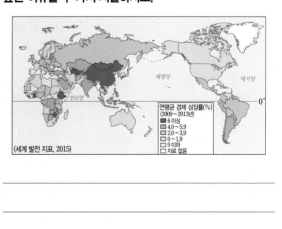

(세계 발전 지표, 2015)

연평균 경제 성장률(%)
(2009~2013년)
▨ 6 이상
▨ 4.0~5.9
▨ 2.0~3.9
□ 0~1.9
□ 0 이하
□ 자료 없음

_____

_____

_____

_____

쪽	사진	출처
8쪽, 12쪽	네덜란드	©frans lemmens / Alamy Stock Photo
8쪽, 12쪽, 28쪽	방글라데시	©Majority World CIC / Alamy Stock Photo
9쪽, 39쪽	서울특별시	©EyeEm / Alamy Stock Photo
9쪽	울산광역시	©Wirestock, Inc. / Alamy Stock Photo
14쪽	난민	©연합뉴스
21쪽, 23쪽, 31쪽	1970년대 인구 정책 포스터	©인구보건복지협회
21쪽	1980년대 인구 정책 포스터	©인구보건복지협회
21쪽	1990년대 인구 정책 포스터	©인구보건복지협회
21쪽, 23쪽, 31쪽	2020년 인구 정책 포스터	©보건복지부
34쪽, 37쪽, 52쪽	뉴욕	©Worawat Dechatiwong / Alamy Stock Photo
12쪽, 34쪽, 37쪽	키토(에콰도르)	©robertharding / Alamy Stock Photo
35쪽, 38쪽, 50쪽, 53쪽	주변 지역의 주거 지역(노원구)	©크라우드픽
43쪽	벵갈루루(인도)	©EPA / 연합뉴스
43쪽	울산	©Panwasin Seemala / Alamy Stock Photo
49쪽	인도의 무허가 주택	©Yavuz Sariyildiz / Alamy Stock Photo
53쪽	개발 제한 구역	©크라우드픽
58쪽, 61쪽, 실전모의고사 16쪽	상업적 농업	©Alf Ribeiro / Alamy Stock Photo
62쪽	「이삭 줍는 여인들」	©INTERFOTO / Alamy Stock Photo
65쪽, 69쪽, 실전모의고사 17쪽	디트로이트시의 폐공장	©Viktor Posnov / Alamy Stock Photo
65쪽, 67쪽, 76쪽	다국적 기업의 입주 환영	©연합뉴스
65쪽, 69쪽, 76쪽	다국적 기업의 철수 반대	©연합뉴스
75쪽	클린 마운틴 원정대	©연합뉴스
89쪽	1865년 알프스 산지 빙하	©Keystone / Stringer / 게티이미지코리아
89쪽	2010년 알프스 산지 빙하	©mauritius images GmbH / Alamy Stock Photo
91쪽	도쿄올림픽 메달	©ITAR-TASS News Agency / Alamy Stock Photo
94쪽	전자 쓰레기 이동(1)	©SOPA Images Limited / Alamy Stock Photo
94쪽	전자 쓰레기 이동(2)	©SOPA Images Limited / Alamy Stock Photo
95쪽	케냐의 화훼 농장	©Joerg Boethling / Alamy Stock Photo
96쪽	국립 공원 케이블카 설치 반대	©연합뉴스
100쪽, 103쪽	공사 현장	©연합뉴스
104쪽	브라질 판타나우의 말라버린 강	©Lucas Ninno / 게티이미지코리아
104쪽	해안 침수	©Global Warming Images / Alamy Stock Photo
107쪽	원자력 발전소 건설 반대	©연합뉴스
111쪽, 131쪽	팔도총도	©서울역사박물관
116쪽, 119쪽, 120쪽, 실전모의고사 32쪽	강돌이	©강화군청
116쪽, 119쪽, 120쪽	머돌이와 머순이	©보령시청
116쪽, 119쪽, 120쪽, 실전모의고사 32쪽	돌이와 소리	©제주특별자치도
116쪽, 120쪽	강릉 지역 브랜드	©강릉시청
116쪽, 118쪽	영덕 지역 브랜드	©영덕군청
116쪽, 131쪽	전주 지역 브랜드	©전주시청
116쪽, 131쪽	베를린 지역 브랜드	©Kevin George / Alamy Stock Photo
117쪽	함평 나비 축제	©함평군청
117쪽, 121쪽	농림축산식품부 지리적 표시	©국립농산물품질관리원
117쪽, 121쪽	해양수산부 지리적 표시	©국립수산물품질관리원 해양수산부
118쪽	진흙을 뒤집어쓴 사람들(머드 축제)	©RYU SEUNG IL / Alamy Stock Photo
136쪽, 156쪽	맹그로브 숲	©somnuk krobkum / 게티이미지코리아
149쪽	공정 무역 마크	©국제공정무역기구 한국사무소
150쪽	유니세프 로고	©유니세프한국위원회
151쪽	옥스팜 로고	©옥스팜코리아
153쪽	국경없는의사회 로고	©국경없는의사회
158쪽	세계 식량 계획 로고	©유엔세계식량계획
실전모의고사 24쪽	파키스탄 발로치스탄 해안의 폐선박들	©Francois-Olivier Dommergues / Alamy Stock Photo
실전모의고사 28쪽	베네치아 산마르코 광장	©TRAVELSCAPES / Alamy Stock Photo
실전모의고사 33쪽	통일의 관문, 파주	©연합뉴스
실전모의고사 33쪽	파주 북소리(booksori) 축제	©연합뉴스

필독

중학 국어로 수능 잡기

필독 중학 국어로 수능 잡기 시리즈

문학 ─ 비문학 독해 ─ 문법 ─ 교과서 시 ─ 교과서 소설

사

뿐

사회를 한 권으로
가뿐하게!

실전모의고사

중학 사회
②-2

사회를 한 권으로
가뿐하게!

사뿐

실전 모의고사

실전모의고사(1회)

01. 다음은 학생이 세계의 인구 분포를 정리한 노트 내용이다. 밑줄 친 ㉠~㉤ 중 옳지 않은 것은?

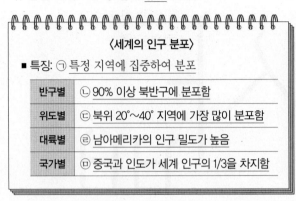

〈세계의 인구 분포〉

■ 특징: ㉠ 특정 지역에 집중하여 분포

반구별	㉡ 90% 이상 북반구에 분포함
위도별	㉢ 북위 20°~40° 지역에 가장 많이 분포함
대륙별	㉣ 남아메리카의 인구 밀도가 높음
국가별	㉤ 중국과 인도가 세계 인구의 1/3을 차지함

① ㉠　　　② ㉡　　　③ ㉢

④ ㉣　　　⑤ ㉤

02. (가), (나)에 해당하는 지역을 지도의 A~D에서 골라 바르게 연결한 것은?

(가) 혼합 농업과 공업, 서비스업이 발달하여 인구가 밀집해 있다.
(나) 계절풍의 영향으로 강수량이 많아 벼농사가 발달하여 인구가 밀집해 있다.

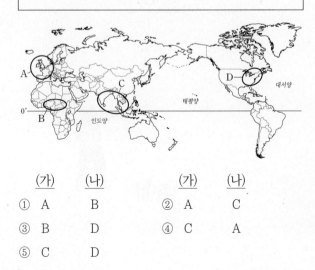

	(가)	(나)		(가)	(나)
①	A	B	②	A	C
③	B	D	④	C	A
⑤	C	D			

03. A에 들어갈 교사의 질문에 대한 학생의 대답으로 옳은 것은?

다음 세 지역의 공통점은 무엇일까요?

사하라 사막, 캐나다 북부, 아마존강 유역

A

① 아메리카 대륙에 위치해요.
② 연중 기온이 높아 인구 밀도가 낮아요.
③ 자연적 요인으로 인한 인구 희박 지역이에요.
④ 연 강수량이 매우 적어 농업과 목축에 불리한 지역이에요.
⑤ 산업화 이후 과학 기술의 발달로 인구가 밀집한 지역이에요.

04. 지도를 보고 우리나라의 인구 분포에 대해 파악한 내용으로 옳지 않은 것은?

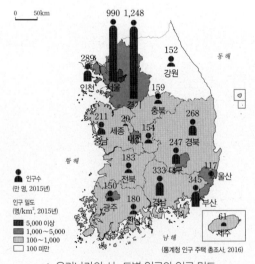

▲ 우리나라의 시·도별 인구와 인구 밀도

① 일자리가 풍부한 대도시에 인구가 집중한다.
② 수도권에 전체 인구의 절반 정도가 밀집한다.
③ 산업화와 도시화의 영향을 받은 인구 분포이다.
④ 인구 분포에 인문적 요인이 미치는 영향이 크다.
⑤ 인구수가 적은 지역은 인구 밀도도 낮게 나타난다.

05. 표는 인구 이동의 유형을 나타낸 것이다. (가), (나)에 해당하는 사례를 〈보기〉에서 골라 바르게 연결한 것은?

구분	이동 지역		이동 동기		이동 원인		
	국제	국내	자발	강제	정치	경제	종교
(가)	○		○			○	
(나)	○			○	○		

〈 보기 〉

ㄱ. 프랑스 남부로 여름 휴가를 온 영국인
ㄴ. 종교의 박해를 피해 아메리카로 이주한 영국 청교도
ㄷ. 미국의 오렌지 농장으로 일자리를 구하러 온 멕시코인
ㄹ. 내전 때문에 케냐에 있는 난민촌으로 이동한 소말리아인

	(가)	(나)		(가)	(나)
①	ㄱ	ㄴ	②	ㄱ	ㄹ
③	ㄴ	ㄷ	④	ㄷ	ㄴ
⑤	ㄷ	ㄹ			

06. 지도는 세계의 다양한 인구 이동을 나타낸 것이다. 이를 통해 파악한 내용으로 옳지 <u>않은</u> 것은?

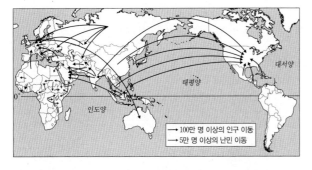

① 아프리카 북동부의 인구 이동은 흡인 요인의 영향이 크다.
② 오스트레일리아는 인구 이동 결과 순 유입이 발생할 것이다.
③ 오늘날 100만 명 이상의 인구 이동은 대부분 경제적 목적으로 나타난다.
④ 최근 서남아시아로 유입되는 인구는 종교적 배경이 비슷한 경우가 많다.
⑤ 유럽으로의 인구 이동은 주로 출발지보다 도착지의 임금이 높아서 발생한다.

07. 밑줄 친 ㉠~㉤에 대한 설명으로 옳지 <u>않은</u> 것은?

㉠ 필리핀은 국내의 ㉡ 낮은 임금과 높은 실업률로 인해 총인구의 10%가 넘는 약 1,300만 명의 근로자들이 ㉢ 고국을 떠나 ㉣ 미국, ㉤ 사우디아라비아, 홍콩, 일본 등지에서 일한다. 해외 근로자들은 가사 도우미, 간호사 등으로 일하며 번 돈을 필리핀에 있는 가족들에게 송금한다.

① ㉠ - 인구 유입이 활발하다.
② ㉡ - 배출 요인에 해당한다.
③ ㉢ - 국제 이동에 해당한다.
④ ㉣ - 흡인 요인이 존재한다.
⑤ ㉤ - 같은 대륙에 위치한다.

08. 지도는 모로코 출신 이주자들이 도착한 국가를 나타낸 것이다. 인구가 유입된 국가들에 나타날 수 있는 변화로 옳지 <u>않은</u> 것은?

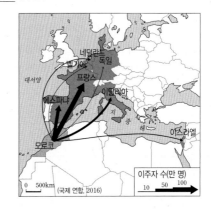

① 문화의 다양성이 증가한다.
② 저렴한 노동력을 구하기가 쉬워진다.
③ 젊고 우수한 노동력이 해외로 유출된다.
④ 종교적 갈등을 막기 위한 정책이 필요해진다.
⑤ 일자리를 둘러싼 현지인과 이주민 간의 갈등이 생긴다.

09. 다음 대중가요에 나타난 우리나라의 인구 이동에 해당하는 지도로 옳은 것은?

〈귀국선〉

돌아오네 돌아오네 고국산천 찾아서
얼마나 그렸던가 무궁화꽃을 얼마나 그렸던가 태극 깃발을
갈매기야 울어라 파도야 춤춰라
귀국선 뱃머리에 희망은 크다

①    ②

③ 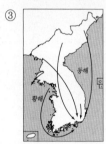   ④

⑤

10. 세계 인구 증가에 영향을 준 원인을 〈보기〉에서 고른 것은?

〈보기〉

ㄱ. 산업 혁명   ㄴ. 기상 이변
ㄷ. 의료 기술 발달   ㄹ. 생활 환경 개선
ㅁ. 제2차 세계 대전

① ㄱ, ㄴ, ㄷ   ② ㄱ, ㄷ, ㄹ
③ ㄴ, ㄷ, ㄹ   ④ ㄴ, ㄹ, ㅁ
⑤ ㄷ, ㄹ, ㅁ

11. 밑줄 친 '이곳'을 지도의 A~E에서 고른 것은?

이곳의 인구는 1965년 약 5억 명에서 2015년 약 13억 명으로 50년 동안 8억 명 증가하였다. 이곳의 인구가 빠르게 증가한 까닭은 낮은 초혼 연령으로 인한 긴 출산 기간, 힌두교의 낙태 금지, 노동력 확보를 위한 출산, 남아 선호 사상 등의 영향 때문이다. 이로 인하여 빈곤, 일자리 부족, 식량 부족, 유소년층 부양 부담의 증가 등의 문제가 발생하고 있다.

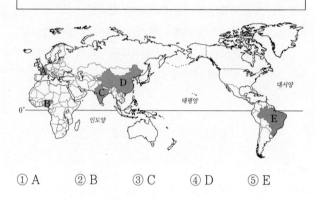

① A   ② B   ③ C   ④ D   ⑤ E

12. 지도를 보고 아프리카 대륙에서 나타날 수 있는 인구 문제와 이에 대한 대책을 바르게 연결한 것은?

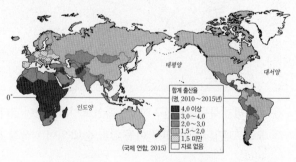

	인구 문제	대책
①	고령화 문제	산업화 정책
②	도시 과밀화 문제	출산 장려 정책
③	성비 불균형 문제	정년 연장 정책
④	기아와 빈곤 문제	산아 제한 정책
⑤	노동력 부족 문제	농업의 기계화 정책

13. 표의 국가들에서 공통적으로 나타나는 인구 문제를 해결하기 위한 대책으로 옳지 <u>않은</u> 것은?

순위	국가	인구 1,000명당 출생아 수(명)	인구 1,000명당 사망자 수(명)	인구 증가율(‰)
1	일본	8.3	10.0	-1.7
1	독일	8.3	10.8	-2.5
3	포르투갈	8.5	10.3	-1.8
4	이탈리아	8.6	9.7	-1.1
5	그리스	8.9	10.5	-1.6

* 인구 증가율: 인구 1,000명당 출생아 수와 사망자 수의 차를 계산한 것임
(국제 연합, 2015)

① 양육 비용을 지원한다.

② 보육 시설 및 교육 기관을 확충한다.

③ 직장의 근무 시간을 탄력적으로 운영한다.

④ 산업화 정책을 시행하여 경제 발전을 주도한다.

⑤ 사회 활동과 육아를 함께 할 수 있는 사회 분위기를 조성한다.

14. 그래프와 같은 인구 구조 변화로 나타날 사회 모습으로 옳지 <u>않은</u> 것은?

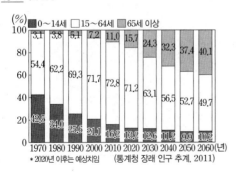

▲ 우리나라의 인구 구성 비율 변화

*2020년 이후는 예상치임 (통계청 장래 인구 추계, 2011)

① 초등학교 수 감소

② 산부인과 병원 증가

③ 외국인 근로자 유입

④ 총인구 정체 및 감소

⑤ 가구당 평균 자녀수의 감소

서술형

15. 지도는 우리나라의 인구 분포를 나타낸 것이다. 1940년대에 비해 오늘날 인구가 밀집한 곳을 쓰고, 그 이유를 두 가지 서술하시오.

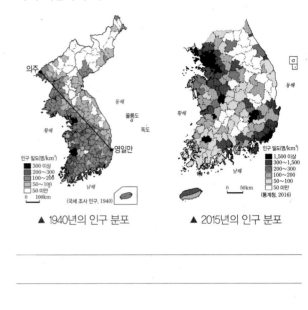

▲ 1940년의 인구 분포   ▲ 2015년의 인구 분포

서술형

16. 그래프는 두 국가의 인구 피라미드이다. (가), (나) 국가에서 발생하는 인구 문제를 각각 서술하시오.

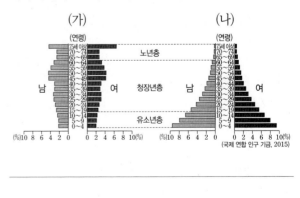

실전모의고사(2회)

01. 그래프는 대륙별 인구 분포를 나타낸 것이다. 이에 대한 설명으로 옳지 <u>않은</u> 것은?

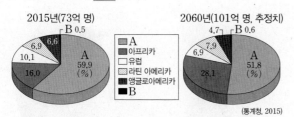

① A에는 중국, 인도가 위치한다.

② A는 북반구, B는 남반구에 위치한다.

③ 2015년 앵글로아메리카에 비해 유럽의 인구가 많다.

④ 2015년에 비해 2060년에는 인구가 지구상에 고르게 분포할 전망이다.

⑤ 2015년에 비해 2060년에 가장 많은 변화폭이 예상되는 대륙은 아프리카이다.

02. 지도의 A 지역에 인구가 밀집한 이유를 <보기>에서 고른 것은?

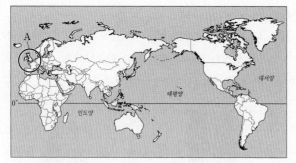

〈 보기 〉

ㄱ. 산업이 발달하여 일자리가 풍부하다.

ㄴ. 연중 봄과 같은 온화한 기후가 나타난다.

ㄷ. 교육 여건과 문화 시설이 잘 갖추어져 있다.

ㄹ. 강수량이 많고 평야가 비옥하여 벼농사에 유리하다.

① ㄱ, ㄴ   ② ㄱ, ㄷ   ③ ㄴ, ㄷ

④ ㄴ, ㄹ   ⑤ ㄷ, ㄹ

03. 표의 (가), (나)에 해당하는 사례 지역을 바르게 연결한 것은?

구분	자연적 요인	인문·사회적 요인
인구 밀집 지역		(가)
인구 희박 지역	(나)	

	(가)	(나)
①	히말라야산맥	알프스산맥
②	남태평양 지역	동남아시아
③	오스트레일리아	캐나다 북부
④	미국 북동부 지역	남부 아시아
⑤	일본의 태평양 연안	아마존강 유역

04. 산업화 이후 A, B 지역의 인구 분포에 대한 설명으로 옳은 것은?

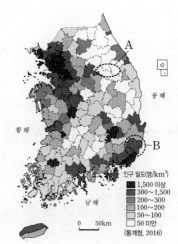

▲ 2015년의 인구 분포

① A-이촌 향도로 인구가 증가하였다.

② A-취업 기회가 많아 인구가 밀집하였다.

③ B-소득 수준이 낮아 인구가 감소하였다.

④ B-제조업에 종사하는 인구가 증가하였다.

⑤ B-우리나라 인구의 절반 정도가 분포한다.

05. (가), (나) 설명에 해당하는 인구 이동의 유형을 바르게 연결한 것은?

> (가) 시리아는 2011년 정부를 축출하려는 반군과 정부군 사이에서 내전이 발생하여, 전체 인구 중 절반 이상이 살 곳을 찾아 나라 안팎을 떠돌고 있다. 시리아 난민들은 인접한 터키와 레바논을 통해 유럽으로 들어가고 있다.
>
> (나) 미국은 지리적으로 가까운 멕시코와 남아메리카 지역의 이주민들이 많다. 히스패닉이라 불리는 이주민들은 대부분 낮은 임금을 받고 건설 인력, 청소부, 식당 종업원 등의 서비스업에 종사하고 있다.

	(가)	(나)
①	종교적 이동	경제적 이동
②	경제적 이동	정치적 이동
③	경제적 이동	종교적 이동
④	정치적 이동	경제적 이동
⑤	정치적 이동	종교적 이동

06. 지도의 인구 유입 지역에 대한 설명으로 옳지 않은 것은?

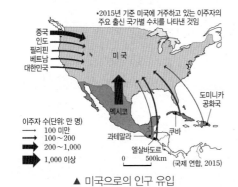

▲ 미국으로의 인구 유입

① 문화적 다양성이 커지고 있다.
② 주민들의 소득 수준이 높은 편이다.
③ 주변국에 비해 고용 기회가 많은 편이다.
④ 라틴 아메리카에 비해 산업화 시기가 이르다.
⑤ 고소득 일자리를 둘러싼 내국인과 이주민 간의 경쟁이 심화되고 있다.

07. 빈칸 (가)에 들어갈 신문 기사의 제목으로 옳은 것은?

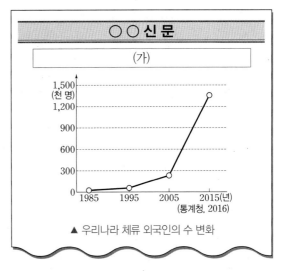

▲ 우리나라 체류 외국인의 수 변화

① 촌락으로 이주하는 대도시 인구 늘어
② 첨단 산업 발달에 따른 기술 인력 부족
③ 최저 임금은 내려가고, 실업률은 올라가고
④ 소득 향상으로 해외여행 가는 사람이 늘어
⑤ 부족한 노동력을 해결하기 위한 외국인 근로자들

08. 다음은 사회 시간에 학생이 작성한 쪽지 시험의 답안이다. 학생이 얻을 수 있는 점수로 옳은 것은?

> 개발 도상국의 인구 문제에 대한 설명이 맞으면 ○표, 틀리면 ×표 하시오(단, 한 문제당 1점씩 배점하며, 틀리더라도 감점은 없음).

번호	내용	정답
1	도시 과밀화로 인구 분산 정책이 필요하다.	×
2	낮은 인구 부양력으로 기아와 빈곤이 발생한다.	×
3	급격한 인구 증가를 막기 위해 가족계획 정책이 필요하다.	○
4	중국, 인도에서는 남아 선호 사상으로 성비 불균형 문제가 발생하기도 한다.	○

① 0점　　② 1점　　③ 2점　　④ 3점　　⑤ 4점

09. 그래프는 어느 국가의 인구 구조 변화를 나타낸 것이다. 이에 대한 설명으로 옳은 것을 〈보기〉에서 고른 것은?

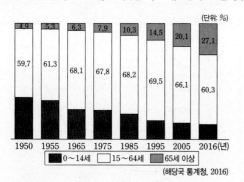

(단위: %)
(해당국 통계청, 2016)

〈 보기 〉

ㄱ. 노동력 부족 문제가 나타난다.
ㄴ. 장기적으로 인구 감소가 예상된다.
ㄷ. 중위 연령이 지속적으로 낮아지고 있다.
ㄹ. 식량과 일자리 등의 부족 문제가 나타난다.

① ㄱ, ㄴ ② ㄱ, ㄷ ③ ㄴ, ㄷ
④ ㄴ, ㄹ ⑤ ㄷ, ㄹ

10. (가), (나) 그래프와 관련된 우리나라 인구 문제의 해결 대책을 바르게 연결한 것은?

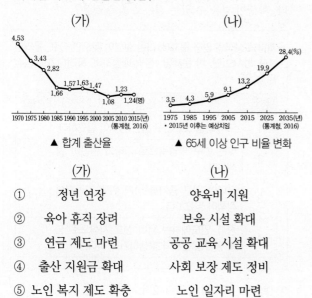

▲ 합계 출산율   ▲ 65세 이상 인구 비율 변화

	(가)	(나)
①	정년 연장	양육비 지원
②	육아 휴직 장려	보육 시설 확대
③	연금 제도 마련	공공 교육 시설 확대
④	출산 지원금 확대	사회 보장 제도 정비
⑤	노인 복지 제도 확충	노인 일자리 마련

11. 자료에서 빈칸 ㉠에 들어갈 종교를 쓰고, 서부 유럽에서 나타날 수 있는 문제를 두 가지 서술하시오.

서부 유럽은 노동력이 부족하여 일찍부터 이민을 많이 받아들였다. 이에 따라 북부 아프리카와 터키로부터 많은 인구가 유입되었다. 크리스트교를 믿는 기존 주민과 달리 이주자들은 대부분 (㉠)를 믿는다. 또 최근 아프리카나 서남아시아에서 난민이 대규모로 유입되고 있다.

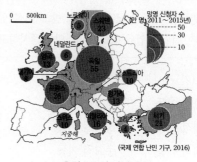

(국제 연합 난민 기구, 2016)
▲ 유럽으로의 난민 유입

12. 다음 두 국가의 공통적인 인구 문제를 쓰고, 이와 같은 대책을 도입한 이유를 두 가지 서술하시오.

구분	스웨덴	프랑스
육아 휴직	• 16개월 • 최초 13개월간 월평균 소득의 80% 지급	• 3년 • 첫째 아이는 최초 6개월간 약 72만 원 지급, 둘째 아이부터는 3년간 지급
아동 수당	16세 미만까지 지급	20세 이하 자녀 두 명 이상이면 지급
출산 지원 정책	• 모든 보육 시설 무상 • 남성의 육아 휴직 의무화	• 공립 유치원 무상 • 임신, 출산, 양육의 전 과정에서 각종 수당 지급

Ⅷ. 사람이 만든 삶터, 도시

실전모의고사(1회)

01. 다음에서 설명하고 있는 지역의 특징으로 옳은 것을 〈보기〉에서 고른 것은?

> 상대적으로 좁은 지역에 많은 사람이 살아가는 생활 공간으로, 2·3차 산업에 종사하는 인구의 비율이 높다.

〈보기〉
ㄱ. 정치와 행정의 중심지 역할을 한다.
ㄴ. 사람들의 직업이 비슷하게 나타난다.
ㄷ. 토지 이용이 조방적으로 이루어진다.
ㄹ. 자연 경관보다 인문 경관이 더 많이 나타난다.

① ㄱ, ㄴ   ② ㄱ, ㄹ   ③ ㄴ, ㄷ
④ ㄴ, ㄹ   ⑤ ㄷ, ㄹ

02. A에 들어갈 교사의 질문에 대한 학생의 대답으로 옳은 것은?

말풍선(교사): 20세기 이후 형성된 도시의 특징에 대해 말해 볼까요?
말풍선(학생): A

① 농업에 유리한 곳에 위치해요.
② 석탄 산지를 중심으로 발달하고 있어요.
③ 방어에 유리한 분지 지형에 형성되었어요.
④ 문명이 탄생한 지역에 형성되었다는 공통점이 있어요.
⑤ 공업 기능과 함께 교육, 문화 등 여러 기능을 수행해요.

03. (가), (나)에 해당하는 도시를 지도의 A~D에서 골라 바르게 연결한 것은?

> (가) 북극권 가까이에 있어 오로라를 감상할 수 있으며, 매력적인 경관이 많아 관광 산업이 발달하였다.
> (나) '세계의 배꼽'이라는 뜻을 가지고 있으며, 잉카 문명의 중심지로 세계 유산에 등재되어 보호받고 있다.

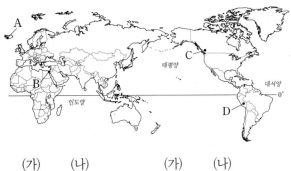

	(가)	(나)		(가)	(나)
①	A	C	②	A	D
③	B	C	④	B	D
⑤	C	A			

04. 사진의 도시에 대한 설명으로 옳은 것은?

① 아프리카 대륙에 위치한다.
② 아름다운 항구로 유명하다.
③ 친환경 에너지의 사용이 많다.
④ 연중 봄과 같은 기후가 나타난다.
⑤ 금융 시장을 기반으로 국제 자본의 연결망을 가지고 있다.

05. 세계의 유명한 도시와 랜드마크를 잘못 연결한 것은?

① 프랑스 파리 – 에펠탑
② 대한민국 서울 – 경복궁
③ 미국 뉴욕 – 자유의 여신상
④ 오스트레일리아 시드니 – 오페라 하우스
⑤ 그리스 아테네 – 사그라다 파밀리아 성당

06. 빈칸 ㉠, ㉡에 들어갈 말을 바르게 연결한 것은?

> 한 도시 내에서 도시 기능이 분리되는 까닭은 지역에 따라 (㉠)와/과 (㉡)이/가 다르기 때문이다. 도시의 중심에 위치하거나 교통이 편리한 지역일수록 (㉠)이/가 좋아 (㉡)이/가 높다.

	㉠	㉡		㉠	㉡
①	지가	접근성	②	지대	인구수
③	접근성	지가	④	쾌적성	지가
⑤	접근성	인구수			

07. 그래프는 도시 내부의 지가 변화를 나타낸 것이다. A 지역에서 높게 나타나는 지표를 〈보기〉에서 고른 것은?

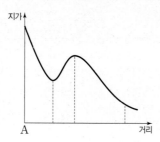

> 〈 보기 〉
> ㄱ. 은행 본점 수   ㄴ. 기업 본사 수
> ㄷ. 유소년층 비율   ㄹ. 행정 복지 센터 수

① ㄱ, ㄴ   ② ㄱ, ㄷ   ③ ㄴ, ㄷ
④ ㄴ, ㄹ   ⑤ ㄷ, ㄹ

08. 지도는 어느 두 지역의 역 주변 토지 이용을 나타낸 것이다. (가), (나)에 대한 설명으로 옳은 것은?

(가)   (나)

① (가)에는 공업 기능이 두드러진다.
② (가)는 (나)보다 주간 인구가 많다.
③ (나)는 (가)보다 유동 인구가 많다.
④ (나)는 (가)보다 접근성이 높게 나타난다.
⑤ (나)는 (가)보다 지가가 높게 형성되어 있다.

09. 그림은 도시 내부 구조의 모식도이다. A~E에 대한 설명으로 옳은 것은?

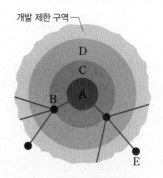

① A-대규모 아파트 단지가 밀집한다.
② B-A와 D 사이의 교통의 요지에 형성된다.
③ C-인구 공동화 현상이 두드러지게 나타난다.
④ D-대도시의 기능을 분담하는 위성 도시가 형성된다.
⑤ E-행정 기관, 금융 기관, 고급 상점 등이 모여 중심 업무 지구를 형성한다.

10. 사진에 나타난 지역에 대한 설명으로 옳은 것을 〈보기〉에서 고른 것은?

▲ 첨단 산업 단지(서울시 금천구)

> 〈 보기 〉
> ㄱ. 도심에 위치한다.
> ㄴ. 과거 경공업이 주로 이루어졌다.
> ㄷ. 부가 가치가 높은 업종이 입점한다.
> ㄹ. 임대료가 저렴해서 주거 기능이 강하게 나타난다.

① ㄱ, ㄴ   ② ㄱ, ㄹ   ③ ㄴ, ㄷ
④ ㄴ, ㄹ   ⑤ ㄷ, ㄹ

11. 표는 도시화 과정을 정리한 것이다. 밑줄 친 ㉠~㉤에 대한 설명으로 옳지 <u>않은</u> 것은?

단계	특징
㉠ 초기 단계	㉡ 도시화율이 낮고 도시화 속도가 느림
가속화 단계	• ㉢ 도시 거주 인구 비율 급증 • 인구 및 경제 활동이 도시에 집중됨
㉣ 종착 단계	㉤ 교외화 및 대도시권의 확대

① ㉠ - 농업 중심의 산업 구조가 나타난다.
② ㉡ - 도시보다 촌락에 거주하는 인구가 많다.
③ ㉢ - 산업화로 인한 이촌 향도 때문이다.
④ ㉣ - 도시화율의 성장세가 급격하게 나타난다.
⑤ ㉤ - 도시 간 인구 이동이 활발하게 나타난다.

12. 지도를 통해 추론할 수 있는 내용으로 옳은 것은?

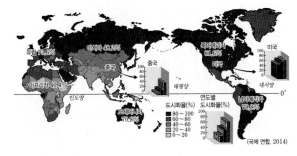

① 아시아는 도시화율이 가장 높은 대륙이다.
② 미국은 단기간에 급속하게 도시화가 진행되었다.
③ 아프리카의 국가들은 대체로 가속화 단계에 해당한다.
④ 개발 도상국은 대체로 선진국에 비해 도시화율이 높다.
⑤ 중국은 200여년에 걸쳐 점진적으로 도시화가 진행되었다.

13. (가)~(다)와 같은 도시화 특징이 나타나는 국가를 그래프의 A~C에서 골라 바르게 연결한 것은? (단, A~C는 벨기에, 대한민국, 인도네시아 중 하나임)

> (가) 20세기 중반 이후 종착 단계에 이르렀다.
> (나) 수위 도시로 인구가 집중하여 과도시화가 나타난다.
> (다) 1970년대부터 인구의 절반 이상이 도시에 거주하게 되었다.

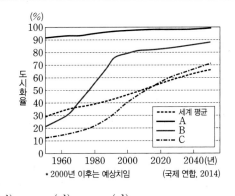

* 2000년 이후는 예상치임   (국제 연합, 2014)

	(가)	(나)	(다)
①	A	B	C
②	A	C	B
③	B	A	C
④	B	C	A
⑤	C	B	A

14. (가) 국가군에 비해 (나) 국가군에서 현저히 발생할 수 있는 도시 문제를 〈보기〉에서 고른 것은?

> (가) 영국, 독일, 프랑스
> (나) 인도, 브라질, 멕시코

〈 보기 〉
ㄱ. 오래된 건물, 노후화된 시설의 안전성 문제가 심각하다.
ㄴ. 인구 감소, 시설 노후화로 인해 도시 활력이 줄어들었다.
ㄷ. 급속한 산업화로 인한 환경 문제, 실업, 범죄 문제가 발생하였다.
ㄹ. 도시 기반 시설이 갖추어져 있지 않아 교통 혼잡이 발생하였다.

① ㄱ, ㄴ   ② ㄱ, ㄷ   ③ ㄴ, ㄷ
④ ㄴ, ㄹ   ⑤ ㄷ, ㄹ

15. (가), (나)의 설명에 해당하는 살기 좋은 도시를 바르게 연결한 것은?

> (가) 모차르트, 베토벤 등 세계적인 음악가의 도시이자 문화와 예술의 도시로 많은 역사 유적이 있다.
> (나) 수려하고 쾌적한 도시 환경을 갖추었으며, 환경 우선 정책 및 다양한 사회 보장 제도를 실시하고 있다.

	(가)	(나)
①	빈	뭄바이
②	빈	밴쿠버
③	밴쿠버	빈
④	취리히	밴쿠버
⑤	취리히	리우데자네이루

16. 다음 도시 사진과 함께 (가)에 작성할 해시태그로 적절하지 <u>않은</u> 것은?

① 브라질
② 생태 도시
③ 살기 좋은 도시
④ 구겐하임 미술관
⑤ 원통형 버스 승강장

서술형

17. 그래프를 보고 주간 인구가 많은 지역과 야간 인구가 많은 지역의 특징을 각각 서술하시오.

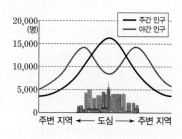

서술형

18. 다음 두 도시의 인구 변화 특징을 비교하여 각 도시에서 발생할 수 있는 도시 문제와 그 도시 문제가 나타나는 이유를 서술하시오.

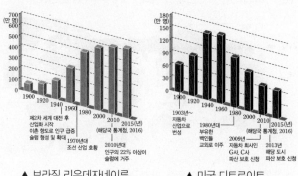

▲ 브라질 리우데자네이루   ▲ 미국 디트로이트

실전모의고사(2회)

01. 도시와 촌락을 비교할 때 도시에서 더 높게 나타나는 지표를 〈보기〉에서 고른 것은?

〈 보기 〉
ㄱ. 인구 밀도
ㄴ. 경지 면적 비율
ㄷ. 노년층 인구 비율
ㄹ. 병원, 은행 점포 수

① ㄱ, ㄴ 　② ㄱ, ㄹ 　③ ㄴ, ㄷ
④ ㄴ, ㄹ 　⑤ ㄷ, ㄹ

02. 세계의 도시에 대한 설명으로 옳은 것을 〈보기〉에서 고른 것은?

〈 보기 〉
ㄱ. 도시의 기준은 전 세계적으로 동일하게 적용한다.
ㄴ. 오늘날 세계 인구의 절반 이상이 도시에 살고 있다.
ㄷ. 세계 주요 도시의 상호 작용이 과거에 비해 감소하고 있다.
ㄹ. 세계 주요 도시들은 선진국의 중심 도시이거나 개발 도상국의 수도인 경우가 많다.

① ㄱ, ㄴ 　② ㄱ, ㄹ 　③ ㄴ, ㄷ
④ ㄴ, ㄹ 　⑤ ㄷ, ㄹ

03. ㉠, ㉡에 해당하는 도시의 사례가 바르게 연결된 것은?

구분	세계 도시	역사 · 문화 도시
유럽 대륙	㉠	
아시아 대륙		㉡

	㉠	㉡
①	뉴욕	로마
②	뉴욕	시안
③	런던	시안
④	런던	아테네
⑤	도쿄	아테네

04. 다음은 세계의 다양한 도시에 대한 퀴즈를 푼 학생의 답안지이다. 이 학생의 점수로 옳은 것은?

다음 내용에 해당하는 도시의 이름을 쓰시오(단, 한 문제당 1점씩 배점하며, 틀리더라도 감점은 없음).

번호	내용	정답
1	크리스트교, 유대교, 이슬람교의 성지	이스탄불 (터키)
2	베토벤, 모차르트 등 유명한 음악가들을 배출한 음악 도시	빈 (오스트리아)
3	습지에 건설되어 물의 도시라 불리며 지중해 무역의 중심지로 성장	베네치아 (이탈리아)
4	국제 물류의 중심지로 중국의 경제 특구로 지정되어 해외 기업 활동이 활발한 도시	베이징 (중국)

① 0점 ② 1점 ③ 2점 ④ 3점 ⑤ 4점

05. 밑줄 친 ㉠~㉣에 대한 설명으로 옳지 않은 것은?

도시가 처음 형성될 때는 ㉠상업 및 업무 기능, ㉡주거 기능, ㉢공업 기능 등이 뒤섞여서 분포한다. 그 후 도시가 성장하면서 ㉣도시 내부의 기능 지역이 분화된다.

① ㉠-높은 지가를 감당할 능력이 있는 기능이다.
② ㉠-도시 중심부로의 집심 현상을 주도하는 기능이다.
③ ㉡-쾌적한 환경이나 저렴하고 넓은 토지를 필요로 한다.
④ ㉢-교통이 편리하고 유동 인구가 많은 지역에서 큰 수익을 얻을 수 있다.
⑤ ㉣-유사한 기능별로 도시 공간이 나누어지는 것을 말한다.

06. (가), (나)에 해당하는 도시 내부 지역을 그림의 A~D에서 골라 바르게 연결한 것은?

> (가) 대규모 주택 단지와 학교가 많고, 도시와 농촌의 모습이 혼재한다.
> (나) 행정 기관, 금융 기관, 기업의 본사, 백화점, 고급 상점 등이 모여 중심 업무 지구를 이룬다.

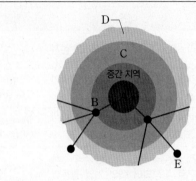

	(가)	(나)		(가)	(나)
①	A	C	②	A	D
③	C	A	④	C	B
⑤	D	A			

07. 그래프에서 나타나는 현상과 관련된 설명으로 옳지 <u>않은</u> 것은?

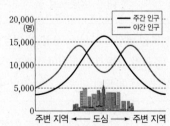

① 출퇴근 시 교통 혼잡 문제가 발생한다.
② 직장과 주거지 사이의 거리가 대체로 멀다.
③ 도심에 위치한 초등학교의 통폐합이 발생한다.
④ 도시 기능의 지대 지불 능력 차이에서 발생한 현상이다.
⑤ 주로 출근 시간대에는 주변 지역, 퇴근 시간대에는 도심으로 인구 이동이 나타난다.

08. 개발 제한 구역의 기능으로 옳은 것을 〈보기〉에서 고른 것은?

> 〈 보기 〉
> ㄱ. 저렴한 공장 부지 제공
> ㄴ. 도시의 녹지 공간 확보
> ㄷ. 도시의 무질서한 팽창 방지
> ㄹ. 도심에 집중된 서비스 기능 분산

① ㄱ, ㄴ　　② ㄱ, ㄷ　　③ ㄴ, ㄷ
④ ㄴ, ㄹ　　⑤ ㄷ, ㄹ

09. 그래프는 경제 발전 정도가 다른 어느 두 국가의 도시화 과정을 나타낸 것이다. 이에 대한 설명으로 옳지 <u>않은</u> 것은?

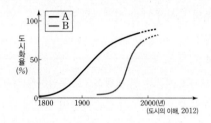

① A는 산업화와 함께 진행되었다.
② A에서 역도시화 현상이 나타난다.
③ B는 사회적 증가와 함께 인구의 자연적 증가가 동반되었다.
④ A는 B에 비해 수위 도시의 인구 집중 현상이 심각하다.
⑤ B는 A에 비해 도시화의 속도가 빠르게 진행되었다.

10. 밑줄 친 도시에서 발생하는 문제에 대한 설명으로 옳지 <u>않은</u> 것은?

> 브라질의 <u>리우데자네이루</u>에는 경사가 급한 산비탈 곳곳에 가난한 사람들이 모여 사는 (㉠)이/가 형성되어 있다. 이러한 지역을 이곳에서는 '파벨라'라고 부른다.

① ㉠에 들어갈 말은 슬럼이다.
② 대체로 개발 도상국에서 나타나는 도시 문제이다.
③ 인구 수용 능력을 초과한 인구 과밀 현상이 나타난다.
④ 도시적 생활 양식을 영위하기 위한 기반 시설이 부족하다.
⑤ 개발의 역사가 오래되어 도시 시설이 낙후되면서 나타났다.

11. (가), (나) 도시에 대한 설명으로 옳지 <u>않은</u> 것은?

(가)	(나)

▲ 쿠리치바(브라질)　　▲ 빌바오(에스파냐)

① (가)는 급격한 인구 증가로 인해 도시 문제가 발생하였다.

② (가)는 굴절 버스, 원통형 버스 정류장 등으로 교통 문제를 해결하였다.

③ (나)는 휴양 도시였으나, 관광객이 줄어들어 실업률이 높아졌다.

④ (나)는 구겐하임 미술관을 유치하면서 문화·관광도시로 탈바꿈하였다.

⑤ (가), (나)는 살기 좋은 도시로 꼽힌다.

12. 다음에서 소개하고 있는 도시를 지도의 A~E에서 고른 것은?

> 우리나라의 대표적인 생태 도시로, 시와 주민들의 노력에 의해 갈대숲과 광활한 갯벌, 철새들이 어우러진 생태 관광지로 주목을 받게 되었다. 이 지역을 찾는 관광객들이 늘어나면서 지역 경제도 활기를 띠게 되었다.

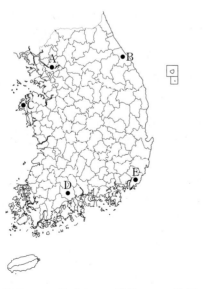

① A　　② B　　③ C　　④ D　　⑤ E

서술형

13. 다음 글은 인도 뭄바이의 도시화 과정과 도시 문제에 대한 것이다. ㉠에 들어갈 알맞은 말을 쓰고, 뭄바이에서 나타나는 도시 문제를 두 가지 서술하시오.

> 뭄바이는 인도의 경제·금융·상업의 중심지이다. 과거에는 작은 어촌 마을이었지만 영국의 식민 지배를 받으면서 성장한 도시이다. 뭄바이의 도심에는 영국 식민 지배 시대의 건물이 많이 남아 있으며, 지금까지도 뭄바이의 중심지로 자리잡고 있다. 2011년 통계에 따르면 뭄바이의 인구는 약 1,200만 명으로 20세기 중반 이후 급격히 증가하였다. 이로 인하여 몇몇 도시들로 사람들이 집중하는 (㉠) 현상이 나타났고, 인구 밀도도 세계 최고 수준으로 높아졌다.

_____

_____

_____

_____

서술형

14. 그림을 보고 삶의 질이 높은 도시의 조건을 세 가지 서술하시오.

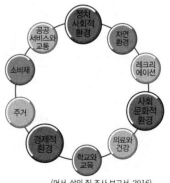

(머서, 삶의 질 조사 보고서, 2016)

_____

_____

_____

_____

실전모의고사(1회)

01. (가) 농업 방식과 비교한 (나) 농업 방식의 상대적인 특징을 그림의 ㉠~㉤에서 고른 것은?

(가)   (나)

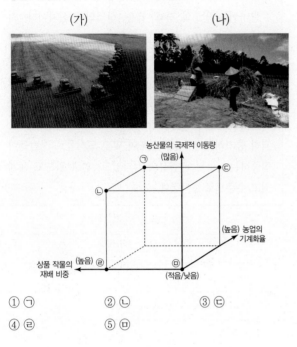

① ㉠   ② ㉡   ③ ㉢

④ ㉣   ⑤ ㉤

02. 지도는 커피의 주요 생산국과 수입국을 나타낸 것이다. 이에 대한 해석으로 옳은 것을 〈보기〉에서 고른 것은?

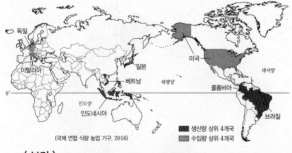

(국제 연합 식량 농업 기구, 2016)

〈 보기 〉

ㄱ. 생산국은 주로 선진국에 속한다.
ㄴ. 플랜테이션 농업의 형태로 재배되고 있다.
ㄷ. 생산량이 많은 국가는 주로 열대 기후이다.
ㄹ. 1차 산업이 발달한 국가에서 주로 수입한다.

① ㄱ, ㄴ   ② ㄱ, ㄷ   ③ ㄴ, ㄷ

④ ㄴ, ㄹ   ⑤ ㄷ, ㄹ

03. 그림은 점심시간 급식 메뉴와 그 원산지를 나타낸 것이다. 이 식단과 관련된 내용으로 옳은 것을 〈보기〉에서 고른 것은?

〈 보기 〉

ㄱ. 쌀은 로컬 푸드를 활용하였다.
ㄴ. 위 재료 중 오징어의 이동 거리가 가장 짧다.
ㄷ. 교통과 통신의 발달로 뉴질랜드 키위를 맛볼 수 있게 되었다.
ㄹ. 재료들을 국산으로 대체한다면 환경 오염이 더 심해질 것이다.

① ㄱ, ㄴ   ② ㄱ, ㄷ   ③ ㄴ, ㄷ

④ ㄴ, ㄹ   ⑤ ㄷ, ㄹ

04. 다음 글을 보고 학생들이 분석한 내용 중 옳지 않은 것은?

> 농업 생산이 기업화되면서 필리핀에서는 쌀을 재배하던 논에 대규모 바나나 농장이 들어섰으며, 인도네시아에서는 열대 우림 지역이 기름야자 농장으로 바뀌었다. 또, 전 세계적으로 육류의 소비가 증가하면서 가축을 기르기 위한 초지를 조성하고 있다.

① 갑: 쌀이 바나나보다 수익이 더 높은가보네.
② 을: 농업이 기업화되면 기호 작물을 주로 재배하네.
③ 병: 농업의 세계화도 이런 현상들의 원인이 된 것 같아.
④ 정: 로컬 푸드를 애용하면 저런 현상들로 인한 부작용을 예방할 수 있을 거야.
⑤ 무: 세계적으로 육류 소비가 증가하면 환경 파괴가 발생할 가능성이 높아지겠어.

05. 다음 대화 내용과 같은 상황이 이루어질 수 있었던 배경을 〈보기〉에서 고른 것은?

> 예준: 세명아, 신발 예쁘다. 새로 샀어?
> 세명: 응, 이번 생일 선물로 부모님께서 사주셨어. 이번에 새로 나왔는데, 운동할 때 신으려고 골랐지. 그런데 예준아, 이 상표 좀 볼래?
> 예준: 어라, 이 브랜드는 분명 미국 브랜드로 알고 있는데, 생산 지역은 베트남으로 나와 있네.
> 세명: 응, 본사가 미국에 있는 회사인데, 물건은 베트남에서 만든대. 그리고 재료들도 여러 나라에서 수입해서 만드나봐. 그렇게 완성된 제품이 다른 나라로 판매되는 거라 하더라고.

─〈 보기 〉─
ㄱ. 강화된 관세 정책　　　ㄴ. 자유 무역의 확대
ㄷ. 지역 분쟁의 심화　　　ㄹ. 교통과 통신의 발달

① ㄱ, ㄴ　　② ㄱ, ㄷ　　③ ㄴ, ㄷ
④ ㄴ, ㄹ　　⑤ ㄷ, ㄹ

06. 다음 (가)~(다)에서 생산 공장을 특정 국가에 지은 이유로 옳은 것은?

> (가) 독일의 운동화 생산 업체 A사는 인도네시아에서 공장을 가동 중이다.
> (나) 미국의 자동차 업체 C사는 한국에서 공장을 가동 중이다.
> (다) 한국의 자동차 업체인 H사는 미국에 공장을 설립하였다.

① (가) – 고급 인력이 많기 때문이다.
② (나) – 지가가 저렴하기 때문이다.
③ (나) – 노동 임금이 저렴하기 때문이다.
④ (다) – 무역 장벽을 극복하기 위해서이다.
⑤ (다) – 저렴한 원료 확보에 유리하기 때문이다.

07. 자료를 보고 밑줄 친 ㉠의 사례로 옳지 않은 것은?

 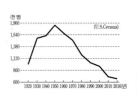

▲ 디트로이트의 폐공장　　　▲ 디트로이트의 인구 변동

디트로이트는 자동차를 생산하는 다국적 기업의 공장들이 들어서 번창한 지역이었다. 하지만 20세기 후반부터 개발 도상국으로 생산 공장들이 이전하면서 폐공장들만 남게 되었다. 지금은 많이 회복되었으나, ㉠<u>이 지역의 공장들이 이전하고 나서 많은 문제점이 발생했다.</u>

① 산업 공동화 현상이 발생한다.
② 많은 근로자들이 일자리를 잃게 된다.
③ 기술 이전을 통해 새로운 산업이 발달한다.
④ 지역 사회가 대규모 경기 침체를 겪게 된다.
⑤ 새로운 일자리를 찾아 지역의 인구가 유출된다.

08. 그림은 다국적 기업의 성장 과정을 나타낸 모식도이다. 이에 대한 설명으로 옳은 것은?

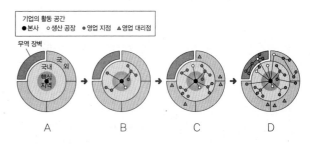

① A는 국내에 분공장을 세워 기업의 규모를 확대시키는 단계이다.
② B는 해외에 진출해 통합적인 기업 조직망을 구축하는 단계이다.
③ C는 해외에 영업 대리점을 진출시켜 다국적 기업으로 성장해가는 단계이다.
④ D는 해외에 영업 대리점을 설치하여 해외 판매 시장에 침투하기 시작하는 단계이다.
⑤ 다국적 기업으로 성장하면서 본사는 지가가 싸고 고급 인력이 풍부한 개발 도상국의 수도로 이전한다.

09. 다음은 ○○자동차의 신규 사업 계획서 중 일부이다. ㉠~㉤ 중 생산 공장의 최종 입지로 가장 적절한 것은?

〈○○자동차 신규 사업 계획서〉

1. 현재 상황: ○○자동차는 최근 강화된 미국의 무역 장벽을 극복하기 위한 새로운 생산 공장이 필요함
2. ○○자동차 신규 생산 공장의 입지 계획

구분	후보 지역	특징
㉠	베트남 호찌민	저렴한 지가와 인건비
㉡	미국 캘리포니아	다양한 정보 수집과 자본 및 고급 인력 확보에 유리
㉢	대한민국 대전	기술을 갖춘 고급 인력이 풍부
㉣	멕시코 티후아나	• 북미 자유 무역 협정으로 인한 미국 관세 면제 • 저렴한 인건비
㉤	필리핀 마닐라	• 저렴한 지가와 인건비 • 뛰어난 영어 구사력

---

① ㉠ ② ㉡ ③ ㉢
④ ㉣ ⑤ ㉤

10. 다음은 학생이 제출한 사회 퀴즈의 답안지이다. 이 학생의 점수로 옳은 것은?

〈사회 퀴즈〉

서비스업의 유형 분류에 대한 설명이 맞으면 ○표, 틀리면 ×표 하시오(단, 한 문제당 1점씩 배점하며, 틀리더라도 감점은 없음).

번호	내용	답
1	서비스를 제공하는 대상에 따라 구분한다.	○
2	음식업은 대표적인 소비자 서비스업이다.	○
3	생산자 서비스업은 기업이 주 고객이다.	×
4	생산자 서비스업의 사례에는 금융업, 광고업 등이 있다.	○

---

① 0점 ② 1점 ③ 2점
④ 3점 ⑤ 4점

11. 빈칸 ㉠에 들어갈 내용으로 옳지 <u>않은</u> 것은?

인도와 필리핀에는 콜센터를 포함해 데이터 입력, 소프트웨어 개발 등 기업 활동에 수행되는 각종 업무들을 전문적으로 대신 처리해 주는 BPO(Business Process Outsourcing) 산업이 발달해 있다. 이러한 배경에는 인도와 필리핀의 _____㉠_____는 이유가 있다.

---

① 인건비가 저렴하다
② 선진국과 적절한 시차를 두고 있다
③ 영어 구사 능력이 뛰어난 인력이 풍부하다
④ 교통과 통신의 발달로 시·공간의 제약이 약해졌다
⑤ 접근성이 좋고 정보가 풍부하며 전문직 비율이 높다

12. (가), (나)의 신문 기사 내용과 같은 상황이 발생한 공통된 원인으로 가장 적절한 것은?

(가) 천고마비의 계절인 가을에 접어들었지만 전북 지역 동네 서점은 그저 춥기만 하다. 30년간 동네를 지켰던 서점은 고요함만 가득했다. 수북이 쌓인 책 뒤로 주인이 말문을 뗐다. "오늘 첫 손님이네요." 평일 낮 시간을 감안하더라도 서점을 찾는 손님은 찾아볼 수 없었다. 한 시간을 기다렸지만 상황은 그대로였다. 온라인 서점의 접근성, 전자책 등 다양한 콘텐츠의 출현에 의해 동네 서점은 경쟁력을 상실해 점점 설자리를 잃어가고 있다.

(나) 국내 굴지의 기업인 S 그룹이 9만 9천m² 규모의 자사 대형 매장의 서울 본사 건물을 매각한다는 소문이다. 자산 운용 업계는 S 그룹이 부동산을 디지털 자산으로 전환하려는 것이라면서, 이번 S 그룹의 본사 건물 매각은 기업의 부동산 소유 시대가 끝나고 자산의 디지털화가 진행되고 있음을 보여 준다는 점에서 상징성이 크다고 해석했다.

---

① 재래시장의 활성화
② 전자 상거래의 증가
③ 생산 공장의 해외 이전
④ 소품종 대량 생산 방식의 보편화
⑤ 유가 상승으로 인한 유통 산업의 쇠퇴

13. 그래프는 경제 발전 단계에 따른 산업 구조의 변화를 나타낸 것이다. A~C 시기에 대한 설명으로 옳은 것만을 〈보기〉에서 있는 대로 고른 것은?

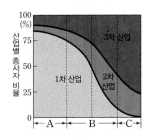

〈 보기 〉

ㄱ. A 시기에는 농촌에 많은 인구가 거주한다.
ㄴ. A 시기는 산업 혁명 이후의 공업화 시대이다.
ㄷ. B 시기에 농·어업의 비중이 증가한다.
ㄹ. C 시기를 탈공업화 사회라고 부른다.

① ㄱ, ㄴ   ② ㄱ, ㄹ   ③ ㄴ, ㄷ
④ ㄱ, ㄷ, ㄹ   ⑤ ㄴ, ㄷ, ㄹ

14. 빈칸 A에 들어갈 용어로 가장 적절한 것은?

A   십계명 〉

1. 현지인이 운영하는 숙소와 음식점, 교통편, 여행사를 이용한다.
2. 멸종 위기에 놓인 동식물로 만든 기념품(조개, 산호, 상아)은 사지 않는다.
3. 동물을 학대하는 쇼나 투어에 참여하지 않는다.
4. 지구 온난화를 부추기는 비행기 이용을 줄이고, 전기와 물을 아껴 쓴다.
5. 공정 무역 제품을 이용한다. 지나치게 가격을 깎지 않는다.
6. 현지의 인사말과 노래, 춤을 배워 본다.
7. 여행지의 생활 방식과 종교를 존중하고 예의를 갖춘다.
8. 여행 경비의 1%는 현지의 단체에 기부한다.
9. 현지인과 한 약속을 지킨다. 약속한 사진이나 물건은 꼭 보낸다.
10. 내 여행의 기억을 기록하고 공유한다.

① 공정 여행   ② 모험 여행
③ 무전 여행   ④ 오버투어리즘
⑤ 다크투어리즘

15. 다음 글의 ㉠에 들어갈 곡물을 쓰고, 이러한 상황이 지속되었을 때 우리나라가 겪을 수 있는 문제점을 세 가지만 서술하시오.

> 우리나라는 (㉠)을/를 제외한 콩, 밀, 옥수수 등 주요 곡물을 대부분 수입에 의존한다. 우리나라의 곡물 자급률은 2014년 24%로 경제 협력 개발 기구(OECD)의 회원국 34개국 중 32번째로 낮았다. 1970년 80%에 달했던 곡물 자급률은 1980년 56%, 1990년 43.1%로 하락하여 2009년 29.6%로 떨어진 뒤 20%대에 머물고 있다. 곡물 자급률이 낮다보니 우리나라는 국제 곡물 시장의 작은 변화에도 쉽게 흔들린다.

16. 다음 자료의 ㉠에 들어갈 알맞은 말을 쓰고, 생산 공장이 빠져나간 지역에서 나타나는 변화에 대해 서술하시오.

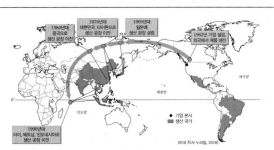

> N사는 세계적으로 유명한 스포츠 용품을 생산·판매하는 다국적 기업이다. N사는 (㉠) 노동력의 확보가 유리한 지역을 찾아 계속해서 생산 공장을 이전했다. 최근에는 중국에서 타이, 베트남, 인도네시아 등의 동남아시아 지역으로 공장을 이전했다.

실전모의고사(2회)

---

01. (가), (나)에 들어갈 농업의 사례를 바르게 연결한 것은?

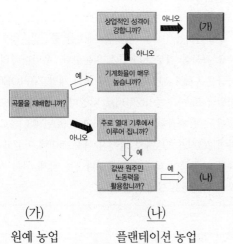

	(가)	(나)
①	원예 농업	플랜테이션 농업
②	자급적 농업	낙농업
③	자급적 농업	플랜테이션 농업
④	기업적 곡물 농업	낙농업
⑤	기업적 곡물 농업	혼합 농업

02. 그래프는 우리나라의 농산물 수출입 변화를 나타낸 것이다. 이에 대한 해석으로 옳은 것을 〈보기〉에서 고른 것은?

─〈 보기 〉─
ㄱ. 우리나라의 식량 자급률은 증가하는 추세이다.
ㄴ. 해외에 판매하기 위한 상업적 농업을 주로 한다.
ㄷ. 국제 농산물의 가격이 급등하면 식량 부족 문제가 나타날 수 있다.
ㄹ. 세계 여러 곳에서 생산되는 다양한 농산물의 수요가 증가하고 있다.

① ㄱ, ㄴ   ② ㄱ, ㄷ   ③ ㄴ, ㄷ
④ ㄴ, ㄹ   ⑤ ㄷ, ㄹ

03. 다음은 ○○중학교의 행사 계획서 중 일부이다. 빈칸 ㉠에 해당하는 용어로 가장 적절한 것은?

┌─────────────────────────────┐
│   ○○중학교 (㉠) 데이   │
│ 1. (㉠)란?   │
│ – 동일 지역에서 생산, 소비되는 농산물로 장거리 운 │
│   송을 거치지 않은 것이다. 흔히 반경 50km 이내에 │
│   서 생산된 농산물을 지칭한다.   │
│ 2. 기대 효과   │
│ – 지역 농산물 이용을 통해 지역 사회의 유지·발전 │
│   을 돕는다.   │
│ – 안전한 식재료 사용으로 학생들의 건강을 증진시킨다. │
└─────────────────────────────┘

① 로컬 푸드   ② 퓨전 푸드
③ 글로벌 푸드   ④ 슬로우 푸드
⑤ 패스트 푸드

04. 다음 글에 해당하는 지역의 변화 모습으로 옳은 것만을 〈보기〉에서 있는 대로 고른 것은?

┌─────────────────────────────┐
│ 바이오 연료는 석유, 석탄 등 기존 에너지원보다 공기 │
│ 오염 물질이 매우 적고 원료로 식물을 활용하여 재배 기 │
│ 간 동안 이산화 탄소를 흡수한다는 장점이 있다. 하지만 │
│ 최근 들어 이 바이오 연료가 석유, 석탄보다 더 지구 온 │
│ 난화를 악화시킨다는 주장이 나왔다. 연료의 원료 작물 │
│ 인 옥수수나 사탕수수 등을 재배하기 위해 숲을 없애면 │
│ 서 발생하는 이산화 탄소의 양이 그 땅에서 재배된 식물 │
│ 로 만들어진 바이오 연료가 감축시키는 이산화 탄소보다 │
│ 연간 93배나 많다는 연구 결과도 발표되었다.   │
└─────────────────────────────┘

─〈 보기 〉─
ㄱ. 이 지역의 식량 자급률이 증가하고 있다.
ㄴ. 자급적 농업보다 상업적 농업이 증가하고 있다.
ㄷ. '지구의 허파'라고 불리던 열대 우림이 사라지고 있다.
ㄹ. 일일이 벌목하는 것보다 시간과 비용을 크게 줄일 수 있기에 곳곳에서 방화를 통한 불법 개간이 이루어진다.

① ㄱ, ㄴ   ② ㄱ, ㄷ   ③ ㄷ, ㄹ
④ ㄱ, ㄴ, ㄹ   ⑤ ㄴ, ㄷ, ㄹ

05. 다음은 우리나라로 수입된 어느 의류 제품의 라벨 내용이다. 본사와 생산지의 입지에 가장 큰 영향을 준 요인을 바르게 연결한 것은?

	본사	생산지
①	저렴한 임금	세금 해택
②	다양한 정보	세금 해택
③	다양한 정보	저렴한 임금
④	무역 장벽 극복	세금 해택
⑤	무역 장벽 극복	저렴한 임금

06. 다음은 학생이 사회 수업 시간에 필기한 노트의 일부이다. ㉠~㉤ 중 옳지 않은 것은?

> 주제: 다국적 기업 생산 공장의 국내 이전
> 1. 긍정적 영향
>   ㉠ 고용 창출로 인한 경제 활성화
>   ㉡ 기술 및 경영 기법의 습득 가능
> 2. 부정적 영향
>   ㉢ 산업 공동화 현상의 발생 가능성 심화
>   ㉣ 다국적 기업 본국에 대한 경제적 의존도 심화 우려
>   ㉤ 다국적 기업의 진출로 국내 소규모 기업이 경쟁에서 밀려날 가능성이 있음

① ㉠   ② ㉡   ③ ㉢   ④ ㉣   ⑤ ㉤

07. 그림은 A사의 스마트 폰에 사용된 부품과 기술을 나타낸 것이다. 이에 대해 추론한 내용으로 옳은 것은?

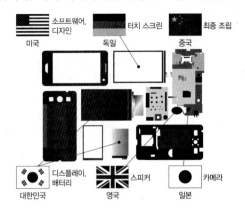

① 국제적인 분업이 이루어지고 있다.
② 세계 각국의 관세 정책이 강화되고 있다.
③ 기업 활동에 있어 공간적인 제약이 심화되고 있다.
④ 디자인은 지가와 노동비가 저렴한 지역이 담당한다.
⑤ 최종 조립은 다양한 정보 수집과 자본 및 고급 인력 확보에 유리한 지역에서 이루어진다.

08. 지도는 세계 100대 은행의 분포를 표시한 것이다. 이에 대한 내용으로 가장 적절한 것은?

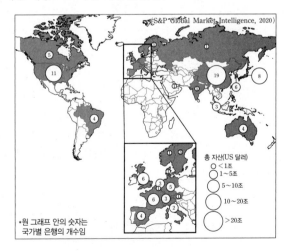

① 입지 과정에서 자연환경의 영향을 많이 받는다.
② 무역 장벽을 극복하기 위해 선진국에 진출했다.
③ 소비자 인근에 분산 입지하는 경향이 나타난다.
④ 지가와 노동 임금이 저렴한 지역으로 이동하고 있다.
⑤ 접근성이 좋고 정보가 풍부한 특정 지역에 집중해서 분포한다.

09. 그래프와 같은 현상이 발생할 수 있었던 이유를 〈보기〉에서 고른 것은?

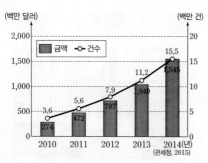

▲ 해외 직접 구매 현황

〈 보기 〉

ㄱ. 관세 부과율의 증가
ㄴ. 전자 상거래의 발달
ㄷ. 상품의 유통 단계 복잡화
ㄹ. 교통과 정보·통신의 발달

① ㄱ, ㄴ   ② ㄱ, ㄷ   ③ ㄴ, ㄷ
④ ㄴ, ㄹ   ⑤ ㄷ, ㄹ

10. (가) 여행 방식과 비교한 (나) 여행 방식의 상대적인 특징을 그림의 ㉠~㉤에서 고른 것은?

(가)	(나)
• 외부에서 운영하는 대규모 호텔이나 리조트에 숙박한다. • 대규모 골프장, 놀이 공원 등의 위락 시설에서 여가를 즐긴다.	• 현지인이 운영하는 숙소와 음식점, 대중교통 등을 이용한다. • 여행지의 생활 방식과 종교를 존중하고 문화를 체험한다.

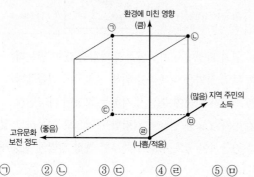

① ㉠   ② ㉡   ③ ㉢   ④ ㉣   ⑤ ㉤

[서술형]

11. (가), (나) 운동의 공통점에 대해 서술하시오.

> (가) 100마일 다이어트 운동은 100마일(약 160km) 범위 내에서 생산되는 먹거리만을 먹자는 운동이다. 이 운동은 인근 지역 공동체 주민들이 가까운 곳에서 생산한 먹거리를 소비할 것을 권장한다.
>
> (나) 신토불이(身土不二) 운동은 우리 땅에서 생산된 먹거리가 우리 몸에 좋다는 뜻으로, 농산물 수입 개방이 시작되면서 전개된 우리 농산물 애용 운동이다.

[서술형]

12. 다음 글의 ㉠에 들어갈 알맞은 말을 쓰고, ㉠의 장점을 두 가지 서술하시오.

> 오프라인 매장 중심의 미국 가전 제품 유통업체 R사가 경영난을 이기지 못하고 결국 파산 보호 신청을 했다. 94년 전통의 전자 제품 가맹점인 R사는 미국 전역에서 점포 4천여 개를 운영하던 큰 회사였으나 4천여 개 매장 중 절반을 다른 회사에 매각하고 나머지는 문을 닫을 것이라고 밝혔다. 이는 예견된 일이었다. 온라인 중심의 (㉠) 시장이 가파르게 성장하면서 이 회사의 매출은 최근 3년간 연속으로 큰 폭의 적자를 기록하였다.

X. 환경 문제와 지속 가능한 환경

실전모의고사(1회)

01. 그래프는 이산화 탄소의 배출량 증가 추이를 나타낸 것이다. 이러한 변화로 인해 국가 존폐의 위협을 가장 크게 받을 나라로 옳은 것은?

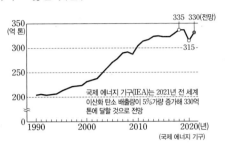

국제 에너지 기구(IEA)는 2021년 전 세계 이산화 탄소 배출량이 5%가량 증가해 330억 톤에 달할 것으로 전망

(국제 에너지 기구)

① 영국　　　② 일본　　　③ 투발루

④ 르완다　　⑤ 루마니아

02. 다음 자료에 대한 학생들의 분석 중 옳지 <u>않은</u> 것은?

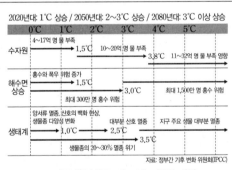

자료: 정부간 기후 변화 위원회(IPCC)

▲ 지구 온난화로 예고되는 환경 재앙

포츠담 연구소의 지구 온난화 재앙 시간표는 지구 온난화에 따른 기온 상승이 앞으로 우리 생활에 미칠 단계별 영향을 예고한다. 산업 혁명 시기를 기준으로 1℃씩 상승할 때마다 각각 예상되는 피해를 단계별로 예고하며, 이에 대한 시급한 대책 마련을 촉구하고 있다.

① 갑: 기후 변화에 따른 영향에 대한 이야기야.

② 을: 기온이 3℃ 증가하면 대부분의 산호가 멸종하게 된다고 해.

③ 병: 기온이 3℃ 증가하면 10~20억의 인류가 물 부족을 겪기도 해.

④ 정: 기온이 1℃ 상승하게 되면 예상되는 변화가 미약하기 때문에 걱정할 필요가 없어.

⑤ 무: 기온이 5℃만 증가하게 되어도 지구의 생물들에게는 대재앙이 찾아오게 될 거야.

03. 지구 온난화로 인한 변화로 옳은 것만을 〈보기〉에서 있는 대로 고른 것은?

〈 보기 〉

ㄱ. 북극 빙하의 양이 감소할 것이다.

ㄴ. 바닷물의 온도가 점점 높아질 것이다.

ㄷ. 지구의 평균 해수면이 하강할 것이다.

ㄹ. 가뭄, 홍수, 폭설 등 자연재해가 증가할 것이다.

① ㄱ, ㄴ　　　② ㄴ, ㄷ　　　③ ㄷ, ㄹ

④ ㄱ, ㄴ, ㄹ　　⑤ ㄱ, ㄷ, ㄹ

04. (가) 협약과 비교한 (나) 협약의 상대적 특징을 그림의 ㉠~㉤에서 고른 것은?

(가) 협약 : 온실가스 배출을 줄이기 위한 구체적인 계획과 의무들을 명기한 기후 변화 협약의 의정서로, 선진국들의 의무 감축 목표를 설정하고 있음

(나) 협약 : 종료 시점이 없는 협약으로, 지구의 평균 온도가 산업화 이전에 비해 2℃ 이상 상승하지 않도록 하고 최종적으로 선진국과 개발 도상국 모두 온실가스 감축에 동참하도록 한다.

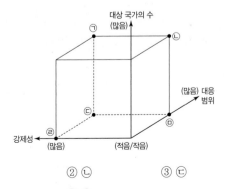

① ㉠　　　② ㉡　　　③ ㉢

④ ㉣　　　⑤ ㉤

05. 다음은 파키스탄 발로치스탄 해안 지역 주민과의 인터뷰 내용이다. 빈칸 ㉠에 들어갈 내용으로 적절하지 <u>않은</u> 것은?

▲ 파키스탄 발로치스탄 해안의 폐선박들

- 기자: 항구에 있는 폐선박들은 어디에서 왔나요?
- 주민: 대부분 미국이나 유럽 등의 선진국에서 온 배들입니다.
- 기자: 폐선박들을 해체하는 과정에서 어려운 점은 무엇인가요?
- 주민: _____ ㉠ _____

① 발암 물질 등 유해 물질이 다량 검출되고 있어요.
② 남아 있던 기름이 폭발할 수 있어 상당히 위험해요.
③ 인근 강물이 오염되어 농작물들이 죽어가고 있어요.
④ 선박 해체장이 지역에 들어선 이후 해산물 어획량이 감소하고 있어요.
⑤ 방사능 유출로 인한 호흡기 질환으로 목숨을 잃는 경우가 많아지고 있어요.

06. 다음은 사회 수업 시간에 필기한 노트의 일부이다. 밑줄 친 ㉠~㉤ 중 옳지 <u>않은</u> 것은?

> 주제: 유전자 재조합 식품에 대한 시선 차이
> 1. 긍정적 시선
>   • ㉠ 안전성이 검증된 먹을거리
>   • ㉡ 병충해에 강하고 생산량이 많음
>   • ㉢ 적은 노동력과 비용으로 대량 수확
> 2. 부정적 시선
>   • ㉣ 생물 다양성을 위협할 수 있음
>   • ㉤ 기술을 가진 다국적 농업 기업에 많은 비용을 지불

① ㉠   ② ㉡   ③ ㉢
④ ㉣   ⑤ ㉤

07. 지도는 전자 쓰레기의 발생 및 처리 지역을 나타낸 것이다. A, B 지역에 대한 설명으로 옳은 것은?

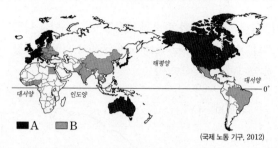

■A ■B
(국제 노동 기구, 2012)

① A 지역은 주로 개발 도상국들이다.
② A 지역은 환경에 대한 사회적 인식이 낮다.
③ B 지역은 A 지역보다 경제 발달 수준이 낮은 편이다.
④ B 지역은 A 지역보다 컴퓨터의 교체 주기가 매우 짧다.
⑤ 전자 쓰레기는 B 지역에서 A 지역으로 주로 이동할 것이다.

08. 다음 사회 퀴즈를 푼 학생의 점수로 옳은 것은?

〈사회 퀴즈〉
미세 먼지에 대한 설명이 맞으면 ○표, 틀리면 ×표 하시오 (단, 한 문제당 1점씩 배점하며, 틀리더라도 감점은 없음).

번호	내용	답
1	각종 호흡기 질환을 유발한다.	○
2	대기 중에 떠다니며 눈에 보이지 않을 정도로 작은 먼지를 말한다.	○
3	자연적인 원인으로는 화석 연료 연소 시 생기는 매연이 있다.	×
4	동풍이 강하게 불어오면 미세 먼지 농도가 심해지기도 한다.	×

① 0점   ② 1점   ③ 2점
④ 3점   ⑤ 4점

09. 빈칸 ㉠에 들어갈 말로 옳은 것은?

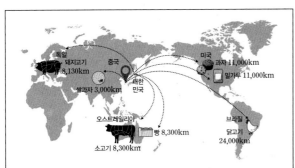

푸드 (㉠)은/는 먹을거리가 생산되어 소비자의 식탁에 오르기까지의 이동 거리(km)에 식품 수송량(t)을 곱한 값이다. 푸드 (㉠)이/가 높을수록 이동 거리가 멀며 운송 과정에서 배출되는 온실가스의 양이 많아 환경에 부담을 주게 된다. 수입 농산물은 푸드 (㉠)이/가 높고 안전성 보장이 어려워 이에 대한 대안으로 로컬 푸드 운동이 점차 확대되고 있다.

① 멤버쉽
② 포인트
③ 서비스
④ 마일리지
⑤ 내비게이터

10. 국립 공원의 케이블카 설치에 대한 찬성과 반대의 의견을 〈보기〉에서 골라 바르게 연결한 것은?

〈 보기 〉
ㄱ. 생태계가 파괴된다.
ㄴ. 신체적 약자도 관광을 즐길 수 있다.
ㄷ. 무분별한 자연 개발을 유발할 수 있다.
ㄹ. 관광 소득이 늘고 지역 경제가 활성화된다.
ㅁ. 등산객이 분산되어 등산로 훼손이 감소한다.
ㅂ. 관광객이 늘어 자연 훼손이 더 심화될 수 있다.

	찬성	반대
①	ㄱ, ㄴ, ㄷ	ㄹ, ㅁ, ㅂ
②	ㄱ, ㄹ, ㅁ	ㄴ, ㄷ, ㅂ
③	ㄴ, ㄹ, ㅁ	ㄱ, ㄷ, ㅂ
④	ㄴ, ㅁ, ㅂ	ㄱ, ㄷ, ㄹ
⑤	ㄷ, ㄹ, ㅂ	ㄱ, ㄴ, ㅁ

서술형

11. 다음은 어느 개발 도상국의 공장에서 근무하는 노동자의 일기장 중 일부이다. 밑줄 친 ㉠의 이유를 제시어를 활용하여 서술하시오.

> 2021년 8월 1일 목요일   날씨: 비
>
> 오늘부터 우리 지역에 새로 세워진 공장에서 일하게 되었다. 이 공장은 석면이라는 것을 만드는 곳인데, 원래는 ○○국에 있었던 공장이라고 한다. 이번에 공장이 만들어지면서 내 친구들도 다 같이 일자리를 얻을 수 있었다. 공장 선배와 이야기해보니, ㉠우리 공장은 ○○국과 우리나라의 차이 때문에 만들어졌다고 한다. …〈중략〉…
> 공장에서 일할 때에는 꼭 마스크를 쓰라고 한다. 답답하긴 하지만 그래야 안전하다고 하니 안전 수칙을 잘 지키며 오랫동안 일하고 싶다.

• 사회적 인식 • 환경 규제 • 환경 문제 유발 산업

서술형

12. 다음 장면 속에서 (가)에 들어갈 의견으로 알맞은 내용을 세 가지 서술하시오.

• **의장**: 현재 우리나라에서는 24기의 원자력 발전소가 운영되며, 전체 발전량의 25%를 담당하고 있습니다. 하지만 이 원자력 발전을 지속하느냐 폐기하느냐에 대해 입장마다 의견이 다릅니다.

• **환경 전문가 측**: 우리나라에서는 원자력 발전에 필요한 원료가 생산되지 않습니다. 수입 과정에서 많은 온실가스가 배출되죠. 또한 발전 후 핵폐기물 문제도 있습니다.

• **지역 주민 측**: 우리는 오랫동안 원자력 발전소와 함께 살았습니다. 그 세월 동안 언제나 사고에 대해 전전긍긍하며 불안에 떨며 살아야 했습니다.

• **원자력 발전소 측**: 여러분, 원자력 발전은 단점만 있는 것이 아닙니다. 세 가지만 먼저 설명 드리겠습니다. _____(가)_____

X. 환경 문제와 지속 가능한 환경

실전모의고사(2회)

01. 다음은 한 시상식에서 수상한 영화배우의 수상 소감이다. 밑줄 친 ⊙의 실천 방안을 〈보기〉에서 고른 것은?

> "마지막으로 이 이야기를 하고 싶습니다. '○○○○'는 인간과 자연의 관계를 담은 영화입니다. '○○○○'를 찍었던 2015년은 역사상 가장 더웠던 해였습니다. 눈을 찾아 우리는 지구의 남쪽 끝까지 가야 했죠. 기후 변화는 지금 현재, 실제로 일어나고 있는 현상입니다. 또한 지구상의 모든 종에 영향을 미치는 가장 시급한 위협이기도 합니다. ⊙이제는 더 이상 꾸물거리지 말고, 힘을 합쳐야 할 때입니다. 후세를 위해, 약자를 위해 지구를 위한 목소리가 탐욕의 정치에 의해 묻히지 않게 합시다."

〈 보기 〉
- ㄱ. 일회용품의 사용을 자제한다.
- ㄴ. 에너지 효율이 낮은 제품을 사용한다.
- ㄷ. 자가용보다 대중교통과 자전거를 이용한다.
- ㄹ. 질병 예방을 위해 냉·난방기의 사용량을 늘린다.

① ㄱ, ㄴ   ② ㄱ, ㄷ   ③ ㄴ, ㄷ
④ ㄴ, ㄹ   ⑤ ㄷ, ㄹ

02~03. 다음 그래프는 지구의 평균 기온 변화를 나타낸 것이다. 이를 보고 물음에 답하시오.

02. 그래프와 같은 변화의 원인이 되는 대기 중의 기체로 옳은 것만을 〈보기〉에서 있는 대로 고른 것은?

〈 보기 〉
- ㄱ. 산소
- ㄴ. 메탄
- ㄷ. 아산화 질소
- ㄹ. 이산화 탄소

① ㄱ, ㄴ   ② ㄱ, ㄷ   ③ ㄴ, ㄷ
④ ㄱ, ㄴ, ㄹ   ⑤ ㄴ, ㄷ, ㄹ

03. 그래프와 같은 변화가 지속될 경우 수치가 증가하는 것으로 옳은 것을 〈보기〉에서 고른 것은?

〈 보기 〉
- ㄱ. 빙하의 양
- ㄴ. 해수면의 높이
- ㄷ. 사막의 면적
- ㄹ. 동·식물의 개체 수

① ㄱ, ㄴ   ② ㄱ, ㄷ   ③ ㄴ, ㄷ
④ ㄴ, ㄹ   ⑤ ㄷ, ㄹ

04. 표는 기후 변화에 대응하기 위한 대표적인 국제 협약을 비교한 것이다. A, B에 해당하는 명칭을 바르게 연결한 것은?

구분	A	B
적용 시기	2008~2020년 • 1차 공약: 2008~2012년 • 2차 공약: 2013~2020년	2020년 교토 의정서 만료 이후
목표	온실가스 배출량 감축(1990년 대비) • 1차: 5.2% • 2차: 18.0%	• 지구 평균 기온 2℃ 감축 목표 • 1.5℃ 감축 목표 달성 노력
범위	주로 온실가스 감축에 초점	온실가스 감축뿐 아니라 적응, 재원, 기술 이전, 역량 배양, 투명성 등을 포괄
대상	주로 선진국	모든 당사국
방향	하향식 진행	상향식 진행
강제성	징벌적(미달성량의 1.3배를 다음 공약 기간에 추가)	비징벌적
지속 가능성	종료 시점이 있어 지속 가능성에 의문	종료 시점을 규정하지 않아 지속 가능한 대응 가능
행위자	국가 중심	다양한 행위자의 참여 독려

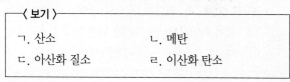

	A	B
①	람사르 조약	파리 협정
②	교토 의정서	파리 협정
③	교토 의정서	오슬로 협정
④	기후 변화 협약	파리 협정
⑤	기후 변화 협약	오슬로 협정

05. 다음 환경부 보고서의 빈칸 A에 들어갈 지명으로 옳은 것은?

> 1. 협약명: 유해 폐기물의 국가 간 이동 및 그 처리의 통제에 관한 (A) 협약
> 2. 협약 채택 배경: 선진국에서 유해 폐기물을 개발 도상국에 밀수출하거나 매각함으로써 유해 폐기물의 부적정 처리로 인한 환경 오염이 국제 문제화됨에 따라 이를 통제하기 위한 국제 협력의 필요성 대두
> 3. 협약 채택 경위 및 발효
>   • 1987. 6: 유엔 환경 계획(UNEP) 제14차 집행 이사회에서 협약 마련 결의(카이로 선언)
>   • 1987. 12: 유엔 총회에서 협약 마련을 재결의
>   • 1989. 3. 20: (A)에서 개최된 전권 대표 회의에서 협약 체결
>   • 1992. 5. 5: 협약 발효

① 빈   ② 런던   ③ 바젤
④ 코펜하겐   ⑤ 프랑크푸르트

06. 다음은 사회 수업 시간에 필기한 노트의 일부이다. 밑줄 친 ㉠~㉤ 중 옳지 않은 것은?

> 주제: 화훼 산업의 이전과 개발 도상국의 변화
> 1. 긍정적 영향
>   • ㉠산업 공동화
>   • ㉡지역 경제 활성화
> 2. 부정적 영향
>   • ㉢토양의 황폐화
>   • ㉣농약으로 인한 수질 오염
>   • ㉤농업용수 과다 사용에 의한 물 부족 문제

① ㉠   ② ㉡   ③ ㉢   ④ ㉣   ⑤ ㉤

07. 다음 ○○기업 신규 사업 계획서와 관련된 분석으로 옳지 않은 것은?

> **〈○○기업 신규 사업 계획서〉**
> 1. 현재 상황
>   • 주력 생산품: 석면 등 화학 유기물
>   • 현장 상황: 공장이 입지한 유럽 A 국가의 환경세 및 정화 비용 증가
> 2. 신규 공장 입지 계획
>
> | 신규 지역 | 이점 |
> |---|---|
> | 아프리카 B 국가 | 환경세 및 정화 비용 절감, 토지 매매 비용 지원, 저렴한 노동비 |

① 공장이 입지했던 A 국가는 B 국가보다 환경에 대한 인식이 낮을 것이다.
② B 국가는 공장을 유치하며 많은 일자리가 생겼을 것이다.
③ B 국가는 앞으로 유해 물질로 인해 환경 오염이 심해질 것이다.
④ B 국가는 환경보다 경제 개발이 시급하기 때문에 공장을 적극적으로 유치한 것이다.
⑤ 선진국의 환경 규제가 심해지며 환경 문제 유발 산업이 개발 도상국으로 이전한 사례이다.

08. 환경 이슈에 대한 설명으로 옳지 않은 것은?

① 시대와 장소에 따라 다양하게 나타난다.
② 원인과 해결 방안이 입장에 따라 다르다.
③ 일상생활과 사회 활동 전반에 영향을 끼친다.
④ 세계적 차원의 사례에는 쓰레기 소각장 건설 문제가 있다.
⑤ 지역 차원의 사례에는 국립공원 케이블카 설치 문제가 있다.

09. 그림과 같은 과정을 통해 만들어지는 농산물에 대한 설명으로 옳지 <u>않은</u> 것은?

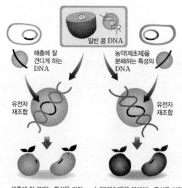

① 로컬 푸드라고 불린다.
② 병충해에 강한 옥수수를 만들 수 있다.
③ 생산량을 늘려 농가의 수익을 증대시킬 수 있다.
④ 인류에게 유리한 특정 영양소를 늘린 슈퍼 푸드를 생산할 수 있다.
⑤ 인체에 미치는 영향에 대한 안전성이 아직 검증되지 않았다는 문제점이 있다.

10. 그림은 어느 환경 이슈와 관련된 안전 수칙을 나타낸 것이다. 이 환경 이슈에 대한 설명으로 옳지 <u>않은</u> 것은?

창문 닫기 해조류와 마늘 섭취 물 많이 마시기

청결 유지 외출 후 털기 외출 시 마스크 착용

① 호흡기 질환을 유발한다.
② 대책으로 방음벽을 설치하는 방법이 있다.
③ 반도체 등 정밀 기기의 불량률을 증가시킨다.
④ 발생 요인으로 화석 연료 연소 시 생기는 매연이 있다.
⑤ 가시거리 확보가 어려워 교통수단 운행에 차질을 유발한다.

서술형

11. 빈칸 ㉠에 들어갈 알맞은 말을 쓰고, 이러한 현상에 대응하기 위해 우리가 할 수 있는 노력 방안을 두 가지 서술하시오.

지난 9일 ○○○통신은 이탈리아 명소 베네치아 산마르코 광장이 때아닌 홍수로 물에 잠겼다고 보도했다. 보도에 따르면 주말이었던 8일 광장은 더운 날씨를 피해 밖으로 나온 주민, 커플, 관광객들로 북적였다. 얼마 지나지 않아 광장에 물이 들어차기 시작했고 관광객들은 이제껏 경험하지 못한 이례적 현상에 감탄하는 모습을 보였다. 마치 수영장에 놀러 온 듯 물놀이를 하는 아이들부터 춤을 추는 사람들, 야외 테이블에 앉아 물장구를 치는 사람들 등 영화에 나올 법한 로맨틱한 장면들이 연출됐다. 그러나 이 같은 로맨틱한 장면 뒤에는 (㉠)(이)라는 무서운 원인이 존재한다.

서술형

12. 환경 이슈의 해결을 위해 그림과 같은 장면이 필요한 이유에 대해 서술하시오.

실전모의고사(1회)

01. 지도의 ㉠~㉤에 대한 설명으로 옳지 <u>않은</u> 것은?

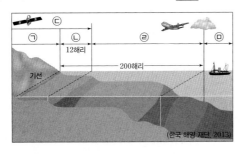

(한국 해양 재단, 2013)

① ㉠은 영해와 영공 설정의 기준이다.
② ㉡은 일반적으로 기선으로부터 12해리까지의 수역이다.
③ ㉢은 ㉠과 ㉡의 수직 상공이다.
④ ㉣에서는 연안국이 아닌 다른 나라의 선박·항공기도 특별한 허가 없이 운항할 수 있다.
⑤ ㉤에서의 어업 활동은 연안국의 허가를 받아야 한다.

02. 지도와 관련된 설명으로 옳지 <u>않은</u> 것은?

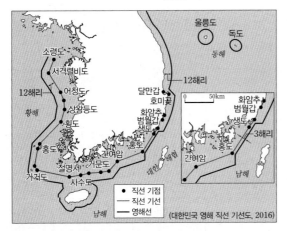

(대한민국 영해 직선 기선도, 2016)

① 제주도는 통상 기선을 적용하였다.
② 울릉도, 독도는 통상 기선을 적용하였다.
③ 화암추에서 범월갑까지의 구간은 통상 기선을 적용하였다.
④ 대부분의 동해안은 통상 기선을 적용해 영해를 설정하였다.
⑤ 생도에서 홍도까지의 구간은 일본 대마도와의 거리가 가까워 직선 기선으로부터 3해리까지 영해를 설정하였다.

03. 다음은 학생이 정리한 노트이다. 빈칸 ㉠에 들어갈 용어로 옳은 것은?

2. 독도의 중요성
(1) 독도의 가치
① (㉠)
 • 독도 주변 바다는 한류와 난류가 만나 조경 수역을 형성하여 어족 자원이 풍부함
 • 수심 200m 이하 지대에 해양 심층수 존재
 • 수심 300m 이하 지대에 메탄 하이드레이트 존재(천연가스의 주성분인 메탄이 얼음 형태로 매장)

① 경제적 가치
② 군사적 가치
③ 생태적 가치
④ 환경적 가치
⑤ 위치·영역적 가치

04. 밑줄 친 ㉠에 대한 설명으로 옳은 것은?

㉠ 삼국접양지도는 일본의 지도 제작자 하야시 시헤이가 1785년 편찬한 『삼국통람도설』에 수록되어 있는 부속 지도 중 하나이다. 삼국접양지도는 일본과 주변 3개국을 나타낸 지도로 조선, 류큐(지금의 오키나와 열도), 하이국(지금의 북해도 이북 지역)을 나타냈다. 하야시 시헤이는 일본, 조선, 류큐, 하이국의 국경을 다른 색깔로 채색하여 각 국가의 경계를 명확히 나타내었다.

① 유럽의 여러 나라들을 표현하였다.
② 대마도를 조선의 영토로 표현하였다.
③ 아메리카 대륙의 나라들을 표현하였다.
④ 조선의 해안선이 매우 정교하게 표현되었다.
⑤ 울릉도와 독도를 조선의 영토로 표시하였다.

실전모의고사(1회)

05. 사진의 지역 브랜드에 대한 설명으로 옳은 것을 〈보기〉에서 고른 것은?

〈 보기 〉

ㄱ. 전 세계 지역 브랜드의 시초이다.

ㄴ. 벨기에의 수도 암스테르담의 지역 브랜드이다.

ㄷ. 'I amsterdam' 글자 조형물은 랜드마크가 되었다.

ㄹ. 수많은 도시들이 'I amsterdam' 지역 브랜드를 모방하였다.

① ㄱ, ㄴ   ② ㄱ, ㄷ   ③ ㄴ, ㄷ

④ ㄴ, ㄹ   ⑤ ㄷ, ㄹ

06. 사진의 수산물을 지리적 표시제로 등록한 지역을 지도의 A~E에서 고른 것은?

▲ 꼬막

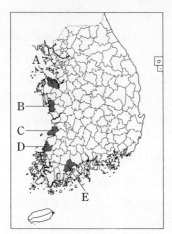

① A   ② B   ③ C   ④ D   ⑤ E

07. 다음 글의 밑줄 친 '(가) 지역'을 지도의 A~E에서 고른 것은?

아시아 영화의 발전을 위해 시작된 (가) 지역의 국제 영화제는 해를 거듭할수록 더 많은 국가에 알려지면서 (가) 지역은 문화 예술의 도시로 거듭나게 되었다.

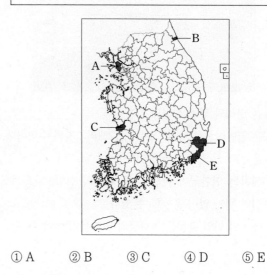

① A   ② B   ③ C   ④ D   ⑤ E

08. 표는 남·북한의 언어를 비교한 것이다. 이를 분석한 내용으로 옳지 않은 것은?

남한 말	북한 말	남한 말	북한 말
볶음밥	기름밥	도넛	가락지빵
달걀	닭알	주스	과일단물
달걀찜	닭알두부	도시락	곽밥
달걀말이	색쌈	족발	발쪽찜
양계장	닭공장	잡곡밥	얼럭밥
수제비	뜨더국	아이스크림	얼음보숭이

(통일 교육원 자료, 2016)

① 민족 동질성 약화를 초래할 수 있다.

② 오랫동안 교류가 단절된 것이 원인이다.

③ 문화적 이질성 심화의 사례가 될 수 있다.

④ 북한은 외래어의 순우리말 표기를 지향한다.

⑤ 남·북한 언어의 차이는 분단 기간이 길어질수록 표준화될 것이다.

09. 지도를 통해 알 수 있는 우리나라의 위치적 특징에 대한 설명으로 옳은 것은?

▲ 세계의 주요 해상 항로

① 항공 교통의 요지이다.

② 아시아의 중심에 위치하고 있다.

③ 대서양을 통한 해상 운송에 유리하다.

④ 대륙과 해양 양쪽으로 진출이 유리하다.

⑤ 북아메리카 항로의 길목에 위치하고 있다.

10. 다음 글에 나타난 통일 편익의 유형으로 옳은 것은?

> 통일이 된다면, 통일 한국의 국내 총생산(GDP) 규모는 2013년 1,135조 원(세계 12위)에서 2060년 4,320조 원(세계 10위)으로 상승할 것으로 예측된다. 또한 북한 지역의 개발이 진행됨에 따라 북한 지역의 생산뿐만 아니라 통일 한국 전체의 생산이 증가하고, 취업 유발 효과도 클 것으로 예측된다.

① 경제적 측면에서의 편익

② 위치적 측면에서의 편익

③ 정치적 측면에서의 편익

④ 국토·공간적 측면에서의 편익

⑤ 사회·문화적 측면에서의 편익

서술형

11~12. 자료를 보고 물음에 답하시오.

> 겨울 방학 동안 친구들과 함께 중국 선양으로 역사 탐방을 갔던 갑은 우리나라로 돌아오는 비행기 안에서 비행 경로가 나온 모니터를 보고 비행 경로가 왜 이런 것인지 궁금해졌다.

▲ 비행 경로

11. 선양에서 인천까지의 비행 경로가 위와 같은 이유를 서술하시오.

_____

_____

_____

_____

12. 통일이 된다면 위와 관련하여 어떤 변화가 있을지 변화 양상 두 가지를 서술하시오.

_____

_____

_____

_____

실전모의고사(2회)

01. 지도의 ㉠~㉤의 명칭으로 옳지 <u>않은</u> 것은?

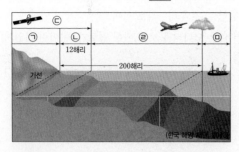

① ㉠-영토
② ㉡-영해
③ ㉢-영공
④ ㉣-배타적 경제 수역
⑤ ㉤-중간 수역

02. 다음 노래 가사의 ㉠~㉤에 관한 설명 및 추론으로 옳지 <u>않은</u> 것은?

> ♫ 독도는 우리 땅
>
> ㉠울릉도 동남쪽 뱃길 따라 이백리
> 외로운 섬 하나 새들의 고향
> 그 누가 아무리 자기네 땅이라고 우겨도
> 독도는 우리 땅
>
> 경상북도 울릉읍 도동 산 육십삼
> ㉡동경 백삼십이 북위 삼십칠
> ㉢평균 기온 십이도 강수량은 천삼백
> 독도는 우리 땅
>
> ㉣오징어 꼴뚜기 대구 명태 거북이
> 연어알 물새알 해녀 대합실
> ㉤십칠만 평방미터 우물 하나 분화구
> 독도는 우리 땅

① ㉠-일본 오키섬에서 독도까지의 거리보다 더 가깝다.
② ㉡-우리나라에서 일출 시각이 가장 이르다.
③ ㉢-한류의 영향으로 연평균 기온이 낮다.
④ ㉣-조경 수역으로 어족 자원이 풍부하다.
⑤ ㉤-우리나라에서 가장 오래된 화산섬이다.

03. 자료의 밑줄 친 '이 지역'을 지도의 A~E에서 고른 것은?

위 캐릭터는 유네스코 세계 문화유산으로 지정된 <u>이 지역</u>의 고인돌을 소재로 하여 형상화한 것으로, <u>이 지역</u>에 많이 분포하는 고인돌을 배경으로 돌망치를 든 어린 원시인을 귀엽게 표현하였다.

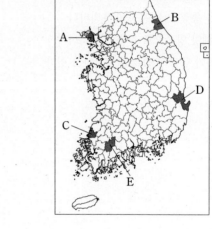

① A ② B ③ C ④ D ⑤ E

04. 다음 자료에 해당하는 지역으로 옳은 것은?

좌측의 '돌이'는 세계 자연 유산을 상징하는 깃발을 들고 있으며, 우측의 '소리'는 이 지역의 유명한 해녀 옷을 입고 있다.

① 철원 ② 거제도
③ 울릉도 ④ 울산광역시
⑤ 제주특별자치도

05. 지도는 지역의 행정 구역 이름을 바꾼 사례를 나타낸 것이다. 그 이유에 대한 설명 A~E 중 옳지 <u>않은</u> 것은?

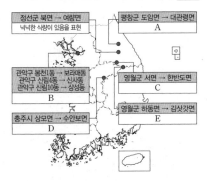

① A – 대표 지형을 활용해 지역 브랜드 가치 상승을 꾀했다.

② B – '달동네'라는 지역 이미지를 개선하고자 했다.

③ C – 행정 구역의 형태가 한반도의 형태를 닮은 것에 착안하였다.

④ D – 전국적으로 유명한 '수안보 온천'의 '수안보'라는 지명을 활용하였다.

⑤ E – 지역을 대표하는 인물의 이름을 활용하였다.

06. 다음 자료의 밑줄 친 ㉠~㉣에 대한 설명으로 옳은 것만을 〈보기〉에서 있는 대로 고른 것은?

▲ ㉠ 통일의 관문, 파주

▲ ㉡ 파주 북소리(booksori) 축제

경기도 북부에 위치한 파주시는 ㉢ 군사 도시의 이미지가 강했으나, 최근에는 문화와 산업이 어우러진 ㉣ '책도시(Book City) 파주'로 이미지 변화를 추진하고 있다.

──〈 보기 〉──

ㄱ. ㉠ – 파주가 북한과 접해 있음을 추론할 수 있다.

ㄴ. ㉡ – ㉠과 관련된 축제이다.

ㄷ. ㉢ – 많은 군 부대가 위치해 있기 때문이다.

ㄹ. ㉣ – 지역화 전략 중 지리적 표시제에 해당한다.

① ㄱ, ㄴ   ② ㄱ, ㄹ   ③ ㄷ, ㄹ

④ ㄱ, ㄴ, ㄷ   ⑤ ㄴ, ㄷ, ㄹ

07. (가), (나) 그래프에 대한 설명으로 옳은 것만을 〈보기〉에서 있는 대로 고른 것은?

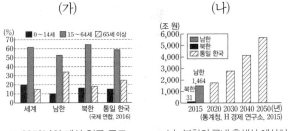

▲ 2050년의 예상 인구 구조   ▲ 남·북한의 국내 총생산 예상치

──〈 보기 〉──

ㄱ. (가) – 2050년 남한은 저출산·고령화 문제에서 벗어날 것으로 예측된다.

ㄴ. (가) – 통일을 통한 북한 인구의 유입은 남한 청장년층 인구의 인구 부양 부담을 감소시킬 것이다.

ㄷ. (나) – 2015년 남한의 국내 총생산은 북한의 40배 이상이다.

ㄹ. (나) – 시간이 지날수록 통일 편익이 커질 것임을 알 수 있다.

① ㄱ, ㄴ   ② ㄱ, ㄹ   ③ ㄷ, ㄹ

④ ㄱ, ㄴ, ㄷ   ⑤ ㄴ, ㄷ, ㄹ

08. 다음 글의 밑줄 친 ㉠~㉤ 중 옳지 <u>않은</u> 것은?

㉠ 실크로드 익스프레스란 유라시아 대륙 횡단 운송망을 구축하려는 우리 정부의 프로젝트이다. ㉡ 통일이 되면, 한반도 종단 철도와 시베리아·만주·중국 횡단 철도가 연결되어 유라시아 대륙 횡단 철도망이 완성된다. ㉢ 실크로드 익스프레스가 완공되면 우리나라 부산에서부터 유럽·아프리카 대륙까지 철도 노선이 이어진다. ㉣ 이 노선을 이용하면 기존보다 비용과 운송 기간이 줄어들어 큰 이익을 얻을 수 있고, ㉤ 내륙 국가들과의 교역이 더욱 활발해질 것으로 기대된다.

① ㉠   ② ㉡   ③ ㉢

④ ㉣   ⑤ ㉤

09. 지도를 보고 통일 이후의 변화를 예측한 설명으로 옳지 <u>않은</u> 것은?

미리 만나 보는 통일 지도

(통일 연구원, 『행복한 통일로 가는 길 리플릿』, 2015)

① 외국인 투자가 증가할 것이다.

② 국내 관광 자원이 증대될 것이다.

③ 중국, 러시아와 교류가 더 활성화될 것이다.

④ 유라시아 대륙으로의 물자 수송 비용이 감소할 것이다.

⑤ 육상 무역이 증가함에 따라 해상 무역이 감소할 것이다.

10. 다음 보고서의 밑줄 친 ㉠~㉢에 대한 설명으로 옳은 것만을 〈보기〉에서 있는 대로 고른 것은?

〈통일 이후 각광받을 직업 보고서〉

• ㉠ 남북 문화 통합 전문가

• ㉡ 광물 자원 전문가

• ㉢ 환경 컨설턴트

• ㉣ 여행 사업가

〈 보기 〉

ㄱ. ㉠-교육·경제·행정 등의 통합 방안을 마련하는 전문가이다.

ㄴ. ㉡-북한에 매장되어 있는 지하자원을 관리하고 개발하는 역할을 할 것이다.

ㄷ. ㉢-남한과 비교하여 비교적 잘 보존되어 있는 북한 환경을 관리하는 역할을 할 것이다.

ㄹ. ㉣-남북한을 연계한 다양한 관광 프로그램을 기획하고 사업을 추진할 것이다.

① ㄱ, ㄴ   ② ㄱ, ㄷ   ③ ㄷ, ㄹ

④ ㄱ, ㄴ, ㄹ   ⑤ ㄴ, ㄷ, ㄹ

서술형

11~12. 다음 지도를 보고 물음에 답하시오.

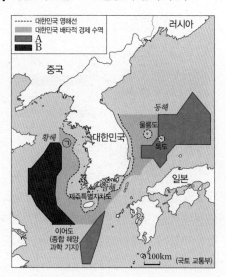

- - - - 대한민국 영해선
░░░ 대한민국 배타적 경제 수역
▨ A
■ B

11. 지도의 A와 B의 명칭을 쓰고, A와 B가 설정된 이유를 서술하시오.

_____

_____

_____

_____

12. 중국과 관련하여 ㉠ 지역에서 빈번하게 발생하는 문제를 쓰고, 해당 문제의 불법성을 아래의 제시어를 활용하여 서술하시오.

| • 영해 | • 주권 |

_____

_____

_____

실전모의고사(1회)

01. 그래프는 대륙별 인구 대비 영양 부족 및 비만 비율을 나타낸 것이다. 이에 대한 설명으로 옳지 <u>않은</u> 것은?

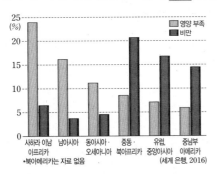

① 저개발국은 영양 부족 비율이 높게 나타난다.
② 비만 비율은 중동·북아프리카에서 가장 높다.
③ 영양 부족 비율은 사하라 이남 아프리카에서 가장 높다.
④ 저개발국이 많이 위치한 대륙은 비만 비율이 높게 나타난다.
⑤ 선진국이 많이 위치한 대륙은 영양 부족 비율이 낮게 나타난다.

02. 다음 글의 ㉠에 해당하는 지역으로 옳은 것은?

> (㉠)섬은 타이완이 실효적으로 차지하고 있었으나 제2차 세계 대전 이후 중국이 섬에 포탄을 발사하는 등 극심한 대립이 발생하였다. 1990년 이후 양국이 평화적 해결 방법을 모색해 섬의 군사 시설이 박물관으로 바뀌었고, 현재 (㉠)섬은 많은 관광객들이 방문하는 평화의 섬이 되었다.

① 진먼   ② 충밍   ③ 창허
④ 구랑위   ⑤ 하이난

03. 다음 글의 영역 갈등 지역을 지도의 A~E에서 고른 것은?

> 신장 위구르의 위구르인들은 고유의 언어인 위구르어를 사용하고, 이슬람교를 믿으며, 중국 한족과는 다른 민족 정체성을 가지고 있다. 신장 지역은 과거 독립국이었으나 청나라 시절 중국에 병합되었고, 청나라 멸망 후 동투르크메니스탄으로 독립을 선언하였으나 1940년대 후반에서 1950년대 초반 사이에 중국 공산당 정부에 의해 재병합되었다.

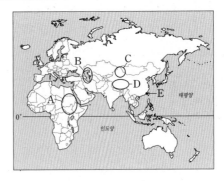

① A   ② B   ③ C
④ D   ⑤ E

04. 다음 글의 A에 해당하는 지표로 옳은 것은?

> (A)는 국제 연합 개발 계획(UNDP)에서 국가별 모성 사망률과 청소년 출산율, 여성 의원 비율, 중등학교 이상 교육받은 여성 인구, 남녀 경제 활동 참가율 격차 정도를 측정한 지표이다. 우리나라는 2017년 160개국 중 10위를 기록하였다.

① 행복 지수   ② 성 불평등 지수
③ 부패 인식 지수   ④ 성 평등 보장 지수
⑤ 여성 사회 진출 지수

05. 그래프의 A, B에 들어갈 지표를 바르게 연결한 것은?

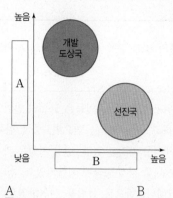

	A	B
①	인간 개발 지수	행복 지수
②	인간 개발 지수	교사 1인당 학생 수
③	성 불평등 지수	영아 사망률
④	교사 1인당 학생 수	부패 인식 지수
⑤	교사 1인당 학생 수	인간 개발 지수

06. 다음 글의 ㉠, ㉡에 해당하는 지역을 바르게 연결한 것은?

> • (㉠): 종족 간의 학살로 인한 아픔을 극복하기 위해 공동체 교육을 강화하고, 종족 간 차별을 엄격하게 금지하였다. 또한 공직 선거 후보자 중 30%를 여성에게 할당하였다.
> • (㉡): 도시 곳곳의 빈터와 버려진 공장 터를 농장으로 바꾸어 도시민들을 위한 농산물을 유기농법으로 재배하였다.

	㉠	㉡
①	케냐	쿠바 아바나
②	케냐	브라질 쿠리치바
③	르완다	쿠바 아바나
④	르완다	케냐 나이로비
⑤	에티오피아	쿠바 아바나

07. 지도는 2009~2013년의 연평균 경제 성장률을 나타낸 것이다. 이에 대한 설명으로 옳지 <u>않은</u> 것은?

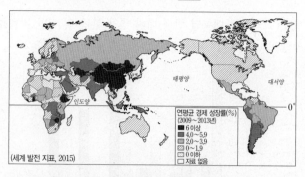

(세계 발전 지표, 2015)

① 중국보다 인도의 연평균 경제 성장률이 높다.
② 유럽보다 아시아의 연평균 경제 성장률이 높다.
③ 선진국보다 저개발국의 연평균 경제 성장률이 높다.
④ 오세아니아보다 아프리카의 연평균 경제 성장률이 높다.
⑤ 북아메리카보다 남아메리카의 연평균 경제 성장률이 높다.

08. 빈칸 ㉠에 해당하는 국제 연합 산하 기구로 옳은 것은?

> (㉠)은/는 모든 인류에게 최고 수준의 건강 보장을 목적으로 감염병 관리, 만성 질환 관리, 의약품과 식품 등의 안전성 기준 관리 등을 한다.

① 세계 건강 기금　　　② 세계 보건 기구
③ 국제 건강 관리 기구　④ 세계 건강 안전 기구
⑤ 세계 건강 보장 기구

09. 그림과 같은 활동을 하는 국제 비정부 기구로 옳은 것은?

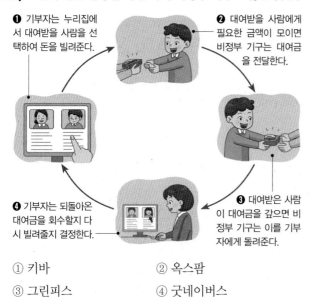

❶ 기부자는 누리집에서 대여받을 사람을 선택하여 돈을 빌려준다.

❷ 대여받을 사람에게 필요한 금액이 모이면 비정부 기구는 대여금을 전달한다.

❸ 대여받은 사람이 대여금을 갚으면 비정부 기구는 이를 기부자에게 돌려준다.

❹ 기부자는 되돌아온 대여금을 회수할지 다시 빌려줄지 결정한다.

① 키바
② 옥스팜
③ 그린피스
④ 굿네이버스
⑤ 아그로스 인터내셔널

10. 다음 글의 사례에서 알 수 있는 공정 무역의 특징으로 옳지 <u>않은</u> 것은?

> 우리는 협동조합을 만들어 공정 무역 카카오를 생산하고 있어요. 우리가 생산한 카카오는 중간 유통 상인 없이 판매 기업에 직접 수출되기 때문에 이전보다 높은 가격에 판매돼요. 우리는 수익 가운데 일부를 좀 더 질 좋고 건강에 좋은 카카오를 생산하기 위한 기술 개발과 마을의 여러 가지 기반 시설 확충에 쓰고 있어요.

① 중간 유통 과정을 생략하였다.
② 주요 상품은 식량 작물, 곡류이다.
③ 기존 불공정 무역 체제에 대한 대안이다.
④ 생산자들에게 무역의 혜택이 돌아가도록 하고자 한다.
⑤ 공정 무역으로 인한 수익 중 일부는 기술 개발과 기반 시설 확충에 투자된다.

서술형

11~12. 자료를 보고 물음에 답하시오.

> 이스라엘은 4차례에 걸친 중동 전쟁을 통해 팔레스타인 지역의 대부분을 차지하였다. 팔레스타인 사람들이 영토를 회복하기 위해 저항하며 갈등이 지속되고 있다.

▲ 이스라엘-팔레스타인 지역

11. 팔레스타인 사람들이 거주하는 두 지역의 이름을 쓰고, 그 지역을 통치하고 있는 각각의 정치 주체를 서술하시오.

_____

_____

_____

_____

12. 이스라엘과 팔레스타인이 믿는 각각의 종교를 쓰고, 이스라엘-팔레스타인 분쟁이 시작된 계기를 서술하시오.

_____

_____

_____

_____

실전모의고사(2회)

01. 자료는 아프리카 국가 차드와 관련된 것이다. 차드에 대한 추론으로 옳지 <u>않은</u> 것은?

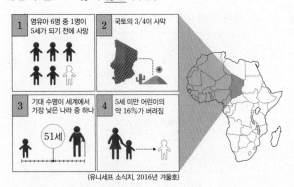

1 영유아 6명 중 1명이 5세가 되기 전에 사망

2 국토의 3/4이 사막

3 기대 수명이 세계에서 가장 낮은 나라 중 하나 51세

4 5세 미만 어린이의 약 16%가 버려짐

(유니세프 소식지, 2016년 겨울호)

① 출산율이 낮을 것이다.
② 평균 수명이 낮을 것이다.
③ 기아 문제가 심각할 것이다.
④ 사막화 현상이 나타날 것이다.
⑤ 위생 및 보건 시설이 열악할 것이다.

02. 지도는 카슈미르 지역의 영역 갈등과 관련된 것이다. 이에 대한 설명으로 옳은 것은?

(한국 국방 연구원, 2016)

① 오랜 전쟁 결과 국경선이 확정되었다.
② 인도 북부에서 나타나는 영토 분쟁이다.
③ 소수 민족의 분리 독립 요구로 인한 분쟁이다.
④ 카슈미르 지역은 고유의 종교와 언어를 가지고 있다.
⑤ 중국의 영토인 카슈미르를 파키스탄과 인도가 침범하였다.

03~04. 다음 글을 보고 물음에 답하시오.

(㉠)에 석유와 천연 자원 매장량이 많다는 것이 알려지면서 (㉠)이/가 바다인지 호수인지가 매우 중요해졌다. 왜냐하면 바다인지 호수인지에 따라 5개 연안국들의 영해 면적이 달라졌기 때문이다. 연안국들은 오랜 갈등 끝에 ㉡2018년 카스피해 5개 연안국 활용 원칙 합의를 통해 카스피해를 호수도 아니고 바다도 아닌 별도의 법적 지위를 가진 '내륙해'로 보기로 합의하였다.

03. ㉠에 해당하는 지역을 지도의 A~E에서 고른 것은?

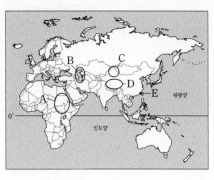

① A   ② B   ③ C
④ D   ⑤ E

04. 밑줄 친 ㉡의 합의 내용으로 옳지 <u>않은</u> 것은?

① 연안국이 아닌 군대의 주둔을 금지하였다.
② 해저 파이프 라인의 설치는 자유롭게 허가되었다.
③ 해저 영토 및 자원의 분할은 국가 간에 협의하기로 하였다.
④ 맞닿은 면적(해안선 길이)에 비례하여 영해, 배타적 조업 수역을 설정하였다.
⑤ 영해는 해안선에서 15해리, 배타적 조업 수역은 해안선에서 25해리까지로 규정하였다.

05. 지도의 (가)~(다)에 대한 설명으로 옳지 <u>않은</u> 것은?

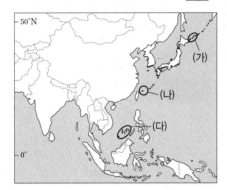

① (가)는 제2차 세계 대전 이후 러시아(소련)가 실효 지배하고 있다.

② (나)는 타이완이 실효 지배하고 있다.

③ (다)는 인도양과 태평양을 잇는 교통의 요지이다.

④ (가), (나) 모두 분쟁 당사국에 일본이 포함되어 있다.

⑤ (가)~(다) 중 가장 많은 국가가 분쟁에 얽혀 있는 지역은 (다)이다.

06. 다음 글의 ㉠에 해당하는 영역 갈등 지역을 지도의 A~E에서 고른 것은?

> 캐나다는 대부분 영어를 사용하는 영국 문화권이지만, (㉠)주는 프랑스계 주민이 주 인구의 82%를 차지하고 프랑스어를 주로 사용하는 프랑스 문화권으로 문화의 이질성이 크다. 1980년, 1995년, 1998년 세 차례 분리 독립 주민 투표가 실시되어 부결되었지만, 현재까지 자치 주권, 분리 독립 요구가 남아 있다.

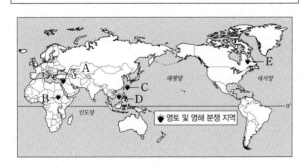

① A   ② B   ③ C
④ D   ⑤ E

07. 그래프는 대륙별 국내 총생산을 나타낸 것이다. 이에 대한 설명으로 옳은 것을 〈보기〉에서 고른 것은?

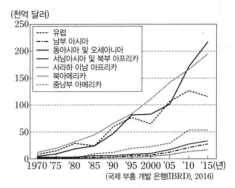

(국제 부흥 개발 은행(IBRD), 2016)

> 〈보기〉
>
> ㄱ. 2010~2015년에 유럽은 국내 총생산이 감소하고 있다.
>
> ㄴ. 2000~2015년에 국내 총생산 성장 속도는 동아시아 및 오세아니아가 가장 가파르다.
>
> ㄷ. 2010~2015년에 남부 아시아는 중남부 아메리카보다 국내 총생산 성장 속도가 느리다.
>
> ㄹ. 2005년 이후 동아시아 및 오세아니아 국내 총생산의 폭발적인 성장은 중국, 인도의 성장 속도가 가파르기 때문이다.

① ㄱ, ㄴ   ② ㄱ, ㄷ   ③ ㄴ, ㄷ
④ ㄴ, ㄹ   ⑤ ㄷ, ㄹ

08. 다음 글의 ㉠에 해당하는 용어로 옳은 것은?

> (㉠)은/는 여러 국가가 세계화에 대응하고 경쟁력을 높이고자 구성하는 것이다. 특히, 단일 국가의 능력으로 선진국들의 자본, 기술과 경쟁하기 어려운 저개발 국가들은 공동으로 자원을 개발하여 수출하고, 자국의 이익에 부정적인 영향을 미치는 국가들에 함께 대응하는 노력이 이루어지고 있다. (㉠) 회원국 간에는 수출 시 부과하는 세금을 낮추거나 없애 교류를 확대하고 이를 바탕으로 상호 보완적인 경제 발전을 추진할 수 있다.

① 국제 연합   ② 경제 협력 체제
③ 국제 통화 기금   ④ 세계 무역 기구
⑤ 자유 무역 협정

09. 다음 글은 빈곤을 극복하기 위해 노력한 저개발국의 사례이다. ㉠, ㉡ 지역을 바르게 연결한 것은?

> • (㉠): 천연자원을 국유화하여 국가의 재정을 늘렸으며, 이익을 저소득층에게 돌려주고 사회 복지 정책을 강화하였다.
> • (㉡): 시장 개방에 이은 국가 성장 및 빈곤 퇴치 전략으로 최근 10년간 평균 7% 이상의 성장률을 기록하였고, 빈곤층 비율도 감소하였다.

	㉠	㉡
①	쿠바	라오스
②	쿠바	브라질
③	브라질	쿠바
④	볼리비아	부탄
⑤	볼리비아	라오스

10. 다음은 학생이 정리한 노트 내용이다. 밑줄 친 ㉠~㉤ 중 옳지 <u>않은</u> 것은?

> ■ 지역 간 불평등 완화 노력
> 1. 개발 원조: ㉠저개발국의 빈곤 문제를 해결하기 위해 국제 사회가 재정, 기술, 물자 등을 지원하는 것이다. ㉡정부나 국제기구가 공식적으로 지원하는 공적 개발 원조와 ㉢비정부 기구와 민간 재단이 지원하는 사적 개발 원조가 있다.
> 2. 공정 무역: ㉣개발 도상국에서 생산되는 친환경적인 제품들에 대해 중간 유통 과정을 거치지 않고 선진국의 소비자가 정당한 가격을 지급하여 생산자들에게 무역의 혜택이 돌아가도록 하자는 운동이다. ㉤주요 상품으로는 플랜테이션 작물(커피, 차, 카카오, 바나나 등)과 의류, 수공예품 등이 있다.

① ㉠   ② ㉡   ③ ㉢

④ ㉣   ⑤ ㉤

11~13. 그림을 보고 물음에 답하시오.

친환경 농법으로 재배된 카카오
가로등
학교
다리
우물
공정 무역 수익으로 지어진 시설들
공정 무역 인증 마크

11. 공정 무역 방식의 의미를 다음의 제시어를 활용하여 서술하시오.

> • 친환경   • 중간 유통 과정
> • 불공정 무역 체제

_____

_____

_____

_____

12. 공정 무역의 주요 상품을 세 가지 서술하시오.

_____

_____

_____

_____

13. 공정 무역의 성과와 한계를 각각 두 가지씩 서술하시오.

_____

_____

_____

_____

EBS

사회를 한 권으로
가뿐하게!

사뿐

실전모의고사

중학 사회 ②-2

꿈을 키우는 인강

중학도 EBS!

EBS중학의 무료강좌와 프리미엄강좌로 완벽 내신대비!

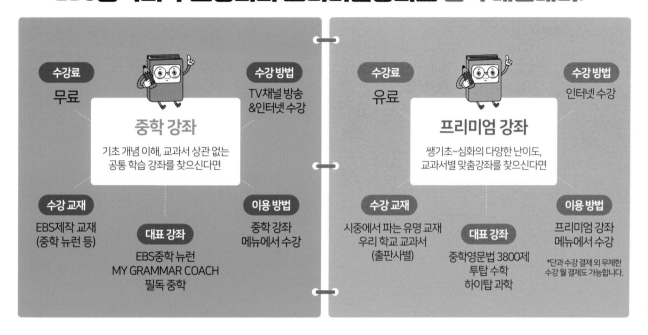

수강료
무료

수강 방법
TV채널 방송
&인터넷 수강

중학 강좌
기초 개념 이해, 교과서 상관 없는
공통 학습 강좌를 찾으신다면

수강 교재
EBS제작 교재
(중학 뉴런 등)

대표 강좌
EBS중학 뉴런
MY GRAMMAR COACH
필독 중학

이용 방법
중학 강좌
메뉴에서 수강

수강료
유료

수강 방법
인터넷 수강

프리미엄 강좌
쌩기초~심화의 다양한 난이도,
교과서별 맞춤강좌를 찾으신다면

수강 교재
시중에서 파는 유명 교재
우리 학교 교과서
(출판사별)

대표 강좌
중학영문법 3800제
투탑 수학
하이탑 과학

이용 방법
프리미엄 강좌
메뉴에서 수강

*단과 수강 결제 외 무제한
수강 월 결제도 가능합니다.

프리패스 하나면 EBS중학프리미엄 전 강좌 무제한 수강

내신 대비 진도 강좌

☑ 국어/영어: 출판사별 국어7종/ 영어9종
　우리학교 교과서 맞춤강좌

☑ 수학/과학: 시중 유명 교재 강좌
　모든 출판사 내신 공통 강좌

☑ 사회/역사: 개념 및 핵심 강좌
　자유학기제 대비 강좌

영어 수학 수준별 강좌

☑ 영어: 영역별 다양한 레벨의 강좌
　문법 5종/독해 1종/듣기 1종
　어휘 3종/회화 3종/쓰기 1종

☑ 수학: 실력에 딱 맞춘 수준별 강좌
　기초개념 3종/ 문제적용 4종
　유형훈련 3종/ 최고심화 3종

시험 대비 / 예비 강좌

· 중간, 기말고사 대비 특강
· 서술형 대비 특강
· 수행평가 대비 특강
· 반배치 고사 대비 강좌
· 예비 중1 선행 강좌
· 예비 고1 선행 강좌

왜 EBS중학프리미엄 프리패스를 선택해야 할까요?

현직 교사들이
직접 참여하는 강의

타사 대비 60% 수준의
합리적 수강료

프리패스 회원만을
위한 특별한 혜택

자세한 내용은 EBS중학 > 프리미엄 강좌 > 무한수강 프리패스(http://mid.ebs.co.kr/premium/middle/index) 에서 확인할 수 있습니다.

*사정상 개설강좌, 가격정책은 변경될 수 있습니다.

중학도 EBS! 최고의 강의, 합리적인 가격
프리패스 구매 문의 : 1588-1580 / 연중무휴 EBS중학프리미엄

중학도 역시 **EBS**

사뿐
정답과 해설

사회를 한 권으로
가뿐하게!

중학 사회
②-2

사회를 한 권으로
가뿐하게!

사
뿐

정답과 해설

VII. 인구 변화와 인구 문제

01 인구 분포

본문 10~11쪽

간단 체크
1 (1) ○ (2) × (3) × (4) ○　**2** (1) 인구 밀도 (2) 이촌 향도 (3) 수도권　**3** (1) ㄱ, ㄴ (2) ㄷ, ㄹ　**4** (1) 남서부 (2) 도시

기본 문제
01 ③　　**02** ④　　**03** ③　　**04** ①　　**05** ⑤　　**06** ④
07 ⑤　　**08** ③

01 A는 서부 유럽, B는 사하라 사막, C는 동남 및 남부 아시아, D는 미국 북동부 지역, E는 아마존강 유역이다. A, D는 산업이 발달하여 일자리가 풍부하고 생활 환경이 편리하여 인구 밀도가 높다. C는 계절풍 기후가 나타나 벼농사에 유리하여 인구 밀도가 높다.

오답 피하기
B는 건조 기후 지역으로 농업 활동에 불리하고 물이 부족하여 인구가 희박하다. E는 열대 기후 지역으로 매우 덥고 습하며 열대 우림이 우거져 인구가 희박하다.

02 A는 아시아, B는 오세아니아이다. 대륙별 인구 분포를 보면 인구 대국인 중국, 인도가 위치한 아시아 대륙에 세계 인구의 절반 이상이 모여 살고 있으며, 오세아니아 대륙에 가장 적은 인구가 분포하고 있다.

03 인구 분포는 기후, 지형, 식생 등의 자연적 요인과 산업, 교통, 문화 등의 인문·사회적 요인의 영향을 받아 지역별로 다르게 나타난다.

04 몽골은 국토 대부분이 사막 또는 초원 지대로 이루어져 있고, 기온이 낮고 건조하기 때문에 주민들은 목축업과 유목 생활을 해 왔다.

05 농업 중심 사회였던 우리나라는 벼농사에 유리한 남서부 지역에 인구가 밀집하였다.

06 촌락의 인구가 일자리를 찾아 도시로 이동하는 현상을 이촌 향도라고 한다.

오답 피하기
③ 역도시화 현상은 대도시의 주거 환경이 열악해지고, 교통과 통신이 발달하면서 대도시의 인구가 농촌으로 이동하는 현상이다.

07 1960년대 이후 산업화가 이루어지면서 이촌 향도 현상이 활발히 이루어졌고, 수도권과 남동 임해 공업 지역에 인구가 집중하였다.

08 우리나라 수도권의 인구 비율은 1955년에는 전체 인구의 20% 정도였으나, 2015년에는 전체 인구의 절반 정도를 차지하고 있다. ③ 오늘날 우리나라의 인구는 수도권과 대도시 중심으로 분포하고 있다.

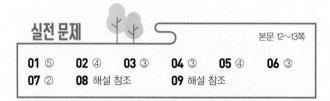

본문 12~13쪽

실전 문제
01 ⑤　　**02** ④　　**03** ③　　**04** ③　　**05** ④　　**06** ③
07 ②　　**08** 해설 참조　　**09** 해설 참조

01 세계 인구의 90% 이상은 북반구에 살고 있으며, 그중 북위 20°~40°의 냉·온대 기후 지역, 평야나 해안 지역의 인구 밀도가 높고 적도 부근이나 극지방은 인구 밀도가 낮다.

02 A는 서부 유럽, B는 사하라 사막, C는 동남 및 남부 아시아, D는 미국 북동부 지역, E는 아마존강 유역이다. 미국 북동부 지역은 산업이 발달하여 일자리가 풍부하고 생활 환경이 편리하여 인구 밀도가 높다.

오답 피하기
① 세계 인구의 절반 이상은 아시아에 분포한다.
② 사하라 사막은 건조 기후 지역으로, 농업 활동에 불리하고 물이 부족하여 인구가 희박하다.
③ 동남 및 남부 아시아는 계절풍 기후의 영향으로 기온이 높고 강수량이 많아 벼농사가 발달하였다.
⑤ 아마존강 유역은 연중 덥고 습한 기후가 나타나 열대 우림이 우거져 있다.

03 인구 분포는 기후, 지형, 식생 등의 자연적 요인과 산업, 교통, 문화 등의 인문·사회적 요인의 영향을 받아 지역별로 다르게 나타난다.

오답 피하기
ㄹ. 산업화 이후 과학 기술의 발달로 자연환경보다 인문·사회적 요인의 영향을 더 크게 받고 있다.

04 A는 몽골, B는 방글라데시이다. 몽골은 사막 주변에 초원이 넓게 펼쳐져 있고, 방글라데시는 평야가 넓고 강수량이 풍부하여 벼농사가 발달하였다.

05 몽골은 건조한 기후로 인해 농경에 불리하여 인구가 희박하고, 방글라데시는 인구 부양력이 높은 벼 재배가 활발하여 인구 밀도가 매우 높다.

06 과거 우리나라는 농업 중심 국가였기 때문에 벼농사에 유리한 남서부 지역을 중심으로 인구가 많이 분포하였고, 북동부 지역은 농경에 불리하여 인구가 적게 분포하였다. 1960년대 이후 산업화가 진행되면서 서울, 부산, 인천, 대구, 대전, 광주 등

의 대도시에 인구가 밀집하였으며, 포항, 울산, 광양, 여수 등의 공업 도시도 인구가 크게 증가하였다.

07 우리나라의 인구 분포는 급격한 산업화가 이루어진 1960년대 전후로 뚜렷하게 구분된다. 1960년대 이후 산업화가 진행되면서 인구 분포는 인문·사회적 요인의 영향을 크게 받았다. 즉, 산업이 발달하여 일자리가 풍부한 도시 지역으로 인구가 밀집하게 되었다. ② 산업화가 되면서 농업의 기계화로 벼농사에 필요한 노동력이 이전보다 줄어들었다.

📝 서술형 문제

08 [예시 답안] A는 아시아이다. 아시아는 계절풍의 영향으로 기온이 높고 강수량이 많다. 또 하천 주변에 넓은 평야가 발달하였다.

[평가 기준]

상	아시아라 쓰고, 아시아의 인구 분포에 영향을 미친 자연적 요인을 두 가지 모두 바르게 서술한 경우
중	아시아라 쓰고, 아시아의 인구 분포에 영향을 미친 자연적 요인을 한 가지만 바르게 서술한 경우
하	아시아라고만 쓴 경우

09 [예시 답안] A는 수도권이다. 수도권 지역은 정치·행정·경제·교육의 중심지이다. 또 교통이 편리하고 산업이 발달하여 일자리가 풍부하다.

[평가 기준]

상	수도권이라 쓰고, 수도권의 인구 밀도가 높은 이유를 두 가지 모두 바르게 서술한 경우
중	수도권이라 쓰고, 수도권의 인구 밀도가 높은 이유를 한 가지만 바르게 서술한 경우
하	수도권이라고만 쓴 경우

02 인구 이동

기본 문제

본문 16~17쪽

간단 체크

1 (1) 인구 이동 (2) 배출 요인 (3) 흡인 요인 (4) 난민 **2** (1) ㉠, ㉢ (2) ㉡, ㉣ **3** (1) × (2) × (3) × (4) ○ **4** (1) 서부 유럽 (2) 역도시화

기본 문제

01 ② **02** ④ **03** ① **04** ③ **05** ⑤ **06** ①
07 ④ **08** ②

01 인구 이동의 배출 요인은 인구를 다른 지역으로 밀어내는 요인으로, 낮은 임금, 실업, 열악한 주거 환경, 빈곤, 부족한 교육 및 문화 시설, 전쟁, 자연재해 등이 있다.

02 대화를 보면 일자리를 구하기 위해 다른 나라로 이주하려는 내용이 나타난다. 따라서 국제 이동, 자발적 이동, 경제적 이동에 해당한다.

03 인구 순 유출이 높은 국가들은 경제 수준이 낮거나 정치적으로 불안정한 경우가 많다. 중국, 인도, 아프리카 및 남아메리카의 개발 도상국들이 이에 해당한다.

오답 피하기
②, ③, ④, ⑤ 경제 수준이 높은 선진국이 많으므로 인구 순 유입이 높다.

04 A는 영국에서 프랑스로의 이동, B는 터키에서 독일로의 이동, C는 소말리아에서 케냐로의 이동, D는 베트남에서 대한민국으로의 이동, E는 멕시코에서 미국으로의 이동을 나타낸다. 제시된 글은 정치적 이동에 해당하는 것으로, C와 관련이 깊다.

05 ㉠은 이슬람교, ㉡은 크리스트교이다. 서부 유럽으로 이동한 북부 아프리카와 터키 사람들은 대부분 이슬람교도로, 크리스트교의 전통이 강한 현지인과 종교적 갈등을 겪고 있다.

06 국내 거주 외국인은 외국인 근로자, 국제결혼 이민자, 유학생 등으로 구분된다. 이 중 외국인 근로자의 수가 가장 많으며 중국 출신의 비율이 높다. 이외에 베트남, 타이, 필리핀 등 지리적으로 인접하고 우리나라보다 경제 수준이 비교적 낮은 동남아시아 출신 외국인의 비율이 높게 나타난다.

07 1960년대에는 산업화에 따른 이촌 향도 현상으로 수도권, 대도시 등으로 인구가 이동하였다.

오답 피하기
①은 일제 강점기의 인구 이동, ②는 광복 후의 인구 이동, ③은 6·25 전쟁 때의 인구 이동, ⑤는 1990년대 이후의 인구 이동이다.

08 역도시화 현상은 쾌적한 환경을 찾아 도시의 인구가 도시 주변 지역이나 농촌으로 이동하는 것이다. 따라서 (가)에 들어갈 내용은 역도시화 현상의 배경이다.

오답 피하기
⑤ 이촌 향도 현상은 농촌 인구가 일자리를 찾아 도시로 이동하는 현상이다.

실전 문제

본문 18~19쪽

01 ④	**02** ③	**03** ⑤	**04** ③	**05** ③	**06** ②
07 해설 참조		**08** 해설 참조			

01 (가)는 일자리를 찾기 위한 경제적 이동으로, 비교적 소득이 낮고 고용 기회가 적은 개발 도상국에서 일자리가 많고 임금 수준이 높은 선진국으로 이동한다. (나)는 내전에 따른 난민의 이동으로, 정치적 이동에 해당한다. 아프리카에서는 민족

탄압, 내전, 분쟁 등으로 난민의 발생이 많다.

① (가)의 필리핀에는 낮은 임금, 부족한 일자리 등의 배출 요인이 많아 인구가 유출되고 있다.
② (나)의 남수단에서는 난민이 발생하여 인구가 유출되고 있다.
③ (가), (나) 모두 국제 이동에 해당한다.
⑤ (가)는 자발적 이동, (나)는 강제적 이동에 해당한다.

02 A는 신항로 개척 이후 유럽인의 아메리카 이동, B는 노예 무역을 통한 아프리카 흑인의 아메리카로의 강제적 이동, C는 과거 중국인들이 일자리를 찾아 동남아시아로 이동한 경제적 이동, D는 1990년 이후의 주요 경제적 이동을 나타낸 것이다.

⑤ 선진국이 많은 서부 유럽, 앵글로아메리카는 높은 임금, 풍부한 일자리 등 흡인 요인이 많아 인구가 순 유입되고 있다.

03 프랑스는 모로코보다 소득 수준이 높고 일자리도 풍부하다. 이 때문에 모로코의 청장년층이 경제적 목적으로 프랑스로 많이 이동한다. ㄹ. 해외에서 일하는 이주민들이 고국으로 송금하는 외화가 늘어나면서 본국의 경제가 활성화되는 긍정적인 효과가 나타난다.

04 프랑스는 노동력 부족 문제를 해결하기 위해 일찍부터 이민을 받아들였는데, 주로 북부 아프리카와 터키로부터 많은 인구가 유입되었다. 이주자들은 대부분 이슬람교도로, 크리스트교를 믿는 기존의 주민들과 갈등을 빚기도 한다. ③ 경제적인 이유로 서부 유럽으로 많이 유입되고 있다.

05 (가)는 1990년대 이후의 인구 이동으로, 역도시화 현상이 나타나 도시에서 대도시 주변의 신도시나 촌락으로 인구가 이동하였다. (나)는 1960년대 이후의 인구 이동으로, 산업화에 따른 이촌 향도 현상으로 수도권, 대도시 등으로 인구가 이동하였다.

06 1990년대부터 취업이나 결혼을 하기 위해 중국과 동남아시아 등지에서 우리나라로 들어오는 외국인이 증가하였다. 이로 인해 다문화 가정이 늘어나고 문화적 다양성이 증가하고 있다.

서술형 문제

07 [예시 답안] 미국은 주변국에 비해 임금이 높고, 일자리가 풍부하여 인구의 유입이 나타난다. 이러한 인구 이동으로 미국은 새로운 문화가 전파되어 다양한 문화적 경관이 나타난다. 또 일자리를 둘러싼 내국인과 외국인 간의 갈등이 일어난다.

[평가 기준]

상	미국으로 인구가 이동하는 주된 원인을 쓰고, 미국의 변화를 두 가지 모두 바르게 서술한 경우
중	미국으로 인구가 이동하는 주된 원인을 쓰고, 미국의 변화를 한 가지만 바르게 서술한 경우
하	미국으로 인구가 이동하는 주된 원인만 쓴 경우

08 [예시 답안] 외국인의 유입으로 우리나라는 노동력이 풍부해져 경제가 활성화된다. 또 문화적 다양성이 증가하고, 문화적 갈등이 발생한다.

[평가 기준]

상	외국인의 유입으로 나타나는 우리나라의 변화를 세 가지 모두 바르게 서술한 경우
중	외국인의 유입으로 나타나는 우리나라의 변화를 두 가지만 바르게 서술한 경우
하	외국인의 유입으로 나타나는 우리나라의 변화를 한 가지만 바르게 서술한 경우

03 인구 문제

기본 문제

본문 22~23쪽

간단 체크
1 (1) ○ (2) × (3) ○ **2** (1) 합계 출산율 (2) 성비, 남성, 여성 (3) 고령 사회 (4) 중위 연령 **3** (1) ㄴ, ㄹ (2) ㄱ, ㄷ **4** (1) 감소 (2) 고령 사회

기본 문제
01 ②   **02** ⑤   **03** ③   **04** ①   **05** ④   **06** ②
07 ②   **08** ①

01 18세기 후반 산업 혁명 이후 의료 기술 및 생활 수준이 향상하여 평균 수명이 연장되고 영아 사망률이 감소하면서 세계 인구가 빠른 속도로 증가하기 시작하였다.

ㄴ. 오늘날 인구 증가는 출생률이 높은 개발 도상국이 주도하고 있다.
ㄷ. 선진국의 출생률은 감소하였으나 개발 도상국의 출생률은 여전히 높은 편이다.

02 여성의 사회 활동 증가, 개인주의 가치관의 확대로 출산율이 낮아지고 있다.

03 일찍 산업화를 이룬 선진국에서는 생활 수준과 의료 기술의 향상으로 평균 수명이 연장되면서 노년층 인구 비중이 커지고 청장년층 인구 비중이 작아지고 있다. 그 결과 생산 가능 인구가 감소하여 경제 성장이 둔화되고 노년층 인구를 부양하는 비용이 증가하는 등의 문제가 발생하고 있다.

04 오늘날 선진국에서 나타나는 저출산·고령화 현상을 해결하기 위해 출산 장려 정책과 보육 시설 확대, 노인의 재취업 기회 제공과 정년 연장 등의 대책이 필요하다.

05 개발 도상국은 식량 생산량의 증가와 의학 기술 발달로 사망률이 감소하였으나, 출생률이 여전히 높아 인구가 지속적으로 증가하고 있다. 그러나 인구 부양력이 인구 증가에 미치지

못하고 있어 빈곤과 기아 문제가 나타난다.

06 남아 선호 사상이 있는 인도와 중국에서는 여자아이보다 남자아이의 출생률이 높게 나타나는 성비 불균형 문제가 나타난다.

07 제시된 우리나라의 인구 피라미드를 보면 노년층의 비율이 높고 유소년층의 비율이 낮으므로 저출산과 고령화로 인한 문제가 나타난다. ② 중위 연령이란 총인구를 연령순으로 나열할 때 정중앙에 있는 사람의 해당 연령을 말하는 것으로, 노년층 인구 비율이 증가할수록 높아진다.

08 (가)는 2000년대 인구 정책 포스터, (나)는 1970년대 인구 정책 포스터이다. 우리나라는 시대별로 인구 정책이 다른데, 1970~1980년대에는 출산율을 억제하기 위한 정책이 시행되었고, 2000년대에는 출산을 장려하는 정책이 시행되고 있다.

실전 문제

본문 24~25쪽

| **01** ⑤ | **02** ④ | **03** ③ | **04** ② | **05** ① | **06** ③ |
| **07** ⑤ | **08** ② | **09** 해설 참조 | | **10** 해설 참조 | |

01 그래프의 A는 선진국, B는 개발 도상국에 해당한다. 개발 도상국은 생활 수준의 향상과 의료 기술의 발달로 사망률이 감소하였으나, 출생률이 여전히 높아 인구가 급증하고 있다. 따라서 오늘날 세계의 인구 성장을 주도하고 있다.

오답 피하기
② 선진국은 출생률과 사망률이 모두 낮아 인구 증가율이 매우 낮거나 정체되어 있다.

02 1990년대 후반부터 유럽 선진국의 가장 큰 문제는 저출산 현상이었다. 스웨덴 역시 저출산으로 문제를 겪었으나, 보육 및 교육에 대한 전폭적인 투자, 여성의 일·가정 양립을 위한 지원 등 적극적인 출산 장려 정책을 펼쳤고 그 결과 출산율이 높아졌다. ④ 저출산 현상이 심화되면 인구가 감소하여 노동력 감소, 경제 성장 둔화 등의 문제가 발생한다.

03 (가) 국가는 합계 출산율이 낮고, 기대 수명이 긴 편이므로 선진국이다. (나) 국가는 합계 출산율이 높고, 기대 수명이 짧은 편이므로 개발 도상국이다. 개발 도상국은 선진국에 비해 합계 출산율, 인구 증가율이 높게 나타난다.

04 저출산 현상이 지속되면 경제 활동에 필요한 노동력을 확보하는 데 어려움이 생기게 된다. 또 노인 인구의 비중이 높아져 고령화 현상이 진행되면 노인 인구를 부양하기 위한 세금과 복지 비용의 부담이 커지게 된다.

05 선진국에서는 인구 문제에 대한 대책으로 육아 휴직 확대,

출산 장려금·양육 비용 지원 등 출산 장려 정책을 강화한다.

06 나이지리아는 현재 인구가 증가하고 있으나 이에 비해 인구 부양 능력이 성장하지 못해 빈곤과 기아 문제를 겪고 있다. 또 농촌의 인구가 도시로 몰려들면서 도시 과밀화 문제가 나타난다. 따라서 인구 부양력을 높이기 위해 농업의 기계화, 산업화 정책 등을 시행해야 하고, 농촌의 생활 환경을 개선하여 도시의 인구를 분산할 필요가 있다.

07 경제 수준의 향상과 의료 기술의 발달로 평균 수명이 늘어나고 노인 인구가 증가하고 있으며, 여성의 사회 활동 증가와 자녀·육아에 관한 가치관 변화에 따라 출산율이 낮아지고 있다.

08 우리나라는 유소년층의 비율이 감소하고 노년층의 인구 비율이 증가하는 형태로 변화하고 있다. 따라서 출산율을 높이기 위한 정책과 고령화 사회에 대비한 대책이 모두 필요하다.

서술형 문제

09 [예시 답안] 개발 도상국에 해당하는 것은 A이다. 개발 도상국에서는 빈곤과 기아 문제가 나타난다. 또 도시 과밀화 문제가 발생한다.

[평가 기준]

상	A라 쓰고, 개발 도상국의 인구 문제를 두 가지 모두 바르게 서술한 경우
중	A라 쓰고, 개발 도상국의 인구 문제를 한 가지만 바르게 서술한 경우
하	A만 쓴 경우

10 [예시 답안] 우리나라는 저출산 현상이 나타난다. 저출산 현상의 대책으로는 청년층의 고용 안정을 보장하고, 사회 활동과 육아를 함께 할 수 있는 분위기를 조성하는 것이 있다.

[평가 기준]

상	저출산 현상이라 쓰고, 저출산 현상의 대책을 두 가지 모두 바르게 서술한 경우
중	저출산 현상이라 쓰고, 저출산 현상의 대책을 한 가지만 바르게 서술한 경우
하	저출산 현상이라고만 쓴 경우

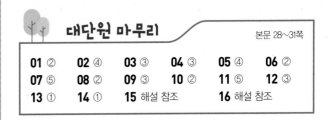

대단원 마무리

본문 28~31쪽

01 ②	**02** ④	**03** ③	**04** ③	**05** ④	**06** ②
07 ⑤	**08** ②	**09** ③	**10** ②	**11** ⑤	**12** ③
13 ①	**14** ①	**15** 해설 참조		**16** 해설 참조	

01 인구 분포는 기후, 지형, 식생 등의 자연적 요인과 산업, 교통, 문화 등의 인문·사회적 요인의 영향을 받아 지역별로 다

르게 나타난다. 산업화 이후 과학 기술의 발달로 자연환경보다 인문·사회적 요인의 영향을 더 크게 받고 있다. ② 열대 기후 지역은 연중 덥고 습한 기후가 나타나 열대 우림이 우거져 있어 인간 거주에 불리하다.

02 A는 서부 유럽, B는 사하라 사막, C는 동남 및 남부 아시아, D는 미국 북동부 지역, E는 아마존강 유역이다.

① C(동남 및 남부 아시아)에 대한 설명이다.
②, ③ A(서부 유럽)에 대한 설명이다.
⑤ B(사하라 사막)에 대한 설명이다.

03 (가) 방글라데시는 국토 대부분이 평야이고 토양이 비옥하며 계절풍의 영향을 받아 강수량이 매우 많다. (나) 몽골은 국토 대부분이 산지나 사막으로 이루어져 있어 농작물을 재배할 수 있는 경지가 좁다.

04 과거 우리나라는 농업 중심 국가였기 때문에 벼농사에 유리한 남서부 지역을 중심으로 인구가 많이 분포하였고, 북동부 지역은 농경에 불리하여 인구가 적게 분포하였다. 1960년대 산업화가 진행되면서 서울, 부산, 인천, 대구, 대전, 광주 등의 대도시에 인구가 밀집하였으며, 포항, 울산, 광양, 여수 등의 공업 도시도 인구가 매우 증가하였다.

05 제시된 글은 남동 임해 공업 지역에 대한 설명이다.

06 미국은 세계에서 인구 유입이 가장 활발한 국가이다. 특히 지리적으로 가까운 라틴 아메리카 출신의 이주민이 많다. 미국은 산업이 발달하여 임금이 높고, 일자리가 풍부하며, 교육 및 문화 시설이 풍부하다.

07 지도의 (가)는 인구 유출 지역, (나)는 인구 유입 지역, A는 경제적 이동, B는 정치적 이동을 나타낸다. 최근에는 개발 도상국에서 선진국으로 일자리를 찾아 떠나는 경제적 이동이 활발하다. 또 아프리카에서는 민족 탄압, 독재 정치, 내전 등의 정치적 이유로 난민이 발생하고 있으며, 이들은 주로 이웃한 국가로 이동한다.

08 알제리와 같이 인구 유출이 많은 지역은 이주민들이 고국으로 송금하는 돈이 가족의 생활과 국가의 경제 발전에 도움이 되기도 한다. 그러나 청장년층 인구 및 고급 기술 인력이 해외로 빠져나가 산업 성장이 둔화되는 문제가 나타나기도 한다.

ㄴ, ㄹ. 인구 유입 지역에서 나타나는 현상이다.

09 (가)는 1960년대 이후의 인구 이동으로, 산업화에 따른 이촌 향도 현상으로 수도권, 대도시 등으로 인구가 이동하였다. (나)는 1990년대 이후의 인구 이동으로, 역도시화 현상으로 도시에서 대도시 주변의 신도시나 촌락으로 인구가 이동하였다.

① 경제적 이동이 뚜렷하게 나타난다.

10 그래프의 A는 개발 도상국, B는 선진국이다. 18세기 후반 산업 혁명 이후 의료 기술 및 생활 수준이 향상되어 평균 수명이 연장되고 영아 사망률이 감소하면서 세계 인구가 빠른 속도로 증가하기 시작하였다.

11 그래프의 A에 해당하는 국가들은 합계 출산율이 높게 나타난다. 개발 도상국은 인구 부양력이 인구 증가에 미치지 못하기 때문에 기아, 빈곤과 같은 문제를 겪고 있다. 또 급격한 이촌 향도로 도시 과밀화의 문제가 발생하고 있다.

12 지도에 표시된 국가들은 공통적으로 1인당 국내 총생산이 많고, 기대 수명이 길며, 합계 출산율이 낮다는 특징이 있다. 이 국가들에서 나타나는 저출산·고령화 현상을 해결하기 위해서는 출산 장려 정책과 보육 시설 확대, 정년 연장, 노인의 재취업 기회 제공 등의 대책이 필요하다.

13 우리나라는 유소년층의 인구 비율이 감소하고 노년층의 인구 비율이 증가하는 형태로 변화하고 있다. 이처럼 유소년층의 비율이 감소하는 까닭은 저출산 현상이 지속되고 평균 수명 연장으로 노년층 인구 비율이 증가하였기 때문이다. 저출산 현상이 나타나는 이유는 육아와 가사 노동에 대한 부담, 결혼 연령 상승 및 미혼 인구 증가 등의 사회·경제적 요인과 결혼 및 가족에 대한 가치관 변화 등이 복합적으로 작용하기 때문이다.

출산율을 높이기 위해 여성의 사회 활동과 육아를 병행할 수 있는 사회적 분위기와 정책이 마련되어야 한다. 늘어나는 노인 인구를 위해서는 실버산업을 확대할 필요가 있다.

14 (가)는 1970년대 인구 정책 포스터, (나)는 2000년대 인구 정책 포스터이다. 우리나라는 시대별로 인구 정책이 다른데, 1970~1980년대에는 출산을 억제하기 위한 정책이 시행되었고, 2000년대에는 출산을 장려하는 정책이 시행되고 있다.

서술형 문제

15 [예시 답안] 중국의 동부 해안 지역은 대체로 평야 지역으로 인구 밀도가 높고, 서부 내륙 지역은 고원과 산지가 많아 농경에 불리하여 인구 밀도가 낮다. 공업이 발달하여 일자리가 풍부하며 1인당 공업 생산액이 높은 동부 해안 지역에 인구가 많이 분포하며, 공업의 발달이 미약한 서부 내륙 지역에는 인구가 적다.

[평가 기준]

상	중국의 인구 분포에 지역별 차이가 나는 원인을 자연적 요인과 인문·사회적 요인으로 나누어 모두 바르게 서술한 경우
중	중국의 인구 분포에 지역별 차이가 나는 원인을 자연적 요인 또는 인문·사회적 요인 중 한 가지만 바르게 서술한 경우
하	인구 분포가 지역별로 다르다고만 쓴 경우

16 [예시 답안] A는 중국이다. 국내 거주 외국인은 중국과 베트남, 타이, 필리핀 등 동남아시아에서 많이 유입된다. 우리나라에 취업, 결혼 등을 위해 우리나라로 유입하는 외국인이 증가하고 있다.

[평가 기준]

상	중국이라 쓰고, 우리나라의 인구 이동 특징을 두 가지 모두 바르게 서술한 경우
중	중국이라 쓰고, 우리나라의 인구 이동 특징을 한 가지만 바르게 서술한 경우
하	중국이라고만 쓴 경우

Ⅷ. 사람이 만든 삶터, 도시

 **01~02** 도시의 위치와 특징
~ 도시 내부의 경관

 기본 문제

본문 36~38쪽

간단 체크
1 (1) 도시 (2) 집약적 (3) 세계 도시 **2** (1) ○ (2) × (3) ○ **3** (1) ㄷ
(2) ㄹ (3) ㄴ (4) ㄱ **4** (1) 지역 분화 (2) 집심 (3) 이심 (4) 인구 공동
화 **5** ㉠ 도심 ㉡ 주변 지역 ㉢ 위성 도시 **6** (1) 도심 (2) 부도심
(3) 위성 도시

기본 문제
01 ⑤　**02** ④　**03** ③　**04** ④　**05** ④　**06** ⑤
07 ③　**08** ⑤　**09** ②

01 도시는 인구가 밀집하는 곳으로, 2·3차 산업에 종사하는 인구가 많고 생활 편의 시설 및 각종 기능이 집중된다.

오답 피하기
ㄱ. 도시는 인구가 밀집한 곳으로, 상대적으로 좁은 지역에 많은 사람이 모여 있어 인구 밀도가 높다.
ㄴ. 도시는 토지를 매우 집약적으로 이용하므로 건물이 밀집한다.

02 최초의 도시는 농업에 유리한 곳에서 시작되었으며, 상업 도시와 공업 도시를 거쳐 오늘날에는 산업과 서비스업, 교육과 문화 등 다양한 기능을 수행한다.

03 (가)는 중국의 시안, (나)는 에콰도르의 키토에 대한 설명이다.

04 제시문은 세계 도시에 대한 설명이다. 세계적인 중심지 역할을 하고 있는 뉴욕, 런던, 도쿄가 세계 도시에 해당한다. A는 아테네(그리스), B는 카이로(이집트), C는 시드니(오스트레일리아), D는 뉴욕(미국), E는 상파울루(브라질)이다.

05 도시 내부의 지역 분화는 다양한 기능들의 입지 조건이 서로 다르기 때문에 발생한다. 각각의 도시 기능은 최적의 입지 장소를 찾아 비슷한 기능끼리는 모이고, 다른 기능끼리는 서로 밀어내는 과정을 거친다.

06 그림은 도시의 중심 업무 기능, 상업 기능, 주거 기능의 입지 조건을 나타낸 것이다. 중심 업무 기능은 높은 지가를 감당할 수 있는 기능이고, 상업 기능도 접근성이 높은 곳에 입지하는 것이 일반적인 기능이다. 주거 기능은 상대적으로 접근성의 영향을 적게 받는 기능이다.

오답 피하기
ㄱ. 상업 기능은 고객을 유치하기 위하여 유동 인구가 많은 곳에 입지한다.

ㄴ. 주거 기능은 저렴하고 넓은 토지를 필요로 하기 때문에 도시 주변 지역에 입지하는 것이 유리하다.

07 도시가 성장하게 되면 도시의 내부 기능이 분화되면서 도심과 부도심, 중간 지역, 주변 지역 등으로 분화된다. 도심에는 고층 건물이 밀집한 중심 업무 지구가 나타나고, 부도심에서는 대규모의 교통 관련 시설이나 상업 및 업무, 주거 지역이 혼재하여 나타난다. 도심 주변에는 오래된 주택, 상가, 공장이 혼재한 중간 지역이 나타나고, 주변 지역에는 주로 주거 단지와 함께 규모가 다양한 공장, 상가, 창고, 학교 등의 시설들이 들어서고 도시와 농촌의 모습이 혼재한다. ③ 도심에 상업 및 업무 기능이 집중하여 중심 업무 지구를 형성한다.

08 일부 대도시에서는 도시의 무질서한 팽창을 막고 녹지 공간을 확보하기 위해 개발 제한 구역(green belt)을 설정하고 있다.

09 (가)는 고층 건물이 밀집되어 있는 도심이고, (나)는 아파트가 들어서 있는 주변 지역의 모습이다. ② 도심은 중추 관리 기능과 상업 기능이 발달하여 낮에는 유동 인구가 많지만 밤에는 인구가 주거 지역으로 돌아가면서 인구 밀도가 낮아진다.

실전 문제

본문 39~41쪽

01 ④	**02** ③	**03** ①	**04** ①	**05** ③	**06** ③
07 ③	**08** ②	**09** ②	**10** ③	**11** ③	
12 해설 참조		**13** 해설 참조			

01 최초의 도시는 농업에 유리한 곳에서 발달하였으며, 이후 상업 도시, 공업 도시가 발달하였다. 현대의 도시는 정치와 경제, 문화 등 다양한 기능이 발달하였다. ④ 당시 동력 자원으로 주로 석탄이 이용되었다. 따라서 석탄 산지를 중심으로 공업 도시가 발달하였다.

02 (가)는 촌락, (나)는 도시의 경관이다. 도시에 사는 사람은 대부분 2, 3차 산업에 종사하며 직업 구성이 매우 다양하다.

오답 피하기
ㅁ. 도시에서는 주거지와 직장이 떨어져 있는 경우가 많기 때문에 출퇴근 시 이동 거리가 촌락이 비해 먼 편이다.

03 이탈리아의 로마와 터키의 이스탄불은 오랜 세월에 걸쳐 형성되어 역사 유적이 많은 도시로 유명하다.

04 지도의 A는 아이슬란드의 레이캬비크, B는 케냐의 나이로비, C는 싱가포르, D는 중국의 상하이, E는 미국의 뉴욕이다.

오답 피하기
② 태평양과 인도양을 잇는 관문 도시는 싱가포르(C)이다.
③ 사바나 초원에서 사파리 관광을 할 수 있는 곳은 케냐(B)이다.
④ 자유의 여신상은 뉴욕(E)의 랜드마크이다.

⑤ 유럽 연합(EU)의 본부가 위치하는 도시는 벨기에의 브뤼셀이고, 뉴욕에는 국제 연합(UN)의 본부가 위치한다.

05 제시된 엽서의 내용은 운하가 많고 크고 작은 배들이 일상적인 교통수단으로 자리잡은 네덜란드의 암스테르담을 소개하고 있다.

06 그림은 도시가 성장하면서 비슷한 기능끼리 모이고 다른 종류의 기능은 분리되는 도시 내부의 지역 분화 현상을 나타낸다. 이는 접근성과 지가 등의 차이 때문으로 도심에는 비싼 땅값을 지급하고도 이익을 낼 수 있는 중심 업무 기능과 상업 기능이 집중되고, 주택이나 넓은 부지가 필요한 공장은 비교적 땅값이 싼 도시 주변으로 빠져나간다. ③ 지대 지불 능력이 높은 중심 업무 기능이나 상업 기능이 도심으로 집중되는 현상을 집심 현상이라고 한다.

07 도시 중심부는 접근성이 좋아 업무 기능 및 상업 기능이 입지하며, 토지를 집약적으로 사용하기 위해 고층 건물이 밀집한다. 따라서 도시 중심부로 갈수록 높아지는 지표는 사무실 임대료, 건물의 평균 높이이다.

08 모식도의 A는 도심, B는 부도심, C는 중간 지역, D는 개발 제한 구역이다. ② 접근성이 높은 도심에는 중심 업무 지구가 형성된다.

오답 피하기
① 도심에는 중심 업무 기능, 상업 기능이 집중된다.
③ 부도심에는 도심의 기능을 분담하여 상업 및 업무 기능이 집중되며 일부 주거 기능도 나타난다.
④, ⑤ 중간 지역은 도심과 주변 지역 사이에 위치하여 도심에서 가까운 곳에는 주택과 상가가 함께 나타나고, 도심에서 멀어질수록 신흥 주거 단지와 공장이 섞여 있다.

09 일부 대도시에서는 도시의 무질서한 팽창을 막고 녹지 공간을 확보하기 위해 개발 제한 구역(green belt)을 설정하고 있다.

10 지도의 A는 노원구로 주변 지역, B는 중구로 도심, C는 여의도로 부도심, D는 금천구로 주변 지역의 공업 지역이다.

오답 피하기
ㄱ. 서울의 대표적인 주변 지역으로, 대규모 아파트 단지가 들어서 있다.
ㄹ. D는 정보 기술(IT) 업체가 모여 있는 아파트형 공장이 많다.

11 사진은 서울시 금천구에 위치한 첨단 산업 단지로, 여러 기업과 기업 지원 시설이 복합적으로 입주한 건물이 많다.

서술형 문제

12 [예시 답안] 지도에 표시된 런던, 도쿄, 뉴욕을 가리켜 세계 도시라고 한다. 세계 도시에는 다국적 기업의 본사가 많고 자본과 정보가 집중한다. 또한 각종 국제기구의 활동이 활발하게 이루어진다.

13 [예시 답안] 그래프를 통해 인구 공동화 현상이 나타났음을 알 수 있다. 인구 공동화 현상은 도심에서 주거 기능이 약화되면서 나타난다.

03~04 도시화와 도시 문제 ~ 살기 좋은 도시

기본 문제

본문 44~46쪽

간단 체크
1 (1) 도시화 (2) 도시 거주 인구 (3) 도시화 곡선 (4) 산업 혁명 (5) 제2차 세계 대전　**2** ㉠ 가속화 단계 ㉡ 종착 단계　**3** (1) × (2) ○ (3) × (4) × (5) ○　**4** (1) 역도시화 (2) 슬럼 (3) 선진국 (4) 개발 도상국 (5) 주관적　**5** (1) ㉡ (2) ㉠　**6** ㄴ, ㄷ

기본 문제
01 ④	02 ⑤	03 ③	04 ③	05 ②	06 ①
07 ④	08 ②	09 ④	10 ③	11 ④	

01 도시화는 도시의 수가 증가하거나 도시에 거주하는 인구 비율이 높아지고, 도시적인 생활 양식이 확산되는 현상을 의미한다. ④ 도시화가 진행되면서 2, 3차 산업에 종사하는 인구가 증가한다.

02 도시화 곡선은 도시화율을 그래프로 표현한 것이다. ⑤ 도시화 곡선의 기울기가 급할수록 도시화가 빠르게 진행되었음을 알 수 있다.

03 제시문은 역도시화 현상에 대한 설명으로, 주로 도시화의 종착 단계에서 나타난다.

04 제시된 도시화 곡선의 A는 초기 단계, B는 가속화 단계, C는 종착 단계이다. ③ 가속화 단계는 산업화의 진행으로 이촌향도 현상이 본격적으로 발생하는 시기이다.

오답 피하기
①, ② 종착 단계에 대한 설명이다.
④ 촌락에서 도시로의 인구 이동이 활발하다.

05 지도는 대륙 및 국가별 도시화율을 나타낸 것이다. 대륙별 도시화율은 북아메리카＞남아메리카＞유럽＞오세아니아＞아시아＞아프리카 순으로 나타난다.

오답 피하기
ㄴ. 남아메리카는 개발 도상국이 많은 대륙임에도 불구하고 도시화율이 북아메리카 다음으로 높다.
ㄹ. 아프리카의 대다수 국가들은 가속화 단계에 해당한다.

06 선진국과 개발 도상국의 도시화는 서로 다른 특징이 나타난다. 그래프의 (가)는 도시화가 비교적 점진적으로 진행된 것으로 보아 선진국에 해당한다. 반면 (나)는 비교적 짧은 기간에 급속히 이루어진 것으로 보아 개발 도상국에 해당한다.

07 (가) 선진국의 도시화는 주로 촌락으로부터 도시로의 인구 이동에 의해 이루어졌다. (나) 개발 도상국의 도시화는 촌락 인구의 유입과 함께 도시 자체 인구의 자연적 증가가 주요인이 되고 있다.

08 뉴욕, 런던, 파리는 도시화가 먼저 진행된 선진국의 도시들이다. 이들 도시는 각종 시설이 노후화되고, 교외화로 도시 내부 지역의 기능이 약해지면서 성장이 정체하기도 한다. 또한 세계화에 따른 경제 환경의 변화로 일부 도시 내의 제조업이 쇠퇴하여 실업률이 상승하고, 이주민과 지역 주민의 갈등이 증가하는 지역도 있다. ② 개발 도상국의 경우 도시 기반 시설이 부족한 문제가 나타난다.

09 개발 도상국은 기반 시설이 갖추어지지 않은 채 도시로 인구가 지나치게 집중하여 주택, 상하수도 시설 등이 부족한 문제가 나타났다.

10 세계적으로 살기 좋은 도시로 꼽히는 곳은 전쟁과 범죄의 위험이 적어 안전하고 녹지 공간이 많아 환경이 깨끗하다는 공통점이 있다. 또 일자리가 풍부하고 문화 및 의료 시설 등과 함께 각종 도시 기반 시설을 잘 갖추고 있어 시민들이 편리하고 행복한 생활을 누릴 수 있다.

11 제시문은 교통 문제를 해결하여 살기 좋은 도시로 널리 알려진 브라질의 쿠리치바에 대한 설명이다.

01 ④	02 ③	03 ⑤	04 ⑤	05 ②	06 ⑤
07 ⑤	08 ③	09 ①	10 ⑤	11 해설 참조	
12 해설 참조					

01 도시화는 도시의 수가 증가하거나 도시에 거주하는 인구 비율이 높아지고, 도시적인 생활 양식이 확산되는 현상을 의미한다. ④ 도시화가 진행되면서 2, 3차 산업에 종사하는 인구가 증가한다.

02 제시된 도시화 곡선의 A는 가속화 단계이다. 가속화 단계는 산업화의 진행으로 이촌 향도 현상이 본격적으로 발생하는 시기이다.

03 지도는 대륙 및 국가별 도시화율을 나타낸 것이다. 대륙별 도시화율은 북아메리카 > 남아메리카 > 유럽 > 오세아니아 > 아시아 > 아프리카 순으로 나타난다.

오답 피하기
① 아시아의 도시화율은 낮은 편이다.
② 과도시화는 산업 또는 경제 성장의 수준을 초월하여 도시 인구가 지나치게 급증하는 현상으로, 도시화가 짧은 시간 안에 급속도로 진행된 개발 도상국에서 주로 나타난다.
③ 경제 발전과 도시화율은 대체로 비례한다.
④ 남아메리카의 대도시에는 수위 도시로 많은 인구가 집중하는 현상이 주로 나타난다.

04 그래프는 우리나라의 시기별 인구 순위 10대 도시의 변화를 나타낸 것이다. 서울과 부산이 1위와 2위의 자리를 유지하고 있지만 3위부터는 많은 변화가 있었다. ⑤ 1966년에서 2015년 사이 인구가 가장 많이 증가한 도시는 서울이다.

오답 피하기
③ 부산을 포함하여 인천, 대구, 대전, 광주, 울산의 6대 광역시는 모두 인구 순위 10위 안에 포함되어 있다.

05 지도의 A는 캐나다와 덴마크로 선진국에 해당하고, B는 중국과 나이지리아로 개발 도상국에 해당한다. 선진국의 도시화는 18세기 산업 혁명 이후 200여 년 동안 산업화와 함께 점진적으로 진행되었으며, 주로 촌락에서 도시로 인구가 이동하면서 이루어졌다. 이에 반해 개발 도상국의 도시화는 20세기 중반 이후 30~40년 정도의 단기간에 매우 급속하게 진행되었다. 이 과정에서 촌락의 많은 인구가 도시로 유입되었을 뿐만 아니라 청장년층 중심의 이동으로 인해 자연적 증가도 함께 급속하게 이루어졌다.

06 제시문의 밑줄 친 도시는 오래된 건물과 노후화된 도시 시설로 인한 문제가 나타나고 있으며, 과거에 발달했던 공업 기능이 쇠퇴한 도시임을 알 수 있다. 주로 선진국의 도시들에서 나타나는 현상이다. ⑤ 식민 지배를 받았던 개발 도상국에서 나타나는 도시 문제에 해당한다.

07 브라질의 리우데자네이루는 이촌 향도로 인구가 급증하고 있고, 인구의 22% 이상이 슬럼에 거주하고 있다. 이는 짧은 시간 급격한 도시화가 이루어진 개발 도상국에서 나타나는 현상으로 주택과 각종 시설, 일자리 부족 문제, 열악한 위생과 환경오염 문제가 발생한다. 특히 슬럼에서 이러한 문제가 심각하다. ⑤ 도시화의 역사가 오래된 선진국의 도시에서 나타나는 문제이다.

08 산업 구조가 변하거나 도시가 성장하면서 도시 기반 시설이 낡고 쇠퇴한 지역에서는 도시 재생 사업을 추진하기도 한다. 도시 재생 사업이란 오래된 건물을 없애고 새로운 건물을 짓는 것뿐만 아니라 지역 고유의 역사와 문화적 특성을 살리고, 주민 공동체를 활성화하려는 다양한 노력을 함께 진행하는 사업이다.

09 사진은 인도의 도시가 겪고 있는 불량 주거 지역의 문제를 나타내고 있다. 이 지역에서 나타나는 문제를 해결하기 위해서는 도로와 주택 등의 도시 기반 시설을 확충해야 한다.

10 에스파냐의 빌바오는 문화와 예술의 도시로, 벵갈루루는 IT 산업의 중심 도시로 거듭나면서 살기 좋은 도시로 꼽히고 있다.

서술형 문제

11 [예시 답안] 선진국은 도시화가 점진적으로 진행되어 현재는 거의 종착 단계에 이르렀다. 반면, 개발 도상국은 도시화가 짧은 시간 안에 급속도로 진행되어 현재는 가속화 단계에 해당한다.

[평가 기준]

상	선진국과 개발 도상국의 도시화 과정을 모두 바르게 서술한 경우
중	선진국 또는 개발 도상국의 도시화 과정 중 한 가지만 바르게 서술한 경우
하	선진국과 개발 도상국의 도시화 과정이 다르다고만 쓴 경우

12 [예시 답안] 미국 디트로이트에서는 제조업의 쇠퇴로 실업률의 상승과 인구 유출로 인한 문제가 나타난다. 이러한 문제의 해결 방안으로는 산업 구조를 재편하여 일자리를 창출하고, 도시 재개발 사업을 진행하는 것이 있다.

[평가 기준]

상	미국 디트로이트에서 발생할 수 있는 도시 문제를 쓰고, 그 해결 방안을 두 가지 모두 바르게 서술한 경우
중	미국 디트로이트에서 발생할 수 있는 도시 문제를 쓰고, 그 해결 방안을 한 가지만 바르게 서술한 경우
하	미국 디트로이트에서 발생할 수 있는 도시 문제만 쓴 경우

대단원 마무리

본문 52~55쪽

01 ③	**02** ⑤	**03** ④	**04** ①	**05** ④	**06** ①
07 ③	**08** ①	**09** ⑤	**10** ⑤	**11** ④	**12** ①
13 ⑤	**14** ④	**15** ⑤	**16** ③	**17** 해설 참조	
18 해설 참조					

01 도시는 좁은 공간에 많은 사람이 모여 사는 것이 특징이며 촌락에 비해 인구 밀도가 매우 높게 나타난다.

오답 피하기
① 좁은 공간에 많은 사람이 모여 사는 도시의 인구 밀도가 촌락에 비해 높다.
② 집약적인 토지 이용이 나타나는 도시에는 고층 건물이 밀집한다.
④ 도시는 2, 3차 산업에 종사하는 인구가 많고, 촌락은 1차 산업에 종사하는 인구가 많다.
⑤ 한정된 토지를 효율적으로 활용하기 위해 도시는 토지를 집약적으로 이용한다.

02 사진은 도시의 경관이다. 도시에는 상대적으로 좁은 지역에 많은 사람이 모여 있기 때문에 고층 건물과 아파트, 공동 주택이 밀집해 있다.

03 미국의 뉴욕, 영국의 런던, 일본의 도쿄는 다국적 기업의 본사가 많고 자본과 정보가 집중하여 주변 국가와 도시들에 미치는 영향력이 매우 큰 도시이다. 세계 경제, 문화, 정치의 중심지 역할을 하는 이러한 도시를 세계 도시라고 한다.

04 (가)는 파리의 에펠탑, (나)는 로마의 콜로세움이다.

오답 피하기
C는 터키의 이스탄불이고, D는 이집트의 카이로이다.

05 태평양과 인도양을 잇는 관문에 위치하여 아시아 국제 교통의 허브 역할을 하는 도시는 싱가포르이다. 도쿄는 일본의 수도로, 증권 거래소를 비롯한 각종 금융 기관이 밀집하여 아시아 최대의 금융 중심지를 이루고 있다.

06 도시 내부의 지역 분화는 기능별로 입지 조건이 달라 접근성과 지가 등에 따라 다르게 위치하여 나타난다. ① 집심 현상은 중심 업무 기능이나 상업 기능이 도시 중심부로 집중되는 현상이다.

07 모식도에서 A는 도심, B는 부도심, C는 중간 지역, D는 주변 지역, E는 위성 도시이다. 도심에는 고층 건물이 밀집한 중심 업무 지구가 형성되고, 부도심에는 대규모의 교통 관련 시설이나 상업 및 업무, 주거 지역이 혼재하여 나타난다. 중간 지역은 도심 주변에 오래된 주택, 상가, 공장 등이 혼재한다. 주변 지역은 다양한 규모의 주택과 학교, 공장 등이 섞여 나타난다. 위성 도시는 대도시의 일부 기능을 분담하는 도시이다.

08 제시된 자료는 인구 공동화 현상을 나타내는 것으로, 도심 (A)의 주거 기능 약화로 나타난다.

09 지도의 A는 중구 일대로 도심, B는 노원구 일대로 주변 지역, C는 강남구 일대로 부도심, D는 성동구 일대로 주변 지역을 나타낸다.

오답 피하기
ㄱ. 도심은 높은 접근성과 교통의 편리함으로 지가가 높은 편이다. 따라서 넓은 토지가 필요한 기능이 불리하다.
ㄴ. 주변 지역은 상대적으로 지가가 저렴한 편이다.

10 도심(A)에는 고층 빌딩이 밀집하고, 주변 지역(B)에는 대규모 아파트 단지가 들어선다.

11 이촌 향도 현상이 활발한 단계인 (가)는 가속화 단계, 도시 인구 증가율이 둔화되는 단계인 (나)는 종착 단계, 대부분의 인구가 촌락에 분포하는 단계인 (다)는 초기 단계이다. 제시된 도시화 곡선의 A는 초기 단계, B는 가속화 단계, C는 종착 단계이다.

12 그래프는 영국, 대한민국, 인도의 도시화 곡선을 나타낸 것이다. 그래프에서 영국은 1950년대 이전부터 종착 단계 수준에 도달한 A이고, 1990년대 이후 종착 단계에 도달한 B가 대한민국이다. 인도는 아직 경제 발전 수준이 높지 않고 도시화율도 세계 평균보다 낮은 수준이다. 따라서 C가 인도이다.

13 자료를 보면 미국의 디트로이트는 인구가 감소하고 인구 유출로 인한 문제가 나타나고 있다. 디트로이트는 1900년대 초반 자동차 산업으로 번성하였으나, 도시 시설 노후화와 인건비 상승에 따른 자동차 공장의 해외 이전으로 도시의 활력을 잃었다.

14 뭄바이, 다카, 보고타, 리우데자네이루는 대표적인 개발 도상국의 도시들이다. 개발 도상국은 도시화가 짧은 시간에 급격하게 진행되었기 때문에 무허가 불량 주택 문제, 도시 내 빈부 격차 문제, 도시 기반 시설 부족 문제, 열악한 위생 및 환경 오염 문제가 나타난다.

15 살기 좋은 도시는 경제 활동이 다양하고 활발하여 경제적 이익을 고루 나누어 가지는 곳이다.

16 울산시는 태화강을 살리고 주변 환경을 개선하기 위해 다양한 집단과 함께 노력하여 살기 좋은 도시로 거듭나게 되었다.

서술형 문제

17 [예시 답안] 접근성이 높으면 지가가 높으므로 A와 B 지역의 지가에 차이가 발생한다. A 지역은 주변 지역으로 대규모 아파트 단지가 나타나고, B 지역은 도심으로 고층 빌딩이 밀집한다.

18 [예시 답안] 중국은 가속화 단계로 단기간에 매우 급속하게 도시화가 진행되었고, 미국은 종착 단계로 오랜 시간 점진적으로 도시화가 진행되었다.

Ⅸ. 글로벌 경제 활동과 지역 변화

01 농업 생산의 기업화와 세계화

기본 문제

본문 60~61쪽

간단 체크

1 (1) × (2) × (3) ○ (4) ○ (5) ○　　**2** (1) ㉠, ㉣ (2) ㉡, ㉢　　**3** (1) 상업적 (2) 기업화 (3) 식량 자급률

기본 문제

01 ②　　**02** ②　　**03** ④　　**04** ④　　**05** ③　　**06** ③
07 ①　　**08** ⑤　　**09** ②　　**10** ②

01 젖소나 염소 등을 사육하여 우유, 버터, 치즈 등의 유제품을 생산하는 목축업은 낙농업이라 하며, 대표적인 상업적 농업의 예이다.

02 교통·통신 기술의 발달로 인한 국제 교역량 증가, 세계 무역 기구(WTO) 체제의 출범 및 자유 무역의 확대로 농업의 기업화와 세계화가 진행되고 있다.

03 플랜테이션 농업은 열대 및 아열대 기후 지역에서 선진국의 자본과 기술, 원주민의 값싼 노동력을 바탕으로 커피, 차, 카카오 등 기호 작물이나 천연고무, 목화 등과 같은 공업 원료가 되는 작물을 재배하는 경작 방식을 말한다.

04 세계 무역 기구(WTO)는 무역 자유화를 통한 전 세계적인 경제 발전을 목적으로 창설된 국제기구이다.

05 농업 생산의 기업화와 세계화, 상업적 농업의 성장으로 인해 외국산 농산물을 손쉽게 접할 수 있게 되었다.

06 전통적인 농업은 생산자 스스로가 소비하기 위해 소규모로 작물을 재배하거나 가축을 기르는 자급적 농업의 형태를 띤다.

07 기호 작물이란 독특한 향이나 맛을 즐기기 위한 기호 식품의 원료가 되는 작물을 말한다. 베트남은 세계적으로 기호 작물의 수요가 증가함에 따라 쌀을 재배하던 논을 메꾸어 커피나무를 심게 되었다. 그 결과 2007년부터 커피 수출량이 쌀 수출량을 추월하였고, 베트남은 세계 2위의 커피 생산국이 되었다.

08 기업적 곡물 농업 및 목축업은 미국, 오스트레일리아, 아르헨티나 등 신대륙의 넓은 목초 지대를 이용한다.

09 브라질의 열대 우림 지대인 아마존은 지구 산소의 1/5 이상을 만들어 내고 탄소를 연간 약 10억 톤이나 흡수하여 지구의 허파라고 불리던 지역이었지만, 최근 불법 방화를 통해 목

초지로 개간되면서 지난 10년간 27억 톤에 달하는 이산화 탄소가 초과 배출되어 더 이상 지구의 허파라고 불리기 어려운 모습이다.

10 로컬 푸드란 동일 지역에서 생산·소비되는 농산물로, 장거리 운송을 거치지 않은 것이다. 흔히 반경 50km 이내에서 생산된 농산물을 말한다.

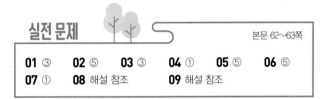

실전 문제

본문 62~63쪽

01 ③	02 ⑤	03 ③	04 ①	05 ⑤	06 ⑤
07 ①	08 해설 참조	09 해설 참조			

01 그림은 장 프랑수아 밀레의 「이삭 줍는 여인들」이다. 그림 속의 여인들은 인간의 노동력을 활용하여 생산자 스스로가 소비하기 위해 소규모로 작물을 재배하거나 가축을 기르는 전통적인 자급적 농업을 행하고 있다.

02 사료 작물은 가축들에게 먹이기 위해 기르는 콩, 옥수수 등을 말하며, 최근 육류 소비의 증가로 인해 재배 면적이 확대되고 있다. 상품 작물은 채소, 과일, 원예 작물 등 시장에 팔기 위해 재배하는 작물들을 말한다.

03 우리나라에서 쌀은 다른 작물들에 비해 자급률이 높은 편이며, 과거에는 보리 역시 자급이 가능한 수준이었다. 밀과 옥수수의 경우 대부분을 수입에 의존하고 있으며, 우리나라의 곡물 자급률은 계속 낮아지는 추세이다.

04 곡물 자급률이 너무 낮아지면 곡물의 국제 가격 변동에 큰 영향을 받게 되고 애그플레이션이나 식량 무기화의 위험에 노출된다.

05 농업 생산의 기업화와 세계화의 부작용으로는 농약 및 비료 사용에 따른 토양 오염, 지하수 고갈, 숲 불법 개간, 방부제 문제, 유전자 변형 식품 문제, 식량 생산량 감소에 따른 식량 자급률 감소 등이 있다.

06 농업 생산의 기업화는 교통과 통신의 발달로 인한 세계화를 배경으로 하며, 선진 농업 기술 및 품종 개량을 통해 대량으로 농산물을 재배한다는 특징이 있다. 이러한 현상들은 커다란 영향력을 지닌 '곡물 메이저'라는 다국적 기업의 활동 확대를 가져오기도 했다.

07 다양한 외국 농산물을 먹을 수 있는 것은 세계화로 인한 긍정적인 변화의 사례이다.

서술형 문제

08 [예시 답안] 교통과 통신의 발달로 농산물의 국제 교역량이

증가하며 농업의 세계화가 활발해지고 있다. 이런 현상 속에서 농업의 형태는 자급적 농업에서 상업적 농업으로 변화하였다. 이런 변화로 상품 작물이나 사료 작물의 재배가 확대되면서 토지 이용을 위해 숲에 불을 질러 목초지나 농경지로 개간하고 있다.

[평가 기준]

상	아마존 열대 우림의 변화 이유를 농업의 세계화와 상업적 농업을 모두 활용하여 바르게 서술한 경우
중	아마존 열대 우림의 변화 이유를 농업의 세계화와 상업적 농업 중 한 가지만 활용해서 바르게 서술한 경우
하	아마존 열대 우림의 변화 이유를 농업의 세계화와 상업적 농업을 활용하지 못하고 서술한 경우

09 [예시 답안] 외국산 농산물 수입이 많아지는 것의 긍정적 영향은 식탁의 먹거리가 다양해진다는 것이다. 부정적인 영향은 값싼 외국산 농산물의 수입으로 국내 농산물의 가격 경쟁력이 하락한다는 것이다.

[평가 기준]

상	농업 생산의 기업화와 세계화로 인한 변화 속에서 소비 지역이 겪게 되는 긍정적 영향과 부정적 영향을 각각 바르게 서술한 경우
중	농업 생산의 기업화와 세계화로 인한 변화 속에서 소비 지역이 겪게 되는 긍정적 영향과 부정적 영향 중 한 가지만 바르게 서술한 경우
하	농업 생산의 기업화와 세계화로 인한 변화 속에서 소비 지역이 겪게 되는 긍정적 영향과 부정적 영향에 대해 다양화, 안전성 등 단어만 쓴 경우

02 다국적 기업과 경제 공간의 변화

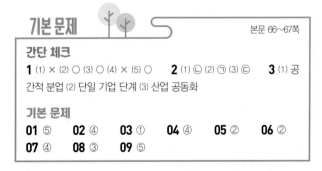

기본 문제

본문 66~67쪽

간단 체크

1 (1) × (2) ○ (3) ○ (4) × (5) ○　　**2** (1) ㉡ (2) ㉠ (3) ㉢　　**3** (1) 공간적 분업 (2) 단일 기업 단계 (3) 산업 공동화

기본 문제

01 ⑤	02 ④	03 ①	04 ④	05 ②	06 ②
07 ④	08 ③	09 ⑤			

01 세계 각지에 자회사, 지사, 공장 등을 확보하고 국제적인 조직망을 바탕으로 생산과 판매 활동 등의 경영 활동을 세계적으로 수행하는 기업을 다국적 기업이라고 한다.

02 공간적 분업이란 기업의 의사 결정, 연구·개발(R&D), 생산 기능, 판매 등이 각각 수행하는 기능에 따라 공간적으로 적합한 지역에 분화하여 입지하는 것을 말한다.

03 오늘날은 국가 간 교류가 활발해지며 전 세계 대상으로 상품 판매 및 서비스 제공이 가능해지고, 이는 다국적 기업의 성장으로 이어졌다.

04 다국적 기업은 세계 각국으로 진출하여 생산 비용을 절감할 수 있고, 무역 장벽을 극복할 수 있으며, 새로운 시장을 개척할 수 있다.

05 다국적 기업의 본사는 의사 결정에 필요한 다양한 정보와 자본을 확보하는 데 유리한 지역, 생산 공장은 지가와 노동 임금이 저렴하여 생산 비용을 낮출 수 있는 지역에 입지한다.

오답 피하기
연구소는 신제품과 핵심 기술, 디자인 등을 연구·개발하기 위해 기술을 갖춘 고급 인력이 풍부한 지역에 입지한다.

06 다국적 기업이 생산 시설을 이전하면 생산 공장을 유치한 국가는 경제가 활성화되기도 한다. 새롭게 투자가 이루어지면서 자본이 유입되고, 일자리가 생기며, 기술을 이전받는 등 관련 산업이 발달할 수 있다.

07 미국의 '러스트 벨트(Rust Belt)'는 자동차, 철강 등을 생산하던 세계적 규모의 다국적 기업들이 들어서 번창하였으나, 20세기 후반부터 멕시코 등의 개발 도상국으로 생산 공장들이 이전하면서 실업률이 증가하고 지역 경제가 침체되었다.

08 기업의 의사 결정 기능은 다양한 정보를 수집하여 빠르게 판단을 내리는 것이 중요하므로 주로 본사나 모기업이 위치한 곳에서 담당하고 있다.

09 다국적 기업의 성장 과정은 (다) 단일 기업 단계, (라) 국내 확장 단계, (가) 해외 진출 단계, (나) 다국적 기업 단계를 거친다.

실전 문제
본문 68~69쪽

01 ④ **02** ② **03** ② **04** ② **05** ⑤ **06** ③
07 해설 참조 **08** 해설 참조

01 다국적 기업의 생산 공장은 생산 비용을 줄이기 위해 지가와 노동 임금이 저렴한 개발 도상국 지역에 위치하기도 하지만, 시장을 확대하고 무역 장벽을 피하기 위해서 선진국에 위치하기도 한다.

02 그래프를 보면 일부 다국적 기업의 연 매출액이 한 국가의 국내 총생산과 거의 비슷할 정도로 세계 경제에서 차지하는 비중과 영향력이 크다는 것을 알 수 있다.

03 ㄱ, ㄹ. 다국적 기업이 지역에 미치는 긍정적 영향에 대한 설명이다.

오답 피하기
ㄴ. 생산 공장이 위치한 지역은 기술 및 경영 기법을 습득할 수 있지만, 고급 기술을 전수받기는 어렵다.
ㄷ. 산업 공동화 현상은 실업률을 높인다.

04 지도는 다국적 기업의 공간적 분업을 보여 준다.

05 지도를 보면 최근 많은 다국적 기업의 생산 기지들이 중국에서 유출되고 있음을 확인할 수 있다. 중국의 인건비가 상승하여 경쟁력이 낮아지자 상대적으로 인건비가 저렴한 베트남으로 생산 공장들이 이전하고 있다.

오답 피하기
ㄱ. 중국은 일자리 부족과 경기 침체의 위험이 생긴다.
ㄴ. 타이보다 베트남의 생산비 경쟁력이 더 높다.

06 다국적 기업의 생산 공장은 생산 비용을 줄이기 위해 지가와 노동 임금이 저렴한 베트남 및 동남아시아 지역으로 이동하는 추세이다.

✎ 서술형 문제

07 [예시 답안] ㉠에 들어갈 말은 러스트 벨트이다. ㉡에 해당하는 사례에는 생산 공장이 철수함으로써 실업자가 증가하고 지역 경제가 침체되며 인구 유출이 심해지는 문제, 산업 공동화 현상이 나타나는 문제 등이 있다.

[평가 기준]

상	㉠에 들어갈 알맞은 말을 쓰고, ㉡에 해당하는 사례를 두 가지 모두 바르게 서술한 경우
중	• ㉠에 들어갈 알맞은 말을 쓰고, ㉡에 해당하는 사례를 한 가지만 서술한 경우 • ㉠에 들어갈 알맞은 말을 쓰지는 못했으나, ㉡에 해당하는 사례를 두 가지 바르게 서술한 경우
하	㉠에 들어갈 알맞은 말만 쓰거나, ㉡에 해당하는 사례 한 가지만을 서술한 경우

08 [예시 답안] 다국적 기업은 생산 비용을 줄이기 위해서 지가와 노동 임금이 저렴한 지역으로 생산 공장을 이전해야 하는 입장이다. 반면, 지역 주민은 생산 공장이 이전하면 실업률이 증가하고 지역 경제가 침체될 것을 우려하는 입장이다.

[평가 기준]

상	다국적 기업과 지역 주민 각각의 입장을 모두 바르게 서술한 경우
중	다국적 기업과 지역 주민 각각의 입장을 서술하였으나 내용이 미흡한 경우
하	다국적 기업과 지역 주민 한쪽의 입장만을 서술한 경우

03 서비스업의 세계화와 경제 공간의 변화

기본 문제

본문 72~73쪽

간단 체크

1 (1) ○ (2) ○ (3) × (4) × (5) ○　2 (1) ㉢, ㉣ (2) ㉠, ㉡ 　3 (1) 1차
(2) 판매자 (3) 공정 여행

기본 문제

01 ⑤	02 ⑤	03 ④	04 ⑤	05 ⑤	06 ④
07 ⑤	08 ③	09 ④			

01 3차 산업은 1, 2차 산업에서 생산된 물품을 소비자에게 유통·판매하거나 각종 서비스를 제공하는 산업으로, 흔히 서비스업이라고 표현한다. 대표적인 사례로는 상업, 운수업, 정보·통신업, 금융업, 교육 등이 있다.

02 서비스업은 다른 산업이나 일반 소비자들에게 재화와 용역을 제공하는 활동이라 정의할 수 있다. 여기서 재화란 사람이 바라는 바를 충족시켜 주는 모든 물건을 말하고, 용역이란 물질의 형태를 취하지 않고 생산과 소비에 필요한 노동력을 제공하는 일을 말한다.

03 소비자 서비스업은 일반 소비자에게 제공하는 것으로 음식업, 숙박업, 소매업 등이 있다. 생산자 서비스업은 기업 활동에 도움을 주는 것으로 금융, 법률, 광고, 시장 조사 등이 있다.

04 탈공업화 사회란 생산과 고용에서 제조업의 비중은 감소하고 서비스업의 비중이 증가하는 사회를 말한다.

05 산업 구조는 대체로 경제가 발전하면서 1차 산업 중심에서 2차 산업 중심으로 변화하며, 이는 토지와 노동력을 생산 요소로 하는 농업 중심 사회에서 자본과 노동력을 생산 요소로 하는 공업 중심 사회로의 변화를 의미한다. 이후 지식과 정보를 주요 생산 요소로 하는 서비스업의 성장으로 2차 산업의 비중이 감소하고 3차 산업의 비중이 증가하면서 탈공업화 사회로 전환된다.

06 서비스업의 세계화로 전자 상거래가 발달하면서 상품 구매의 시·공간적 제약을 극복할 수 있게 되어 재래시장이나 오프라인 상점이 쇠퇴하고 있다.

07 공정 여행은 관광 지역의 환경에 미치는 영향을 최소화하고, 현지 주민에게 더 많은 혜택이 돌아가게 하며, 현지의 문화를 존중하는 여행 방식이다.

08 전자 상거래가 발달하면서 상품 구매의 시·공간적 제약이 극복되어 기존의 유통 구조에 비해 넓은 공간이 필요하지 않게 되었다.

오답 피하기

⑤ 전자 상거래 방식은 상품을 진열하는 넓은 공간이 필요하지 않고, 판매 사원이 필요 없어 적은 초기 자본으로 운영이 가능하다.

09 그래프는 전자 상거래의 발달로 해외 직접 구매가 증가하고 있음을 나타낸다. 전자 상거래 방식은 교통과 정보·통신의 발달로 인한 경제 활동의 시·공간적 제약이 감소하였기에 발달할 수 있었다. 전자 상거래 방식을 통해 유통 단계가 간소화되고 국경의 의미가 희미해진다.

실전 문제

본문 74~75쪽

01 ①	02 ③	03 ⑤	04 ③	05 ③	06 ③
07 ④	08 해설 참조		09 해설 참조		

01 필리핀에 미국 기업의 콜센터가 집중하는 이유는 필리핀의 임금 수준이 낮고, 필리핀 직원들이 미국식 영어를 구사하며, 미국 문화에 대한 이해가 높기 때문이다.

02 필리핀에 콜센터가 입지함으로써 3차 산업의 일자리 증가 효과를 기대할 수 있다.

03 생산자 서비스업은 기업 활동을 지원해 주기 위한 서비스이다.

04 관광 인구가 증가하면서 무리한 관광지 개발로 자연환경이 파괴되는 부작용이 생겨나고 있다.

05 금융, 의료, 광고, 영화 제작 산업 등과 같이 전문화된 서비스업은 세계 여러 지역과의 접근성이 좋고 관련 정보가 풍부한 특정 지역에 집중하여 발달하는 경향이 있다.

06 교통·통신의 발달로 상품 구매의 시·공간적 제약을 극복하게 됨으로써 해외 직접 구매가 증가하고, 전자 상거래의 발달로 택배 산업 등의 유통 산업도 함께 성장하게 되었다.

07 전자 상거래는 온라인 플랫폼을 활용하기 때문에 시·공간의 제약이 없고, 상품 구매를 위하여 이동할 필요가 없어지게 된다.

서술형 문제

08 [예시 답안] 교통과 정보·통신의 발달로 생산과 소비를 연결하는 유통 분야의 세계화가 가속화되었고, 이와 함께 발달한 전자 상거래는 전통적 방식의 상거래와 달리 시·공간의 제약을 받지 않게 되었다. 따라서 소비자는 언제, 어디서나 원하는 물건을 구매할 수 있게 되었고, 해외 상점에도 쉽게 접속할 수 있어 소비 활동의 범위를 전 세계로 확대시켰다.

상	교통과 정보·통신의 발달, 전자 상거래를 모두 활용하여 A 기업의 급성장 배경을 바르게 서술한 경우
중	교통과 정보·통신의 발달, 전자 상거래 중 한 가지만 활용하여 A 기업의 급성장 배경을 서술한 경우
하	교통과 정보·통신의 발달, 전자 상거래와의 인과 없이 A 기업의 급성장 배경을 서술한 경우

09 [예시 답안] ㉠에 들어갈 관광 형태는 공정 여행이다. 공정 여행으로 네팔의 환경에 미치는 영향이 최소화되고, 현지 주민에게 더 많은 혜택이 돌아가게 된다.

[평가 기준]

상	㉠에 들어갈 알맞은 말을 쓰고, 공정 여행의 긍정적 영향을 두 가지 모두 바르게 서술한 경우
중	• ㉠에 들어갈 알맞은 말을 쓰고, 공정 여행의 긍정적 영향을 한 가지만 바르게 서술한 경우 • ㉠에 들어갈 알맞은 말을 쓰지는 못했지만, 공정 여행의 긍정적 영향을 두 가지 모두 바르게 서술한 경우
하	㉠에 들어갈 알맞은 말을 쓰거나, 공정 여행의 긍정적 영향을 한 가지만 서술한 경우

대단원 마무리

본문 78~81쪽

01 ③	02 ③	03 ②	04 ④	05 ①	06 ④
07 ②	08 ②	09 ①	10 ②	11 ⑤	12 ②
13 ③	14 ⑤	15 해설 참조	16 해설 참조		

01 시장에 판매할 목적으로 상품 작물을 재배하거나 가축을 기르는 농업은 상업적 농업이다.

02 곡물 메이저는 전 세계를 대상으로 곡물 시장에서 매우 큰 영향력을 행사하고 있는 다국적 기업으로 농업 생산의 기업화와 세계화를 보여 주는 사례이다. ③ 로컬 푸드 운동은 농업 생산의 기업화와 세계화의 부정적 영향에 대한 대안으로 발생하였다.

03 플랜테이션 농업은 적도 부근의 열대 및 아열대 기후 지역에서 선진국의 자본과 기술, 원주민의 값싼 노동력을 바탕으로 커피, 차, 카카오 등 기호 작물이나 천연고무, 목화 등과 같은 공업 원료가 되는 작물을 재배하는 경작 방식을 말한다.

04 농업 생산의 기업화와 세계화의 부작용으로는 농약 및 비료 사용에 따른 토양 오염, 지하수 고갈, 열대 우림 파괴, 식량 생산량 감소에 따른 식량 자급률 감소 등이 있다.

05 (가) 시기는 과거의 자급적 농업 시기로, 생산자 스스로가 소비하기 위해 주로 인력을 활용하여 소규모로 작물을 재배하거나 가축을 기른다. (나) 시기는 현재의 상업적 농업 시기이며, 시장에 판매할 목적으로 기계를 활용하여 대규모로 상품 작물을 재배하거나 가축을 기른다. 상업적 농업은 세계화와 함께 발달하여 농산물의 국제 이동량이 증가하게 된다.

06 다국적 기업은 기업의 의사 결정, 연구·개발(R&D), 판매, 생산 기능 등이 각각 수행하는 기능에 따라 공간적으로 적합한 지역에 분화하여 입지하는 공간적 분업을 추구한다. 단순 조립을 하는 기능인 생산 공장은 지가와 노동 임금이 저렴하여 생산 비용을 줄일 수 있는 지역에 입지한다.

07 다국적 기업이 생산 시설을 이전하면 생산 공장을 유치한 국가는 경제가 활성화되기도 한다. 새롭게 투자가 이루어지면서 자본이 유입되고, 일자리가 생기며, 기술을 이전받는 등 관련 산업이 발달할 수 있다.

08 지도를 보면 최근 많은 다국적 기업의 생산 기지들이 중국에서 베트남으로 유출되고 있음을 확인할 수 있다. 기업이 철수하는 지역에서는 산업 공동화로 인해 실업자가 증가하고 지역 경제가 침체된다. 생산 공장이 유입되는 지역에서는 일자리가 증가하고 지역 경제가 활성화되지만, 해외 경제 의존도가 심화되고 산업 경쟁력이 약화되는 부작용도 발생한다.

09 다국적 기업의 성장 1단계는 단일 공장이 위치한 지역에서 기업이 성장한다. 2단계는 국내에서 영업 지점과 생산 공장을 확대하고, 3단계는 해외에 영업 대리점을 설치하여 제품 판매 시장을 확대한다. 4단계는 본사, 생산 공장, 영업 대리점 등이 여러 국가에 입지하며 통합적인 기업 조직망을 구축한다.

10 교통과 통신의 발달로 지식과 정보를 주요 생산 요소로 하는 서비스업이 성장하고, 2차 산업의 비중이 감소하면서 탈공업화 사회로 전환된다.

오답 피하기

ㄹ. 1차 산업에서 얻은 생산물이나 천연자원을 가공하여 인간 생활에 필요한 물건이나 에너지 등을 생산하는 산업은 2차 산업으로, 제조업이나 광업 등이 있다.

11 교통과 통신의 발달로 시·공간의 제약이 약화되고, 세계 시장이 개방되면서 활발해진 유통의 세계화에 대한 내용이다.

12 서비스업의 세계화로 인해 의료, 광고, 금융, 문화 산업 등 전문화된 서비스업은 접근성이 좋고 정보가 풍부한 선진국 지역으로 공간적 집중을 하는 반면, 콜센터나 단순 온라인 서비스 관리 같은 업무는 비용 절감, 업무 효율성을 높이기 위해 개발 도상국으로 공간적 분산이 일어나고 있다.

13 교통과 통신의 발달로 시·공간의 제약이 없어지면서 콜센터나 단순 온라인 서비스 관리 같은 업무는 비용 절감, 업무 효율성을 높이기 위해 개발 도상국으로 공간적 분산이 일어나

고 있다. 특히 필리핀의 경우, 임금 수준이 낮으며 필리핀 직원들이 미국식 영어를 구사하고 미국 문화에 대한 이해가 높기 때문에 다국적 기업의 콜센터가 집중되고 있다.

14 일반적인 대중 여행은 대규모 호텔이나 리조트에 투숙하며 레저 시설에서 여가를 즐기고 노동 인권이나 동물권을 침해하는 활동들에 참여하는 경우가 많다. 이러한 여행의 대안으로 제시되고 있는 공정 여행은 관광 지역의 환경에 미치는 영향을 최소화하고 현지 주민에게 더 많은 혜택이 돌아가게 하며 현지의 문화를 존중하는 여행을 추구하고 있다.

✏️ 서술형 문제

15 [예시 답안] ㉠에 들어갈 말은 곡물 메이저이다. ㉡의 이유는 대부분의 주요 곡물을 수입에 의존하다 보면 국제 곡물 시장의 작은 변화에도 쉽게 흔들리며 경제에 영향을 받을 수 있고, 기후 변화 등으로 곡물 생산에 차질이 생겼을 때 곡물 파동이 발생하여 식량 부족 위기에 직면할 수 있기 때문이다. 또한 곡물의 수출국이나 수출 기업에 의해 압력을 받거나 통제를 당하는 식량 무기화의 위험에 노출될 수 있다.

[평가 기준]

상	㉠에 들어갈 알맞은 말을 쓰고, ㉡의 이유인 농업의 기업화와 세계화에 따른 농산물 소비 지역의 부정적 변화에 대해서 세 가지 모두 바르게 서술한 경우
중	• ㉠에 들어갈 알맞은 말을 쓰고, ㉡의 이유인 농업의 기업화와 세계화에 따른 농산물 소비 지역의 부정적 변화에 대해서 두 가지만 바르게 서술한 경우 • ㉠에 들어갈 알맞은 말을 쓰지는 못했으나, ㉡의 이유인 농업의 기업화와 세계화에 따른 농산물 소비 지역의 부정적 변화에 대해서 세 가지 모두 바르게 서술한 경우
하	㉠에 들어갈 알맞은 말만 쓰거나, ㉡의 이유인 농업의 기업화와 세계화에 따른 농산물 소비 지역의 부정적 변화에 대해서 한 가지만 서술한 경우

16 [예시 답안] 교통수단의 발달로 지역 간의 이동 시간이 줄어들면서 시·공간적 제약이 약화되었다.

[평가 기준]

상	교통수단의 발달과 시·공간적 제약의 약화에 대해 바르게 서술한 경우
중	교통수단의 발달과 시·공간적 제약의 약화에 대해 인과관계 없이 서술한 경우
하	교통수단의 발달만 서술한 경우

X. 환경 문제와 지속 가능한 환경

01 전 지구적 차원의 기후 변화

기본 문제

본문 86~87쪽

간단 체크

1 (1) × (2) ○ (3) × (4) × (5) ○　　**2** (1) ㉡ (2) ㉠, ㉢　　**3** (1) 온실 효과 (2) 국제적 협력 (3) 파리 협정

기본 문제

01 ②	02 ③	03 ①	04 ④	05 ②	06 ⑤
07 ③	08 ①	09 ④			

01 기후 변화는 일정한 지역에서 장기간에 걸쳐 나타나는 기후의 평균적인 상태가 변화하는 것으로, 홍수나 가뭄, 폭염 등의 비정상적인 기상 현상(날씨)을 일으키는 것을 말한다.

오답 피하기

① 날씨는 임의의 때에 나타나는 종합적인 기상 상태를 말한다. 보통 짧은 기간 동안 나타난 상태를 의미한다.

02 지구 온난화는 빈번한 집중 호우와 홍수, 초대형 태풍, 사막화 등 이상 기후에 의한 자연재해를 유발한다.

03 온실 효과는 대기 중의 온실가스(이산화 탄소, 메탄, 아산화 질소 등)가 마치 온실의 유리 같은 역할을 하여 지구에서 복사되는 에너지가 지구 밖으로 방출되는 것을 방해해 지구 표면의 온도가 높게 유지되는 현상이다. 자연적으로 존재하는 현상으로, 자연적인 온실 효과는 지구의 평균 기온을 유지하는 역할을 한다. 대기 중 온실가스의 농도가 화석 연료의 사용, 무분별한 농경지 개발 및 삼림 파괴로 증가하게 되면 온실 효과가 과도해져 지구 온난화의 문제가 발생한다.

04 파리 협정은 2020년 만료되는 교토 의정서를 대체하는 기후 변화 협약으로, 2016년 11월 발효됐다. 파리 협정은 선진국에만 온실가스 감축 의무를 부여했던 교토 의정서와 달리, 195개 당사국 모두에게 구속력이 있는 보편적 첫 기후 합의라는 점에서 역사적 의미가 있다.

05 대기 중 온실가스의 농도가 증가하여 온실 효과가 과도하게 나타나 지구의 평균 기온이 올라가는 현상을 지구 온난화라고 한다. 지구 온난화의 원인으로는 화석 연료의 사용 증가, 무분별한 농경지 개발 및 삼림 파괴 등 온실가스의 농도를 증가시키는 행위들이 있다.

06 지구 온난화가 지속되면 지구의 평균 기온이 상승하며 빙하의 감소와 해수면 상승, 기상 이변 증가, 생태계 변화와 같은 기후 변화가 발생한다.

①, ④ 지구 온난화는 빙하를 융빙시키고, 이 융빙수는 바다로 흘러가 주변 바닷물의 염도를 낮추게 된다. 이런 현상은 전 지구적인 해류의 흐름(해양 컨베이어 벨트)에 영향을 주게 된다.

07 지구 온난화로 인해 농작물의 재배 범위가 변경될 수 있다. 사과는 대표적인 온대 작물로, 평균 기온이 상승하면 그 재배 범위가 축소될 것이다. 지구 온난화를 늦추기 위해서는 일회용품의 사용을 줄여야 한다.

08 탄소 배출권은 지구 온난화 유발 및 이를 가중시키는 온실가스의 주요 구성 물질인 탄소에 대해 국제 연합의 담당 기구에서 할당받은 만큼 배출할 수 있는 권리이다.

09 기후 변화 협약은 화석 연료 사용에 따른 지구 온난화 방지를 위한 국제 연합 기본 협약으로, 1992년 브라질 리우 선언에서 채택되었다. 화석 연료 사용을 감축하자는 국제적인 공동 인식을 반영한 것으로, 각 국가에게 대기권을 보호 및 보존할 임무를 부과하는 동시에 대기권의 오염을 예방, 감시, 통제하기 위한 모든 적절한 조치를 취할 것을 요구하고 있다.

오답 피하기
① 람사르 협약은 습지와 물새 서식지 보호에 관한 대표적인 국제 환경 협약이다.

실전 문제
본문 88~89쪽

01 ⑤	02 ④	03 ③	04 ④	05 ③	06 ④
07 ⑤	08 해설 참조		09 해설 참조		

01 온실가스의 배출을 증가시키는 인간의 활동에는 산업화로 인한 화석 연료 사용의 증가, 도시화로 인한 무분별한 토지 및 삼림 개발 등이 있다.

02 표의 기체들은 대표적인 온실가스로, 산업화와 도시화로 인해 대기 중 농도가 갈수록 증가하고 있다.

03 온실가스는 자연적으로도 존재하는 기체들이다. 산업 혁명(1860년대) 이전 대기 중 온실가스의 농도는 비교적 일정했으나 산업 혁명 이후 온실가스의 농도는 인간의 활동으로 인해 직·간접적으로 증가했으며, 매해 증가하고 있다.

04 교토 의정서(1997)와 비교한 파리 협정(2015)의 특징은 교토 의정서를 보완하는 성격이 강하며 개발 도상국, NGO 등 다양한 행위자의 참가를 독려하며 그 범위가 확대되었고, 종료 시점을 두지 않고 지속적인 대응을 추구했다는 것이다.

05 파리 협정의 내용이 잘 이행될 경우 지구 온난화 현상의 해소를 예측해 볼 수 있다.

06 사헬 지대는 아프리카 북부 사하라 사막과 중부 사바나 기후 지역 사이에 넓게 띠 모양으로 분포하는 반건조 기후 지대이다. 근래에 가뭄으로 사헬 지대가 사막화되어감으로써 큰 문제가 되고 있다.

07 기후 변화는 전 지구적 차원에서 발생하며, 지구촌 대부분 지역에 영향을 미치기 때문에 개인, 국가, 시민 단체 등 다양한 차원의 노력이 필요하다. 하지만 각 행위자들의 이해관계와 산업 구조, 기술 수준 등이 달라 합의를 이끌어 내기가 쉽지 않다는 한계점이 있다.

서술형 문제

08 [예시 답안] 온실 효과가 과도하게 발생하면 지구의 평균 기온이 올라가는 지구 온난화 현상이 일어난다. 이로 인해 빙하가 녹아내리며 빙하 하류 부근에서는 과도하게 녹은 융빙수로 인해 홍수가 발생하기도 한다.

[평가 기준]

상	온실 효과와 지구 온난화로 인한 기온 상승, 빙하의 융빙과 이로 인한 홍수를 모두 활용하여 바르게 서술한 경우
중	제시어 중 두 가지 내용을 활용하여 서술한 경우
하	제시어 중 한 가지 내용만을 활용하여 서술한 경우

09 [예시 답안] 과거 선진국들이 온실가스를 많이 배출했기 때문에 개발 도상국들에게 책임을 떠맡기는 것은 정당하지 않습니다. 오염 물질을 배출하는 개발 도상국의 공장들은 대부분 선진국 출신 다국적 기업의 소유이며, 해당 공장에서 생산된 제품들은 대부분 선진국에서 소비되고 있습니다.

[평가 기준]

상	개발 도상국의 주장을 세 가지 모두 바르게 서술한 경우
중	개발 도상국의 주장을 두 가지 바르게 서술한 경우
하	개발 도상국의 주장을 한 가지만 서술한 경우

02 환경 문제 유발 산업의 국가 간 이전

기본 문제
본문 92~93쪽

간단 체크

1 (1) ○ (2) × (3) × (4) ○ (5) ○ **2** (1) ⓒ, ⓐ (2) ⓒ, ⓑ, ⓒ **3** (1) 환경 문제 유발 산업 (2) 전자 쓰레기 (3) 바젤 협약

기본 문제

01 ⑤	02 ④	03 ⑤	04 ⑤	05 ③	06 ④
07 ①	08 ②	09 ④			

01 환경 문제·유발 산업은 주로 선진국에서 개발 도상국으로 이동하는 양상을 보인다. 개발 도상국은 환경 오염에 대해 상대적으로 느슨한 규제와 환경보다 경제 성장을 우선시하는 정책으로 인해 선진국의 환경 문제 유발 산업을 유치한다.

02 전자 쓰레기란 전자 제품이 새롭게 등장할 때마다 이전에 사용하던 제품을 교체하면서 자연스럽게 버려지는 전자 제품을 말한다.

03 선진국은 환경 문제와 경제적 부담을 줄이기 위해 전자 쓰레기를 개발 도상국으로 불법 수출하고 있다.

04 제품 생산 과정에서 대량의 오염 물질을 배출하거나, 폐기물 처리 과정에서 환경 문제를 일으키는 환경 문제 유발 산업들은 환경 오염에 대해 상대적으로 규제가 느슨한 개발 도상국으로 이전하고 있다. 대표적인 오염 물질로는 온실 가스, 석면, 전자 쓰레기 등이 있다.

05 석면은 세계 보건 기구(WHO)가 지정한 1급 발암 물질로 인체에 유해하다. 내화성과 단열 효과가 뛰어나고 가격이 저렴하여 과거 건축이나 산업의 재료로 널리 활용되었다.

06 환경 문제를 유발하는 산업의 국제적 이동은 환경 문제의 공간적 불평등을 심화시킨다.

07 바젤 협약은 1989년 스위스 바젤에서 체결되었으며 유해 폐기물이 국가 간 이동을 할 때 교역국은 물론 경유국에까지 사전 통보 등의 조치를 취하여 유해 폐기물의 불법적인 이동을 감소시키는 것을 목적으로 한다.

08 선진국에서 개발 도상국으로의 농업의 이전은 개발 도상국의 임금과 땅값이 상대적으로 저렴하고, 열대 기후 지역 개발 도상국의 기후 특성상 난방 설비를 구축하지 않아도 연중 생산이 가능하기 때문에 발생한다. ② 선진국에서 개발 도상국으로 이전하는 농장들은 주로 상품 작물을 재배하는 상업적, 기업적 농업의 형태이다.

09 물 발자국은 단위 제품 및 단위 서비스 생산 전 과정 동안 직·간접적으로 사용되는 물의 총량을 뜻하는 것으로, 우리가 일상생활에서 사용하는 제품을 생산·소비하는 데 얼마나 많은 양의 물이 필요한지 나타내 주는 지표이다.

실전 문제

본문 94~95쪽

01 ④	**02** ②	**03** ④	**04** ⑤	**05** ②	**06** ③
07 해설 참조		**08** 해설 참조			

01 개발 도상국은 금속 자원을 채취하고 경제적 이익을 얻기 위해 전자 쓰레기를 선진국으로부터 수입하고 있다. 전자 쓰레

기의 수입은 유해 물질 배출에 따른 환경 오염과 생태계 파괴를 발생시킨다.

02 바젤 협약 이후에 선진국들은 유해 폐기물인 전자 쓰레기를 다른 나라에 내다 버릴 수 없게 되었다. 그래서 이 전자 쓰레기들은 '중고품' 더 나아가 '구호품'이란 이름표를 달고 개발 도상국으로 옮겨지고 있다. 이는 바젤 협약이 유해 폐기물의 '거래'를 제약하고 있지만 인도적 지원은 막고 있지 않은 것에 대한 악용이다.

03 값싼 노동력의 확보, 탄소 배출 비용의 절감, 난방비 절감 등의 이유로 선진국에서 개발 도상국으로 농업이 이전되고 있는데, 이는 대표적인 환경 문제를 유발하는 산업의 국제적 이동 사례이다. ④ 농업은 전체 이산화 탄소 배출의 약 19%를 차지한다.

04 농업이 이전된 지역에서는 토양의 황폐화, 관개용수 남용에 따른 물 부족 문제, 화학 비료와 농약 사용으로 인한 토양 및 식수 오염 등의 문제가 발생하고 있다.

05 환경 문제 유발 산업은 주로 선진국에서 개발 도상국으로 이동하는 양상을 보이며, 개발 도상국은 환경 오염에 대해 상대적으로 느슨한 규제와 환경보다 경제 성장을 우선시하는 정책으로 인해 선진국의 환경 문제 유발 산업을 유치한다.

06 환경 문제 유발 산업과 전자 쓰레기는 환경 오염에 대한 사회적 인식이 높은 국가에서 그렇지 못한 국가로 이동하고 있다.

✏️ 서술형 문제

07 [예시 답안] ㉠에 들어갈 말은 장미이다. ㉡은 열대 기후 지역의 특성으로, 연중 고온을 유지하고 일사량이 많다.

[평가 기준]

상	㉠에 들어갈 알맞은 말을 쓰고, ㉡에 해당하는 내용을 바르게 서술한 경우
중	㉠에 들어갈 알맞은 말을 쓰지는 못했지만, ㉡에 해당하는 내용을 바르게 서술한 경우
하	㉠에 들어갈 알맞은 말만 쓴 경우

08 [예시 답안] 농장의 확대로 토양이 황폐화되며, 과도한 화학 비료와 농약 사용으로 수질이 오염된다. 또한, 농업용수의 과다한 사용으로 인해 물 부족 문제가 발생한다.

[평가 기준]

상	농업이 이전된 지역에 나타날 수 있는 문제점을 세 가지 모두 바르게 서술한 경우
중	농업이 이전된 지역에 나타날 수 있는 문제점을 두 가지 바르게 서술한 경우
하	농업이 이전된 지역에 나타날 수 있는 문제점을 한 가지만 서술한 경우

03 생활 속 환경 이슈

기본 문제

본문 98~99쪽

간단 체크

1 (1) ○ (2) × (3) × (4) × (5) ×　**2** (1) ⓒ (2) ⓛ (3) ⓐ　**3** (1) 유전자 재조합 (2) 인위적 (3) 로컬 푸드

기본 문제

01 ③　**02** ②　**03** ④　**04** ④　**05** ④　**06** ②
07 ⑤　**08** ③　**09** ①　**10** ④

01 환경 이슈란 환경 문제 중 원인과 해결 방안이 입장에 따라 서로 다른 것을 말하며 시대별, 공간적 규모에 따라 다양하게 나타나고 일상생활과 사회 활동 전반에 영향을 미친다. 이를 해결하기 위해서는 집단 간에 서로 다른 의견을 검토하고 대안을 협의하는 토의 과정이 필요하다.

02 환경 이슈는 환경 문제 중 원인과 해결 방안이 입장에 따라 서로 다른 것을 말한다. ② 독도 영유권을 둘러싼 한일 문제는 영토 분쟁의 사례이다.

03 미세 먼지는 호흡기 질환을 유발시키는 대기 오염의 일종으로, 창문을 열면 미세 먼지가 실내로 더 유입되어 문제를 일으킬 수 있다.

04 먼지는 입자 크기에 따라 미세 먼지, 초미세 먼지로 나뉜다. 세계 보건 기구(WHO)는 지름 $10\mu m$ 이하 먼지는 미세 먼지, 지름 $2.5\mu m$ 이하는 초미세 먼지로 규정하고 있다.

05 (가)는 소음 문제에 대한 대책, (나)는 쓰레기 문제에 대한 대책이다.

06 우리나라는 편서풍 지대에 있어 서쪽에 위치한 중국의 영향을 많이 받는다. 중국에서 발생한 미세 먼지가 우리나라로 유입되고, 여기에 국내 발생 미세 먼지가 합쳐질 경우 그 농도가 더욱 높아진다.

07 유전자 재조합 식품의 사례로는 더 크고 오랜 기간 보관해도 무르지 않는 토마토, 제초제에 내성이 있고 동물성 단백질을 생산해내는 콩, 잡초와 냉해에 강한 딸기와 옥수수, 카페인이 제거된 커피 원두 등이 있다.

08 환경 이슈는 시대별, 공간적 규모에 따라 다양하게 나타난다. 환경 이슈를 해결하기 위해서는 집단 간에 서로 다른 의견을 검토하고 대안을 협의하는 토의 과정이 필요하며, '환경 이슈 → 대립하는 가치 검토 → 다양한 대안 제시 → 최선의 대안 합의 → 실천 노력'의 과정을 거친다.

09 제시문은 로컬 푸드 운동에 대한 설명이다.

10 미세 먼지를 줄이기 위해서는 화석 연료의 사용과 자동차의 이용, 소각에 의한 먼지 등을 줄이며 친환경 녹색 성장을 추진해야 한다.

오답 피하기
⑤ 우리나라는 편서풍 지대에 있어 서쪽에 위치한 중국의 영향을 많이 받아 중국의 미세 먼지가 다량 유입되므로 공동의 관심과 국제적인 협력이 필요하다.

실전 문제

본문 100~101쪽

01 ②　**02** ①　**03** ④　**04** ④　**05** ②　**06** ②
07 ①　**08** 해설 참조　**09** 해설 참조

01 환경 이슈는 환경 문제 중 원인과 해결 방안이 입장에 따라 서로 다르기 때문에 하나의 기준으로 정리하기 어렵다.

02 유전자 재조합 식품에 대한 찬성 입장은 병충해에 강하고 생산량이 많으며, 적은 노동력과 비용으로 대량 수확이 가능하다는 점을 이유로 든다. 또한 농가 소득 증대와 식량 부족 문제 해결에 기여하고, 특정 영양소가 강화되는 점이 있다. 반면, 반대 입장은 인체에 미치는 영향에 대한 안전성이 검증되지 않았고, 재배 과정에서 환경과 생물 다양성을 위협할 수 있으며, 유전자 재조합 기술을 가진 다국적 농업 기업에 많은 비용을 지불해야 하는 점을 이유로 든다.

03 유전자 재조합 식품은 인체에 미치는 영향에 대한 안전성이 검증되지 않았고, 재배 과정에서 환경과 생물 다양성을 위협할 수 있으며, 유전자 재조합 기술을 가진 다국적 농업 기업에 많은 비용을 지불해야 하는 등의 부정적 측면이 있다.

04 미세 먼지는 각종 호흡기 질환, 심혈관 질환, 치매 등의 뇌 질환을 유발시킨다.

오답 피하기
⑤ 비가 내릴 경우, 공기 중의 미세 먼지가 무거운 비 입자에 묻어 씻겨 내려가는 효과가 있다.

05 건설 현장에서는 소음 문제와 진동 문제, 미세 먼지 문제 등이 복합적으로 발생한다. 소음 문제는 소음에 의하여 상당한 범위에 걸쳐 사람과 동물에게 심리적 장애를 주는 공해로, 소음에 오랫동안 노출되면 불안, 초조, 신경 장애, 정서 불안 등을 초래한다. 대책으로는 주택 내 방음재 강화, 산업·건설·교통 현장에서 소음 수준 유지, 방음벽 설치 등이 있다. 진동 문제는 주로 공장, 교통 시설, 건설 현장으로부터 발생하며, 진동의 영향권 안에 있는 사람과 동물에게 심리적 불쾌감을 일으켜

수면 방해 및 업무 능률을 떨어뜨리고 스트레스, 정서 장애, 생리 기능 장애 등을 초래하며 심한 경우 건축물을 훼손하기도 한다.

06 원자력 발전에 대해 찬성하는 입장은 원자력 발전이 지구 온난화 방지를 위한 친환경 에너지이고, 다른 에너지원과 비교했을 때 우수한 경제성을 보유하고 있으며, 방사선에 대한 사회의 우려가 실제보다 크다고 주장한다.

07 해양 쓰레기 문제는 바다 위에서 쓰레기가 이동하기 때문에 국제적인 협력이 필요하다. 해양 쓰레기는 오염 물질을 배출하며 먹이로 오인한 해양 생물들에게 크나큰 피해를 주고 있다.

📝 서술형 문제

08 [예시 답안] (가)는 서울시, 경기도, 환경부의 입장으로, 매립지의 시설 용량에 여유가 있으니 30년 이상 더 사용할 것을 요구하고 있다. (나)는 인천시의 입장으로, 서울시의 요구를 수용하면 인천 시민들이 고통을 받게 된다며, 기간을 연장하더라도 최소한의 면적과 기간으로 한정한다는 원칙을 세우고 있다.

[평가 기준]

상	서울시, 경기도, 환경부의 입장과 인천시의 입장을 모두 바르게 서술한 경우
하	서울시, 경기도, 환경부의 입장과 인천시의 입장 중 한 가지를 바르게 서술한 경우

09 [예시 답안] 쓰레기 문제를 감소시키기 위해 자원 재활용에 열심히 참여하고, 분리수거를 열심히 하며, 일회용품 사용을 최소화하는 것이 개인이 할 수 있는 실천 방안이다.

[평가 기준]

상	개인의 실천 방안을 세 가지 모두 바르게 서술한 경우
중	개인의 실천 방안을 두 가지 바르게 서술한 경우
하	개인의 실천 방안을 한 가지만 서술한 경우

🌳 대단원 마무리

본문 104~107쪽

01 ②	02 ④	03 ①	04 ④	05 ⑤	06 ①
07 ②	08 ③	09 ①	10 ④	11 ⑤	12 ①
13 ⑤	14 ⑤	15 해설 참조	16 해설 참조		

01 온실 효과는 대기 중의 온실가스(이산화 탄소, 메탄, 아산화 질소 등)가 마치 온실의 유리 같은 역할을 하여 지구에서 복사되는 에너지가 지구 밖으로 방출되는 것을 방해해 지구 표면의 온도가 높게 유지되는 현상이다.

오답 피하기
④ 백화 현상은 바다의 수온이 올라가면서 조류가 살 수 없게 되고, 이로 인해 조류와 공생하던 산호초가 죽어서 하얗게 변하는 현상이다.

02 가뭄과 사막화 현상의 심화는 지구 온난화, 과도한 농경, 산업화로 인해 발생한다.

03 기후 변화에 의한 해수면 상승으로 침수의 위험에 있는 대표적인 지역으로는 투발루, 키리바시, 몰디브, 베네치아 등이 있다. ① 몽골은 대표적인 내륙 국가로 사막화의 위기를 겪고 있다.

04 (가) 기후 변화 협약은 화석 연료 사용에 따른 지구 온난화 방지를 위한 국제 연합 기본 협약으로, 1992년 브라질 리우 선언에서 채택되었다. (나) 파리 협정은 2020년 만료인 교토 의정서를 대체하여 적용되는 기후 변화 대응을 담은 기후 변화 협약으로, 선진국과 개발 도상국 모두 지구 평균 온도 상승 폭을 2℃ 이내로 제한하기 위해 온실가스 감축에 동참하기로 하였다.

05 창문을 열고 에어컨을 틀면 온도를 낮추기 위해 더욱 많은 전기 에너지 사용과 열에너지 방출이 이루어지고, 이는 지구 온난화를 심화시킬 수 있다.

06 환경 문제 유발 산업은 주로 선진국에서 개발 도상국으로 이동하는 양상을 보이며, 개발 도상국은 환경 오염에 대해 상대적으로 느슨한 규제와 환경보다 경제 성장을 우선시하는 정책으로 인해 선진국의 환경 문제 유발 산업을 유치한다.

오답 피하기
ㄹ. 인도와 필리핀 등 영어를 주로 사용하는 국가들은 최근 콜센터를 포함하여 데이터 입력, 소프트웨어 개발 등 기업 활동에 수행되는 각종 업무들을 전문적으로 대신 처리해 주는 BPO(Business Process Outsourcing) 산업이 발달하고 있다.

07 친환경 올림픽을 내세운 2020 도쿄 올림픽 조직 위원회는 전자 쓰레기를 재활용한 올림픽 메달을 제작하였다.

08 선진국에서 개발 도상국으로의 농업의 이전으로 인해 선진국은 환경 문제가 감소하여 쾌적한 환경이 조성되지만 일자리가 줄어들고, 개발 도상국은 지역 경제가 활성화되지만 여러 환경 문제가 발생하는 변화가 생긴다.

09 바젤 협약 이후에 선진국들은 유해 폐기물인 전자 쓰레기를 다른 나라에 내다버릴 수 없게 되었다. 그래서 이 전자 쓰레기들은 '중고품', 더 나아가 '구호품'이란 이름표를 달고 개발 도상국으로 옮겨지고 있다. 이는 바젤 협약이 유해 폐기물의 '거래'를 제약하고 있지만 인도적 지원은 막고 있지 않은 것에 대한 악용이다. ① 자유 무역 협정(FTA)은 무역의 증진을 위해 상품과 서비스, 투자의 이동을 자유롭게 하는 협정으로, 대표적으로 국가의 무역 거래에서 관세 등의 장벽을 제거하는 협정이다.

10 기존의 생물체 속에 인위적으로 다른 생물체의 유전자를 끼워 넣음으로써 새로운 성질을 갖는 생물체를 유전자 재조합 식품, 즉 GMO(Genetically Modified Organism)라고 한다.

11 (가)는 먼 거리를 이동하는 식품이고, (나)는 로컬 푸드이다. 로컬 푸드는 먼 거리를 이동하는 식품보다 온실가스 배출량과 방부제 사용량이 적고, 지역 주민의 소득 증대를 가져온다.

12 미세 먼지는 화석 연료 연소 시 생기는 매연, 자동차 배기가스, 건설 현장의 날림 먼지, 소각장 연기 등으로 인해 증가하며, 우리나라가 편서풍 지대에 있기 때문에 서쪽에 위치한 중국의 영향을 많이 받는다.

13 원자력 발전은 지구 온난화 방지를 위한 친환경 에너지이며 다른 에너지원과 비교했을 때 우수한 경제성을 보유하고 있다는 장점이 있지만, 방사능에 대한 각 분야의 사고 우려로 인해 찬반의 입장이 팽팽한 환경 이슈이다.

14 쓰레기 매립지는 대표적인 혐오 시설이며 토양 오염, 수질 오염, 대기 오염, 악취, 생태계 파괴 등을 유발한다. 이로 인해 쓰레기 매립지의 입지에 대한 지역 간의 갈등이 빈번히 발생한다.

✏️ 서술형 문제

15 [예시 답안] 자전거를 이용하면 건강에도 좋지만, 화석 연료 소비를 줄일 수 있어서 지구 온난화 해결에 도움을 줄 수 있다.

[평가 기준]

상	자전거의 활용이 지구 온난화에 끼치는 영향을 바르게 서술한 경우
하	지구 온난화 현상의 감소라고만 쓴 경우

16 [예시 답안] ㉠에 들어갈 말은 푸드 마일리지이고, ㉡에는 푸드 마일리지가 높은 먹을거리에 대한 내용이 해당한다. 푸드 마일리지가 높은 먹을거리는 운송 과정에서 많은 온실가스를 배출하며, 오랜 기간 이동하게 되므로 방부제를 과다하게 사용한다. 또한, 지역 주민들의 소득을 감소하게 한다.

[평가 기준]

상	㉠에 들어갈 알맞은 말을 쓰고, ㉡에 해당하는 내용을 세 가지 모두 바르게 서술한 경우
중	• ㉠에 들어갈 알맞은 말을 쓰고, ㉡에 해당하는 내용을 두 가지 바르게 서술한 경우 • ㉠에 들어갈 알맞은 말을 쓰지는 못했으나, ㉡에 해당하는 내용을 세 가지 바르게 서술한 경우
하	㉠에 들어갈 알맞은 말만 쓰거나, ㉡에 해당하는 내용을 한 가지만 서술한 경우

XI. 세계 속의 우리나라

01 우리나라의 영역과 독도

기본 문제

본문 112~113쪽

간단 체크

1 (1) ○ (2) × (3) × (4) × (5) ○ (6) ×　　**2** (1) 해양 심층수 (2) 조경 수역 (3) 세종실록지리지 (4) (신증동국여지승람의) 팔도총도　　**3** (1) 안용복 (2) 심흥택 (3) 홍순칠

기본 문제

01 ①	**02** ④	**03** ③	**04** ④	**05** ⑤	**06** ②
07 ①	**08** ④				

01 제시문은 영역에 대한 설명으로, 영역은 영토, 영해, 영공을 포함한다. ㉠은 영토, ㉡은 영해, ㉢은 영공, ㉣은 배타적 경제 수역, ㉤은 공해이다.

오답 피하기

㉣은 배타적 경제 수역, ㉤은 공해로 영역에 해당하지 않는다.

02 ㉣은 배타적 경제 수역, ㉤은 공해이다.

03 A는 동해안으로, 최저 조위선을 기준으로 한 통상 기선을 적용한다. B는 황해안으로, 가장 외곽의 섬을 연결한 직선 기선을 적용한다. C는 대한 해협으로, 가장 외곽의 섬을 연결한 직선 기선을 적용한다.

04 ㉠은 서극인 마안도(비단섬), ㉡은 북극인 유원진, ㉢은 동극인 독도, ㉣은 남극인 마라도이다.

05 A는 대한민국의 영해선, B는 대한민국의 배타적 경제 수역, C는 한·일 중간 수역, D는 한·중 잠정 조치 수역이다. ⑤ 독도는 대한민국의 배타적 어업 수역 안쪽이 아닌 한·일 중간 수역 내에 위치하고 있다.

06 A는 한류, B는 난류, C는 조경 수역이다.

07 ① 독도는 행정 구역상 강원도가 아니라 경상북도에 속한다.

08 "우산(독도)과 무릉(울릉도) 두 섬은 울진현의 정동쪽 바다에 있다. 두 섬은 서로의 거리가 멀지 않아 날씨가 맑으면 바라볼 수 있다"라고 기록되어 있는 고문헌 ㉠은 『세종실록지리지』(1454)이다. 현존하는 인쇄본 단독 지도 중 독도가 등장하는 최초의 지도 ㉡은 『신증동국여지승람』(1531)의 「팔도총도」이다.

실전 문제

본문 114~115쪽

01 ⑤ **02** ① **03** ② **04** ② **05** ① **06** ②
07 ④ **08** 해설 참조 **09** 해설 참조
10 해설 참조

01 지도의 ㉠은 이어도이다. ㄷ. 이어도와 가장 가깝게 위치한 육지는 우리나라의 마라도이다. ㄹ. 이어도에는 기상·해양 관측을 하는 이어도 종합 해양 과학 기지가 건설되어 있다.

오답 피하기
ㄱ. 이어도는 수중 암초로, 우리나라의 영토로 인정되지 않는다. 가장 가깝게 위치한 육지가 우리나라의 마라도이므로 국제법상 우리나라의 배타적 경제 수역에 포함된다.
ㄴ. 이어도는 바다 표면으로부터 약 4.6m 잠겨 있는 수중 암초이다.

02 ㉠은 영토, ㉡은 영해, ㉢은 영공, ㉣은 배타적 경제 수역, ㉤은 공해이다. ① 간척 사업을 하면 영토의 면적이 넓어진다. 따라서 지도에서 간척 사업을 하여 A까지 육지가 된다면 ㉠의 면적이 넓어진다.

오답 피하기
② 간척 사업을 하면 영토 면적은 넓어지지만, 영해는 기선으로부터 12해리 그대로이므로 영해 면적은 넓어지지 않고 다만 바깥(외해) 쪽으로 뻗어나갈 뿐이다.
③ 간척 사업을 하면 영해 면적은 그대로이지만 영토 면적이 넓어지므로 영공의 면적 역시 넓어진다.
④ 연안국이 아닌 국가들도 연안국의 배타적 경제 수역에 선박·항공기를 운항하거나, 해저 케이블을 설치할 수 있다.
⑤ ㉤은 어느 나라의 영역에도 속하지 않고 모든 국가에 개방되어 있는 공해로, 연안국이 아닌 국가의 선박도 자유롭게 운항할 수 있다.

03 제주도는 직선 기선이 아닌 통상 기선을 기준으로 영해를 설정한다.

04 ㉠은 안용복, ㉡은 심흥택, ㉢은 홍순칠에 대한 설명이다.

05 ㄱ. 독도는 우리나라에서 가장 오래된 화산섬으로 울릉도, 제주도보다 먼저 형성되었다. ㄴ. 독도는 우리나라의 동쪽 끝(동극)에 위치하여 일출 시각, 일몰 시각이 가장 이르다.

오답 피하기
ㄷ. 독도 경비대는 대한민국 경상북도 경찰청 소속이다.
ㄹ. 독도는 난류의 영향으로 기온의 연교차가 작다.

06 독도와 오키섬 사이의 거리는 157.5km이고, 독도와 울릉도 사이의 거리는 87.4km이다. 따라서 독도는 오키섬보다 울릉도에서 더 가깝다.

오답 피하기
ㄴ. 독도는 독도 경비대원, 등대 관리원, 울릉군청 소속 직원 등이 생활하는 유인도이다.
ㄹ. 독도는 바다(난류)의 영향으로 일년 내내 강수량이 고르다.

07 ㉠은 메탄 하이드레이트, ㉡은 해양 심층수이다.

서술형 문제

08 [예시 답안] 영공은 영토와 영해의 수직 상공으로, 영공의 수직적 범위는 지표면에서부터 대기권까지이다. 최근 항공 교통뿐만 아니라, 인공위성을 이용한 통신과 관측 활동, 우주 산업의 발달로 영공의 중요성이 높아지고, 또 영공의 군사적 중요성도 높아지면서 영공을 대기권까지 한정하는 것에 대한 논란이 발생하고 있다.

[평가 기준]

상	영공의 개념과 수직적 범위, 최근 영공의 수직적 한계를 대기권까지 한정하는 것에 대해 논란이 발생한 이유를 모두 바르게 서술한 경우
중	영공의 개념과 수직적 범위, 최근 영공의 수직적 한계를 대기권까지 한정하는 것에 대해 논란이 발생한 이유 중 두 가지만 바르게 서술한 경우
하	영공의 개념과 수직적 범위, 최근 영공의 수직적 한계를 대기권까지 한정하는 것에 대해 논란이 발생한 이유 중 한 가지만 바르게 서술한 경우

09 [예시 답안] 배타적 경제 수역에서 연안국은 수산·광물·에너지 자원 등 해양 자원의 탐사와 개발 및 보존에 대해 독점적 권리를 갖는다. 또한, 인공 섬을 만들거나, 바다에 시설물을 설치·활용할 수 있는 독점적 권리가 있다. 배타적 경제 수역에서 연안국이 아닌 국가들은 선박·항공기를 운항하거나, 해상 케이블을 설치할 권리가 있다.

[평가 기준]

상	배타적 경제 수역에서 연안국이 가지는 독점적인 권리 세 가지, 연안국이 아닌 국가들도 가지는 권리 두 가지를 모두 바르게 서술한 경우
중	배타적 경제 수역에서 연안국이 가지는 독점적인 권리 두 가지, 연안국이 아닌 국가들도 가지는 권리 한 가지를 바르게 서술한 경우
하	배타적 경제 수역에서 연안국이 가지는 독점적인 권리, 또는 연안국이 아닌 국가들도 가지는 권리 중 한 가지만 바르게 서술한 경우

10 [예시 답안] 『세종실록지리지』에는 "우산(독도)과 무릉(울릉도) 두 섬은 울진현의 정동쪽 바다에 있다. 두 섬은 서로의 거리가 멀지 않아 날씨가 맑으면 바라볼 수 있다"라고 기록되어 있다. 또 『신증동국여지승람』의 「팔도총도」에는 동해상에 우산도(독도)가 표기되어 있다.

[평가 기준]

상	독도가 대한민국의 영토임이 기재되어 있는 고문헌과 고지도 두 가지의 명칭을 쓰고 그 내용을 정확히 인용하여 독도가 대한민국의 영토인 이유를 서술한 경우
중	독도가 대한민국의 영토임이 기재되어 있는 고문헌과 고지도 한 가지의 명칭을 쓰고 그 내용을 정확히 인용하여 독도가 대한민국의 영토인 이유를 서술한 경우
하	독도가 대한민국의 영토임이 기재되어 있는 고문헌과 고지도의 명칭만 쓰거나, 내용을 미흡하게 인용한 경우

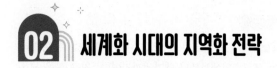

02 세계화 시대의 지역화 전략

기본 문제

본문 118~119쪽

간단 체크

1 (1) ○ (2) × (3) ○   **2** (1) 지리적 표시제 (2) 지역 브랜드 (3) 장소 마케팅   **3** (1) ㉡ (2) ㉠

기본 문제

01 ④	**02** ④	**03** ④	**04** ②	**05** ⑤	**06** ③
07 ⑤	**08** ④				

01 ④ 세계화로 인해 지역 간 교류가 크게 늘면서 지역 간 경쟁이 치열해짐에 따라 지역 고유의 특성을 살리는 것이 그 지역의 경쟁력으로 작용하여, 지역의 중요성은 오히려 증가하고 있다.

02 지역화 전략은 경제적·문화적 측면에서 다른 지역과 차별화되는 그 지역만의 지역성을 활용하고 부각시켜 지역의 경쟁력을 높이는 전략이다. ④ 지역 고유의 특성이 전 세계에 통용될 수 있도록 보편성을 띠도록 수정·보완한다면 다른 지역과 차별성을 잃어 지역 경쟁력을 높이지 못할 것이다. 지역 고유의 특성이 전 세계에 통용될 수 있도록 보편성을 띠도록 수정·보완하는 것은 세계화 전략이다.

03 ④ 해당 브랜드는 영덕 지역의 특산물인 대게의 이미지를 활용하였다.

오답 피하기
① 지역 브랜드에 해당한다.
② 지역의 랜드마크가 아닌. 특산물인 대게의 이미지와 청정한 바다라는 자연환경적 특성을 활용하였다.
③ 영덕군은 경상북도에 위치한다.
⑤ 청정한 바다 및 풍부한 해산물이라는 영덕의 자연환경적 특성을 브랜드화하였다.

04 폐광 시설 및 갱도를 활용하여 석탄 박물관을 만든 지방 자치 단체는 문경시이다.

05 그림은 지역 특성을 드러내는 지역 브랜드 캐릭터이다. 지역 브랜드 캐릭터를 활용하면 지역 특성을 드러낼 뿐만 아니라 친밀한 느낌을 줄 수 있다.

오답 피하기
③ 최근 많은 지방 자치 단체에서 지역 브랜드 캐릭터를 활용하지만, 모든 지방 자치 단체에서 활용하지는 않는다.
④ 특산물 생산자에게 안정적인 생산 활동을 보장하는 것은 지리적 표시제이다.

06 특산물의 품질과 특징이 본질적으로 특정 지역의 지리적 특성(기후와 지형, 토양 등 지역의 자연환경, 독특한 재배 방

법)에 기인한 경우, 그 원산지의 지명을 상표권으로 인정하는 제도는 지리적 표시제이다.

07 나비 축제를 개최하는 지방 자치 단체는 함평군이다.

08 지역화 전략 개발 절차는 ㉢ 지역성 정리하기-㉠ 이미지 구축하기-㉡ 브랜드화, 상품화하기 순서이다.

실전 문제

본문 120~121쪽

01 ①	**02** ③	**03** ④	**04** ③	**05** ②	**06** ③
07 해설 참조		**08** 해설 참조		**09** 해설 참조	

01 (가) 세계 여러 나라가 정치·경제·사회·문화 등 다양한 분야에서 서로 많은 영향을 주고받으면서 교류가 많아지는 현상은 세계화이다. (나) 다른 곳과 구분되는 지표상의 공간적 범위는 지역이다. (다) 지역의 자연환경과 그곳에서 거주해 온 주민이 오랜 시간에 걸쳐 상호 작용하며 형성된 것은 지역성이다.

02 지역화 전략은 관광 산업 발달을 촉진시키고, 지역의 긍정적 이미지를 강화하거나 지역의 부정적 이미지를 긍정적 이미지로 전환시킨다.

오답 피하기
ㄱ. 지역화 전략은 지역 정체성을 강화한다.
ㄹ. 지역화 전략은 기업을 유치하여 일자리 창출을 가져온다.

03 그림은 강원도 강릉시의 지리적 브랜드이다. ④ 강릉 소나무는 지리적 표시제에 등록되어 있지 않다.

오답 피하기
① 그림은 지역 브랜드 전략에 해당한다.
② 강릉시는 강원도에 위치하고 있다.
③ 소나무 군락이 많이 분포하는 강릉시의 자연환경적 특성을 브랜드화하였다.
⑤ 강릉 해안가의 소나무 군락은 바다에서 불어오는 바람을 막아주는 방풍림의 역할을 한다.

04 ㄴ. (나)는 보령시에서 '세계적인 진흙 해안'이라는 지역성을 살려 만든 지역 브랜드 캐릭터 '머돌이와 머순이'이다. ㄷ. (다)는 제주특별자치도의 지역 브랜드 캐릭터 '돌이'와 '소리'이다. '돌이'는 현무암으로 만들어진 돌하르방을 모티브로 한 캐릭터이고, '소리'는 제주의 해녀를 형상화한 캐릭터이다.

오답 피하기
ㄱ. (가)는 인천광역시 강화군에서 고인돌이 많이 분포하는 지역의 특성을 살려 만든 지역 브랜드 캐릭터 '강돌이'이다.
ㄹ. (나)는 세계적인 진흙 해안이라는 자연환경적 특성에 기반한 캐릭터

이지만, (가)는 강화군에 많이 분포하는 고인돌에서 착안하여 선사 시대 원시인을 형상화한 것으로 인문 환경적 특성에 기반한 캐릭터이다.

05 (가) 지역은 보령시로, 지도의 B이다. 지도의 A는 당진, C는 부안, D는 영광, E는 보성이다.

06 ③ 우리나라 최초의 지리적 표시제 제1호는 보성 녹차로 농산물이므로 (가)(농림축산식품부)에 등록되었다.

오답 피하기

①, ②, ⑤ 지리적 표시제의 경우 농산물, 축산물, 임산물은 농림축산식품부에서, 수산물, 수산 가공물의 경우 해양수산부에서 부여·관리하고 있다.

④ 지리적 표시제는 생산자에게 안정적인 생산 활동을 보장한다.

📝 서술형 문제

07 [예시 답안] 세계화는 세계 여러 나라가 정치·경제·사회·문화 등 다양한 분야에서 서로 많은 영향을 주고받으면서 교류가 많아지는 현상이다. 지역화는 지역의 생활양식이나 사회·문화·경제 활동 등이 세계적 차원에서 가치를 지니게 되는 현상이다. 세계화 시대에 지역화 전략이 각광받는 것은 세계화로 지역 간 교류가 활발해지면서 지역 간 경쟁이 치열해짐에 따라 오히려 지역 고유의 특성을 살리는 것이 그 지역의 경쟁력으로 작용하기 때문이다.

[평가 기준]

상	세계화의 개념, 지역화의 개념, 세계화 시대에 지역화 전략이 각광받게 된 이유를 모두 바르게 서술한 경우
중	세계화의 개념, 지역화의 개념, 세계화 시대에 지역화 전략이 각광받게 된 이유 중 두 가지만 바르게 서술한 경우
하	세계화의 개념, 지역화의 개념, 세계화 시대에 지역화 전략이 각광받게 된 이유 중 한 가지만 바르게 서술한 경우

08 [예시 답안] 뉴욕은 1970년대 중반 경기 침체, 실업, 범죄 문제로 시의 부정적 이미지가 강해지자 이에서 벗어나 이미지를 개선하고 관광 산업을 활성화하기 위해 지역 브랜드를 개발하게 되었다. 뉴욕의 지역 브랜드는 전 세계 지역 브랜드의 시초이자 가장 성공적인 지역 브랜드라는 의의를 지니고 있다.

[평가 기준]

상	'I♥NY' 지역 브랜드의 개발 배경 및 목적, 의의를 모두 바르게 서술한 경우
중	'I♥NY' 지역 브랜드의 개발 배경 및 목적, 의의 중 두 가지만 바르게 서술한 경우
하	'I♥NY' 지역 브랜드의 개발 배경 및 목적, 의의 중 한 가지만 바르게 서술한 경우

09 [예시 답안] 지역화 전략 개발 절차는 '1단계-지역성 정리하기', '2단계-이미지 구축하기', '3단계-브랜드화·상품화하기'로 나눌 수 있다. 1단계에서는 지역의 자원을 확인하고 지역 고

유의 특성을 파악하여 지역성을 정리한다. 2단계에서는 지역의 차별화된 장점·잠재력을 분석하여, 경쟁력 있는 지역성을 활용해 매력적인 지역 이미지를 구축한다. 3단계에서는 2단계에서 구축한 지역 이미지에 적합한 브랜드, 슬로건을 만들어 브랜드화 작업을 하고, 그에 기반하여 상품 개발 및 홍보 전략을 수립해 상품화 작업에 들어간다. 성공적인 지역화 전략을 개발하기 위해서는 개발 모든 과정에서 지방 자치 단체와 지역 주민이 주체가 되어 긴밀하게 협력해야 한다.

[평가 기준]

상	지역화 전략 개발 절차 3단계의 명칭 및 세부 내용, 성공적인 지역화 전략을 개발하기 위해 주의해야 할 점을 모두 바르게 서술한 경우
중	지역화 전략 개발 절차 3단계의 명칭 및 세부 내용, 성공적인 지역화 전략을 개발하기 위해 주의해야 할 점 중 두 가지만 바르게 서술한 경우
하	지역화 전략 개발 절차 3단계의 명칭 및 세부 내용, 성공적인 지역화 전략을 개발하기 위해 주의해야 할 점 중 한 가지만 바르게 서술한 경우

03 우리나라의 위치와 통일의 중요성

기본 문제

본문 124~125쪽

간단 체크

1 (1) 유라시아 대륙, 태평양 (2) 인천 국제공항 (3) 기술, 자본, 천연자원, 노동력　**2** (1) 통일 편익 (2) 통일 비용 (3) 분단 비용 (4) 비무장 지대 (DMZ)　**3** (1) ○ (2) × (3) ○ (4) ○

기본 문제

01 ④　　**02** ②　　**03** ⑤　　**04** ②　　**05** ①　　**06** ①
07 ④

01 우리나라는 북쪽으로는 유라시아 대륙, 남쪽으로는 태평양을 연결하는 반도국으로 대륙과 해양 진출에 유리한 위치적 장점을 가지고 있다. 동아시아의 가운데에 위치하여 중국, 일본, 러시아를 연결하는 교통의 요지이다. ④ 한반도 주변을 둘러싸듯 일본 열도가 있는 것은 사실이나, 이로 인해 해양 진출이 불리하지 않다. 오히려 일본 열도와 한반도로 둘러싸인 동해는 태풍 피해 및 큰 풍랑이 적어 선박 운항에 유리하다.

02 지도는 인천 국제공항에서 동아시아 주요 도시까지의 비행 거리를 나타낸 것으로, 우리나라가 항공 교통의 요지임을 나타낸 것이다.

03 지도는 우리나라 및 주변국의 국내 총생산 및 교역량을 나타낸 것이다. ㄷ. 지도를 통해 우리나라가 주변국과 활발한 수출·수입을 하고 있다는 점을 알 수 있다. ㄹ. 지도를 통해 러시아, 미국, 일본, 중국 등 세계적으로 경제 규모가 큰 나라들과 교역하기 좋은 입지에 위치하고 있다는 점을 알 수 있다.

오답 피하기
ㄱ. 지도를 통해 우리나라가 내륙 교통의 요지임을 파악하기 어려우며, 실제로 우리나라는 대륙 내부와는 다소 떨어져 바다와 접한 반도국으로 내륙 교통의 요지라고 보기 어렵다.
ㄴ. 우리나라는 남한과 북한으로 분단되어 군사적 긴장 상태에 처해 있다. 하지만 제시된 지도는 우리나라 및 주변국의 국내 총생산 및 교역량을 나타낸 것이기에 군사적 긴장 상태에 처해 있는 우리나라의 상황을 파악할 수 없다.

04 A는 아시안 하이웨이, B는 시베리아 횡단 철도이다.

05 한반도 국토 분단으로 인해 군사비가 과도하게 지출되고, 국제 정세가 불안해진다.

오답 피하기
ㄷ. 군사적 긴장 상태로 인해 국가 신용이 낮게 평가되고 있다.
ㄹ. 남북이 통일되면 육로 개방으로 인해 중국과의 교역량이 더욱 늘어날 것으로 예상되나, 현재에도 미국과의 교역량보다 중국과의 교역량이 더 많다.

06 지도는 북한의 주요 관광권을 나타낸 것이므로 지도와 관련된 통일 편익은 관광 기회의 확대이다.

07 ④ 통일이 된다면 국토 방위를 위한 군사비 지출은 감소할 것이다.

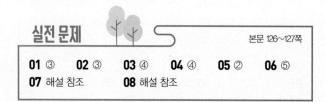

실전 문제
본문 126~127쪽

01 ③　　**02** ③　　**03** ④　　**04** ④　　**05** ②　　**06** ⑤
07 해설 참조　　**08** 해설 참조

01 지도는 해양 진출에 유리한 우리나라의 위치 특성을 나타낸 것이다. 이 지도와 관련하여 우리나라가 삼면이 바다와 면해 해상 운송에 유리하다는 것과 해상 운송 중간 기착지 역할을 수행하기에 유리하다는 것을 알 수 있다.

오답 피하기
ㄱ, ㄹ. 모두 우리나라의 위치 특성이지만 해당 지도와는 관련이 없다.

02 지도를 보면 2014년 중국의 국내 총생산은 우리나라 국내 총생산의 7.4배 정도 되지만, 인구는 이보다 훨씬 많으므로 우리나라의 1인당 국내 총생산이 중국보다 크다는 것을 알 수 있다. 실제 수치를 보면 2014년의 1인당 국내 총생산(GDP)은 우리나라가 28,739달러, 중국이 7,678달러이다.

오답 피하기
① 5개국 중 경제 규모(국내 총생산)는 미국이 가장 크다.
② 우리나라와의 교역 금액은 중국이 가장 크다.
④ 우리나라는 중국과의 무역에서는 흑자, 일본과의 무역에서는 적자를 기록하고 있다.
⑤ 우리나라는 미국과의 무역에서는 흑자, 러시아와의 무역에서는 적자를 기록하고 있다.

03 인천 국제공항은 동아시아 항공 교통의 요지이고, 2019년 기준 국제 여객 수송량 세계 5위이며, 동아시아 주요 도시를 3시간대 비행 거리에 두었다.

오답 피하기
ㄹ. 인천 국제공항은 2019년 기준 국제 화물 수송량 세계 3위이다.

04 제시된 자료의 ㉠은 비무장 지대이다.

05 ㄱ. 그래프를 보면 국민 총소득, 무역액은 남한이 북한보다 많다. ㄷ. 그래프를 보면 2014년 남한의 인구는 5,042만 명, 북한의 인구는 2,466만 명으로 합이 7,000만 명을 넘는다.

오답 피하기
ㄴ. 북한의 국민 총소득은 34조 2천억 원, 인구는 2,466만 2천 명이므로 국민 총소득을 인구로 나누면 1인당 국민 총소득은 약 138만 원이다.
ㄹ. 북한은 석탄·철광석이 풍부하지만 남한보다 철강 산업이 발달하지 않았다. 남한은 석탄·철광석 생산량이 미비하지만 수입을 통해 석탄·철광석을 확보하여 세계 6위의 철강(조강) 생산 국가이다.

06 ㉤ 의무 복무 제도로 인한 인력 활용 비용은 통일 비용이 아닌 분단 비용이다.

✍ 서술형 문제

07 [예시 답안] 2050년 남한 인구 구조에서 나타나는 문제점은 저출산, 고령화, 청장년층 감소로 인한 경제 활동 인구 부족, 노동력 부족, 청장년층의 유소년층·노년층 인구 부양 부담 증가 등이 있다. 통일이 된다면, 출산율과 유소년층 인구 비율이 증가하고, 노년층 인구 비율이 감소하며, 청장년층 인구 비율이 증가하게 된다. 이에 따라 경제 활동 인구가 증가하여 저출산·고령화 및 노동력 부족 문제가 완화되고, 청장년층의 유소년층·노년층 인구 부양 부담이 감소하게 된다.

[평가 기준]

상	2050년 남한 인구 구조의 문제점 세 가지와 통일이 된다면 남한 인구 구조에 어떤 영향이 있을지를 모두 바르게 서술한 경우
중	2050년 남한 인구 구조의 문제점 두 가지와 통일이 된다면 남한 인구 구조에 어떤 영향이 있을지를 모두 바르게 서술한 경우
하	2050년 남한 인구 구조의 문제점 한 가지와 통일이 된다면 남한 인구 구조에 어떤 영향이 있을지를 바르게 서술한 경우

08 [예시 답안] 통일이 되면 남북 문화 통합 전문가, 광물 자원 전문가, 환경 컨설턴트 등 새로운 직업이 나타나며, 북한 지역 개발에 따라 일자리가 증가할 것이다. 또 비무장 지대, 고구려

유적, 백두산, 금강산 등 국내 관광 자원이 증대되어 경제가 활성화되고, 육로 이용이 가능해져 유라시아 대륙으로의 물자 수송 비용이 감소할 것이다.

[평가 기준]

상	통일 이후 경제적 측면의 변화 세 가지를 모두 바르게 서술한 경우
중	통일 이후 경제적 측면의 변화 두 가지를 모두 바르게 서술한 경우
하	통일 이후의 경제적 측면의 변화를 한 가지만 바르게 서술한 경우

대단원 마무리

본문 130~133쪽

01 ④	02 ②	03 ④	04 ⑤	05 ②	06 ⑤
07 ⑤	08 ④	09 ④	10 ⑤	11 ①	12 ①
13 ②	14 ①	15 해설 참조		16 해설 참조	

01 ㉠은 영토, ㉡은 영해, ㉢은 영공, ㉣은 배타적 경제 수역, ㉤은 공해이다. ④ 배타적 경제 수역의 범위는 영해 수역을 포함하지 않는다.

02 (가)는 황해안 지역으로, 가장 외곽의 섬들을 이은 직선 기선을 기준으로 12해리까지를 영해로 설정한다. (나)는 대마도 인근 남해안 지역으로, 일본 대마도와의 거리가 가깝기 때문에 해역 가장 외곽의 섬들을 이은 직선 기선을 기준으로 3해리까지를 영해로 설정한다. (다) 지역은 동해안으로, 통상 기선으로부터 12해리까지를 영해로 설정한다. ② (다) 지역은 해안선이 단조로워 최저 조위선을 기준으로 영해를 설정한다.

오답 피하기
① (가), (나) 지역은 섬이 많고 해안선이 복잡해 직선 기선을 기준으로 영해를 설정한다.

03 지도는 북극 항로의 유용성을 나타낸 것으로, 독도가 동해 한가운데 위치하여 해상 교통의 요지인 점과 관련이 깊다.

04 독도는 직선 기선이 아닌 통상 기선을 기준으로 영해가 설정되어 있다.

05 제시된 고지도는 『신증동국여지승람』(1531)에 수록된 「팔도총도」이다. ㄱ. 「팔도총도」는 『신증동국여지승람』에 수록되었다. ㄹ. 팔도총도는 현존하는 인쇄본 단독 지도 중 독도가 등장하는 최초의 지도이다.

오답 피하기
ㄴ. 일본의 『은주시청합기』(1667)에 "오키섬의 서북쪽에 송도(울릉도)와 죽도(독도)가 있으며, …(중략)… 그런즉 일본의 서북쪽 한계는 오키섬으로 한다"라고 기록되어 있다.

ㄷ. 독도가 등장하지만, '조선의 소유'라고 명백히 문자로 기재되어 있지 않다. 독도를 '조선의 소유'라고 문자로 명백히 기재한 지도는 일본의 삼국접양지도(1795)이다.

06 제시된 글은 제주도의 '제주 올레'에 관한 설명이다.

07 ㄴ. 제시된 'be Berlin'은 독일의 수도 베를린의 지역 브랜드이다. ㄹ. 베를린은 냉전 시대 동·서베를린 분단을 경험한 도시이다. ㅁ. 베를린은 동·서베를린 분단으로 인한 어두운 이미지에서 벗어나기 위해 'be Berlin' 브랜드를 만들었다.

오답 피하기
ㄱ. 전 세계 최초의 지역 브랜드는 미국 뉴욕의 'I♥NY'이다.
ㄷ. 랜드마크로 유명한 지역 브랜드 조형물은 'I amsterdam'이 있다.

08 제시된 지역 브랜드는 전주의 지역 브랜드로, 전주의 문화 자산을 전 세계로 퍼트려 대한민국을 대표하는 문화 전령사가 되겠다는 의지를 표현하였다.

오답 피하기
① 한지는 전주의 특산물이 맞지만, 지역 브랜드의 소재로 쓰이진 않았다.
② 국화는 전주의 특산물이 아니며, 지역 브랜드의 문양 역시 국화의 모습을 형상화하지 않았다.
③ 공작새는 전주를 상징하는 동물이 아니며, 지역 브랜드의 문양 역시 공작새의 모습을 형상화하지 않았다.
⑤ 전주는 한반도의 중심부가 아닌 남서쪽에 위치하고 있다.

09 (가)는 안동시이다. 안동시는 지도의 D에 위치하고 있다. 지도의 A는 강릉, B는 충주, C는 옥천, E는 밀양이다.

10 A는 횡성, B는 청양이다.

11 ㉠은 북아메리카 항로, ㉡은 동남아시아·유럽 항로이다.

12 ㉠은 개성 관광권, ㉡은 금강산 관광권에 해당한다.

13 ㄱ. 2050년 남한은 전체 인구 중 0~14세 비율이 10%인 것으로 보아 심각한 저출산 문제가 예상된다. ㄷ. 2050년 남한 노년층 인구(65세 이상) 비율은 약 34%로, 약 15%인 세계 평균보다 높다.

오답 피하기
ㄴ. 통일 한국의 청장년층(15~64세) 인구 비율(약 59%)이 남한의 청장년층 인구 비율(약 52%)보다 높으므로, 통일이 되면 남한의 노동력 부족 문제가 완화될 것으로 추정된다.
ㄹ. 북한의 청장년층 인구 비율(약 64%)이 남한의 청장년층 인구 비율(약 52%)보다 높으므로, 북한 청장년층의 유소년층·노년층 인구 부양 부담은 남한보다 적을 것으로 예상된다.

14 A는 비무장 지대로, 군사적 대립을 방지하기 위해 군대의 주둔이나 군사 시설 설치 등 무장이 금지된다.

✎ 서술형 문제

15 [예시 답안] 지역화 전략은 경제적·문화적 측면에서 다른 지역과 차별화되는 그 지역만의 지역성을 활용하고 부각시켜 지역의 경쟁력을 높이는 전략이다. 성공적인 지역화 전략의 기대효과로는 지역의 긍정적 이미지의 강화, 부정적 이미지의 긍정적 이미지로의 전환, 지역 정체성 강화 등을 들 수 있다.

[평가 기준]

상	지역화 전략의 의미, 성공적인 지역화 전략의 기대 효과 세 가지를 모두 바르게 서술한 경우
중	지역화 전략의 의미, 성공적인 지역화 전략의 기대 효과 두 가지를 모두 바르게 서술한 경우
하	지역화 전략의 의미, 성공적인 지역화 전략의 기대 효과 한 가지만 바르게 서술한 경우

16 [예시 답안] 통일이 되면 남한의 자본과 기술을 활용해 북한에 매장되어 있는 광물 자원을 더 많이 탐사할 수 있을 것이다. 또한 북한의 노동력이 결합된다면 각종 광물 생산량이 많이 증가할 것으로 기대된다.

[평가 기준]

상	제시어 세 개를 모두 활용하여 광업 관련 통일의 장점을 바르게 서술한 경우
중	제시어 두 개를 활용하여 광업 관련 통일의 장점을 바르게 서술한 경우
하	제시어 한 개를 활용하여 광업 관련 통일의 장점을 바르게 서술한 경우

XII. 더불어 사는 세계

01 지구상의 다양한 지리적 문제

기본 문제

본문 138~139쪽

간단 체크

1 (1) 기아 (2) 바이오 (3) 생물 다양성 감소 (4) 아랍계, 아프리카계
2 (1) 생물 다양성 협약 (2) 맹그로브 (3) 난사(스프래틀리) 군도 (4) 퀘벡 **3** (1) ○ (2) × (3) ×

기본 문제

01 ② **02** ③ **03** ② **04** ② **05** ③ **06** ③
07 ④

01 생물 다양성의 감소는 대표적인 지리적 문제이다. ② 생물 다양성의 폭발적 증가는 현재 두드러지게 나타나지 않으며, 지리적 문제의 원인으로 볼 수 없다.

02 기아 문제의 원인 중 자연적 요인으로는 자연재해, 농작물 병충해, 이상 기후, 사막화 현상 등이 있고, 사회적 요인으로는 급격한 인구 증가, 농업 기반 시설의 부족, 잦은 분쟁 등이 있다.

03 ㄱ. 유럽은 영양실조 인구 비율이 5%를 넘는 국가가 단한 국가도 없다. 따라서 영양실조 인구 비율이 매우 낮다고 볼수 있다. ㄷ. 사하라 이남 아프리카에는 자료가 없는 국가들을 제외하면 대부분 영양실조 인구 비율이 5% 이상이다. 영양실조 인구 비율이 35% 이상인 국가가 4개국, 25~35%인 국가가 8개국으로 영양실조 인구 비율이 높다고 볼 수 있다.

오답 피하기
ㄴ. 캐나다, 미국 등 북아메리카 국가들은 대체적으로 영양실조 인구 비율이 낮다.
ㄹ. 저위도 지역보다 고위도 지역에서 영양실조 인구 비율이 낮다.

04 ㉠은 강을 마르게 하고 초지를 사라지게 하는 원인으로, 지구 온난화이다. ㉡은 초지를 사라지게 하는 자연 현상으로, 사막화 현상이다.

05 (가)는 카슈미르이다. 카슈미르 지역은 인도와 파키스탄, 중국 사이의 위치인 C에 위치한다.

오답 피하기
A는 서사하라–모로코 분쟁 지역, B는 이스라엘–팔레스타인 갈등 지역, D는 난사(스프래틀리) 군도, E는 영국과 아르헨티나가 영역 갈등 중인 포클랜드 제도이다.

06 (가)는 센카쿠(댜오위다오) 열도이다. 센카쿠 열도는 중국, 타이완, 일본 오키나와 사이인 C에 위치한다.

오답 피하기
A는 러시아와 대한민국(북한) 사이의 두만강 하류 녹둔도 지역, B는 쿠

릴 열도(러시아, 일본), D는 시사 군도(중국, 베트남), E는 난사 군도(중국, 필리핀, 베트남, 말레이시아 등)이다.

07 라마교(티베트 불교)를 믿고, 고유의 언어를 사용하며, 라마를 중심으로 지속적으로 독립 운동을 전개하는 ⊙은 티베트(시짱)이다.

실전 문제

본문 140~141쪽

| 01 ④ | 02 ③ | 03 ⑤ | 04 ① | 05 ② | 06 ⑤ |
| 07 해설 참조 | 08 해설 참조 |

01 ㄱ. 세계적인 곡물 유통 회사는 이윤의 극대화를 추구한다. ㄴ. 전 세계 유통량의 대다수를 차지하고 있는 세계적인 곡물 유통 회사가 곡물 유통량을 줄이면 곡물 가격 상승을 초래할 수 있다. ㄷ. 세계 곡물 유통 시장의 대부분을 소수의 곡물 대기업이 장악하고 있다.

오답 피하기
ㄹ. 세계적인 곡물 유통 회사는 미국, 프랑스 회사로 선진국의 회사이다.

02 ⊙은 생물 다양성 협약이다. 기후 변화 협약, 사막화 방지 협약, 생물 다양성 협약은 세계 3대 환경 협약이다.

03 ㄴ. 열대 우림 분포 지역은 기후가 고온 다습하여 생물 성장이 왕성해 생물 다양성이 풍부하다. ㄷ. 저위도 지역은 기후가 고온 다습하여 생물 성장이 왕성하고 다양한 동·식물과 수많은 종류의 곤충, 벌레 등이 서식한다. 고위도 지역은 평균 기온이 낮아 추위에 견딜 수 있는 동·식물만 서식하며 곤충, 벌레 등도 일부만 서식한다. 따라서 고위도 지역보다 저위도 지역의 생물 다양성이 풍부하다. ㄹ. 아프리카 대륙은 생물 다양성이 매우 낮은 사하라 사막이 넓은 면적을 차지하고 그 주위로 건조하고 짧은 풀들이 자라는 스텝 초원이 넓게 존재하는데 비해 남아메리카는 열대 우림 분포 면적이 매우 넓다. 따라서 아프리카보다 남아메리카의 생물 다양성이 풍부하다.

오답 피하기
ㄱ. 열대 우림의 분포 면적은 남아메리카가 가장 넓다.

04 제시문은 캐나다의 퀘벡주에 대해 설명하고 있다.

05 제시문의 이스라엘–팔레스타인 갈등이 나타나는 지역은 지도의 B에 해당한다.

오답 피하기
A는 서사하라 분쟁 지역, C는 카슈미르 지역, D는 쿠릴 열도, E는 포클랜드 제도이다.

06 제시문의 ⊙은 한스섬으로, 지도의 E에 위치하고 있다.

오답 피하기
A는 이스라엘–팔레스타인 분쟁 지역, B는 카슈미르 지역, C는 난사 군도, D는 쿠릴 열도이다.

✎ 서술형 문제

07 [예시 답안] 열대 우림을 벌목하여 조성된 토지는 농경지, 목초지 등 다양한 용도로 사용할 수 있으며, 열대 우림의 나무들은 수출용 목재로 가치가 높다.
[평가 기준]

| 상 | 열대 우림 개발에 찬성하는 이유를 두 가지 모두 바르게 서술한 경우 |
| 하 | 열대 우림 개발에 찬성하는 이유를 한 가지만 서술한 경우 |

08 [예시 답안] 지도에서 알 수 있는 지리적 문제는 아프리카의 국경선과 민족·부족의 경계가 일치하지 않는다는 것이다. 이 문제의 원인은 과거 유럽 강대국의 이해관계에 따라 아프리카의 국경선이 설정되었다는 데 있다. 이로 인해 분쟁과 내전이 빈번하게 일어나고, 난민이 발생하며, 정치적 혼란이 야기되는 등 사회 문제가 나타나고 있다.
[평가 기준]

상	지도에서 알 수 있는 지리적 문제와 원인, 이로 인한 사회 문제에 대해 모두 바르게 서술한 경우
중	지도에서 알 수 있는 지리적 문제와 원인, 이로 인한 사회 문제에 대해 두 가지 내용만 바르게 서술한 경우
하	지도에서 알 수 있는 지리적 문제와 원인, 이로 인한 사회 문제에 대해 한 가지 내용만 바르게 서술한 경우

02 저개발국의 발전 노력

기본 문제

본문 144~145쪽

간단 체크
1 (1) 남북 (2) 기대 교육 연한 (3) 적정 기술 (4) 최빈국　**2** (1) ○ (2) × (3) × 　**3** (1) ㄷ (2) ㄱ (3) ㄹ (4) ㄴ

기본 문제
| 01 ③ | 02 ① | 03 ② | 04 ① | 05 ③ | 06 ② |

01 저개발국은 주로 부가 가치가 낮은 상품을 수출한다. 주로 부가 가치가 높은 상품을 수출하는 것은 선진국이다.

02 지도와 제시문은 행복 지수를 나타내고 있다. 지도의 경우 인간 개발 지수와 구분이 어려울 수 있다. 인간 개발 지수의 경우 교육 수준, 국민 소득, 평균 수명 등을 기본으로 한 지표이기 때문에 아프리카 및 남아메리카 다수 국가들의 수치가 낮다. 반면, 제시된 지도는 아프리카의 다수 국가들이 보통 수준(4~5)이고, 남아메리카의 다수 국가들이 높은 수준(6~7)이므로 인간 개발 지수가 아닌 행복 지수임을 알 수 있다. 행복 지

수는 인간 개발 지수와 달리 일부 저개발국에서 높게 나타나기도 한다.

④ 인간 개발 지수는 국제 연합 개발 계획(UNDP)이 매년 각국의 교육 수준, 국민 소득, 평균 수명 등을 기본으로 국가별 국민의 삶의 질을 평가한 지표이다.

03 지도와 제시문은 부패 인식 지수를 나타내고 있다. 지도의 경우 아프리카, 남아메리카, 아시아 대부분의 지역에서 수치가 높다는 점을 통해 부패 인식 지수임을 추론할 수 있다.

04 그림과 제시문은 적정 기술과 관련된 것이다.

05 제시문은 보츠와나에 대한 설명이다.

06 제시문의 ㉠은 저개발국, ㉡은 선진국이다. ㄱ. 저개발국은 선진국보다 기대 교육 연한이 짧고 교육 수준이 낮은 편이다. ㄷ. 저개발국은 20세기 이후부터 지금까지 산업화가 진행 중이다. 선진국은 18세기 후반~19세기 중엽에 산업화가 진행되었다.

ㄴ. 저개발국은 주로 부가 가치가 낮은 상품을 수출하고 있다.
ㄹ. 안정된 사회적·경제적 제도 등 문화적 자원이 풍부한 것은 선진국의 특징이다. 저개발국 중 많은 나라들은 사회적·경제적 제도가 안정되어 있지 않고, 선진국에 비해 문화적 자원이 풍부하지 못하다.

실전 문제

본문 146~147쪽

01 ①	02 ②	03 ②	04 ③	05 ②	06 ②
07 해설 참조		08 해설 참조		09 해설 참조	

01 제시문은 남북문제에 대한 설명이다.

02 ㄱ. 선진국과 개발 도상국 간의 격차는 더욱 커지고 있다. 이는 개발 도상국의 1인당 국내 총생산 증가 속도보다 선진국의 증가 속도가 빠르기 때문이다. ㄷ. 2014년 우리나라의 1인당 국내 총생산은 20,000달러 이상이다(28,379달러).

ㄴ. 2014년 선진국의 1인당 국내 총생산은 40,000달러 이상이다.
ㄹ. 1970~2014년 동안 개발 도상국의 1인당 국내 총생산 증가 속도는 선진국보다 느리다. 개발 도상국은 해당 기간 동안 1인당 국내 총생산이 약 5,000달러 증가했으나, 선진국은 약 40,000달러 증가하였다.

03 ㄱ. 유럽 대륙은 영아 사망률이 대부분 10 미만으로 매우 낮다. ㄷ. 고위도보다 적도와 가까운 저위도 지역에 영아 사망률이 높은 국가들이 많다. 아프리카 대륙 내 저위도 지역이 대표적이다.

ㄴ. 영아 사망률이 가장 높은 대륙은 아프리카이다.
ㄹ. 의료·보건 기술의 발달 정도와 영아 사망률은 반비례한다. 의료·보건 기술이 발달한 지역의 영아 사망률은 낮고, 의료·보건 기술이 발달하지 못한 지역의 영아 사망률은 높다.

04 에티오피아 새마을 시범 마을의 주요 핵심 사업은 주거 환경 및 공동 환경 개선인데, 이는 사회 기반 시설의 확충에 해당한다.

05 ㉠은 기간 산업, ㉡은 신흥 공업국에 해당한다.

06 제시문은 케냐의 그린벨트 운동을 설명하고 있다.

서술형 문제

07 [예시 답안] 선진국과 저개발국은 산업화 시기에서 차이가 난다. 선진국이 18세기 후반부터 산업화를 시작한 반면, 저개발국은 20세기 이후부터 지금까지 산업화가 진행 중이다. 선진국은 저개발국보다 무역 구조에서 유리하다. 선진국은 주로 부가 가치가 높은 상품을 수출하고, 저개발국은 주로 부가 가치가 낮은 상품을 수출한다. 선진국과 저개발국은 인적·문화적 자원에서 차이가 난다. 선진국은 저개발국에 비해 교육 수준이 높은 인적 자원이 풍부하고, 안정된 사회적·경제적 제도 등 문화적 자원이 풍부하다.

[평가 기준]

상	선진국과 저개발국 간 발전 수준 차이가 나는 원인을 세 가지 모두 바르게 서술한 경우
중	선진국과 저개발국 간 발전 수준 차이가 나는 원인을 두 가지 모두 바르게 서술한 경우
하	선진국과 저개발국 간 발전 수준 차이가 나는 원인을 한 가지만 서술한 경우

08 [예시 답안] 저개발국이 선진국보다 높은 수치를 나타내는 지표는 성 불평등 지수, 영아 사망률, 교사 1인당 학생 수, 부패 인식 지수이다. 성 불평등 지수는 국제 연합 개발 계획(UNDP)에서 국가별 모성 사망률과 청소년 출산율, 여성 의원 비율, 중등학교 이상 교육받은 여성 인구, 남녀 경제 활동 참가율 격차 정도를 측정한 지표이다. 영아 사망률은 출생 후 1년 이내(365일 미만)에 사망한 영아 수를 해당 연도의 1년 동안의 총 출생아 수로 나눈 비율이다. 교사 1인당 학생 수는 초·중등학교 총 학생 수를 초·중등학교 총 교사 수로 나눈 값이다. 부패 인식 지수는 국가별 청렴도 인식 순위이다.

[평가 기준]

상	저개발국이 선진국보다 높은 수치를 나타내는 지표를 네 가지 모두 바르게 서술한 경우
중	저개발국이 선진국보다 높은 수치를 나타내는 지표를 세 가지 모두 바르게 서술한 경우
하	저개발국이 선진국보다 높은 수치를 나타내는 지표를 두 가지 모두 바르게 서술한 경우

09 [예시 답안] 빈곤을 극복하기 위한 저개발국의 자체적 노력에도 불구하고 최빈국의 수는 오히려 증가하였다. 저개발국은 불평등한 세계 경제 체제 속에서 선진국의 다국적 기업에 의한 영향을 크게 받고 있으며, 뒤늦은 산업화로 인해 과거 선진국들이 겪었던 각종 사회 문제를 급속히 경험하고 있다. 또한 저개발국은 경제 성장에 필요한 기본적인 자본과 기술이 부족하고, 정치적 불안정으로 지속적인 정책 수행이 어렵다.

[평가 기준]

상	저개발국의 빈곤을 극복하기 위한 자체적 노력이 갖는 한계를 세 가지 모두 바르게 서술한 경우
중	저개발국의 빈곤을 극복하기 위한 자체적 노력이 갖는 한계를 두 가지 모두 바르게 서술한 경우
하	저개발국의 빈곤을 극복하기 위한 자체적 노력이 갖는 한계를 한 가지만 서술한 경우

03 지역 간 불평등 완화 노력

기본 문제

본문 150~151쪽

간단 체크
1 (1) 국제 연합 (2) 세계 보건 기구 (3) 한국 국제 협력단 (4) 국제 비정부 기구　2 (1) ㄱ (2) ㄷ (3) ㄹ (4) ㄴ　3 (1) 개발 원조 (2) 공정 무역 (3) 공적 개발 원조

기본 문제
01 ④　02 ③　03 ②　04 ⑤　05 ①　06 ③

01 오늘날 세계의 경제력으로 전 인류의 기초 생활을 보장할 수 있다. 그러나 지역 간 경제력 격차가 커서 여전히 빈곤한 지역이 많다.

02 자료는 국제 연합 아동 기금(UNICEF)에 대한 것이다.

오답 피하기
② 국제 연합 난민 기구는 난민의 권리 보호와 복지 향상을 위해 난민에 대한 긴급 구조 활동, 안전한 피난처 제공 등의 활동을 한다.
④ 국제 연합 평화 유지군은 분쟁 지역에 파견되어 질서를 유지하고, 주민들의 안전을 지키며, 분쟁의 재발을 방지하기 위해 노력한다.

03 ㄱ. 공적 개발 원조 참여국은 주로 선진국이다. ㄹ. 남아메리카 대륙에는 공적 개발 원조 수혜국만 있고, 참여국은 존재하지 않는다.

오답 피하기
ㄴ. 공적 개발 원조 참여국은 유럽 대륙에 가장 많다. 북아메리카 대륙에는 캐나다, 미국 두 나라밖에 없다.
ㄷ. 동아시아는 공적 개발 원조 수혜국이 몽골, 북한 두 나라밖에 없다.

04 옥스팜은 빈곤 해결에 관심을 갖고 불공정 무역에 대항하는 단체로 무상 교육 및 의료 투자, 빈곤층을 위한 사회 안전망 보장, 최저 임금 보장, 탈세 단속 등의 활동을 한다.

오답 피하기
① 국제 민간 인도주의적 의료 구호 단체는 국경 없는 의사회이다.
② 난민의 권리 보호와 복지 향상을 추구하는 단체는 국제 연합 난민 기구이다.

05 제시문의 ㉠은 키바이고, ㉡은 그린피스이다.

오답 피하기
아그로스 인터내셔널은 농가와 농촌 공동체가 토지를 구매할 수 있도록 낮은 이자로 돈을 빌려주는 단체이다. 또한 작물 재배 방법, 생산성을 높이는 방법, 효과적인 지역 공동체 운영 방법 등을 교육하여 농촌의 지속 가능한 발전에 도움을 준다.

06 그림을 통해 일반 커피에 비해 공정 무역 커피 판매 시 판매업자의 수익이 93.8%에서 50%로 감소하고, 농민의 수익이 1%에서 6%로 6배 증가하였음을 알 수 있다. 이는 중간 유통 상인의 개입을 줄여 유통 비용을 낮춘 것이다.

오답 피하기
② 농민의 수익이 증가하는 것은 사실이지만, 이로 인해 생산자의 건강한 노동 환경이 보장될 것인지 여부는 제시된 그림을 통해 파악하기 어렵다.
⑤ 농민의 수익이 증가한 것만으로 해당 수익이 기술 개발과 기반 시설 확충에 투자되는지 여부는 제시된 그림을 통해 파악하기 어렵다.

실전 문제

본문 152~153쪽

01 ④　02 ①　03 ①　04 ①　05 ④　06 ③
07 해설 참조　08 해설 참조

01 제시된 자료는 국제 연합 평화 유지군에 대한 것이다.

오답 피하기
⑤ 국제 연합 안전 보장 이사회는 국제 사회의 평화와 안전(안보)을 유지하는 것에 대해 1차적 책임을 지는 국제 연합의 주요 기구이다. 국제적 분쟁 지역에 국제 연합 평화 유지군을 파견하거나 경제·외교적 제재를 가하는 등의 권한을 갖는다.

02 ㉠은 개발 원조 위원회, ㉡은 한국 국제 협력단이다.

03 ㄱ. 총 공적 개발 원조액은 2008년 약 8억 달러에서 2014년 약 18억 5천 달러까지 꾸준히 상승하고 있다. ㄷ. 우리나라는 공적 개발 원조 수혜국에서 공여국으로 바뀐 최초의 국가이다.

오답 피하기
ㄴ. 2012년보다 2014년의 '공적 개발 원조액/국민 총소득'의 값은 0.01 작아졌지만, 총 공적 개발 원조액은 2.5억 달러 가량 증가하였다. 따라서 2012년 국민 총소득보다 2014년 국민 총소득이 높음을 알 수 있다. 국민 총소득은 총 공적 개발 원조액과 '공적 개발 원조액/국민

총소득' 값이 제시되어 있으므로 수학적 계산을 통해서도 구할 수 있다. 2012년의 국민 총소득은 1,597,500,000×(10,000/14)=1,141,071,428,571이고, 2014년의 국민 총소득은 1,856,700,000×(10,000/13)=1,428,230,769,230이다. 따라서 2014년의 국민 총소득이 2012년보다 더 높은 것을 알 수 있다.
ㄹ. 2008~2014년에 국민 총소득 대비 공적 개발 원조액 비율은 매년 상승하고 있지 않다. 2011년, 2014년에는 전년과 동일하였고, 2013년은 2012년 대비 감소하였다.

04 지역 공동체 발전 기금을 지원하고, 인권을 보장하는 생산 방식을 유지하는 것은 공정 무역의 원칙에 해당하는 내용이다. 이 외에도 생산자 단체(협동조합)로부터 직접 상품을 구매하고, 투명하고 장기적으로 거래하며, 생산자에게 합의된 최저 보장 가격을 제공하는 내용이 해당한다.

오답 피하기
ㄴ. 공정 무역은 중간 유통 상인의 개입을 줄여 유통 비용을 줄이기 위해 노력하며, 그 노력의 일환으로 전자 상거래를 이용하기도 한다. 하지만 전자 상거래를 활용하는 것이 공정 무역의 필수 원칙이 아니며, 모든 공정 무역이 전자 상거래를 활용하지는 않는다.
ㄹ. 상품의 가격이 급락하는 등 시장 상황에 따라 생산자가 손해를 입지 않도록, 생산자에게 합의된 최저 보장 가격을 제공한다.

05 제시된 자료는 국경 없는 의사회에 대한 것이다.

오답 피하기
① 그린피스는 지구의 환경을 보존하고 평화를 증진하기 위해 기후 변화 방지, 원시림 보호, 해양 보호, 고래잡이 방지, 유전자 조작 반대, 핵 위협 저지 등의 활동을 하는 국제 비정부 기구이다.
② 국제 엠네스티는 국가 권력에 의해 처벌당하고 억압받는 각국 정치범들을 구제하기 위하여 설치된 국제 비정부 기구이다.
③ 세계 보건 기구는 모든 인류에게 최고 수준의 건강 보장을 목적으로 감염병 관리, 만성 질환 관리, 의약품과 식품 등의 안전성 기준 관리 등의 활동을 한다. 또한 국제 연합 산하 기구로 민간 의료 구호 단체가 아니다.
⑤ 국제 연합 아동 기금은 전 세계 빈곤 국가의 어린이들을 돕기 위해 영양, 보건, 위생, 기초 교육, 긴급 구호 등의 기본 사업을 진행하므로 의료 구호 단체로 보기 어렵고, 국제 연합 산하 기구이므로 민간 단체도 아니다.

06 ③ 세계 시민으로서 지역 공동체 단위 활동에 중점을 두기보다는 세계에서 발생하는 다양한 지리적 문제에 관심을 두고 협력해야 한다.

🖋 서술형 문제

07 [예시 답안] 후원금으로 만든 우물 중 대부분이 관리 소홀·방치로 인해 말라버렸다는 내용을 통해 구호 단체가 떠나면 원조가 일회성으로 끝나 버릴 수 있으며 현지에는 인적·물적 자원이 제대로 갖추어지지 않아 공적 개발 원조를 유지·지속하기 어렵다는 공적 개발 원조의 한계를 추론할 수 있다. 또 일부 우물에서 중금속 성분이 검출되는 문제가 발생하였다는 내용을 통해 공적 개발 원조가 현지 상황을 고려하지 않은 채 이루어질 경우 공적 개발 원조의 지속 가능성이 떨어진다는 한계를 추론할 수 있다.

[평가 기준]

상	제시문을 바탕으로 공적 개발 원조의 한계를 두 가지 모두 바르게 서술한 경우
중	제시문을 바탕으로 공적 개발 원조의 한계를 한 가지만 바르게 서술한 경우
하	제시문을 통해 추론할 수 없는 공적 개발 원조의 한계를 서술하거나, 공적 개발 원조의 한계를 미흡하게 서술한 경우

08 [예시 답안] 공정 무역 매출이 증가하면 중간 유통 상인의 개입을 줄여 유통 비용을 낮출 수 있고, 생산자의 건강한 노동 환경과 정당한 임금을 보장할 수 있으며, 생산자들이 경제적으로 자립할 수 있는 토대를 마련할 수 있다. 또 친환경 방식의 생산으로 지구 환경 보호에 기여하고 소비자에게 신뢰를 주며, 공정 무역으로 인한 수익 중 일부가 기술 개발과 기반 시설 확충에 투자되는 성과를 얻을 수 있다.

[평가 기준]

상	공정 무역 매출이 증가하면 얻을 수 있는 성과를 세 가지 모두 바르게 서술한 경우
중	공정 무역 매출이 증가하면 얻을 수 있는 성과를 두 가지 모두 바르게 서술한 경우
하	공정 무역 매출이 증가하면 얻을 수 있는 성과를 한 가지만 서술한 경우

대단원 마무리

본문 156~159쪽

01 ①	**02** ③	**03** ②	**04** ⑤	**05** ①	**06** ④
07 ③	**08** ①	**09** ④	**10** ⑤	**11** ③	**12** ①
13 ④	**14** ⑤	**15** 해설 참조		**16** 해설 참조	

01 ① 기아 심화 원인 중 정치·사회·경제적 측면의 원인이 아닌 것은 자연재해이다. 자연재해는 자연적 원인이다.

오답 피하기
②, ③ ④, ⑤ 잦은 전쟁, 농업 기반 시설의 부족, 곡물 대기업의 유통량 조절, 식량 작물의 가축 사료, 바이오 에너지 원료로의 사용은 모두 정치·사회·경제적 측면의 원인이다.

02 자료는 맹그로브와 관련된 것이다.

03 지도의 동부 아프리카 지역은 과거 유럽 강대국의 이해관계에 따라 국경선이 설정되어 국경선과 부족 경계선이 일치하지 않는 모습을 보이고 있다.

04 ㉠은 난사 군도(스프래틀리 군도)로 베트남, 말레이시아, 브루나이, 필리핀 등과 접한 E에 위치한다.

05 제시문은 수단-남수단 지역의 영역 갈등을 설명하고 있다. 수단-남수단 영역 갈등 지역은 지도의 A에 해당한다.

B는 카스피해, C는 신장 위구르, D는 티베트, E는 진먼섬이다.

06 제시문의 ⊙은 쿠릴 열도이다. 쿠릴 열도는 일본과 러시아 사이의 D에 위치한다.

07 자료의 A는 인간 개발 지수이다. 지도의 경우 행복 지수와 구분이 어려울 수 있으나, 아프리카와 남아메리카 지역을 통해 지도가 인간 개발 지수임을 알 수 있다. 행복 지수는 일부 저개발국이 높게 나타나기도 하여, 아프리카 대다수 국가들의 수치는 '보통', 남아메리카 대다수 국가들의 수치는 '높음' 수준으로 나타난다. 제시된 지도에서는 아프리카 대다수 국가들의 수치가 '낮음(0.55 미만)', 남아메리카 대다수 국가들의 수치는 '보통(0.55~0.7)' 수준이다. 따라서 제시된 자료의 A는 행복 지수가 아닌 인간 개발 지수이다.

① 행복 지수는 국내 총생산, 기대 수명, 사회적 자본, 부패 지수, 관용 등의 지표를 종합한 결과로 선진국이 대체로 높으나, 일부 저개발국이 높게 나타나기도 한다.

08 자료의 ⊙은 기대 교육 연한이다.

09 ㄱ. 재활용 쓰레기를 버스표나 식품으로 교환하여 주므로 자원 재활용이 촉진되었을 것이라 추론할 수 있다. ㄴ. 빈민 지역의 버려지는 재활용 쓰레기가 줄어들 것이므로 빈민 지역의 환경이 개선되었을 것으로 추론할 수 있다. 또한 재활용 쓰레기를 버스표나 식품으로 교환해 주므로 빈민 거주 지역 주민들의 생활 환경 역시 개선되었을 것이다. ㄷ. 재활용 쓰레기와 교환해 주는 식품들은 농산물 시장이나 주변 지역 농가에서 구매한 것이므로 지역 농가 및 상권이 보전되고 발전되었을 것이라고 추론할 수 있다.

ㄹ. 빈민 거주 지역의 경제적으로 어려운 주민들은 재활용 쓰레기를 수거하여 판매함으로써 버스표, 식품을 받아 경제적 어려움을 일정 부분 해결할 수 있게 되었을 것이라고 추론할 수 있다.

10 ㄱ. 국민의 97%가 행복하다고 응답한 내용을 통해 추론할 수 있다. ㄷ. 자연환경의 훼손을 막고자 관광객 수를 제한하고, 관광 비용으로 벌어들인 소득을 경제 발전에 투자하며, 농가의 소득과 생산성을 높이고자 모든 농지를 유기 농업 경작지로 전환한다는 내용에서 알 수 있다. ㄹ. 자연환경의 훼손을 막고자 관광객 수를 일정 수준으로 제한한다는 부분에서 알 수 있다.

ㄴ. 사회 기반 시설의 확충 여부는 제시문을 통해 알 수 없다.

11 그래프는 국제 연합이 제시한 지속 가능 발전 목표로, 빈곤 종식을 최우선 목표로 제시하였다.

12 자료는 세계 식량 계획에 대한 것이다.

13 제시된 지도를 보면 인도, 남아프리카 공화국은 공정 무역 제품 소비 국가에 속한다.

14 자료의 ⊙은 아그로스 인터내셔널이다.

① 키바는 국제적 비영리 소액 신용 대출 기관으로, 돈이 필요한 빈곤한 지역의 사람과 기부자를 연결해 무이자로 돈을 대여해 주는 국제 비정부 기구이다.
② 옥스팜은 빈곤 해결에 관심을 갖고 불공정 무역에 대항하는 단체로, 무상 교육 및 의료 투자, 빈곤층을 위한 사회 안전망 보장, 최저 임금 보장, 탈세 단속 등의 활동을 하는 국제 비정부 기구이다.
③ 그린피스는 지구의 환경을 보존하고 평화를 증진하기 위해 기후 변화 방지, 원시림 보호, 해양 보호, 고래잡이 방지, 유전자 조작 반대, 핵 위협 저지 등의 활동을 하는 국제 비정부 기구이다.
④ 굿네이버스는 아동 권리 옹호, 교육, 보건, 식수 위생, 소득 증대, 조합 운동, 네트워크, 재난 구호와 인도적 지원, 사회적 경제 사업, 지속 가능한 환경 등의 분야에서 580만여 명의 아동과 지역 주민을 대상으로 활동하는 한국 국적의 국제 구호 개발 비정부 기구이다.

✏️ 서술형 문제

15 [예시 답안] (가)를 통해 공적 개발 원조 총량은 지속적으로 증가하고 있음을 알 수 있다. (나)를 통해 공적 개발 원조가 인도적 지원뿐만 아니라 사회 인프라(교육, 보건, 인구, 치안 등), 경제 분야에 집중되고 있음을 알 수 있다.

[평가 기준]

상	(가), (나)를 바탕으로 공적 개발 원조의 특징을 각각 한 가지씩 모두 바르게 서술한 경우
중	(가) 또는 (나)를 바탕으로 공적 개발 원조의 특징을 한 가지만 바르게 서술한 경우
하	(가), (나)와 관련이 없는 공적 개발 원조의 특징을 서술하거나, 공적 개발 원조의 특징을 미흡하게 서술한 경우

16 [예시 답안] 저개발국의 연평균 경제 성장률이 선진국보다 높은 것은 저개발국의 경제 성장 속도가 선진국보다 빠르기 때문이다. 또한, 선진국은 경제 규모가 이미 거대하기에 연평균 경제 성장률이 낮고, 저개발국은 경제 규모가 작기 때문에 조금만 성장해도 경제 성장률이 높게 나타난다.

[평가 기준]

상	저개발국의 연평균 경제 성장률이 선진국보다 높은 이유를 두 가지 모두 바르게 서술한 경우
중	저개발국의 연평균 경제 성장률이 선진국보다 높은 이유를 한 가지만 바르게 서술한 경우
하	저개발국의 연평균 경제 성장률이 선진국보다 높은 이유를 미흡하게 서술한 경우

Ⅶ. 인구 변화와 인구 문제

실전모의고사(1회)

본문 2~5쪽

01 ④	02 ②	03 ③	04 ⑤	05 ⑤	06 ①
07 ①	08 ③	09 ①	10 ②	11 ③	12 ④
13 ④	14 ②	15 해설 참조		16 해설 참조	

01 세계 인구의 90% 이상은 북반구에 살고 있으며, 그중 북위 20°~40°의 냉·온대 기후 지역, 평야나 해안 지역의 인구 밀도가 높다. 적도 부근이나 극지방은 인구 밀도가 낮다. ④ 대륙별로 보면 아시아, 유럽의 인구 밀도가 높다.

02 지도의 A는 서부 유럽, B는 아프리카 중부 지역, C는 동남 및 남부 아시아, D는 미국 북동부 지역이다. (가)는 혼합 농업과 산업이 발달한 서부 유럽, (나)는 벼농사가 발달하여 인구 밀도가 높은 동남 및 남부 아시아에 해당한다.

03 사하라 사막, 캐나다 북부, 아마존강 유역은 자연적 요인으로 인구가 희박하다는 공통점이 있다. 사하라 사막은 건조 기후 지역으로 농업 활동에 불리하고 물이 부족하여 인구가 희박하다. 캐나다 북부는 한대 기후 지역으로 기온이 낮아 인구가 희박하다. 아마존강 유역은 연중 덥고 습한 기후가 나타나 열대 우림이 우거져 인구가 희박하다.

04 오늘날 우리나라는 수도권과 대도시, 공업 도시를 중심으로 인구가 밀집해 있는 반면, 촌락 지역과 산지 지역은 인구가 정체하거나 감소하고 있다. ⑤ 인구 밀도는 지역의 인구 밀집 정도를 뜻하므로 면적 대비 인구수에 따라 달라지며, 인구수와 반드시 비례하는 것은 아니다.

05 (가)는 국제 이동, 자발적 이동, 경제적 이동이므로 취업을 위해 미국으로 온 멕시코인의 이동(ㄷ)에 해당한다. (나)는 국제 이동, 강제적 이동, 정치적 이동이므로 내전으로 인해 난민촌으로 이동한 케냐인의 이동(ㄹ)에 해당한다.

06 오늘날 100만 명 이상의 대규모 인구 이동은 대부분 개발 도상국에서 선진국으로 향하고 있다. 이는 선진국의 높은 임금이나 풍부한 일자리, 쾌적한 환경 등이 흡인 요인으로 작용하기 때문이다. 또 일자리를 찾아 파키스탄 등 남부 아시아에서 사우디아라비아, 아랍 에미리트 등 서남아시아로 이동하는 인구가 많은데, 이들은 대체로 이슬람교를 믿고 있다. ① 아프리카 북동부에서는 내전이나 분쟁으로 인해 주변 이웃 국가로 이동하는 난민이 많이 발생하고 있다.

07 필리핀은 낮은 임금, 부족한 일자리 등의 배출 요인이 많아 인구가 유출되고 있다. 해외에서 일하는 이주민들이 고국으로 송금하는 외화가 늘어나면서 경제가 활성화되는 긍정적인 효과가 나타난다.

08 모로코의 많은 청장년층이 모로코보다 소득 수준이 높고 일자리도 풍부한 프랑스로 이동하고 있다. 프랑스에서는 인구 유입이 많아지면서 노동력이 풍부해져 경제가 활성화되고, 문화적 다양성이 증가하는 등의 긍정적인 변화가 나타난다. 그러나 크리스트교의 전통이 강한 프랑스인과 달리 이슬람교를 주로 믿는 모로코인들 사이에 문화적 차이로 인한 갈등이 발생하기도 한다.

09 제시된 '귀국선'은 1946년에 발표된 노래이다. 이 노래는 광복의 기쁨을 전하는 내용으로 일본, 미국, 중국 등으로 이주하였던 동포들이 귀국한 1945년 직후의 상황을 잘 보여 준다.

10 18세기 후반 산업 혁명 이후 의료 기술 및 생활 수준이 향상하여 평균 수명이 연장되고 영아 사망률이 감소하면서 세계 인구가 빠른 속도로 증가하기 시작하였다.

11 제시된 글의 낮은 초혼 연령, 힌두교, 남아 선호 사상 등을 통해 인도에 대한 설명임을 알 수 있다. 지도의 A는 프랑스, B는 나이지리아, C는 인도, D는 중국, E는 브라질이다.

12 지도를 보면 아프리카 대륙에 합계 출산율 4.0 이상의 국가가 많은 것을 알 수 있다. 이들 국가에서는 인구 증가에 따른 인구 부양 능력이 함께 성장하지 못해 기아와 빈곤 문제가 나타나고, 급격한 이촌 향도로 도시 과밀화 문제가 발생하고 있다. 따라서 인구 부양력을 높이기 위한 농업의 기계화, 산업화 정책 등이 시행되어야 하고, 농촌의 생활 환경을 개선하여 도시의 인구를 분산할 필요가 있다.

13 제시된 국가들은 출생아 수보다 사망자 수가 많아 인구의 자연 증가율이 마이너스를 나타내고 있다. 출산율을 높이기 위해서는 출산 장려 정책과 보육 시설 확대, 청년층의 고용 보장, 양성평등 문화의 확산, 사회 활동과 육아를 함께 할 수 있는 사회적 분위기를 만들어야 한다.

14 우리나라는 유소년층의 비율이 감소하고 노년층의 인구 비율이 증가하는 형태로 변화하고 있다. 이에 따라 초등학교, 산부인과 병원 등이 사라지고 있으며, 가구당 평균 자녀수가 감소하고 있다. 이러한 현상이 심화되면 총인구가 정체되거나 감소할 수 있다. 생산 가능 인구가 감소하는 문제를 해결하기 위해 외국인 근로자를 받아들이고 있다.

📝 서술형 문제

15 [예시 답안] 1940년에는 남서부 지역에 인구가 밀집했지만, 오늘날에는 수도권과 대도시, 공업 도시에 인구가 밀집하였다. 이는 1960년대 이후 산업화와 도시화가 진행되면서 도시에 일자리가 풍부하기 때문이다. 또 각종 문화 및 교육 시설이 도시

에 풍부하기 때문이다.

[평가 기준]

상	인구가 밀집한 지역을 쓰고, 그 이유를 두 가지 모두 바르게 서술한 경우
중	인구가 밀집한 지역을 쓰고, 그 이유를 한 가지만 바르게 서술한 경우
하	인구가 밀집한 지역만 쓴 경우

16 [예시 답안] (가) 국가에서는 생산 가능 인구 감소로 경제 성장이 둔화되고 노년층 부양 부담이 커지는 문제가 발생한다. (나) 국가에서는 기아와 빈곤 문제, 도시 과밀화 문제가 발생한다.

[평가 기준]

상	(가), (나) 국가의 인구 문제를 모두 바르게 서술한 경우
중	(가), (나) 국가의 인구 문제 중 한 가지만 바르게 서술한 경우
하	(가), (나) 국가의 인구 문제를 미흡하게 서술한 경우

실전모의고사(2회)

본문 6~8쪽

01 ④	**02** ②	**03** ⑤	**04** ④	**05** ④	**06** ⑤
07 ⑤	**08** ③	**09** ①	**10** ④	**11** 해설 참조	
12 해설 참조					

01 그래프의 A는 아시아, B는 오세아니아이다. 오늘날 세계 인구의 약 90%는 육지의 비율이 높은 북반구에 살고 있다. 그중 아시아와 아프리카 대륙에 전 세계 인구의 70%가 분포하며, 두 대륙의 인구 분포 집중 현상은 계속될 것으로 전망된다. ④ 2015년에 비해 2060년에는 인구가 지구상에 고르게 분포할 것으로 전망되지 않는다. 2060년에는 유럽, 라틴 아메리카, 앵글로아메리카의 인구 비율이 감소하고, 아시아와 아프리카 대륙의 인구 분포 집중 현상이 계속될 것으로 전망된다.

02 A는 서부 유럽 지역이다. 서부 유럽은 산업이 발달하여 일자리가 풍부하고 생활 환경이 편리하여 인구가 밀집한다.

오답 피하기
ㄴ. 고산 기후에 대한 설명이다.
ㄹ. 아시아의 계절풍 기후 지역에 대한 설명이다.

03 인구 분포는 기후, 지형, 식생 등의 자연적 요인과 산업, 교통, 문화 등의 인문·사회적 요인이 있다. 인문·사회적 요인으로 인한 인구 밀집 지역에는 미국 북동부 대서양 연안, 일본의 태평양 연안 등이 있다. 자연적 요인으로 인한 인구 희박 지역에는 알프스산맥, 캐나다 북부, 아마존강 유역 등이 있다.

04 지도의 A는 강원 산간 지역, B는 울산광역시를 가리킨다. 1960년대 이후 산업화가 진행되면서 인구 분포는 인문·사회적 요인의 영향을 크게 받았다. 산업이 발달하여 일자리가 풍

부한 도시 지역은 인구가 밀집하게 된 반면에 이촌 향도로 인구가 빠져나간 농어촌 지역과 산지 지역은 인구가 감소하여 인구 밀도가 낮아졌다.

05 (가)는 내전에 따른 난민의 이동으로, 정치적 이동에 해당한다. 오늘날 지구상에는 민족 탄압, 내전, 분쟁 등으로 난민의 발생이 많다. (나)는 일자리를 찾기 위한 경제적 이동으로, 비교적 소득이 낮고 고용 기회가 적은 개발 도상국에서 일자리가 많고 임금 수준이 높은 선진국으로 이동한다.

06 미국은 세계에서 인구 유입이 가장 활발한 국가이다. 특히 지리적으로 가까운 라틴 아메리카 출신의 이주민이 많으며, 아시아 출신 이주민도 증가하고 있다. 이들은 주로 낮은 임금을 받고 사람들이 힘들어하는 일에 종사해 왔는데, 최근 일자리 경쟁이 심화되면서 미국인들과의 갈등이 커지고 있다.

07 1990년대부터 취업이나 결혼을 하기 위해 중국과 동남아시아 등지에서 우리나라로 들어오는 외국인이 증가하였다. 외국인 근로자들은 내국인이 기피하는 힘든 업무 중 노동 집약적 업종에 종사하고 있다.

08 개발 도상국은 식량 생산량의 증가와 의학 발달로 사망률이 감소하였으나, 출생률이 여전히 높아 인구가 지속적으로 증가하고 있다. 그러나 인구 부양력이 인구 증가에 미치지 못하기 때문에 빈곤과 기아 문제를 겪고 있다. 또 남아 선호 사상이 있는 인도와 중국에서는 여자아이보다 남자아이의 출생률이 높게 나타나는 성비 불균형 문제가 나타난다.

09 그래프를 보면 해당국의 유소년층 비율은 감소하고, 노년층 비율은 증가하는 것을 알 수 있다. 이는 선진국에서 주로 나타나는 경향으로, 출생률 감소와 평균 수명의 연장으로 사망률이 감소하였기 때문이다. 생산 가능 인구가 감소하면 노동력 부족 문제가 발생하고 경제 성장이 둔화된다. 또 장기적으로 인구가 정체되거나 감소할 수 있다.

오답 피하기
ㄷ. 중위 연령이 높아지고 있다.
ㄹ. 개발 도상국에서 나타날 수 있는 문제이다.

10 (가)를 통해 저출산 현상, (나)를 통해 고령화 현상을 알 수 있다. 저출산 현상을 해결하기 위해서는 출산 장려 정책과 보육 시설 확대, 청년층의 고용 안정, 일과 육아를 병행할 수 있는 사회적 분위기 확대 등의 노력이 필요하다. 고령화 현상을 해결하기 위해서는 노인의 재취업 기회 제공, 정년 연장 등의 대책이 필요하다.

✎ **서술형 문제**

11 [예시 답안] ㉠은 이슬람교이다. 서부 유럽에서는 이주민과 현지인 간의 문화적 차이로 갈등이 발생한다. 또 경제 불황일 때 이주민과 현지인 간의 일자리 경쟁이 심화된다.

12 [예시 답안] 두 국가의 공통적인 인구 문제는 저출산 문제이다. 표와 같은 대책을 도입한 이유는 저출산 현상이 계속되면 인구가 감소하여 노동력이 감소하고 경제 성장이 둔화되기 때문이다. 또 장기적으로 청장년층 비율이 감소하고 노인 인구 부양 부담이 증가하기 때문이다.

[평가 기준]

상	저출산 문제라 쓰고, 대책 도입 이유를 두 가지 모두 바르게 서술한 경우
중	저출산 문제라 쓰고, 대책 도입 이유를 한 가지만 바르게 서술한 경우
하	저출산 문제라고만 쓴 경우

Ⅷ. 사람이 만든 삶터, 도시

실전모의고사(1회)

본문 9~12쪽

01 ②	02 ⑤	03 ②	04 ③	05 ⑤	06 ③
07 ①	08 ②	09 ②	10 ③	11 ④	12 ③
13 ②	14 ⑤	15 ②	16 ④	17 해설 참조	
18 해설 참조					

01 제시문은 도시에 대한 설명이다. 도시는 각종 업무나 상업 기능이 발달하여 정치·경제·사회·문화의 중심지를 형성한다.

오답 피하기

ㄴ. 주민들의 직업군이 매우 다양하게 나타난다.

ㄷ. 비교적 좁은 공간에 많은 사람이 모여 살기 때문에 토지 이용이 집약적으로 이루어진다.

02 20세기 이후 현대의 도시는 공업과 첨단 산업, 서비스업, 교육 문화 등의 여러 기능을 수행하는 도시가 발달하였다.

03 (가)는 아이슬란드의 레이캬비크, (나)는 페루의 쿠스코에 대한 설명이다.

오답 피하기

B. 이집트의 카이로이다.

C. 캐나다의 밴쿠버이다.

04 사진은 프라이부르크(독일)의 모습이다. 이 도시는 세계의 환경 수도로 불릴 만큼 친환경 에너지의 사용이 많은 생태 도시로 유명하다.

05 건축가 가우디가 설계한 사그라다 파밀리아 성당은 바르셀로나(에스파냐)의 랜드마크이다. 그리스 아테네의 랜드마크에는 아크로폴리스 파르테논 신전 등이 있다.

06 지역에 따라 접근성이 다르고 이에 따라 지가가 달라지기 때문에 도심은 상업, 업무 기능이 강하지만 주변 지역으로 갈수록 주거 기능이 강해진다.

07 지가는 도심, 부도심 순으로 높게 나타나며 주변 지역으로 갈수록 대체로 낮아진다. A는 도심으로 중심 업무 지구가 형성된다.

오답 피하기

ㄷ, ㄹ. 주거 기능이 발달한 지역에서 높게 나타나는 지표이다.

08 (가)는 고층 건물이 밀집되어 있는 도심이고, (나)는 아파트가 들어서 있는 주거 지역이다. 도심은 다양한 업무 기능과 상업 기능 등이 밀집해 있기 때문에 낮 동안 많은 사람으로 북적인다.

09 모식도에서 A는 도심, B는 부도심, C는 중간 지역, D는 주변 지역, E는 위성 도시이다. 도심과 주변 지역 사이의 교통이 편리한 지역에는 도심의 기능을 분담하는 부도심이 형성된다.

① 주변 지역(D)에 대한 설명이다.
③, ⑤ 도심(A)에 대한 설명이다.
④ 위성 도시(E)에 대한 설명이다.

10 사진은 서울시 금천구에 위치한 첨단 산업 단지이다. 과거 경공업이 주로 이루어진 지역이었으나 최근에는 제조업, 지식 산업 및 정보 통신 산업 등의 기업과 기업 지원 시설이 복합적으로 입주한 건물이 많다.

11 도시화율의 성장세가 급격하게 나타나는 단계는 가속화 단계이다. 종착 단계에서는 도시화율의 성장세가 둔화된다.

12 도시화의 정도는 지역별로 차이가 크다. 북아메리카는 선진국이 대부분으로 여러 대륙 중에서 도시화율이 가장 높다. 선진국이 주로 분포하는 유럽과 오세아니아 역시 도시화율이 높다. 반면, 개발 도상국이 많은 아프리카와 아시아는 도시화율이 낮다.

② 미국은 도시화율이 완만하게 증가하였다.
⑤ 중국은 도시화율이 미국에 비해 급속하게 증가하였다.

13 그래프는 벨기에, 대한민국, 인도네시아의 도시화 곡선을 나타낸 것이다. 세 국가는 경제 발전의 수준과 속도 등이 각각 다른 국가들이다. 그래프에서 벨기에는 20세기 중반 이후 종착 단계에 도달한 A이고, 인도네시아는 과도시화가 나타나는 C이다. 1970년대부터 도시화율이 급격하게 상승한 B는 대한민국이다.

14 (가)는 선진국, (나)는 개발 도상국의 국가들이다. 선진국에 비해 단기간에 도시화가 진행된 개발 도상국의 도시는 인구 급증과 기반 시설 및 공공 서비스 미비, 주택 부족 및 불량 주거 지역의 확대, 환경 문제, 높은 실업률과 범죄율 등의 문제를 겪고 있다.

15 (가)는 오스트리아의 빈, (나)는 캐나다의 밴쿠버가 살기 좋은 도시로 알려지게 된 이유를 설명하고 있다.

16 제시된 사진은 브라질의 생태 도시 쿠리치바의 원통형 버스 정류장의 모습이다. 쿠리치바는 굴절 버스, 원통형 버스 정류장, 버스 전용 차선 등을 도입하여 시민들의 대중교통 이용률을 높여 교통 문제를 해소하였다.

✍️ **서술형 문제**

17 [예시 답안] 주간 인구가 많은 지역은 도심으로, 중심 업무 기능과 상업 기능이 밀집한다. 야간 인구가 많은 지역은 주거 기능이 발달한 지역이다.

[평가 기준]

상	주간 인구가 많은 지역과 야간 인구가 많은 지역의 특징을 모두 바르게 쓴 경우
중	주간 인구가 많은 지역 또는 야간 인구가 많은 지역의 특징 중 한 가지만 바르게 쓴 경우
하	주간 인구가 많은 지역, 야간 인구가 많은 지역의 특징을 서술하였으나 미흡한 경우

18 [예시 답안] 급격하게 도시화가 이루어진 리우데자네이루는 도시의 인구 수용 능력 이상의 인구가 유입되었기 때문에 주택과 각종 시설 및 일자리 부족, 열악한 위생, 환경 오염 등의 문제가 발생한다. 디트로이트는 제조업의 쇠퇴로 실업률이 상승하면서 인구가 감소하였고, 이에 따라 각종 시설이 노후화되고 도시의 활력이 저하되는 문제가 발생하였다.

[평가 기준]

상	브라질 리우데자네이루와 미국 디트로이트의 도시 문제와 그 도시 문제가 나타나는 이유를 모두 바르게 서술한 경우
중	브라질 리우데자네이루와 미국 디트로이트의 도시 문제를 쓰고, 그 도시 문제가 나타나는 이유를 한 군데만 바르게 서술한 경우
하	브라질 리우데자네이루의 도시 문제만 쓰거나 또는 미국 디트로이트의 도시 문제만 쓴 경우

실전모의고사(2회)

본문 13~15쪽

01 ②	02 ④	03 ③	04 ③	05 ④	06 ③
07 ⑤	08 ③	09 ④	10 ⑤	11 ③	12 ④
13 해설 참조		14 해설 참조			

01 좁은 공간에 많은 사람이 모여 사는 도시는 촌락에 비해 인구 밀도가 매우 높게 나타난다. 또한 생활 편의 시설과 각종 기능이 집중되어 있다.

02 도시의 기준은 나라마다 다르며, 일반적으로 인구를 기준으로 도시와 촌락을 구분한다. 세계화가 진행될수록 세계 주요 도시 간의 상호 작용이 더욱 강해지고 있다.

03 ㉠은 유럽 대륙에 위치한 세계 도시로, 런던(영국)이 해당한다. ㉡은 아시아 대륙에 위치한 역사·문화 도시로, 시안(중국)에 해당한다.

뉴욕은 북아메리카 대륙에 위치한 세계 도시, 도쿄는 아시아 대륙에 위치한 세계 도시이다. 로마, 아테네는 유럽에 위치한 역사·문화 도시에 해당한다.

04 기독교, 유대교, 이슬람교의 성지에 해당하는 도시는 예

루살렘(이스라엘)이다. 중국의 경제 특구로 지정되어 해외 기업이 활발한 도시에는 상하이 등이 있다.

05 제시문은 도시 내부의 지역 분화에 대한 설명이다. ④ 지대 지불 능력이 낮은 공업 기능은 상대적으로 지가가 저렴한 도시의 주변 지역에 위치한다.

06 (가)는 주변 지역, (나)는 도심에 대한 설명이다. 모식도의 A는 도심, B는 부도심, C는 주변 지역, D는 개발 제한 구역에 해당한다.

07 그래프는 도심의 인구 공동화 현상을 나타낸다. 인구 공동화 현상은 도심에서 주거 기능이 약화되면서 나타나는 현상으로 낮과 밤의 인구 밀도 차이가 크게 나타나는 것이다. ⑤ 도심은 다양한 업무 기능과 상업 기능이 밀집해있기 때문에 출근 시간대에 유입 인구가 많다.

08 일부 대도시에서는 도시의 무질서한 팽창을 막고 녹지 공간을 확보하기 위해 개발 제한 구역(green belt)을 설정하고 있다.

09 그래프의 A는 선진국형, B는 개발 도상국형의 도시화 과정을 나타낸다. 선진국은 도시화가 점진적으로 진행되어 현재는 거의 종착 단계에 이르렀다. 반면, 개발 도상국은 도시화가 짧은 시간 안에 급속도로 진행되어 현재는 가속화 단계에 해당한다. ④ 개발 도상국에서 주로 수위 도시로 많은 인구가 집중하는 현상이 나타난다.

10 브라질의 리우데자네이루에는 급격한 도시화로 인하여 슬럼이 형성되어 있다. 이곳은 기반 시설 부족, 위생과 환경 불량 등의 문제가 발생한다. ⑤ 주로 도시화의 역사가 긴 선진국에서 나타나는 도시 문제이다.

11 에스파냐의 빌바오는 과거 철강 산업이 발달한 공업 도시였으나, 산업의 쇠퇴로 지역 경제가 어려워졌다.

12 제시된 내용은 순천에 관한 것이다. 지도의 A는 서울, B는 강릉, C는 태안, D는 순천, E는 부산이다.

✎ 서술형 문제

13 [예시 답안] ㉠에 들어갈 말은 과도시화이다. 인도 뭄바이는 인구 수용 능력 이상으로 인구가 급격하게 늘어나 도시의 기반 시설 부족 문제, 열악한 위생, 환경 오염 등의 문제가 발생한다.

[평가 기준]

상	과도시화라 쓰고, 뭄바이에서 나타나는 도시 문제를 두 가지 모두 바르게 서술한 경우
중	과도시화라 쓰고, 뭄바이에서 나타나는 도시 문제를 한 가지만 바르게 서술한 경우
하	과도시화라고만 쓴 경우

14 [예시 답안] 세계적으로 살기 좋은 도시로 꼽히는 곳은 전쟁과 범죄의 위험이 낮아 안전하고, 녹지 공간이 많아 환경이 깨끗하다는 공통점이 있다. 또한 일자리가 풍부하고, 문화 및 의료 시설 등과 함께 각종 도시 기반 시설을 잘 갖추고 있어 시민들이 편리하고 행복한 생활을 누릴 수 있다.

[평가 기준]

상	삶의 질이 높은 도시의 조건을 세 가지 모두 바르게 서술한 경우
중	삶의 질이 높은 도시의 조건을 두 가지 바르게 서술한 경우
하	삶의 질이 높은 도시의 조건을 한 가지만 바르게 서술한 경우

IX. 글로벌 경제 활동과 지역 변화

실전모의고사(1회)

01 ⑤	02 ③	03 ②	04 ①	05 ④	06 ④
07 ③	08 ③	09 ④	10 ③	11 ⑤	12 ②
13 ②	14 ①	15 해설 참조		16 해설 참조	

01 (가)는 상업적 농업이며 시장에 판매할 목적으로 기계를 활용하여 대규모로 상품 작물을 재배하거나 가축을 기른다. (나)는 자급적 농업으로 생산자 스스로가 소비하기 위해 주로 인력을 활용하여 소규모로 작물을 재배하거나 가축을 기른다. 상업적 농업은 세계화와 함께 발달하여 농산물의 국제 이동량이 상대적으로 많다.

02 커피는 플랜테이션 방식으로 주로 재배되는데, 생산량 상위 4개국은 열대 기후 지역의 개발 도상국이다. 수입량 상위 4개국은 경제 발전 수준이 높은 선진국이다.

03 농업의 기업화와 세계화, 상업적 농업의 발전으로 인해 외국산 농산물을 손쉽게 접할 수 있게 되었다. 하지만 최근에는 수입 농산물의 안전성에 여러 의문이 제기되면서 로컬 푸드에 대한 관심도 증가하고 있다.

04 농업 생산의 세계화 및 기업화는 농산물의 생산 지역과 소비 지역에 많은 변화를 가져왔다. 상품성이 높은 작물(원예 작물, 기호 작물 등)을 대규모로 재배하면서 식량 작물의 재배 면적이 감소하고 있다. 또한 육류 소비가 증가하면서 콩, 옥수수 등의 사료 작물 재배 면적도 점차 확대되고 있다. ① 바나나는 대표적인 상품 작물이자 기호 작물이며, 플랜테이션 농업의 산물이다.

05 다국적 기업은 교통 및 통신의 발달로 국가 간 교류가 증가하고 세계 무역 기구(WTO)의 등장과 함께 자유 무역 협정이 확대되면서 성장하였다.

06 (가)는 본사가 선진국에 있고 생산 공장이 개발 도상국에 있는 경우로, 저렴한 임금과 원료 확보를 목적으로 독일의 운동화 생산 업체가 인도네시아에서 공장을 가동하고 있다. (나)는 본사가 선진국에 있고 생산 공장이 선진국에 있는 경우로, 판매 시장 확보를 목적으로 미국의 자동차 업체가 한국에 생산 공장을 가동하고 있다. (다)는 생산 공장이 선진국에 있는 경우로, 새로운 시장 개척 및 무역 장벽 극복을 목적으로 한국의 자동차 업체가 미국에 공장을 설립하였다.

07 생산 공장이 철수하게 되면 실업자가 증가하여 지역 경제가 침체되고 인구 유출이 심해진다. 또한 산업 공동화 현상이 나타나게 된다.

08 다국적 기업의 성장 1단계는 단일 공장이 위치한 지역에서 기업이 성장한다. 2단계는 국내에서 영업 지점과 생산 공장을 확대하고, 3단계는 해외에 영업 대리점을 설치하여 제품 판매 시장을 확대한다. 4단계는 본사, 생산 공장, 영업 대리점 등이 여러 국가에 입지하며 통합적인 기업 조직망을 구축한다.

09 멕시코는 많은 인구로 인한 거대한 내수 시장과 낮은 노동 임금 및 지가로 생산 공장 입지에 좋은 조건을 갖추고 있다. 또한 멕시코와 북미 간 무관세 협정인 북미 자유 무역 협정(NAFTA), 멕시코와 브라질, 아르헨티나 등 중남미 주요국 간 자유 무역 협정(FTA)으로 무역 장벽을 극복하는 데 이점이 있어 생산 공장의 입지로 각광받고 있다.

10 소비자 서비스업은 일반 소비자에게 제공하는 것으로 음식업, 숙박업, 소매업 등이 있다. 생산자 서비스업은 기업 활동에 도움을 주는 것으로 금융, 법률, 광고, 시장 조사 등이 있다.

11 교통과 통신의 발달로 시·공간의 제약이 없어지면서 콜센터를 포함해 데이터 입력, 소프트웨어 개발 등 기업 활동에 수행되는 각종 업무들을 전문적으로 대신 처리해 주는 BPO 산업이 비용 절감, 업무 효율성을 높이기 위해 개발 도상국으로 분산되고 있다. 특히 필리핀이나 인도의 경우 임금 수준이 낮으며 영어를 구사하고 선진국과 적절한 시차 간격이 있기 때문에 다국적 기업의 BPO 산업이 집중되고 있다.

12 전자 상거래가 발달하면서 소비자가 직접 찾아가 구매하는 오프라인 매장은 줄어들게 되었다. 또한 온라인 시장이 발달하면서 동네에 있던 오프라인 매장들은 폐점을 하는 경우가 많아졌다.

13 산업 구조는 대체로 경제가 발전하면서 1차 산업 중심에서 2차 산업 중심으로 변화하며, 이는 토지와 노동력을 생산 요소로 하는 농업 중심 사회(A)에서 자본과 노동력을 생산 요소로 하는 공업 중심 사회(B)로의 변화를 의미한다. 이후 지식과 정보를 주요 생산 요소로 하는 서비스업의 성장으로 2차 산업의 비중이 감소하고 3차 산업의 비중이 증가하면서 탈공업화 사회(C)로 전환된다.

14 공정 여행은 관광 지역의 환경에 미치는 영향을 최소화하고, 현지 주민에게 더 많은 혜택이 돌아가게 하며, 현지의 문화를 존중하는 여행을 추구한다.

📝 서술형 문제

15 [예시 답안] ㉠에 해당하는 곡물은 쌀이다. 대부분의 주요 곡물을 수입에 의존하는 상황이 지속되면 우리나라는 국제 곡

시장의 작은 변화에도 쉽게 흔들리며 경제에 영향을 받을 수 있고, 기후 변화 등으로 곡물 생산에 차질이 생겼을 때 곡물 파동이 발생하여 식량 부족 위기에 직면할 수 있다. 또한 곡물의 수출국이나 수출 기업에 의해 압력을 받거나 통제를 당하는 식량 무기화의 위험에 노출될 수 있다.

[평가 기준]

상	㉠에 들어갈 알맞은 말을 쓰고, 농업의 기업화와 세계화에 따른 농산물 소비 지역의 부정적 변화에 대해 세 가지 모두 바르게 서술한 경우
중	• ㉠에 들어갈 알맞은 말을 쓰고, 농업의 기업화와 세계화에 따른 농산물 소비 지역의 부정적 변화에 대해 두 가지만 바르게 서술한 경우 • ㉠에 들어갈 알맞은 말을 쓰지는 못했으나, 농업의 기업화와 세계화에 따른 농산물 소비 지역의 부정적 변화에 대해서 세 가지 바르게 서술한 경우
하	㉠에 들어갈 알맞은 말만 쓰거나, 농업의 기업화와 세계화에 따른 농산물 소비 지역의 부정적 변화에 대해 한 가지만 서술한 경우

16 [예시 답안] ㉠에 들어갈 말은 저임금이다. 생산 공장이 빠져나간 지역에서는 실업률이 증가하며 지역 경제가 침체되고 산업 공동화 현상이 발생할 수 있다.

[평가 기준]

상	㉠에 들어갈 알맞은 말을 쓰고, 생산 공장이 유출된 지역에서 나타날 수 있는 문제점을 두 가지 모두 바르게 서술한 경우
중	• ㉠에 들어갈 알맞은 말을 쓰고, 생산 공장이 유출된 지역에서 나타날 수 있는 문제점을 한 가지만 서술한 경우 • ㉠에 들어갈 알맞은 말을 쓰지는 못했으나, 생산 공장이 유출된 지역에서 나타날 수 있는 문제점을 두 가지 바르게 서술한 경우
하	㉠에 들어갈 알맞은 말만 쓰거나, 생산 공장이 유출된 지역에서 나타날 수 있는 문제점을 한 가지만 서술한 경우

실전모의고사(2회)

본문 20~22쪽

01 ③　　**02** ⑤　　**03** ①　　**04** ⑤　　**05** ③　　**06** ③
07 ①　　**08** ⑤　　**09** ④　　**10** ③　　**11** 해설 참조
12 해설 참조

01 (가)는 기계화율이 낮고 자급적 성격이 강한 곡물 중심의 농업인 자급적 농업이다. (나)는 곡물보다 상품 작물을 주로 재배하고 열대 기후에서 원주민의 값싼 노동력을 활용하는 플랜테이션 농업이다. 플랜테이션 농업은 열대 및 아열대 기후 지역에서 선진국의 자본과 기술, 원주민의 값싼 노동력을 바탕으로 커피, 차, 카카오 등 기호 작물이나 천연고무, 목화 등과 같은 공업 원료가 되는 작물을 재배하는 경작 방식을 말한다.

02 농업의 기업화와 세계화, 상업적 농업의 발전으로 인해 다양한 외국산 농산물을 손쉽게 접할 수 있게 되었다. 하지만 식량 자급률이 낮아지면서 곡물의 국제 가격 변동에 큰 영향을 받게 되고, 애그플레이션이나 식량 무기화의 위험에 쉽게 노출될 수 있다.

03 로컬 푸드는 동일 지역에서 생산·소비되는 농산물로, 장거리 운송을 거치지 않은 것이다. 흔히 반경 50km 이내에서 생산된 농산물을 지칭한다.

04 브라질의 열대 우림 지대인 아마존은 지구 산소의 1/5 이상을 만들어 내고, 탄소를 연간 약 10억 톤이나 흡수하여 '지구의 허파'라고 불리던 지역이었다. 그러나 최근 농업의 세계화와 상업적 농업이 발달하면서 상품 작물의 재배를 위해 불법적인 방화로 많은 숲이 목초지로 개간되었고, 지난 10년간 27억 톤에 달하는 이산화 탄소가 초과 배출되어 더 이상 지구의 허파라고 불리기 어려운 모습이다.

05 다국적 기업의 본사는 의사 결정에 필요한 다양한 정보와 자본을 확보하는 데 유리한 지역에, 생산 공장은 지가와 노동 임금이 저렴하여 생산 비용을 낮출 수 있는 지역에 입지한다.

06 다국적 기업이 진출 지역에 미치는 긍정적 영향으로는 고용 창출 효과 증대, 지역 경제 활성화, 기술 및 경영 기법의 습득 등이 있다. 반면, 부정적 영향으로는 해외 경제 의존도 심화, 산업 경쟁력 및 자생력 약화 등이 있다. ③ 산업 공동화 현상은 다국적 기업이 유출되는 지역에서 발생하는 부정적인 영향이다.

07 교통과 정보·통신의 발달로 인해 국가 간 교류가 활발해지고 전 세계를 대상으로 한 상품 판매 및 서비스 제공이 가능해졌다. 이러한 변화는 다국적 기업의 성장으로 이어졌다. 다국적 기업은 기업의 의사 결정, 연구·개발(R&D), 판매, 생산 기능 등을 전 세계 규모로 분업화하여 공간적으로 적합한 지역에 입지시키고 있다.

08 서비스업의 세계화로 인해 의료, 광고, 금융, 문화 산업 등 전문화된 서비스업은 접근성이 좋고 정보가 풍부한 선진국 지역으로 공간적 집중을 하는 반면, 콜센터나 단순 온라인 서비스 관리 같은 업무는 비용 절감, 업무 효율성을 높이기 위해 개발 도상국으로 공간적 분산이 일어나고 있다.

09 전자 상거래 방식은 교통과 정보·통신의 발달로 경제 활동의 시·공간적 제약이 감소하였기에 발달할 수 있었다. 전자 상거래 방식은 시·공간적 제약의 감소로 유통 단계가 간소화된 특징이 있다.

10 (가)는 기존의 대중 여행, (나)는 공정 여행에 해당한다. 공정 여행은 대중 여행에 비해 고유문화 보전 정도가 좋으며, 환경에 미치는 영향이 적고, 지역 주민에게 돌아가는 이익이 많다.

11 [예시 답안] 농업의 세계화에 대한 대안으로 등장한 로컬 푸드 운동이다. 수입 농산물들의 안전성 문제가 대두되면서 동일 지역에서 생산·소비되는 농산물로, 장거리 운송을 거치지 않은 안전한 먹을거리에 대한 소비를 권장한다.

[평가 기준]

상	로컬 푸드 운동의 의미와 방법에 대해 정확하게 서술한 경우
중	로컬 푸드 운동에 대해 서술한 경우
하	로컬 푸드 운동에 대해 파악하지 못한 채 서술한 경우

12 [예시 답안] ㉠에 들어갈 말은 전자 상거래이다. 전자 상거래는 전통적 방식의 상거래와는 달리 시간과 공간의 제약을 받지 않기 때문에 소비자는 언제, 어디서나 원하는 물건을 구매할 수 있다. 또한, 해외 상점도 쉽게 접속할 수 있어 소비 활동의 범위가 전 세계로 확대되었다.

[평가 기준]

상	㉠에 들어갈 알맞은 말을 쓰고, 전자 상거래의 장점을 두 가지 모두 바르게 서술한 경우
중	• ㉠에 들어갈 말을 쓰고, 전자 상거래의 장점을 한 가지만 바르게 서술한 경우 • ㉠에 들어갈 말을 쓰지는 못했으나, 전자 상거래의 장점을 두 가지 모두 바르게 서술한 경우
하	㉠에 들어갈 알맞은 말만 쓴 경우

X. 환경 문제와 지속 가능한 환경

실전모의고사(1회)

본문 23~25쪽

01 ③	**02** ④	**03** ④	**04** ②	**05** ⑤	**06** ①
07 ③	**08** ⑤	**09** ④	**10** ③	**11** 해설 참조	
12 해설 참조					

01 기후 변화에 의한 해수면 상승으로 침수의 위험에 있는 대표적인 지역으로는 투발루, 키리바시, 몰디브, 베네치아 등이 있다.

02 지구의 평균 기온이 1℃ 상승하면 10%의 육상 생물이 멸종 위기에 처하고, 약 30만 명의 인류가 기후 변화로 인해 사망하는 등 큰 변화가 발생한다.

03 지구 온난화는 빈번한 집중 호우와 홍수, 초대형 태풍, 사막화 등 이상 기후에 의한 자연재해를 유발한다.

04 (가)는 교토 의정서(1997), (나)는 파리 협정(2015)이다. 파리 협정은 교토 의정서를 보완하는 성격이 강하고 개발 도상국, NGO 등 다양한 행위자의 참가를 독려하며 행위자의 범위가 확대되었다. 대응에서도 다양한 방법을 통해 지구 온난화 약화를 목표로 하고 있다. 또한 강제적인 방법이 아닌 자발적인 실천을 추구하고 있다.

05 ⑤ 방사능 유출은 원자력 발전소에 의한 피해이다.

06 유전자 재조합 식품의 안전성 문제는 대표적인 반대 입장의 의견이다.

07 전자 쓰레기는 주로 선진국에서 개발 도상국으로 이동하는 양상을 보이며, 개발 도상국은 금속 자원을 채취하고 경제적 이익을 얻기 위해 전자 쓰레기를 선진국으로부터 수입하고 있다.

08 미세 먼지가 발생하는 자연적 요인으로는 흙먼지, 식물 꽃가루 등이 있으며, 우리나라는 편서풍 지대에 있기 때문에 서쪽에 위치한 중국의 영향을 많이 받는다.

오답 피하기
미세 먼지 발생의 인위적 요인에는 화석 연료 연소 시 생기는 매연, 자동차 배기가스, 건설 현장의 날림 먼지, 소각장 연기 등이 있다.

09 제시된 자료는 푸드 마일리지에 대한 것이다.

10 국립 공원 케이블카 설치와 관련된 논란에서 찬성 입장은 신체적 약자의 관광 가능, 관광 소득 증가로 지역 경제 활성화,

등산객 분산으로 인한 등산로 훼손 감소 등을 이야기하고, 반대 입장은 생태계와 자연 경관 파괴, 무분별한 개발 유발, 설치 지역 주변에만 분배되는 이익 등을 이야기한다.

서술형 문제

11 [예시 답안] 제품 생산 과정에서 대량의 오염 물질을 배출하거나, 폐기물 처리 과정에서 환경 문제를 일으키는 환경 문제 유발 산업은 환경 문제에 대한 사회적 인식이 높아지고 환경에 대한 규제가 심해지는 선진국을 떠나 사회적 인식이 낮고 규제가 약한 개발 도상국으로 이전되고 있다.

[평가 기준]

상	제시어를 모두 활용하여 환경 문제 유발 산업이 선진국에서 개발 도상국으로 이전되는 이유를 바르게 서술한 경우
중	제시어를 두 가지 활용하여 환경 문제 유발 산업이 선진국에서 개발 도상국으로 이전되는 이유를 바르게 서술한 경우
하	제시어를 한 가지만 활용하여 환경 문제 유발 산업이 선진국에서 개발 도상국으로 이전되는 이유를 서술한 경우

12 [예시 답안] 원자력 발전소 측에서는 원자력 발전의 장점에 대한 의견을 제시할 것이다. 원자력 발전은 친환경적인 에너지로 발전하는 과정에서 온실가스 배출이 발생하지 않으며, 안전한 시스템과 안전 계획 속에서 운영되고 있다. 또한, 원자력은 매우 경제적인 에너지로 초기 건설 비용은 많이 들지만 발전 과정에서 원료 비용이 많이 발생하지 않는다.

[평가 기준]

상	원자력 발전의 장점 세 가지를 모두 바르게 서술한 경우
중	원자력 발전의 장점 두 가지를 바르게 서술한 경우
하	원자력 발전의 장점을 한 가지만 서술한 경우

실전모의고사(2회)

본문 26~28쪽

01 ②	02 ⑤	03 ③	04 ②	05 ③	06 ①
07 ①	08 ④	09 ①	10 ②	11 해설 참조	
12 해설 참조					

01 일상생활에서 우리가 실천할 수 있는 환경 보전 활동은 매우 다양하다. 저탄소 제품, 에너지 효율이 높은 제품을 사용하고 에어컨이나 온풍기 등 냉·난방기의 온도를 적절하게 설정하여 에너지를 절약하는 것도 환경 문제 해결에 도움이 된다. 또한 일회용품 사용을 자제하고 재활용품 분리 배출을 생활화하면 쓰레기 배출량을 줄일 수 있다.

02 온실 효과는 대기 중의 온실가스(이산화 탄소, 메탄, 아산화 질소 등)가 마치 온실의 유리 같은 역할을 하여 지구에서 복사되는 에너지가 지구 밖으로 방출되는 것을 방해하여 지구 표면의 온도가 높게 유지되는 현상이다.

03 지구 온난화가 지속된다면 지구의 평균 기온이 상승하며 빙하의 감소와 해수면 상승, 기상 이변 증가, 생태계 변화와 같은 기후 변화가 발생한다.

04 교토 의정서(1997)와 비교한 파리 협정(2015)의 특징은 교토 의정서를 보완하는 성격이 강하며 개발 도상국, NGO 등 다양한 행위자의 참가를 독려하고 그 범위가 확대되었다는 것이다. 또한 종료 시점을 두지 않아 지속적인 대응을 추구했다는 것이 있다.

05 바젤 협약은 1989년 스위스 바젤에서 체결되었으며, 유해 폐기물이 국가 간 이동을 할 때 교역국은 물론 경유국에까지 사전 통보 등의 조치를 취하여 유해 폐기물의 불법적인 이동을 감소시키는 것을 목적으로 한다. 대부분의 환경 관련 국제 협약이 선진국의 주도로 이루어지는 것과 달리 바젤 협약은 아프리카 등의 개발 도상국들이 주도하고 있는데, 이는 개발 도상국이 선진국의 폐기물 처리장이 되어서는 안 된다는 위기의식이 발동하였기 때문이다.

06 선진국에서 개발 도상국으로의 농업 이전으로 인해 선진국은 환경 문제가 감소하여 쾌적한 환경이 조성되지만 일자리가 줄어들고, 개발 도상국은 지역 경제가 활성화되지만 여러 환경 문제가 발생하는 변화가 생긴다. ① 산업 공동화 현상은 화훼 산업이 유출되는 지역에서 발생하는 일자리 감소와 같은 부정적인 영향이다.

07 환경 문제 유발 산업은 주로 선진국에서 개발 도상국으로 이동하는 양상을 보이며, 개발 도상국은 환경 오염에 대해 상대적으로 느슨한 규제와 인식, 환경보다 경제 성장을 우선시하는 정책으로 인해 선진국의 환경 문제 유발 산업을 유치한다.

08 세계적 차원의 환경 이슈 사례로는 기후 변화 문제, 아마존 열대 우림 개발 등을 들 수 있고, 국가 및 지역적 차원의 환경 이슈 사례로는 원자력 발전소 건설, 쓰레기 소각장 건설, 갯벌 간척, 국립 공원 케이블카 설치 등을 들 수 있다.

09 유전자 재조합 식품은 유전자를 인위적으로 결합시켜 새로운 특성의 품종을 개발하는 유전자 변형을 가한 식품을 말한다.

10 제시된 그림은 미세 먼지에 대한 안전 수칙을 나타낸 것이다. ② 방음벽 설치는 환경 문제 중 소음 문제의 대책이다.

서술형 문제

11 [예시 답안] ㉠에 들어갈 말은 기후 변화(또는 지구 온난화, 해수면 상승)이다. 이러한 현상에 대응하기 위해서는 대중교통이나 자전거를 주로 이용하여 온실가스 배출을 줄이고, 종이컵이나 나무젓가락과 같은 일회용품의 사용을 줄이려고 노력해야 한다.

12 [예시 답안] 환경 문제에 대해 입장에 따라 원인 진단과 해결 방안이 다르므로 집단 간에 서로 다른 의견을 검토하고 대안을 협의하는 토의 과정이 필요하다.

XI. 세계 속의 우리나라

실전모의고사(1회)

본문 29~31쪽

01 ⑤	**02** ③	**03** ①	**04** ⑤	**05** ⑤	**06** ⑤
07 ⑤	**08** ⑤	**09** ⑤	**10** ①	**11** 해설 참조	
12 해설 참조					

01 ㉠은 영토, ㉡은 영해, ㉢은 영공, ㉣은 배타적 경제 수역, ㉤은 공해이다. 배타적 경제 수역에서는 연안국이 아닌 다른 나라의 선박·항공기도 특별한 허가 없이 운항할 수 있다. 공해에서의 어업 활동은 자유롭고 연안국의 허가가 필요하지 않다.

02 대부분의 동해안은 통상 기선을 적용해 영해를 설정하였다. 다만 화암추-범월갑 구간, 달만갑-호미곶 구간은 직선 기선을 적용하였다.

03 노트는 조경 수역, 해양 심층수, 메탄 하이드레이트 등 독도의 경제적 가치에 대해 정리한 것이다.

04 삼국접양지도(1785)에는 울릉도와 독도가 한반도와 같은 노란 색으로 채색되어 있고 울릉도와 독도 옆에 '조선의 것'이라고 명백히 기록되어 있어, 울릉도와 독도가 조선의 영토임이 정확히 표기되어 있다.

05 그림은 네덜란드의 수도 암스테르담의 지역 브랜드이다. ㄷ. 'I amsterdam' 글자 조형물은 랜드마크가 되었다. 스키폴 공항, 암스테르담 국립 미술관 앞 광장 등에 전시된 'I amsterdam' 조형물은 수많은 관광객들이 찾아오는 랜드마크이자 포토존이었으나, 오버투어리즘(수용 가능한 범위를 넘어서는 관광객이 관광지에 몰려들면서 관광객이 도시를 점령하고 주민들의 삶을 침범하며 지역성을 훼손하는 현상) 논란으로 암스테르담 국립미술관 앞의 조형물은 철거되어 암스테르담 외곽 지역으로 이동하였다. ㄹ. 프랑스 리옹, 니스, 러시아의 모스크바, 우크라이나 오데사, 소말리아 바라웨 등 수많은 도시들이 'I amsterdam' 지역 브랜드를 모방하였다.

오답 피하기
ㄱ. 전 세계 지역 브랜드의 시초는 뉴욕의 'I♥NY'이다.
ㄴ. 암스테르담은 네덜란드의 수도이다. 벨기에의 수도는 브뤼셀이다.

06 제시된 사진은 꼬막으로, '보성 벌교 꼬막'은 지리적 표시제에 등록되어 있다. 지도의 A는 당진, B는 보령, C는 부안, D는 영광, E는 보성이다.

07 (가)는 부산이다. 부산 국제 영화제는 해를 거듭할수록 더 많은 국가에 알려지고 규모가 점점 커지고 있다. 지도의 A는 인천, B는 속초, C는 군산, D는 울산, E는 부산이다.

08 남·북한 언어의 차이는 분단 기간이 길어질수록 심해질 것이다.

① 남·북한 언어의 차이가 커지면 민족 동질성이 약화된다.
② 오랫동안 남북한 교류가 단절되어 남북한 언어의 차이가 커졌다.
③ 남·북한 언어의 차이는 문화적 이질성 심화의 한 사례이다.
④ 도넛, 주스, 아이스크림을 가락지빵, 과일단물, 얼음보숭이로 표기하는 것에서 북한은 외래어의 순우리말 표기를 지향한다는 것을 알 수 있다.

09 제시된 세계의 주요 해상 항로 지도를 통해 우리나라가 북아메리카 항로의 길목에 위치함을 알 수 있다.

① 지도는 해상 항로를 나타낸 것으로, 우리나라가 항공 교통의 요지라는 것은 파악할 수 없다.
② 지도에서 우리나라가 아시아의 중심에 위치하고 있는지 파악하기 어렵다.
③ 대서양은 유럽-아프리카 대륙과 아메리카 대륙 사이에 있는 바다로, 우리나라와 거리가 매우 멀다. 지도를 통해서는 우리나라가 태평양을 통한 해상 운송에 유리하다는 사실을 알 수 있다.
④ 지도를 통해서는 대륙 진출이 유리한지 여부를 파악할 수 없다.

10 제시문은 경제적 측면에서의 통일 편익에 대한 설명이다.

✎ **서술형 문제**

11 [예시 답안] 선양에서 인천까지의 비행 경로가 직선이 아니라 지도와 같이 나타나는 이유는 북한 영공을 통과할 수 없어 돌아가기 때문이다.

[평가 기준]

상	선양에서 인천으로의 비행 경로가 비정상적인 이유를 바르게 서술한 경우
하	선양에서 인천으로의 비행 경로가 비정상적인 이유를 미흡하게 서술한 경우

12 [예시 답안] 통일 이후 예상되는 변화로는 북한 영공 통과로 인한 비행 경로의 효율화 및 비행 시간의 절약, 우리나라의 항공 교통 요충지로서의 입지 강화 등을 들 수 있다.

[평가 기준]

상	통일 이후의 변화 양상 두 가지를 모두 바르게 서술한 경우
하	통일 이후의 변화 양상을 한 가지만 바르게 서술한 경우

실전모의고사(2회)

본문 32~34쪽

01 ⑤	02 ③	03 ①	04 ⑤	05 ③	06 ④
07 ⑤	08 ③	09 ⑤	10 ④	11 해설 참조	
12 해설 참조					

01 ㉠은 영토, ㉡은 영해, ㉢은 영공, ㉣은 배타적 경제 수역, ㉤은 공해이다.

02 독도는 난류의 영향으로 기후가 온화한 편이다. 따라서 연평균 기온이 높은 편이다.

① 1리는 약 0.4km로 울릉도와 독도 간 거리가 약 80km임을 알 수 있으며, 이는 오키섬에서 독도 간 거리 157.5km보다 더 가까울 것임을 추론할 수 있다. 실제 오키섬과 독도 간 거리는 157.5km, 울릉도와 독도 간 거리는 87.4km이다.
② 독도는 동경 132°에 위치하여 동극이며, 우리나라에서 일출 시각이 가장 이르다.
④ 난류성 어종인 오징어, 꼴뚜기와 한류성 어종인 대구, 명태, 연어 등을 모두 볼 수 있는 독도 인근 바다는 조경 수역으로 어족 자원이 풍부함을 추론할 수 있다.
⑤ 분화구를 통해 독도가 화산섬임을 추론할 수 있다. 독도는 우리나라에서 가장 오래된 화산섬이다.

03 자료의 '이 지역'은 인천광역시 강화군이다. 지도의 A는 강화, B는 양양, C는 고창, D는 포항, E는 화순이다. 고창과 화순도 고인돌이 유명하나, 제시된 지역 브랜드 캐릭터와 관련이 없다.

04 제시된 지역 브랜드 및 관련 설명은 제주특별자치도에 관한 것이다.

05 ③ 지역 내에 위치한 한반도 지형을 활용하여 행정 구역 이름을 바꾼 사례이다.

06 ㄱ. 사진의 '통일의 관문'이라는 표현, 사진에 나타난 군 병력 등을 통해 파주가 북한과 접해있음을 추론할 수 있다. ㄴ. 파주의 북소리 축제는 '책 도시(Book City) 파주' 지역 브랜드와 관련된 축제로, 2011년부터 파주시와 파주 출판문화정보산업단지가 공동으로 개최하는 도서 관련 축제이다. 국내외 100여 곳의 출판사가 참여하는 축제로, 파주의 책 도시로서의 지역 브랜드를 구축하는 데 큰 역할을 한다. ㄷ. 파주는 판문점이 위치하고, 북한과 국경을 맞닿고 있으며, 실제로 많은 군부대가 위치해 있기 때문에 군사 도시라는 이미지가 강하다.

ㄹ. '책 도시(Book City) 파주'는 지역화 전략 중 지역 브랜드 전략을 통해 지역 이미지 개선을 기대하는 사례에 해당한다.

07 ㄴ. 2050년 남한 청장년층 인구 비율은 약 53%, 통일 한국 청장년층 인구 비율은 약 59%이므로 통일을 통해 북한 인구가 유입되면 남한 청장년층의 인구 부양 부담이 감소됨을 알

수 있다. ㄷ. 2015년 남한의 국내 총생산은 1,464조 원, 북한은 31조 원으로 남한의 국내 총생산이 북한의 40배 이상이다. ㄹ. 시간이 지날수록 국내 총생산이 증가하고 10년간 증가 폭 역시 커지므로, 통일 편익이 커질 것임을 알 수 있다.

오답 피하기
ㄱ. 2050년 남한은 여전히 유소년층(0~14세) 인구 비율이 약 10%로 극히 낮아 저출산 문제가 예상되며, 노년층(65세 이상) 인구 비율이 약 35%로 매우 높아 심각한 고령화 문제가 예상된다.

08 ③ 실크로드 익스프레스가 완공되면 우리나라 부산에서부터 유럽까지 철도 노선이 이어지며, 아프리카 대륙까지 철도 노선이 이어지지는 않는다.

09 ⑤ 육로가 열리면서 육상 무역이 증가할 뿐만 아니라, 해상 무역도 보다 활성화될 것으로 예측된다.

10 ㄱ. 남북 문화 통합 전문가는 분단된 세월 동안 커진 남한과 북한의 교육·경제·행정 등의 분야에 대한 통합 과정과 그 방안을 마련하는 전문가이다. ㄴ. 광물 자원 전문가는 북한에 매장되어 있는 풍부한 지하자원을 관리하고 개발하는 역할을 할 것이다. ㄹ. 여행 사업가는 남한과 북한을 연계한 다양한 관광 프로그램을 기획하고 사업을 추진할 것이다. 특히 북한 지역에 있는 많은 관광지를 개발하고, 관광 프로그램을 기획할 것이다.

오답 피하기
ㄷ. 북한의 자연환경은 연료 부족에 따른 무분별한 벌목과 식량 부족에 따른 농경지 확대, 광산 개발 등으로 인해 훼손되어 잘 보존되어 있지 않다. 따라서 환경 컨설턴트는 훼손된 북한의 자연환경을 회복시키고 관리하는 역할을 하게 될 것이다.

✏️ 서술형 문제

11 [예시 답안] A는 한·일 중간 수역, B는 한·중 잠정 조치 수역이다. 한·일 중간 수역, 한·중 잠정 조치 수역이 설정된 이유는 우리나라와 중국, 일본 간의 거리가 가까워 서로 배타적 경제 수역을 200해리로 설정하면 해역이 겹치는 문제가 생기기 때문에 우리나라, 중국, 일본이 각각 국가 간에 어업 협정을 맺은 것이다.

[평가 기준]

상	A와 B의 명칭을 바르게 쓰고, A와 B가 설정된 이유를 모두 바르게 서술한 경우
중	A와 B의 명칭을 바르게 쓰고, A와 B가 설정된 이유를 미흡하게 서술한 경우
하	A와 B의 명칭만 쓴 경우

12 [예시 답안] ㉠에서 빈번하게 발생하는 문제는 중국 어선의 영해 침범 및 불법 조업 활동이다. ㉠은 우리나라 영해 안쪽 지역으로, 독점적인 경제적 권리뿐만 아니라 우리나라의 주권이 미치는 수역이다. 따라서 조업 활동을 하기 위해 우리나라 영

해를 침범하는 행위 및 실제 조업 활동을 하는 행위는 우리나라의 주권을 침해하여, 다른 나라의 간섭을 받지 않을 독립성을 훼손하는 명백한 불법 행위이다.

[평가 기준]

상	㉠ 지역에서 빈번하게 발생하는 문제를 바르게 쓰고, 해당 문제의 불법성을 제시어 두 개를 모두 활용하여 바르게 서술한 경우
중	㉠ 지역에서 빈번하게 발생하는 문제를 바르게 쓰고, 해당 문제의 불법성을 제시어 중 한 개를 활용하여 바르게 서술한 경우
하	㉠ 지역에서 빈번하게 발생하는 문제만 쓴 경우

XII. 더불어 사는 세계

실전모의고사(1회)
본문 35~37쪽

01 ④	02 ①	03 ③	04 ②	05 ⑤	06 ③
07 ①	08 ②	09 ①	10 ②	11 해설 참조	
12 해설 참조					

01 저개발국이 많이 위치한 대륙은 사하라 이남 아프리카와 남아시아인데, 이들 대륙은 비만 비율이 낮게 나타난다.

02 제시문은 진먼섬에 대해 설명하고 있다.

03 제시문은 신장 위구르(자치구)에 대해 설명하고 있다. 신장 위구르는 중국 북서부에 위치하였으므로 지도의 C에 해당한다.

04 A는 성 불평등 지수이다.

오답 피하기
① 행복 지수는 국내 총생산, 기대 수명, 사회적 자본, 부패 지수, 관용의 총 5개 지표를 종합한 결과이다.
② 부패 인식 지수는 국가별 청렴도 인식 순위이다.

05 A는 개발 도상국이 높고 선진국이 낮은 지표이므로 성 불평등 지수, 교사 1인당 학생 수, 영아 사망률, 부패 인식 지수가 들어갈 수 있다. B는 선진국이 높고 개발 도상국이 낮은 지표이므로 인간 개발 지수, 행복 지수가 들어갈 수 있다.

06 제시문은 빈곤 극복 노력의 사례 지역을 나타낸 것으로 ㉠은 케냐, ㉡은 쿠바 아바나이다.

07 지도를 보면 인도(4.0~5.9)보다 중국(6 이상)의 연평균 경제 성장률이 높다.

08 자료는 세계 보건 기구에 대한 것이다.

09 그림은 키바의 활동을 나타낸 것이다.

오답 피하기
② 옥스팜은 빈곤 해결에 관심을 갖고 불공정 무역에 대항하는 단체로 무상 교육 및 의료 투자, 빈곤층을 위한 사회 안전망 보장, 최저 임금 보장, 탈세 단속 등의 활동을 하는 국제 비정부 기구이다.
③ 그린피스는 지구의 환경을 보존하고 평화를 증진하기 위해 기후 변화 방지, 원시림 보호, 해양 보호, 고래잡이 방지, 유전자 조작 반대, 핵 위협 저지 등의 활동을 하는 국제 비정부 기구이다.
④ 굿네이버스는 아동 권리 옹호, 교육, 보건, 식수 위생, 소득 증대, 조합 운동, 네트워크, 재난 구호와 인도적 지원, 사회적 경제 사업, 지속 가능한 환경 등의 분야에서 580만여 명의 아동과 지역 주민을 대상으로 활동하는 한국 국적의 국제 구호 개발 비정부 기구이다.

⑤ 아그로스 인터내셔널은 농가와 농촌 공동체가 토지를 구매할 수 있도록 낮은 이자로 돈을 빌려주는 단체이다. 또한 작물 재배 방법, 생산성을 높이는 방법, 효과적인 지역 공동체 운영 방법 등을 교육하여 농촌의 지속 가능한 발전에 도움을 준다.

10 ② 제시된 사례에서 공정 무역의 상품은 카카오로, 카카오는 초콜릿을 만드는 기호 식품으로 식량 작물, 곡류가 아니다. 공정 무역의 주요 상품은 플랜테이션 작물(커피, 카카오, 차, 바나나 등), 의류, 수공예품이다.

✍ 서술형 문제

11 [예시 답안] 팔레스타인 사람들이 거주하는 지역은 가자 지구와 요르단강 서안 지구이다. 가자 지구는 강경파인 하마스가 통치하고 있고, 요르단강 서안 지구는 팔레스타인 자치 정부가 통치하고 있다.

[평가 기준]

상	팔레스타인 사람들이 거주하는 두 지역을 정확하게 쓰고, 각각을 통치하는 정치 주체를 모두 바르게 서술한 경우
중	팔레스타인 사람들이 거주하는 두 지역을 정확하게 쓰고, 각각을 통치하는 정치 주체를 한 가지만 바르게 서술한 경우
하	팔레스타인 사람들이 거주하는 두 지역의 이름만 쓴 경우

12 [예시 답안] 이스라엘은 유대교, 팔레스타인은 이슬람교를 믿는다. 이스라엘-팔레스타인 분쟁은 1948년 팔레스타인 지역에 유대교 국가인 이스라엘이 건국되면서 시작되었다.

[평가 기준]

상	이스라엘과 팔레스타인이 믿는 각각의 종교를 정확하게 쓰고, 이스라엘-팔레스타인 분쟁이 시작된 계기를 바르게 서술한 경우
중	• 이스라엘과 팔레스타인이 믿는 각각의 종교를 정확하게 쓰고, 이스라엘-팔레스타인 분쟁이 시작된 계기를 미흡하게 서술한 경우 • 이스라엘과 팔레스타인이 믿는 각각의 종교를 한 가지만 정확하게 쓰고, 이스라엘-팔레스타인 분쟁이 시작된 계기를 바르게 서술한 경우
하	이스라엘과 팔레스타인이 믿는 각각의 종교 이름만 쓰거나, 이스라엘-팔레스타인 분쟁이 시작된 계기만 서술한 경우

실전모의고사(2회)
본문 38~40쪽

01 ①	02 ②	03 ②	04 ②	05 ②	06 ⑤
07 ①	08 ②	09 ⑤	10 ③	11 해설 참조	
12 해설 참조		13 해설 참조			

01 제시된 자료를 통해서는 차드의 출산율이 낮을 것이라고 추론할 수 없고, 일반적으로 차드가 속해 있는 아프리카 대륙 국가들의 출산율은 높은 편이다.

② 차드의 기대 수명이 51세로 세계에서 가장 낮으므로, 차드의 평균 수명 역시 낮을 것으로 추론할 수 있다.

③ 자료를 보면 차드는 영유아 6명 중 1명이 5세가 되기 전에 사망하고, 국토의 3/4이 사막이다. 또한, 기대 수명이 세계에서 가장 낮은 나라 중 하나이며, 5세 미만 어린이의 약 16%가 버려진다. 이를 통해 기아 문제가 심각할 것을 종합적으로 추론할 수 있다.

④ 국토의 대부분인 사막 주변 지역에서 사막화 현상이 나타날 것을 추론할 수 있다.

⑤ 영유아 6명 중 1명이 5세가 되기 전에 사망하고, 기대 수명이 세계에서 가장 낮은 나라 중 하나라는 자료를 통해 위생 및 보건 시설이 열악하여 영유아 사망률 및 기대 수명이 낮을 것이라고 추론할 수 있다.

02 카슈미르는 인도 북부에 위치한 지역이다.

① 오랜 전쟁 결과 국경선이 확정되지 못하였다. 인도령 카슈미르와 파키스탄 카슈미르 사이에는 통제선이 있을 뿐이다.

③ 카슈미르 분쟁은 종교와 관련된 분쟁으로, 소수 민족의 분리 독립 요구와는 관련이 없다.

④ 카슈미르 지역은 힌두교, 이슬람교를 믿는 주민들이 섞여 있고, 사용 언어도 우르두어, 힌디어, 카슈미리 등 매우 다양하다.

⑤ 카슈미르 지역은 영국으로부터 독립할 때 파키스탄에 속할지 인도에 속할지 갈등이 발생하면서 분쟁이 시작되었다. 따라서 카슈미르는 기존 중국의 영토가 아니었다. 오히려 1962년 중국이 카슈미르 동쪽을 침공하여 아크사이친 지역을 중국 영토로 편입시켰다.

03 ㉠은 카스피해로 지도의 B에 위치한다.

04 2018년 카스피해 5개 연안국 활용 원칙 합의에서 해저 파이프 라인의 설치는 국가 간의 협의 사항으로 자유롭게 보장되지 않는다.

05 (가)는 쿠릴 열도, (나)는 센카쿠 열도, (다)는 난사 군도이다. ② (나) 센카쿠 열도는 일본이 실효 지배하고 있다.

06 ㉠은 퀘벡으로 지도의 E에 위치한다.

① A는 이스라엘-팔레스타인 분쟁 지역이다.

② B는 수단-남수단 분쟁 지역이다.

③ C는 센카쿠 열도이다.

④ D는 난사 군도이다.

07 ㄱ. 그래프를 보면 유럽의 국내 총생산은 2010년 이후 감소하고 있다. ㄴ. 그래프를 보면, 2000년 이후 각 대륙의 그래프 기울기 중 동아시아 및 오세아니아 그래프의 기울기가 가장 크다. 따라서 2000~2015년에 국내 총생산 성장 속도는 동아시아 및 오세아니아가 가장 가파르다고 볼 수 있다.

ㄷ. 그래프를 보면 2010년 이후 남부 아시아 그래프는 소폭 증가하나 중남부 아메리카 그래프는 거의 같은 수준을 유지하고 있다. 따라서 2010~2015년에 남부 아시아는 중남부 아메리카보다 국내 총생산

성장 속도가 빠르다고 볼 수 있다.

ㄹ. 인도는 동아시아 및 오세아니아가 아닌 남부 아시아에 속한다.

08 제시문은 경제 협력 체제를 설명하고 있다.

① 국제 연합은 국제 평화와 안전의 유지, 인권 및 자유 확보, 다양한 세계 문제에 개입, 지속 가능 발전 목표 등을 수립한다.

③ 국제 통화 기금은 국제적인 통화 협력과 환율 안정을 위한 국제 금융 기관으로, 경제 위기 국가에 돈을 빌려주는 구제 금융을 지원한다.

④ 세계 무역 기구는 무역 자유화를 통한 전 세계적인 경제 발전을 목적으로 하는 국제기구로, 국가 간 경제·무역 분쟁을 조절하고 분쟁에 대한 판결권과 강제 집행권을 가진다.

⑤ 자유 무역 협정은 국가 간 상품의 자유로운 이동을 위해 모든 무역 장벽을 완화하거나 제거하는 협정이다.

09 제시문의 ㉠은 볼리비아, ㉡은 라오스이다.

10 ③ 비정부 기구와 민간 재단이 지원하는 개발 원조는 사적 개발 원조가 아닌 민간 개발 원조이다.

서술형 문제

11 [예시 답안] 공정 무역 방식은 기존의 불공정 무역 체제에 대한 대안으로, 개발 도상국에서 생산되는 친환경 제품들에 대해 중간 유통 과정을 거치지 않고 선진국의 소비자가 정당한 가격을 지급하여 생산자들에게 무역의 혜택이 돌아가도록 하는 무역 형태이다.

[평가 기준]

상	제시어 세 개를 모두 활용하여 공정 무역의 의미를 바르게 서술한 경우
중	제시어 두 개를 활용하여 공정 무역의 의미를 바르게 서술한 경우
하	제시어를 한 개만 활용하여 공정 무역의 의미를 서술한 경우

12 [예시 답안] 공정 무역의 주요 상품은 플랜테이션 작물(커피, 차, 카카오, 바나나 등)과 의류, 수공예품 등이 있다.

[평가 기준]

상	공정 무역의 주요 상품을 세 가지 모두 바르게 서술한 경우
중	공정 무역의 주요 상품을 두 가지 바르게 서술한 경우
하	공정 무역의 주요 상품을 한 가지만 서술한 경우

13 [예시 답안] 공정 무역의 성과로는 중간 유통 상인의 개입을 줄여 유통 비용을 낮출 수 있게 되었으며, 생산자의 건강한 노동 환경과 정당한 임금을 보장하고 경제적 자립을 지원할 수 있게 되었다는 것 등을 들 수 있다. 반면, 공정 무역의 한계로는 다국적 기업의 상품에 밀려 시장 확보에 어려움을 겪으며, 선진국 소비자의 선심과 경제적 여력에 의존할 수밖에 없다는 것 등이 있다.

상	공정 무역의 성과와 한계를 각각 두 가지씩 모두 바르게 서술한 경우
중	• 공정 무역의 성과 두 가지를 바르게 서술하였으나, 공정 무역의 한계를 한 가지만 바르게 서술한 경우 • 공정 무역의 한계 두 가지를 바르게 서술하였으나, 공정 무역의 성과를 한 가지만 바르게 서술한 경우
하	공정 무역의 성과 또는 한계에 대해 한 가지만 서술한 경우

EBS

사회를 한 권으로
가뿐하게!

사뿐

정답과 해설

중학 사회 ②-2

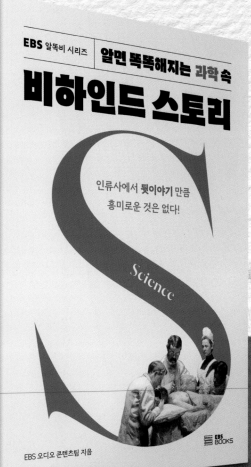